ALEXANDRA DAVID-NÉEL

Mönche und Strauchritter

Eine Tibetfahrt auf Schleichwegen

Aus dem Französischen von
Dr. Karl Pfannkuch

NYMPHENBURGER

Titel der französischen Originalausgabe:
Au pays des brigands gentilshommes.

Den geografischen Bezeichnungen im Text folgt zur besseren Nachvollziehbarkeit der Reise bei Ersterwähnung eines Begriffs die heute gebräuchliche chinesische bzw. tibetische Benennung in Klammern.

Dank an Bruno Baumann und Jürgen Manshardt für die kritische Durchsicht der aufgeführten Begriffe.

Besuchen Sie uns im Internet unter
http://www.herbig.net

Die Übernahme der Übersetzung der Brockhaus-Ausgabe von 1933 von Dr. Karl Pfannkuch mit freundlicher Genehmigung des Albert Verlags, Wiesbaden.

Schutzumschlaggestaltung: Wolfgang Heinzel
Schutzumschlagmotive: Bild oben: Kloster Labrang, Bruno Baumann.
Bild unten: Alexandra David-Néel, Fondation Alexandra David-Néel, Digne-les-Bains
Satz: Schaber Datentechnik, Wels
Gesetzt 10/12,65 Punkt Stempel Garamond
Druck und Bindung: Wiener Verlag, Himberg
Printed in Austria
ISBN 3-485-00906-7

Inhalt

Von Kumbum nach Labrang

Aufbruch

Ein strahlender Morgen zu Anfang Februar. Die Sonne lachte vom blauen Himmel und vergoldete die frosterstarrte Erde. Noch türmten sich Schneemassen auf den schmalen Wegen der Klosterstadt. Die nahen Berggipfel leuchteten in Weiß, doch über der Landstraße lag Frühlingsahnen. Ein fröhliches Singen und Klingen erfüllte die Luft, als lockten jeder Stein und jeder Halm hinaus ins Weite.
Ungeduldig klingelten die Glöckchen und tanzten die roten Wollquasten meiner Tragtiere. Die Stunde des Aufbruchs war da. Ein Abenteuer, aufregender als alle früheren, lag vor mir. Die Erwartung machte mich froh. Doch ein Schatten fiel auf meine Stimmung, Wehmut um das, was ich verließ.
Mit Freuden hätte ich meine Tage in der Weltabgeschiedenheit Kumbums beschlossen. Zwei Jahre und acht Monate hatte ich hier verbracht. So friedlich duckte sich mein mit kindlichen Fresken geziertes Häuschen in den Schutz von Tulku Pegjais fürstlichem Palast. Wie gern hatte ich vom Balkon aus den Blick über die vergoldeten Tempeldächer schweifen lassen und über das weite grasreiche Bergland, wo haarige Yaks und schwerfällige Kamele der mongolischen Karawanen grasten; oder am Abend den weihevollen Klängen gelauscht, wenn die Lamas auf der hohen Terrasse der Großen Halle den Göttern die Abendmusik darbrachten. Noch schöner aber war die heitere Losgelöstheit der Stunden, wo ich mich in die Gedankenwelt der alten buddhistischen Schriften vertiefte. Ganz

nach Wunsch durfte ich die in schimmernden gelben Brokat gehüllten Bücher den wohlverwahrten Behältnissen entnehmen. Man ist gut aufgehoben in Kumbum zum Lernen und zum Denken, der Geist versinkt verzückt in Abgeschiedenheit und Schweigen.

Nun hieß es Abschied nehmen. Um mich für immer in Kumbum niederzulassen, hätte ich Mitglied der Klostergemeinde werden müssen. Das verbot mein Geschlecht. Außerdem hatte ich mir geschworen, Lhasa, die verbotene Stadt, zu sehen. Wie durfte ich zögern!

In Tibet verlangt der gute Ton, dass man einen angesehenen Gast beim Abschied ein gutes Stück weit begleitet. So wollten auch der Verwalter und die Trapas des Lamas Pegjai (Trapa, Trawa, heißt »Schüler«, Lama »Vortrefflicher«, eigentlich steht dieser Titel nur Würdenträgern zu, er wird jedoch auch als bloße Höflichkeitsanrede verwendet) sich's nicht nehmen lassen, einige Kilometer weit mitzukommen; aber ich bestand darauf, dass sie sich diese unnütze Mühe sparten, und verabschiedete sie an einer kleinen Brücke, der Grenze der Klosterstadt. Wir tauschten gute Wünsche und die üblichen Höflichkeitsschärpen (Khadaks) aus und meine kleine Karawane setzte sich in Bewegung.

Lama Yongden – mein Pflegesohn – und ich gehen zu Fuß hinterdrein bis auf die letzte Anhöhe, von der man das Kloster sehen kann. Wir müssen noch einen frommen Brauch erfüllen. Zwischen Steinen stecken wir einige Räucherkerzen in den Schnee und entzünden sie zu Ehren Tsongkhapas, des Gründers der Gelbmützensekte (Gelukpa), über dessen Geburtsstätte sich das Kloster erhebt.

Während der leichte, würzige Rauch sich vor uns kräuselt, umfasst unser Blick das strahlende Bild zum letzten Mal: das riesige Kloster mit seinen unzähligen weißen Häusern, roten Palästen und Golddachtempeln, »Götterwohnungen«, wie die Tibeter sagen. Meine Diener werfen sich nieder, Yongden entblößt das Haupt und ich verneige mich. Wir sind bewegt. Keiner spricht ein Wort, jeder lauscht den hoffenden und zagenden Stimmen in seinem Innern.

Der Aufbruch zu einer weiten Reise ist in diesen Gegenden Asiens stets der Auftakt zum Abenteuer.

Endlich drehe ich mich um, schüttele den Bann ab, der uns gefangen hält. Die andern folgen. Der Pfad führt schnell abwärts, ein paar Schritte, und Kumbum ist unsern Blicken entschwunden.

Mein Reiseziel heißt Lhasa. Ich wollte es nach mancherlei Umwegen durch Nordosttibet auf der Karawanenstraße, die von Tatsienlu (Dardsedo) (am Westende der chinesischen Provinz Sichuan) herkommt, erreichen. Dazu musste ich das Grenzgebiet von Norden nach Süden durchqueren. Amtlich gehört es zu China, aber die tibetischen Stämme, die dort wohnen, sind in Wirklichkeit von Beijing ebenso unabhängig wie von Lhasa und erkennen nur ihre eigenen Führer an.

Einfacher und schneller kommt man von Kumbum nach Lhasa auf einem der Karawanenpfade durch die Changtang, die »Nördlichen Hochflächen«, riesige, von Bergketten durchzogene Grassteppen.

Diese Einöden nehmen den ganzen Norden Tibets ein, sie reichen bis Tenkar, einem nur zwei Tagesmärsche von Kumbum entfernten Grenzstädtchen. So hätte die Reise kaum mehr als zehn Wochen beansprucht, im Höchstfall drei Monate, aber ernsthafte Gründe sprachen dagegen. In der Gegend um den »Blauen See« (Kuku Nor) war ich schon mehrfach gewesen und den dort im Zelt lebenden Hirten wohl bekannt; sie hätten tausend Fragen nach dem Ziel meiner neuen Reise gestellt. Unerkannt bleiben war jedoch die Grundbedingung für das Gelingen meiner Pläne, so hieß es Pfade wählen, wo ich wenig Gefahr lief, Leuten zu begegnen, die mich schon gesehen hatten.

Ungleich Don Quichote suche ich nie Abenteuer; doch sie ließen nicht auf sich warten. Schon am ersten Tag wäre es fast zum Kampf mit mongolischen Karawanentreibern gekommen.

Zwischen Lushaer und Xining, auf einer dieser unbeschreiblichen chinesischen Straßen, die sich zwischen vier bis fünf Meter hohen Erdwällen entlangziehen, versperrte mein Wagen einem Zug von wohl hundert schwer beladenen Kamelen den Weg. Diesen ungefederten Karren, das uralte Beförderungsmittel Nordchinas, hatte ich gemietet, weil wir nur fünf Reittiere besaßen und ich meinen Leuten – sie waren alle Trapas – die Kränkung ersparen wollte, dass einer beim Aufbruch vom Kloster zu Fuß gehen musste. Ich trat ihnen daher meine große schwarze Mauleselstute ab. Später sollte reihum einer der Diener hinter den Tragtieren hergehen.

Brüllend drängten sich die schwerfälligen Wüstentiere vor dem Hindernis im engen Gang zusammen, vorwärts gestoßen von den nachfolgenden, die im langen Zug blindlings weitertrotteten.

Ich saß gerade nicht im Wagen, sondern ging zur Erholung oben auf dem Erdwall. Von dieser hohen Warte sah ich klar, wie die Dinge standen: ausweichen oder wenden war unmöglich, einer musste zurück, der Karren oder die Kamele, und zwar etwa ein Kilometer weit.

Es ist Brauch, dass Kutscher oder Treiber vor dem Einbiegen in diese Hohlwege laut rufen, damit man am andern Ende Bescheid weiß. Wir hatten die Mongolen nicht schreien hören und meine Leute hatten wohl gleichfalls versäumt, sich anzukündigen. Die Schuld lag zweifellos auf beiden Seiten. Doch das spielt in Asien die geringste Rolle, das einzige Wichtige ist, das »Gesicht zu wahren«. Nur sich keine Blöße geben, denken Chinesen und Tibeter. So dachten meine Leute auch

und um nicht in ihrer Achtung zu sinken, musste ich mich ihrer Ansicht anschließen. Mein Ansehen verlangte, dass die Kamele wichen und mein Karren siegesstolz weiterfuhr.
»Zurück!«, rief Yongden dem vordersten Mongolen zu, der zwischen meinen Reitern und seinen ungebärdigen Kamelen fast zerquetscht wurde. »Zurück!«, hallte es von meinen Dienern wider.
Zwei Treiber kamen oben entlanggelaufen. Einer antwortete: »Unmöglich, wir haben mehr als hundert Tiere und ihr nur einen Karren. Eure Maulesel können leicht wenden.«
Ich sah mir die Dinge weiter von oben an.
Offensichtlich hatte der Mann Recht. Die Vernunft, der gesunde Menschenverstand und das Gefühl sprachen für ihn. Doch das »Gesicht« musste »gewahrt« werden und dagegen sind Vernunft, gesunder Menschenverstand und Gefühl in diesem Lande machtlos. Sollte ich nachgeben und eines Tages im Angesicht einer wirklichen Gefahr schwer dafür büßen, wenn meine Leute volles Vertrauen zu mir haben und entschlossen handeln mussten? Was hat denn das hiermit zu tun? Augenscheinlich nichts, aber konnte ich die Geistesart meiner Reisegenossen ändern?
»Zurück!«, war Yongdens einzige Erwiderung. »Zurück!«, hallte es von meinen Dienern wider.
Die Reden wurden hitziger, Schimpfworte und Drohungen fielen. Die misstönenden Schreie der Kamele mischten sich in den allgemeinen Lärm. Die verängstigten Maulesel wollten aufbäumen und da das die Enge nicht zuließ, bissen sie einander. Von oben gesehen war das bewegte Treiben ganz malerisch.
Da legte ein Mongole sein Gewehr an. Die Lage wurde ernst. Auf diese Drohung hin durfte ich nicht mehr nachgeben, selbst wenn ich gewollt hätte.
»Gewehre haben wir auch«, erklärten trotzig meine Leute und griffen zu den Waffen; sie sind an das bewegte Leben auf der

Changtang gewöhnt. Sollte es wirklich zum Äußersten kommen?
Wahrscheinlich sagten sich die Mongolen, dass der Reisende mit diesen gut gekleideten und berittenen Begleitern, die so herausfordernd auftraten, eine Standesperson sein müsste. Es könnte also recht unangenehme Folgen haben, wenn man einen von ihnen verletzte oder tötete. Jedenfalls entschlossen sie sich zum Rückzug.
Die schwerfälligen Kamele, an Nasen und Schwänzen zu Strängen von acht oder zehn aneinander gebunden, machten Schwierigkeiten. Während die Treiber mit ihnen beschäftigt waren, ließ ich mich von meinem Aussichtsturm hinuntergleiten, nahm meinen Platz im Wagen, der Veranlassung des ganzen Aufruhrs, wieder ein und sobald die Straße frei war, fuhr ich mit würdiger Miene weiter.
Nun bin ich im Herzen nicht Mandarin genug, um mich eines solchen Sieges ohne Gewissensbisse zu freuen. Als ich im Vorbeifahren die mürrischen Blicke der Kameltreiber auffing, nickte ich ihnen zu, zeigte zwei blitzende chinesische Dollars, steckte die Hand unter den Vorhängen durch, die mein Fuhrwerk umgaben, und ließ die beiden großen Silberstücke fallen. Die Mongolen hatten meine Bewegung verstanden; wenn wir vorüber waren, würden sie das Geld aufheben und meine Mildtätigkeit loben. Meine Leute hatten nichts gesehen. Das »Gesicht« blieb »gewahrt«!

»Christen« in Gansu

Meine Reise stand unter einem ungünstigen Stern. Ein Geldbetrag, den ich in Xining hätte vorfinden sollen, da alles Nötige veranlasst war, schien sich auf unverständliche Weise verflüchtigt zu haben und während meine Leute die Ruhepause benutzten, um das chinesische neue Jahr mit Schlemmereien festlich zu begehen, machte ich mir Sorgen, was aus mir und meinen Plänen ohne Geld werden sollte. Glücklicherweise fand sich die Summe nach einigen Tagen quälender Ungewissheit auf ebenso geheimnisvolle Weise wieder ein, wie sie verschwunden war. Eilends brach ich auf.

Drei Jahre vorher hatte ich, aus Beijing kommend, die Fahrstraße von Lanzhou nach Xining benutzt. Diesmal ritten wir, daher wählte ich den malerischen Pfad am Xiningfluss entlang. Bald sollte ich merken, dass er sehr schlecht, wahrscheinlich gar nicht unterhalten wird und im Wesentlichen aus lockeren schmalen Steinstufen an einem Abhang besteht. Es war ein hartes Stück Arbeit für meine schwer beladenen Tiere. Ihre chinesischen Holzsättel rieben bei den dauernden heftigen Stößen so stark, dass trotz der schweren Decken tiefe Wunden entstanden. Eine neue Quelle der Sorge! Solche Druckstellen heilen bei Tragtieren sehr langsam und ich sah mich im Geiste schon zum Stillliegen verdammt, wo wir doch kaum unterwegs waren.

Da man sehr gemächlich reist und sich viele Ruhestunden in den Dörfern gönnt, gibt es Gelegenheit zum Plaudern mit den Bauern im Überfluss. Hier die Spreu vom Weizen zu sondern und aus dem Alltagsgeschwätz wesentliche Kenntnisse über Sitten und Denken der Einheimischen zu schöpfen ist eine Kunst, die jeder Reisende sorgsam pflegen sollte.

Zwischen Xining und Lanzhou waren es zwei chinesische »Christen«, die mich besonders fesselten und von denen ich hier berichten will, obschon die erste Geschichte beinahe abgedroschen ist, wiederholt sie sich doch unter kaum abweichenden Formen von einem Ende Asiens zum andern.

Der Sohn eines Bauern, bei dem ich Lebensmittel kaufte, erzählte mir, er sei früher Christ gewesen. Aus freiem Willen, als Erwachsener, hatte er die Taufe empfangen. In der Folgezeit hatte er sich wahrscheinlich besonders eifrig gezeigt und den frommen Hoffnungen des ausgezeichneten Missionars, dessen Pfarrkind er war, angenehm geschmeichelt. Kurz, einige Jahre nach seiner Bekehrung hatte der ihn für einen bestimmten Bezirk zu seinem Vertreter bestellt mit der Vollmacht, in den Dörfern zu predigen und die Bekehrten zu taufen, die nicht zum Sitz der Mission kommen konnten. Da brach der Weltkrieg herein mit seinen unheilvollen Folgen für die Geldverhältnisse der in Ostasien lebenden Ausländer. Der Kurs des chinesischen Dollars stieg ins Unermessliche, so mussten viele nicht ganz wesentliche Aufgaben der Mission geopfert werden. Die von unserm Biedermann geleisteten Dienste schienen wohl nicht wichtig genug, um die Weiterzahlung seiner Geldentschädigung zu rechtfertigen, oder aber man gab sich über die Festigkeit seines Glaubens einer Täuschung hin und bildete sich vielleicht ein, er werde seine apostolischen Bemühungen unentgeltlich fortsetzen.

»Ich habe Geduld gehabt«, erzählte mir der Mann, »ich glaubte, dass der Padre meine rückständigen Bezüge schließlich doch noch zahlen würde, aber das Geld ist nicht gekommen. Da habe ich denn aufgehört zu predigen, jetzt bin ich kein Christ mehr.«

In der Tat, diese Geschichte ist recht alltäglich. Für mich wurde sie reizvoll durch die Ernsthaftigkeit des Bauern und die unnachahmlich würdige Miene, mit der er erklärte, dass er »gewartet« hätte, ehe er das »Christentum« ablegte, um dem Padre, seinem Schuldner, Zeit zu lassen, die Sache mit dem rückständigen Gehalt zu regeln. Seine Überzeugung, untadelig gehandelt und seine Pflicht nicht nur erfüllt, sondern sogar noch ein Übriges getan zu haben, reizte zum Lachen. Doch ein Blick auf die Umstehenden hielt mich davon ab. Der Vater des Abtrünnigen – der den alten Göttern treu geblieben war – und die andern Bauern, seine Nachbarn, nickten würdevoll mit den Köpfen, voll Anerkennung über die Gewissenhaftigkeit und den praktischen Sinn, die sich in ihrem Genossen in so glücklicher Weise vereinten.

Der zweite »Christ« war aus anderm Holz geschnitzt und seine Geschichte ist ungewöhnlich.
Er hielt mich für eine Tibeterin, so durfte ich die Unwissende spielen, als er berichtete, dass er »Christ« sei, und ihn fragen, worin denn sein Glaube bestände. »Es ist die Religion von Jssu (Jesus)«, erwiderte er. »So, und wer ist dieser Jssu?« – »Ein großer Mann.* Er wohnt in Nienpo.«
Das war eine verblüffende Neuigkeit, doch eine Erklärung schien mir nicht unmöglich. Vielleicht war der Mann Katholik und dachte an die sakramentale Anwesenheit Jesu in der Missionskapelle oder er gehörte zu einer der protestantischen Sekten, die damals in Gansu die unmittelbar bevorstehende Wiederkunft Christi verkündigten.
Ich fragte ihn daher nach seinem Bekenntnis und erfuhr, dass er Tian Zhu Jiao, d. h. Katholik, war. Durch meinen Zweifel gereizt, fügte er hinzu, er hätte Jssu in Nienpo mit eigenen Augen gesehen, und begann, als ich immer noch nicht überzeugt war, mir den Heiland zu beschreiben: ein hoch gewachsener Mann von mittlerem Alter mit Haaren, die nicht schwarz waren, und mit blauen Augen …
Allmählich schälte sich die Gestalt eines liebenswürdigen Missionars heraus, den ich persönlich kannte.
Seine unschuldigen Pfarrkinder hatten ihn zum Gott erhoben!

Der Tod hält Einkehr

Hatte meine Reise mit Sorge begonnen, so fiel bald ein neuer Schatten auf unser Gemüt, Krankheit und Tod der beiden jungen Hunde, die in Kumbum in meinem Haus zur Welt

* Der chinesische Höflichkeitsausdruck *ta jen*, in Gansu *ta ren* ausgesprochen.

gekommen waren und die ich zur Gesellschaft sowie als Wächter für das Lager mitgenommen hatte.
Bald nachdem wir Xining verlassen hatten, zeigte der eine plötzlich beunruhigende Krankheitserscheinungen, die an Tollwut erinnerten. Er wollte weglaufen, konnte nicht schlucken, schien beim Anblick des Futters zu erschrecken, wackelte mit dem Kopf und bellte mit eigentümlicher Stimme.
Ich frage mich, ob jemals ein Schriftsteller versucht hat, die Gefühle eines Menschen zu schildern, der mit einem tollwutverdächtigen Hund reist. Ich möchte es bezweifeln, denn es würde zu unwahrscheinlich klingen. Im Abendland ist das Schicksal eines solchen Tieres ja schnell entschieden, doch in Asien denkt man anders. Als Buddhist und Mönch hätte keiner meiner Begleiter das Verbrechen, das arme Tier zu töten, auf sich laden mögen und ich selbst würde es niemals befohlen haben. So blieb nichts übrig, als Vorsichtsmaßregeln zu treffen.
Wir betteten das Hündchen in einen Korb, luden ihn auf einen Maulesel und setzten die Reise fort.
Bei der Ankunft in Lanzhou starb das Tier nach langem Todeskampf. Am selben Tag wurde der andere Hund krank. Sein Tod war noch herzzerreißender. Er hing sehr an mir und fühlte mit geradezu menschlicher Klarheit sein Ende herannahen. Zwei Tage lang kauerte er dicht neben mir und ließ sich nicht wegscheuchen. Wenn er sich aufrichtete, stützte er seine Pfoten auf meine Knie, sah mir lange in die Augen und drückte sein Näschen gegen meine Wange.
Verstand er meine Ohnmacht, suchte er anderswo Hilfe? Jedenfalls lief er in den Stall und blieb bei jedem unserer Maulesel stehen, als wollte er ihn anflehen. Die treuen Tiere, die ihn gut kannten, senkten den Kopf und beschnupperten ihn. Sie bewegten sich ganz vorsichtig, um das kranke Kerlchen nicht zu verletzen, das da kraftlos zwischen ihren großen Beinen im Stroh herumstolperte.

Dann kam das Ende. Ich konnte ihn ebenso wenig vor dem Verderben schützen wie seinen Bruder.
Eines Abends, als der Mond vom Nebel verhüllt war, verscharrten wir die Leiche heimlich am Rande eines chinesischen Friedhofs zu Füßen eines Hügels. Die diesem Boden anhaftende Scheu sollte dem armen Kerl eine friedliche Auflösung sichern und ihn vor dem Messer des tibetischen Abdeckers bewahren, der die Hundefelle verkauft.
Lächerliche Gefühlsduselei! Es waren doch nur Tiere, wird mancher denken.
Mir scheint diese Ansicht recht oberflächlich. Was besagen unsere menschlichen Maßstäbe. Die Tatsache des Verschwindens selbst gibt unserm Denken das grausame Rätsel auf. Der Tod war an uns vorübergeschritten, hatte ein fröhliches Leben vernichtet, ein denkendes Hirn ausgelöscht, etwas, was fühlte, hoffte, liebte, in eine unbewegliche Masse verwandelt, die sich in der Verwesung bald auflösen würde. Sein furchtbares Geheimnis brachte sich mir neu in Erinnerung und erfüllte mich mit bangen Ahnungen.

Lanzhou

In Lanzhou, der Hauptstadt von Gansu, hielt ich mich nicht auf, da ich drei Jahre vorher längere Zeit dort geweilt hatte.
Diese Stadt, die bedeutendste in ganz Nordwestchina, breitet sich am Ufer des Gelben Flusses mächtig aus. Um eine ihr ebenbürtige zu finden, muss man bis zum fernen Tihwa (Urumqi) in Xinjiang (Chinesisch-Turkestan) gehen und dies Land der mohammedanischen Türkvölker ist nicht mehr China im eigentlichen Sinne.
Ohne Zweifel sind viele chinesische Städte reicher an künstlerischen Baudenkmälern als Lanzhou. Doch seine offene Lage, seine zahlreichen breiten, lustigen Straßen gefallen dem

europäischen Reisenden. Er fühlt sich dort wohler, weniger in China, muss man vielleicht sagen, als etwa in Chengdu, der schwerreichen Hauptstadt von Sichuan, oder in andern Großstädten des Reiches der Mitte.

Auch die Bevölkerung Gansus unterscheidet sich stark von der an der Küste oder in den südlichen Provinzen. Sie hat gar nichts an sich von dem kleinwüchsigen, Reis essenden Chinamann, in dem viele Ausländer das unveränderliche Urbild aller Bewohner des riesigen Chinesischen Reiches erblicken. In Gansu sind die Leute für gewöhnlich groß, gut gewachsen, eher weiß als gelb und haben oft schöne Gesichtszüge. Brot und Teigwaren – Nudeln oder Makkaroni – bilden den Grundstock ihrer Ernährung, Reis spielt nur eine untergeordnete Rolle. Im Allgemeinen ist das Leben in Gansu freier, weniger durch Überlieferung und starre Bräuche gebunden als in den mittleren Provinzen; man spürt den Einfluss der fremden Rassen. Die eigentlichen Chinesen wissen das recht genau und sehen häufig mit einer gewissen Verachtung auf ihre Volksgenossen in den Grenzgebieten herab, die sie nicht als ihr eigen Fleisch und Blut anerkennen. Sie behandeln sie wohl gern als Wilde, was allerdings sehr wenig angebracht ist.

Lanzhou ist etwa 2800 Kilometer von Beijing entfernt und hat noch keine Eisenbahn. Zu jener Zeit musste man von Honan (Luoyang) aus den Wagen benutzen, für diese Fahrt brauchte man gewöhnlich dreißig Tage. So kann sich die Stadt der Aufsicht der Reichsregierung leicht entziehen. Das ist wahrscheinlich immer so gewesen und man kann füglich bezweifeln, ob es den heutigen Behörden besser gelingen wird als ihren Vorgängern, sich im fernen Gansu Gehorsam zu verschaffen. Jedenfalls haben die Vornehmen Lanzhous mehr als einmal in eindeutiger Weise ihre Unabhängigkeit der chinesischen Regierung gegenüber darzutun verstanden. Ich will hier nur einen Fall anführen, der sich während meines Aufenthalts in Gansu abgespielt hat.

Eine neue Partei war ans Ruder gekommen; der Statthalter von Gansu gehörte zur unterlegenen und wurde abberufen. Ohne Widerstand zu versuchen, hatte er seinen Amtssitz verlassen und war in sein Heimatland zurückgekehrt, um dort in Frieden die Früchte seiner Verwaltungstätigkeit zu genießen – er hatte eine ganze Kolonne Maultiere gebraucht, um die Goldbarren wegzuschaffen.

Als Nachfolger ernannte Beijing einen Moslem. Darob große Aufregung in Gansu, wo die Chinesen mit den Anhängern der Propheten auf dem Kriegsfuß stehen. Die Empörung der Bevölkerung schlug Wellen bis nach Beijing. Um die Gemüter zu besänftigen, wurde der moslemische General versetzt und einer seiner chinesischen Amtsbrüder nach Lanzhou geschickt. Der neue Mann entpuppte sich als einer der berüchtigten Räuberhauptleute, die unter der Maske des Soldaten ihren Bezirk in großem Stil ausplündern. Seine erste Bekanntmachung lautete, dass er die von seinem Vorgänger ausgehobenen Truppen entlassen und seine eigenen Soldaten, zwanzigtausend Söldner, mitbringen würde. (Ich berichte hier, was man damals in Lanzhou erzählte.)

Schlimme Zeiten brachen nun an: Die Geschäftsleute mussten zusehen, wie ihre Läden geplündert, die Bauern, wie ihre Ernten gestohlen oder vernichtet wurden; alle kamen an den Bettelstab durch die fremden Soldatenhaufen, denen die Heldentaten in dem Lande, über das ihr Führer zuletzt geherrscht hatte, noch im Kopf spukten.

Da hielt ein General, der in Pingliang im westlichen Gansu herrschte, seine Stunde für gekommen und erklärte sich zum Schirmherrn der verängstigten Bevölkerung. Seine Absichten fasste er in einem kernigen Aufruf zusammen: »Wenn er Soldaten hat, gut, ich habe auch welche. Er soll nur kommen, ich werde ihn zu empfangen wissen!« Der Erwählte Beijings hielt es ohne Zweifel für unklug, den »Tapferen« von Pingliang die

Stirn zu bieten; obwohl es amtlich bei seiner Bestallung blieb, ließ er sich in Gansu nicht mehr blicken.
Daraufhin marschierte der »Retter« von Pingliang nach Lanzhou, wo er von der Einwohnerschaft herzlich empfangen wurde. Ohne sich noch an die Verordnungen von Beijing zu kehren, errichtete er zusammen mit dem obersten Verwaltungsbeamten eine Art Zweierrat, der die Geschäfte der Provinz führte. Später, als er sich der Achtung der Bevölkerung endgültig versichert hatte, rief er sich zum alleinigen Statthalter von Gansu aus und konnte sich nun – ebenso wie der frühere – als fast unumschränkter Herrscher fühlen. Zu fürchten hatte er nichts als den Abfall der Söldner, auf die sich seine Macht stützte.
Gleichwohl, zur Zeit meines Aufenthalts in Lanzhou fehlte viel daran, dass sich die Macht des »alleinigen« Statthalters über die ganze Provinz erstreckt hätte. In Wirklichkeit befand sich der Süden in den Händen eines andern Generals, während in Xining ein dritter herrschte, der Moslem Ma. Der Erstere hatte sich ganz unabhängig gemacht, eigenes Geld geprägt und sämtliche Steuern, die in seinem Gebiet einkamen, in die eigenen Kassen geleitet. Ma wiederum trat zwar nicht feindlich gegen den Statthalter auf, betrachtete sich jedoch in keiner Weise als ihm unterstellt. Jeder dieser Führer unterhielt auf Kosten der Bevölkerung ein kleines Heer von »Tapferen«, das er von Zeit zu Zeit auf einen Beutezug in die Nachbarschaft führte, damit die Leute sich für den rückständigen Sold schadlos hielten. Das machte man damals in ganz China so.
Gerade als wir Lanzhou verlassen wollten, um unsern Marsch in Richtung auf das große Kloster Labrang Tachikyil fortzusetzen, begannen die Moslems wieder unruhig zu werden und die Chinesen fürchteten einen neuen großen Aufstand, ähnlich dem, der vor zwei Jahrzehnten Blut und Tränen und mancherlei unheilvolle Zwischenfälle über Gansu gebracht

hatte. So etwa bei Guide, wo zahlreiche moslemische Führer und Vornehme hingerichtet werden sollten. Mehrere hundert Neugierige, sämtlich Chinesen, hatten sich auf einer Brücke zusammengedrängt, um die Köpfe ihrer Feinde fallen zu sehen. Während die Henker am steilen Flussufer ihres blutigen Amtes walteten, stürzte die überlastete Brücke ein, die Zuschauer versanken in den Fluten und die starke Strömung riss sie fort; nur wenige konnten sich retten.
Die befürchtete Erhebung sollte in der Tat stattfinden, aber viel später, etwa zehn Jahre nach meiner Abreise. Aus den seltenen Nachrichten, die mich erreichten, war zu entnehmen, dass wiederum die unheilvollen Begleitumstände nicht fehlten. Diesmal wütete die Cholera. Neben andern Scheußlichkeiten hörte ich, dass die Seuche auch in Ho-jo (Linxia), der von den Chinesen belagerten moslemische Feste, furchtbare Ernte gehalten hätte. Schließlich wussten sich die Eingeschlossenen ihrer Toten nicht mehr zu entledigen und warfen sie über die Wälle ins Lager der Feinde.

Ein menschenfreundlicher Muezzin

Nach Labrang standen mehrere Straßen zur Wahl, aber da die Mohammedaner die öffentliche Aufmerksamkeit so lebhaft fesselten, war meine Neugier geweckt und ich wählte die über Ho-jo, die Hochburg des Islam in Gansu.
Um unbeachtet zu bleiben und um die Kosten zu vermindern, hatte ich von vornherein die bescheidenste Art des Reisens gewählt. Jedenfalls schien es mir damals so, ich sollte später eine noch viel bescheidenere kennen lernen – als Bettelpilgerin. Ich hatte nur ein Pferd und sieben Maulesel gekauft und rechnete damit, weitere Tragtiere unterwegs mieten zu können. Ferner hatte ich das Gewicht des Gepäcks so berechnet, dass im Notfall die Diener zu Fuß gehen mussten und sechs

Maulesel alles schleppen konnten. Zwangen uns die Umstände, größere Mengen Lebensmittel mitzuführen, so konnten wir auch das noch leisten, indem wir Yongdens Pferd zu Hilfe nahmen und die große schwarze Mauleselstute, die ich mir vorbehalten hatte. Da wir alle gute Fußgänger waren, hatte diese Aussicht nichts Beängstigendes für uns.

Schon in Lanzhou konnte ich mich zu meiner Vorsicht beglückwünschen. Sämtliche Maultierbesitzer lehnten den Marsch nach Ho-jo ab, aus Furcht, die Tiere könnten gestohlen oder sie selbst von den Moslems misshandelt werden. Sie malten mir die Gefahren dieses Weges in grellen Farben und redeten mir gut zu, einen andern zu wählen. Aber ich lasse mich selten von dem abbringen, was ich mir vorgenommen habe, und fand schließlich einen Mann, der sich bereit erklärte, mir drei Maulesel zu vermieten und mich nach der gefürchteten Stadt zu begleiten.

Der Weg war nicht ohne Reiz. Wir setzten auf einer Fähre über den Tao He und betraten eine wasserlose Gebirgsgegend mit kreideweißem Gestein, das bei Sonnenschein blendete.

Das Missgeschick blieb uns treu. Kurz nach dem Flussübergang erlitt Yongden einen heftigen Fieberanfall. Ich gab ihm Chinin, aber die Wirkung war gering. Trotzdem er eine schlechte Nacht verbrachte, bestand er darauf, dass wir weiterreisten, und tatsächlich brachen wir wie gewöhnlich am frühen Morgen auf. Tapfer hielt er sich den Tag über, doch gegen Abend wurde er plötzlich ohnmächtig. Die Trapas konnten ihn gerade noch aus dem Sattel heben. Er brach am Straßenrand zusammen.

Wir waren nicht weit von einem Dorf, aber es gab dort keine Herberge. Angesichts unseres Unglücks bot uns der alte Akon – so heißt der Muezzin bei den Moslems in Gansu – Gastfreundschaft an. Seine kleine Wohnung bestand aus Zimmer, Küche und Pferdestall und lag an einem Hof, der an die kleine Dorfmoschee grenzte. Der freundliche Mann zog sich mit seiner Frau in die Küche zurück und überließ mir das Zimmer für den Kranken. Yongden war nur halb bei Bewusstsein, er redete etwas irre, seine unzusammenhängenden Worte verrieten, dass ihm Erinnerungen an die Heimat durch den Sinn schossen.

Unser Koch machte in einer Ecke des Hofes Feuer und bereitete dort das Abendessen – damit wir nicht etwa die Küche unserer Gastgeber durch Fleisch verunreinigten, das nicht nach Vorschrift ihrer Religion geschlachtet war. Ich hatte übrigens Wert darauf gelegt, ihnen mitzuteilen, dass wir kein Schweinefleisch bei unsern Vorräten hatten. Als die Suppe fertig war, setzte auch ich mich im Hof nieder, um zu essen.

Alles ringsum war weiß getüncht, das Häuschen, die Mauer, die Moschee und das Minarett. Keine Zauberbilder auf rotem oder gelbem Papier schmückten die Tür; kein Ahnenaltar, keine Götterfigur war im Innern zu entdecken. Ein anderer Geist als der Chinas lag über diesem Anwesen. Die Sonne sank. Würdevoll stieg der alte Muezzin in seinem langen Gewand auf das bescheidene Minarett, verkündete mit leiser, aber fester Stimme die Einheit Allahs und rief die Gläubigen zum Gebet. Über einer hohen Zypresse erschien die schmale Mondsichel am hellen Abendhimmel – hier herrschte der Islam und obwohl wir uns auf chinesischem Boden befanden, fühlte man sich ins Morgenland versetzt.

Am andern Morgen bestand Yongden wiederum auf die Weiterreise. Nichts könnte seiner Genesung förderlicher sein, sagte er, als die Gegend zu verlassen, wo ihn das Fieber gepackt hätte. Daran mochte etwas Wahres sein. Zudem wäre es für uns unmöglich gewesen, die Gastfreundschaft der guten Leute, die uns ihr Haus geöffnet hatten, länger als unbedingt nötig in Anspruch zu nehmen. Unser Weg führte weiter durch völlig wasserloses Gebiet; die Bewohner besitzen nur so viel, wie sie während der Regenzeit in Zysternen sammeln. Dieses unsaubere, oft faulige Wasser, das wir zum Tee und zum Kochen der Speisen benutzen mussten, war für einen Fieberkranken wenig geeignet. Doch Yongdens Zustand verschlimmerte sich nicht, sondern er wurde ebenso plötzlich wieder gesund, wie ihn die Krankheit befallen hatte.

Die Teeflasche

So langsam wir reisen, wir sind schon weit weg von Lanzhou. Mit der Sicherheit, deren man sich in unmittelbarer Nachbarschaft der chinesischen Behörden bis zu einem gewissen Grad erfreut, ist es vorbei. Die Gegend, durch die wir jetzt kommen, genießt einen sehr schlechten Ruf. Man hat uns besonders vor bestimmten Felsschluchten gewarnt, wo viele Reisende ausgeplündert worden sind und mancher blutige Wunden davongetragen hat.

Wir wissen, dass uns bei unserm abenteuerlichen Vorhaben solche Gefahren oft drohen werden, daher regt uns die Nachricht nicht auf. Wahrscheinlich handelt es sich hier nur um drei oder vier Spitzbuben, die gemeinsam »arbeiten«, nicht um eine richtige Bande. Auf einer Straße, die nicht von Karawanen benutzt wird, haben berufsmäßige Räuber nichts zu schaffen.

Immerhin lasse ich meine Leute vorsichtshalber »Uniform« anlegen; das heißt, sie ziehen ihre langen mongolischen Kutten aus und behalten nur die Hosen und das kurze Wams aus schwarzem Zwillich an. Wenn sie dann noch ein Gewehr umhängen, sehen sie den dortigen Soldaten täuschend ähnlich. Das kann uns nützlich sein, denn die Spitzbuben wissen sehr gut, dass die »Tapferen« einen Diebstahl schwer rächen würden, während harmlose Reisende sich nicht wehren können.

Unsere drei Gewehre und zwei Revolver werden geladen. Ehe ich nach Gansu kam, war es mir nie eingefallen, auf Reisen

Waffen mitzunehmen; dass ich diesmal mit meinen Gewohnheiten brach, fiel den tibetischen Sitten zur Last. Auf keinen Fall wollte ich den Stolz meiner Leute verletzen. Und sie wären sich ohne ein Gewehr auf dem Rücken und einen Säbel an der Seite gedemütigt vorgekommen. Ich selbst vertraue meinem guten Stern; ich kann mir einfach keine Gefahr vorstellen, der ich nicht mit meinen eigenen Mitteln gewachsen sein sollte. Bis jetzt haben die Ereignisse mir Recht gegeben.

Wie immer in ähnlichen Lagen nehme ich die Spitze. Ich bin von meinem schönen Reittier abgestiegen und gehe ohne Hast vor mich hin, in einem alten chinesischen Kleid, ganz wie eine arme Bauersfrau, die zum nächsten Dorf will und beutelüsterne Diebe schwerlich in Versuchung bringt.

Falls ich etwas Verdächtiges bemerke, stimme ich ein frommes Lied an; bei ernstlicher Gefahr lasse ich eine kräftige Pfeife ertönen, die ich stets umhängen habe und die eigentlich dazu dient, »zum Sammeln zu blasen«, wenn wir uns auf der Suche nach dem Weg trennen müssen. Doch alles geht gut. Wie sehr ich meine Augen anstrenge, die Schluchten und Spalten der hohen Felswände am Wege absuche, ich kann nicht den Schatten eines menschlichen Wesens entdecken. Froh, dass wir ungehindert hindurchgekommen sind, ermuntere ich meine Leute mit einem alten Witz, der ihnen immer wieder Freude macht.

»Hattest du die Teeflasche bereit, Tobgjal?« –

Schallendes Gelächter! Auch der Held der Geschichte stimmt ein.

Es war etwa zwei Jahre vorher, auf dem Weg zum Kloster Ditza, das einen Tagesmarsch vom Ufer des Gelben Flusses entfernt liegt. Wir hatten ein ausgesprochenes Wüstengebiet zu durchqueren, das von beherzten tibetischen Räubern unsicher gemacht wird, die vielleicht noch gefürchteter sind als ihre chinesischen Vettern.

Einige Beispiele: Etliche Jahre zuvor hatten sie dem Verwalter eines mir befreundeten Lamas übel mitgespielt. Der Mann ritt nach Hause, die Satteltaschen wohlgefüllt mit eingesammelten Geldern. Die Spitzbuben nahmen ihm alles ab, zogen ihm seinen schönen seidenen Rock und sämtliche andern Kleider aus, banden ihm die Hände auf den Rücken und fesselten ihn splitternackt mit seinem eigenen Leibriemen an einen Baum. Dann überließen sie ihn seinem Schicksal. Das Pferd nahmen sie natürlich auch mit. Es war mitten im Winter. Der Unglückliche verbrachte die ganze Nacht in dieser furchtbaren Lage. Gegen Morgen gelang es ihm nach verzweifelten Bemühungen, sich zu befreien. Halb erfroren schleppte er sich zu einem Bauernhof, wo man sich seiner annahm. – Ein andermal hatten die Räuber einen nichts ahnenden Bauern angeschossen, bei dem sie Geld vermuteten. Dank der Schnelligkeit seines Pferdes konnte er entkommen, er erreichte auch sein Haus, aber zwei Stunden später war er tot. Solche Geschehnisse sind in dieser Gegend nichts Seltenes. Wollte man sie sehr ernst nehmen, so dürfte man sich nie vor die Mauern einer Stadt wagen und müsste sich jeden Abend vor Sonnenuntergang in seinem Haus verrammeln.

Um zur Geschichte zu kommen. Am Spätnachmittag waren wir in einem mit hohem Buschwerk bestandenen Tal angekommen, aus dem einzelne Baumgruppen aufragten. Zur Erholung nach dem langem Ritt stiegen wir ab und führten unsere Tiere am Zügel, Yongden und ich den andern etwas voraus. Auf einer kleinen Lichtung machte ich an einem Felsen Halt, auch meine Leute sollten dort etwas verschnaufen. Als unser Sotar (Aufseher) dicht heran war, flüsterte er mir zu: »Räuber lauern uns auf, ich habe gesehen, wie sie sich hinter den Bäumen versteckten.«

Darauf musste man gefasst sein. Ohne Hast stand ich auf. Es hatte keinen Zweck, hier zu rasten, besser wir suchten schnell die nächste menschliche Behausung zu erreichen, möglichst ohne uns Furcht anmerken zu lassen. Wir taten so, als hätten wir nichts gesehen. Nach wenigen Schritten erblickte nun ich im Dickicht verborgen drei Männer mit Gewehren. Da sagte ich leise zu Tobgjal: »Hol den Revolver aus meiner Satteltasche, aber so, dass niemand ihn sieht.«

Dieser Trapa aus Kumbum, als Diener hervorragend, zeichnete sich nicht gerade durch Tapferkeit aus; im Vertrauen, man konnte ihn schon eher feige nennen. Der Gedanke an Räuber in nächster Nähe verwirrte ihm den Kopf; er öffnete die Satteltasche, nahm etwas heraus und brachte es mir so unauffällig wie möglich. Doch was zog er aus seinem Mantelbausch? Eine Thermosflasche mit Tee, die ich gewöhnlich für unterwegs mitnahm. Bei diesem unerwarteten Anblick musste ich schallend lachen. »Geh«, sagte ich zu dem Dummkopf, »nun hole auch noch die Keksbüchse, damit wir ihnen eine Vesper anbieten können.« Yongden und die andern wurden von meinem Gelächter angesteckt. Vielleicht war den Spitzbuben nicht ganz wohl bei unserer plötzlichen Heiterkeit, jedenfalls blieben wir verschont. Wir stiegen schnell in den Sattel und ritten in schlankem Trab davon. Hatten die Herren keine Pferde oder wagten sie nicht, uns zu verfolgen?

Von diesem Tag an hatte der arme Tobgjal viel unter dem Spott seiner Kameraden zu leiden und auch ich konnte es nicht lassen, ihn zu necken, obwohl das nicht gerade nett von mir war. Zu guter Letzt war er uns nicht mehr böse und lachte selbst mit.

Nachtlager fanden wir in einem einsamen Gehöft. Die Landschaft, ein von roten Bergen überragtes Felsenwirrsal, bot einen erhabenen Anblick. Bald ging der Mond auf, sein mattes Licht machte das Bild noch unwirklicher. Unmöglich zu erkennen, was dahinter lag, Ebene oder weites Tal; der riesige Felsengarten verlor sich geheimnisvoll in bläulichem Nebel.

Gleich nach dem Essen wollte ich ins Freie gehen, um die Landschaft zu genießen. Die Kälte war hart, aber ganz erträglich, man konnte, ohne Schaden zu nehmen, eine halbe Stunde auf einem der Felsen verträumen. Als ich Anstalt machte, das Haus zu verlassen, beschworen mich meine Wirtsleute, drinnen zu bleiben, böse Menschen und wilde Tiere machten die Gegend unsicher. Am eifrigsten drang ein Chinesenmädchen auf mich ein. Ihre Sorge rührte mich, doch ich ließ mich nicht abhalten.

Vielleicht bin ich, in Gedanken verloren, etwas weiter gegangen, als ich vorhatte, und wahrscheinlich habe ich auch recht lange auf einem Stein zwischen zwei mächtigen Felsen gesessen, die eine Art Schilderhaus bildeten und den Wind abhielten. Ich hätte nur schwer sagen können, wie viel Zeit vergangen war, als ich von rückwärts Schritte herannahen hörte. Ein Tier konnte es nicht sein, der regelmäßige Gang verriet den Menschen. Ich duckte mich zwischen die Felsen, so gut ich konnte. Ein Mann erschien und ging an meinem Versteck vorbei, ohne sich umzusehen. Er schritt kräftig aus, wie einer, der einem wohl bekannten Ziel zustrebt.

In das Gehöft konnte der Mann nicht gehören, die Leute hatten mir verschiedentlich versichert, alle seien zu Hause und keiner würde sich zu dieser Stunde hinauswagen. Vielleicht war es ein Räuber, der in dem verrufenen Hohlweg sich mit seinen Spießgesellen zu einem neuen Überfall treffen wollte. Jedenfalls brauchte er mich nicht zu sehen. So wartete ich noch ein Weilchen, aber ich hatte keine Freude mehr an der Einsamkeit, meine innere Sammlung war verflogen, ich begann, die Kälte empfindlich zu spüren, und musste fürchten, von der Finsternis überrascht zu werden, denn der Mond war schon fast hinter den Berggipfeln verschwunden.

Unbehelligt erreichte ich das Haus, als ich jedoch um die Ecke biegen wollte, hörte ich Flüstern. Was bedeutete das?

Unentschlossen blieb ich einen Augenblick stehen. Da schlugen die Wachhunde an, die man angebunden hatte, damit ich unangefochten wieder ins Haus kam. Ein Mann suchte schleunigst das Weite. Ein Dieb? Ich lief zur Tür. Auf der Schwelle fand ich die junge Chinesin, die mir so sehr nahe gelegt hatte, nicht auszugehen. Das also war des Pudels Kern? Ein Liebhaber? Die Hunde mussten ihn gut kennen, sonst hätten sie sein Kommen gemeldet.

Das Mädel konnte sich wunderbar beherrschen. Sie freue sich so, mich wieder zu sehen; vor Unruhe, mich ganz allein draußen in der Nacht zu wissen, hätte sie nicht einschlafen können und meine Rückkehr abwarten wollen.

»Wie gut Sie sind und wie dankbar bin ich Ihnen für Ihre Fürsorge«, erwiderte ich mit ernstester Miene und rief dann laut: »Ich bin es!« – für den Fall, dass einer der Hausbewohner durch den Lärm wach geworden sein sollte –, verriegelte unter großem Getöse die Tür und ging mit der irdenen Lampe, die man für mich hatte brennen lassen, schnell in mein Zimmer. Aber ich brauchte der verliebten Kleinen den Rückzug nicht zu decken; schon war sie verschwunden, leichtfüßiger und leiser als die Feen, von denen die Märchen ihres Landes erzählen.

Nach Amdo hinein

Am andern Morgen geht es an den Felsgruppen vorüber und als wir die Höhe erreichen, steht plötzlich Ho-jo vor uns. Wie eine Oase liegt die mauergekrönte Stadt in der weiten, von einem freundlichen Fluss durchzogenen Ebene, ein überraschender, lieblicher Gegensatz zu der Dürre ringsum. Man versteht ohne weiteres die Liebe der moslemischen Bevölkerung Gansus zu dieser schönen Feste, die für sie ein irdisches Abbild der Blumengärten in Allahs Paradies darstellt.

Mein dortiger Aufenthalt war alles andere als angenehm. Ich erlitt einen ähnlichen Fieberanfall wie Yongden einige Tage vorher. Einer der Maulesel bekam die Kolik und wäre fast verendet. Es begann zu schneien, ein eiskalter Wind machte sich auf. Wir waren für mehrere Tage zur Untätigkeit verdammt und warteten in einer Herberge die Genesung des kranken Tieres ab.

Es sei ein Glück, meinte Yongden, dass die Trapas unser Reiseziel nicht kannten. Angesichts der Kette von Missgeschicken, die uns zustießen, hätten sie sicherlich geglaubt, die Götter Tibets sendeten diese Hindernisse, um uns von Lhasa fern zu halten.

Wahrscheinlich hatte alles sehr natürliche Ursachen, dennoch sollten wir Lhasa nicht erreichen, weder diesmal noch bei den beiden folgenden Versuchen. Drei Jahre musste ich noch warten, ehe ich die heilige Stadt der Tibeter sehen durfte. Ich habe übrigens keinen Grund, das zu bedauern, denn diese Folge von Niederlagen, die immer seltsameren Mittel, die sie mir aufzwangen, um mein Ziel zu erreichen, haben eine Freude am Abenteuer in mir geweckt, die ich sonst nie kennen gelernt hätte.

Von Ho-jo aus ging es tiefer hinein ins Gebirge; wir waren nun im wilden Amdo. Es gehört zwar nicht zum tibetischen Staatsgebiet, gilt jedoch als tibetische Provinz und untersteht der Regierung des Dalai-Lama. Eine Oberaufsicht seitens der chinesischen Behörden ist unbestritten, sie erheben auch verschiedene Steuern; in die Angelegenheiten des Volkes mischen sie sich jedoch nur in Ausnahmefällen ein. Die eigentlichen Herren sind für gewöhnlich die örtlichen Anführer, die untereinander keine Verbindung haben.

Die Bewohner Amdos sind tibetische Hirten. An der Nordostgrenze der großen Grassteppen leben sie in Zelten (Dokpa, »Bewohner der Einöden«), sonst in kleinen Siedlungen. Diese Jukdog, »Dorfhirten«, widmen sich im Frühjahr der Feldbestellung; doch sobald der Sommer ins Land zieht, überlassen sie einigen wenigen – oft Frauen – den Schutz ihrer festen Häuser und die Sorge für das Einbringen der Ernte. Die ganze übrige marschfähige Bevölkerung zieht mit den Herden und Zelten auf die Hochebenen.

Unser Weg führt durch enge Täler. Die Flüsse führen grünes Wasser. Es kann noch nicht lange her sein, seit das ganze Land mit Wald bedeckt war, doch die Einheimischen holzen ihn geradezu wütend ab. Viele Berge sind ganz kahl, das Gestein verwittert und droht die Täler zu verschütten. Sturzbäche ergießen sich die riesigen Geröllhalden hinab, waschen die Hänge tief aus und beschleunigen das Zerstörungswerk.
An der rücksichtslosen Vernichtung des Waldes ist hier nicht der Holzhandel schuld – man kann die Stämme nicht verflößen –, sondern die Köhlerei. Die Meiler fressen die herrlichen Bäume; die Hälfte der Holzkohlen zerbröckelt und geht an Ort und Stelle verloren, die versandfähigen kaufen die Zwischenhändler. Gelegentlich bringen die Holzfäller sie auch selbst auf Maultieren in die Städte, wo dieser Brennstoff sehr begehrt ist.
Je weiter wir nach Amdo hineinkommen, desto kläglicher werden die Unterkunftsmöglichkeiten. Dennoch übernachten wir nicht gern im Freien, teils wegen unserer Reittiere, die jetzt, in der kalten Jahreszeit, die Nächte im Stall verbringen müssen, teils wegen der Gauner. Wenn man wohl unterrichteten Leuten glauben darf, steckt in jedem Bauern dieses Landes ein Spitzbube, der nur auf einen günstigen Augenblick lauert. Diese Schlitzohren sind allerdings vorsichtig. Den Gast unter dem eigenen Dache bestehlen sie nicht, weil es zu gefährlich ist. Er könnte, besonders wenn es ein Vornehmer ist, bei den Stammesältesten oder, falls er die Gerichtskosten nicht scheut, sogar bei der chinesischen Aufsichtsbehörde Anzeige erstatten und dann würden durchziehende Soldaten sich für den Geschädigten zum Richter und Urteilsvollstrecker aufwerfen. Die Rechnung für dieses alles andere als kostenlose Verfahren hätte der Bauer zu bezahlen; ein gestohlenes Pfund Zucker könnte ihn ein Pferd kosten.
Wer im Freien übernachtet, verzichtet auf die heilsame Furcht, die dies Zerrbild von Gerichtsbarkeit einflößt. Gegen

wen Klage führen, wenn im Laufe der Nacht ein oder zwei Maulesel verschwinden? Die Ortsbewohner werden schwören, sie hätten nichts gesehen und gehört, die Diebe könnten auch nicht aus ihrem Dorf stammen, keiner hätte es über Nacht verlassen. Wie soll ein Fremder beweisen, dass sie lügen? Er mag schimpfen und wettern, wie er will, seine Tragtiere sind schon weit weg und traben auf Nimmerwiedersehen über die Berge. Sich selbst zu seinem Recht zu verhelfen, ohne Einhaltung der altüberlieferten Bräuche, ist bei den Tibetern nicht gestattet.
Es gibt allerdings auch unehrliche Gäste. Sie können zwar nur Kleinigkeiten entwenden, die sehr armen Landleute empfinden jedoch den Verlust eines webfertigen Wollknäuels oder eines tüchtigen Stückes Dörrfleisch hart genug. Ich selbst bin ohne mein Zutun gleichfalls in diesen Verdacht gekommen.
Ein junger Mensch, den ich unterwegs aus Mitleid mitnahm und gegen kleine Dienstleistungen durchfütterte, hatte eines Tages einen alten Pelz an, den ich vorher nie bei ihm gesehen. Auf meine Fragen bekam ich heraus, dass er ihn gut eine Woche vorher einem Bauern, bei dem wir genächtigt hatten, gestohlen hatte. Den weiten Weg zurückzumarschieren, um den Pelz zurückzubringen, war unmöglich, den Dieb zu entlassen mit dem Befehl, seine Beute abzuliefern, nutzlos; er hätte es bestimmt nicht getan, denn er verspürte keinerlei Gewissensbisse. »Es sind reiche Leute«, erwiderte er auf meine Vorhaltungen, »sie haben ein schönes Haus. In der Ecke, wo ich diesen Pelz an mich genommen habe, lagen fünf oder sechs andere staubbedeckt unbenutzt auf einem Haufen. Ich aber bin viel unterwegs und muss oft im Freien schlafen, meine Kleider sind ganz zerfetzt. Warum soll ich frieren?«
Diese Gründe schienen ihm durchschlagend und Rechtfertigung genug. Den Versuch, ihn zu überzeugen, dass er nach einer bestimmten Sittenlehre hätte weiter frieren müssen, hielt ich für vergeblich.

Hier in der Gegend zählen die Dörfer wenige Häuser, häufig nur vier oder fünf, im Höchstfall ein Dutzend. Herbergen gibt es da natürlich nicht. Das ist übrigens in ganz Tibet so, Lhasa, Shigatse, Chamdo und einige andere bedeutende Orte ausgenommen. Abend für Abend müssen wir um die Erlaubnis betteln, die Nacht unter dem Dach eines Bauern zu verbringen. Umsonst wird diese Gastfreundschaft nicht gewährt, aber feste Preise gibt es auch nicht. Beim Abschied schenkt der Reisende seinem Wirt eine Geldsumme oder nützliche Lebensmittel, Tee, Salz etc. Er kauft den Leuten auch Stroh, Heu oder Korn für seine Tiere ab und deckt sich mit Butter, Tsampa – Mehl aus gerösteten Gerstenkörnern, das »Brot« der Tibeter – oder Fleisch neu ein. Der Bauer erleidet also keinen Schaden.
Immerhin kommt es vor, dass einem das Obdach verweigert wird; häufig aus Misstrauen, zuweilen auch aus andern Gründen, etwa aus Angst, der Fremde könnte einen bösen Geist ins Haus bringen, der sich unterwegs an seine Fersen geheftet hat. Die tägliche Suche nach einem Nachtlager bescherte uns seltsame Erlebnisse, führte uns an seltsame Orte und zu nicht weniger seltsamen Menschen.
Eines Abends weist man uns ein armseliges Häuschen, dort könnten wir sicher unterkommen. Die Bewohner sind Chinesen. Ein alter Biedermann empfängt uns. Er weigert sich, selbst gegen gute Bezahlung, mir sein eigenes Zimmer abzutreten, und will mich durchaus in dem anstoßenden Verschlag unterbringen, wo in buntem Durcheinander sämtliche Frauen und Kinder der Familie schlafen. Das ekelt mich an. Trotz unserer Müdigkeit machen wir kehrt und ziehen ins letzte Dorf zurück, wo wir bei einer moslemischen Familie um Obdach bitten. Wir werden sehr freundlich aufgenommen. Der Hausherr bietet mir sein Zimmer an und trägt sogleich seine Decke hinaus, um die Nacht anderswo zu verbringen. Mein Sohn wird in

einer Ecke auf dem Fußboden schlafen und die Trapas sind bei einem Nachbarn untergebracht. Es ist selten, dass wir uns trennen, die Vorsicht verbietet es. In dieser Gegend kann man sich jedoch im Allgemeinen den Moslems anvertrauen, was persönliche Sicherheit anbetrifft, in Geldgeschäften nicht so unbedingt. Die Behausung verrät Wohlstand. Im Zimmer stehen verschiedene schöne Truhen, die Wände sind mit kunstlosen Holzschnitten auf gelbem Papier geschmückt. Dergleichen findet man in jedem chinesischen Haus, hier sind aber die auf Wolken thronenden Gottheiten durch kindliche Zeichnungen der Heiligtümer in Mekka mit ergötzlichen Scharen von betenden Gläubigen ersetzt.

Am nächsten Morgen erfahre ich, dass in dem Verschlag, wo der alte Chinese mich hatte unterbringen wollen, lange Zeit ein Aussätziger gelegen hatte; er war auf demselben Kang vier Tage vorher gestorben.

Meine Gesundheit hätte ja vielleicht keinen Schaden genommen, dennoch beglückwünschte ich mich, dass ich eine andere Unterkunft gefunden hatte. Der Mann hegte übrigens bestimmt keine bösen Absichten, als er mir die verseuchte Lagerstatt anbot, seine Angehörigen waren sicher glücklich, dass ich ihnen nicht ihr Nachtlager wegnahm. Ansteckungsfurcht kennen diese Naturkinder kaum.

Ein paar Worte über den Kang. Die Chinesen in Gansu und die Tibeter der Grenzgebiete, soweit sie chinesische Wohnsitten angenommen haben, wissen nichts von Betten. Sie errichten im Wohnraum eine Art Bühne aus Stein oder Lehm; manche nur 1,5 x 2,5 Meter groß, andere 2 x 4 Meter oder mehr. Unter der Deckplatte befindet sich eine Heizöffnung, in der winters ein Feuer brennt. Das Unterteil des Kang dient demnach als Ofenersatz, sein eigentlicher Zweck ist die Ruhestatt für die Nacht, doch auch tagsüber sitzt man darauf mit untergeschlagenen Beinen, wie ein Schneider, beim Essen, beim Lesen und Schreiben oder beim Plaudern.

Ich für meinen Teil kenne kaum ein unangenehmeres Gefühl, als auf dieser Platte zu liegen, die glühend heiß werden kann. Zum Schlafen breitet man Decken darüber, die vor Brandwunden schützen; wie nötig die Vorsicht ist, ersieht man daraus, dass sie nicht selten Sengstellen oder Brandlöcher zeigen. Wenn bei fünfundzwanzig Grad Kälte der Wind durch schlecht schließende Türen und mit löcherigem Papier bespannte Fenster pfeift, dann erstarrt einem die eine Körperhälfte und die andere wird geröstet. So verbringt man kummervolle Nächte mit Herumwälzen, ähnlich wie der heilige Laurentius in der Legende auf dem Rost vor den römischen Folterknechten. Es kommt übrigens vor, dass kleine Kinder auf den überhitzten Steinplatten bei lebendigem Leibe gebraten werden. Jedes Jahr werden solche Unfälle gemeldet. Die Mütter sind verzweifelt, doch niemand wird darum vorsichtiger; übrigens verfügen die Frauen über kein anderes Mittel, um ihre Kinder vor der Kälte zu schützen.

Ein gut gebauter Kang hat zwei Öffnungen an der Außenseite des Hauses. Durch die eine wird der Brennstoff zugeführt – gewöhnlich ein sehr trockenes Gemenge von Stroh, Mist und Yakdung –, durch die andere entweicht der Rauch. Nach dem Zimmer zu ist diese Heizvorrichtung luftdicht abgeschlossen, sodass eine Belästigung durch Qualm oder Feuerungsgase nicht stattfindet, oder richtiger, nicht stattfinden sollte, denn meist ist der Kang schlecht angelegt und weist Risse auf. Es gibt auch solche mit nur einer Öffnung, bei denen jeder Zug fehlt. Die allerschlimmsten werden von drinnen geheizt, die einzige Öffnung wird nie geschlossen und lässt unerträgliche Dünste entweichen. Die einfachste Wärm- und Schlafvorrichtung, die ich gesehen habe, waren Bretter über glimmender Asche. In der Nähe von Bergwerken brennen die Leute sogar Steinkohlen in den schlecht gefügten Heizungsanlagen.

Einmal wären mein Sohn und ich auf einem Kang beinahe erstickt. Ich hatte auf einem einsamen Gehöft ein krankes Mädchen besucht, es war gleichfalls in Amdo, doch mehrere

Monate vor der jetzigen Reise und in einem andern Teil des Landes. Die Eltern der Kranken baten mich inständig, bis zum Morgen zu bleiben, um die Wirkung meiner Heilmittel abzuwarten. Da die Straßen alles andere als sicher waren, hatte ich bei Einbruch der Nacht eingewilligt.

Das beste Zimmer des Hauses erhielt ich eingeräumt. Nach Landessitte musste ich es mit meinem Sohn teilen. Niedrige Tische wurden auf den Kang gestellt und ein ausgezeichnetes Mahl darauf angerichtet, dann ließ man uns allein. Bald nach dem Essen sanken wir auf den heißen Steinplatten in tiefen Schlaf, nach dortigem Brauch in voller Kleidung auf Kissen ausgestreckt. Mitten in der Nacht erwachte ich mit schwerem Kopf, unfähig ein Glied zu rühren, aber erfreulicher Weise noch klar genug bei Besinnung, um unsere Lage zu erfassen. Mit heftiger Anstrengung rief ich nach Yongden. Er war schon halb bewusstlos. Ich hatte Mühe, mich verständlich zu machen. »Schnell, schnell«, brachte ich heraus, »steh auf, trag mich weg, wir müssen sonst sterben.« Nach einigen Augenblicken bekam er seine Glieder in die Gewalt und kroch mühsam auf mich zu – der Kang war breit, Yongden hatte an der Wand geschlafen und ich am Fenster. Da die Läden geschlossen waren, herrschte völlige Dunkelheit. Yongden schob sich aufs Geratewohl über die trennende Fläche, stieß die Tischchen um, auf denen noch die Reste unseres Abendessens standen, und fühlte endlich meinen Kopf unter seiner Hand. Er packte zu und zerrte mich bis an den Rand des Kang, dann fiel ich wie ein Mehlsack hinunter. Aber mein Sohn ließ nicht los, sondern fasste fester zu; ich fühlte seine Finger in den Augen und im Schlund. Er brachte mich gerade noch bis an die Tür und stieß sie auf, dann verließen ihn die Kräfte. Er brach an der Schwelle zum Hof über mir zusammen.

Wir schrieben den 25. Dezember, es war eine herrliche, mondklare Nacht mit heftigem Frost, es mochte dreißig Grad unter Null sein. Waren wir eben fast erstickt, so wären wir jetzt bei-

nahe erfroren. Glücklicherweise wurden die Hausbewohner durch den Lärm wach und kamen uns zu Hilfe.
Die Chinesen scheinen, ebenso wie die Japaner, gegen Verbrennungsgase wenig empfindlich zu sein; dennoch hört man hier und da von tödlichen Unfällen. Man wundert sich eigentlich, warum so hochgebildete Völker keine andere Art der Heizung kennen.

Der Tod des alten Banditen

Je weiter wir ins Land hineinkommen, umso seltener treffen wir noch Chinesen. – Ein paar reisende Händler oder ein einzelner Kaufmann als Leiter einer Handelsniederlassung – im Übrigen ist die Bevölkerung rein tibetisch.
Die Amdotibeter unterscheiden sich einigermaßen von denen der inneren Provinzen um Lhasa oder Shigatse. Diese sehen denn auch auf ihre Landsleute im fernen Norden herab und nennen sie verächtlich Thapas, »Leute der äußersten Enden«, ungebildete »Grenzbewohner«.
Aus der Nähe betrachtet erscheinen sie einem – nackt bis auf einen schmutzigen Schafpelz – tatsächlich wie Barbaren. Aus der Ferne ändert sich der Eindruck. Der Schmutz gibt der glatten Seite des Fells, die sie nach außen tragen, einen tief bronzefarbenen Schein, es glänzt wie wundervoller olivgrüner oder brauner Samt. Wenn so ein Hüne nun den Säbel mit silber- oder korallengeschmückter Scheide in den Gürtel schiebt, sein Gewehr umhängt und sich aufs Pferd schwingt, dann wirkt er mit seinem hohen Wuchs und der selbstbewussten Miene wie ein edler Ritter. Noch mittelalterlicher muten einen die Frauen an. Auf ihre langen, fast schleppenden Gewänder, die sich an speckigem Glanz von denen der Männer nicht unterscheiden, nähen sie zur Verzierung schmale Baumwollstreifen in lebhaftem Rot, Grün und Blau. Der Gür-

tel besteht häufig aus ziseliertem Silber oder zeigt zum Mindesten Silberschmuck, daran hängen sie Schärpen in denselben auffallenden Farben. Jede der Schönen trägt ständig, zu Hause wie im Freien, eine malerische Kopfbedeckung, eine lange spitze Mütze oder einen mit weißem Astrachan besetzten runden Hut mit Rand aus Fuchsfell oder Filz.

Sieht man diese prächtig aufgemachten Frauen auf den Feldern, dann glaubt man sich in einen Ritterroman versetzt und Burgfräulein oder verwunschene Prinzessinnen vor sich zu haben, die ein böser Zauberer gefangen hält und zur Magdarbeit missbraucht. Unwillkürlich sieht man sich nach dem Prinzen um, der sie befreien wird. Aber kein junger Held erscheint; Männer gibt es sehr wenig in diesem Land, kaum dass man hier und da einmal einen auf dem Acker sieht. Doch sie liegen nicht etwa daheim auf der Bärenhaut. O nein, in Amdo lebt eine tapfere Rasse. Die stolzen Gemahle der Burgfrauen haben einen Beruf erwählt, den sie für männlicher halten als den des Landwirtes. Wie unsere Strauchritter von einst machen sie die Straßen unsicher und tragen auf ihre Weise zum Wohlstand der Familie bei.

Wir näherten uns Sasoma (Ponggartang). Meine ermüdeten Maultiere kamen sehr langsam vorwärts. Der Abend brach an. Weit und breit kein Dorf zu entdecken. Nach einigem Suchen fanden wir einen einzelnen Bauernhof. Dort wollten wir um Nachtlager bitten.

Das vereinte Gekläff von fünf wütenden Hunden scholl uns als Willkomm entgegen; drei waren angekettet, nur mit Mühe konnten die herbeieilenden Frauen die beiden andern zurückhalten. Die Bäuerinnen, eine ältere und zwei jüngere, empfingen uns kühl, sie schienen allein zu Haus zu sein. Wir fühlten, sie hätten uns am liebsten die Tür gewiesen, aber unsere geistliche Kleidung flößte ihnen Scheu ein. Es gibt wohl wenige Tibeter, die einem hohen Lama die Gastfreundschaft abzuschlagen wagen, und Yongden hatte nicht verfehlt, mich sogleich als eine Khadoma vom Kuku Nor vorzustellen.

Khadoma (geschrieben *mkhah hgroma*, wörtlich »eine, die in den Himmel geht«) nennt man weibliche Geister, die nach dem Glauben der Tibeter gelegentlich Menschengestalt annehmen. Bestimmte fromme Frauen gelten als Fleisch gewordene Khadomas. Seit einigen Jahren wurde – zuerst unbestimmt, dann immer hartnäckiger – das Gerücht verbreitet und schließlich auch von mehreren Lamas bestätigt, dass ich mich dieser schmeichelhaften Herkunft rühmen könnte. Ich widersprach nicht allzu heftig. Dieser Glaube brachte mir zahlreiche Vorteile, er sicherte mir Achtung und Wohlwollen der Menschen hier und erleichterte meine Forschungen. Irgendwelche Unannehmlichkeiten waren nicht damit verknüpft. Schließlich tröstete ich mich mit dem Gedanken, wenn nicht mit unumstößlicher Sicherheit festzustellen war, dass ich eine Khadoma bin, einen bündigen Beweis für das Gegenteil gab es ebenso wenig. So blieb es denn bei meiner wunderbaren Herkunft und dank der Macht der Gewohnheit bin ich mir heute selbst nicht mehr ganz sicher, ob es nicht ein wenig seine Richtigkeit damit hat.

Man ließ uns ein. Wir betraten einen weiten Raum, der zugleich Küche und Schlafzimmer der Männer darstellte. Die Frauen schienen wenig zum Sprechen aufgelegt, sie unterließen sogar die übliche Frage nach dem Ziel unserer Reise. Schweigend legten sie mir Kissen neben den Herd und stellten einen niedrigen Tisch davor. Meine Diener hatten inzwischen die Vorräte ausgepackt und das Abendbrot konnte beginnen. Die Abwesenheit der Männer machte mich stutzig. Da ich die Landessitten kannte, fragte ich beim Essen ganz nebenbei: »Seid ihr nicht verheiratet? Wo sind denn eure Männer?« – »Meiner ist tot«, erwiderte die Alte ernst, »dies sind die Frauen meiner Söhne.« – »Sie sind aber doch nicht hier«, fuhr ich mit Nachdruck fort. »Mein Mann ist unterwegs, um Handel zu treiben«, ließ sich nun eine der Schwiegertöchter vernehmen und fügte mit einem Blick auf die Schwägerin hinzu: »Ihrer besucht einen Verwandten, der einen Unfall gehabt hat.«

Ich kannte den tibetischen Wortschatz genügend, um aufzuhorchen. Der beschönigende Ausdruck »Handel treiben« oder, wie man in andern Gegenden noch malerischer sagt, »auf den Bergen Arzneikräuter sammeln« bedeutet, an einem Raubzug teilzunehmen. Dachten die Frauen nun, ich verstände sie nicht, oder glaubten sie tatsächlich, einer Khadoma könnten sie nichts verheimlichen, und ich wollte nur ihre Wahrhaftigkeit auf die Probe stellen? Was der tibetischen Geistesart besser entsprechen würde. Ich fragte jedenfalls nicht weiter, sondern vertiefte mich in das Hersagen der Abendgebete, wie alle vornehmen Lamas das machen. Die Frauen hatten sich in eine Ecke zurückgezogen und beobachteten ein frommes Schweigen.
Plötzlich hörte man draußen ein Pferd in flottem Trabe herankommen, dann gaben die Hunde Laut, diesmal aber freudig: Der Herr war zurück. Eine der Frauen eilte hinaus, um, wie die Sitte es vorschreibt, den Zügel zu halten und das Pferd in den Stall zu führen. Doch hatte sie kaum den Riegel zurückgezogen, als schon ein jugendlicher, stattlicher Mann eintrat und, ohne mich zu sehen, ins Zimmer rief: »Er ist tot, die Kugel ist ihm tief in die Brust gedrungen.«
Wortlos, mit einer Kopfbewegung, machte ihn die Alte auf meine Anwesenheit aufmerksam. Er drehte sich um, betrachtete einen Augenblick mein geistliches Gewand, kam dann auf mich zu und sagte: »Mein Onkel, der Bruder meiner Mutter, ist soeben gestorben, seine Freunde haben ›seinen Lama‹ (geistlichen Berater) rufen lassen, damit er das Powa* vornimmt. Doch wenn Sie befugt sind, die heilige Handlung zu vollziehen, würden Sie es nicht ebenfalls tun, damit mein

* Eine Weihehandlung, um die Seele aus dem Körper zu treiben und anderswohin zu bringen. Das Wichtigste ist, sie aus dem Bardo herauszubekommen, wo sie nach dem Tod des Leibes herumirrt, und sie nach einem glücklichen Aufenthaltsort zu geleiten. Über Powa und Bardo findet man Näheres in meinem Buch »Heilige und Hexer«, Leipzig 1931.

Onkel im Paradies der Großen Glückseligkeit wieder geboren werden kann?«

»Da der Leichnam Eures Onkels nicht hier ist, muss das Powa, um wirksam zu sein, über einem Gegenstand ausgeführt werden, den er gewöhnlich bei sich trug, eins seiner Kleider oder etwas Ähnliches«, erwiderte ich.

So lautet in der Tat die Vorschrift. Ich hoffte, um den Totendienst herumzukommen, da kein Lama verweigern darf, falls er die dazu nötige Weihe empfangen hat. Das Mitleid legt ihm die Pflicht auf, dem Geist des Toten seine Hilfe zu gewähren.

»Es war mein Bruder, Jetsumna Kuchog*«, legte sich die alte Frau ins Mittel, »wenn Sie können, helfen Sie ihm.« Dabei liefen ihr die Tränen über die runzligen Wangen.

»Ich besitze den Säbel, den er immer im Gürtel trug«, sagte der junge Hausherr mit ruhiger Stimme, »mein Onkel hatte ihn bei sich, als er verwundet wurde. Sein Sohn ist tot, daher erbe ich die Waffen.«

Er ging hinaus und kam sofort wieder, ein Gewehr und einen Säbel in einer mit Silber und Korallen verzierten Scheide in der Hand. Den Säbel legte er vor mich auf den niedrigen Tisch.

Ich fühlte, dass die Leute trotz ihrer äußerlichen Ruhe sehr bekümmert waren und dass ihnen viel daran lag, ihren Verwandten in der glücklichen andern Welt zu wissen. Das Beste war, ihnen den Beistand und die Tröstungen zu gewähren, um die sie baten.

»Gut«, erwiderte ich und legte die Hand auf die Waffe des verstorbenen Banditen, »das genügt, lasst mich allein.«

Der junge Mann trat zurück und wurde von den Frauen sogleich nach draußen gezogen. Eine lebhafte Unterredung

---

* Sehr höfliche Anrede an eine Lama-Dame von hohem Rang. Weniger ehrerbietig ist »Ane« (gewöhnlich »Ani« gesprochen).

setzte ein, die mir entging bis auf die wiederkehrenden lauteren Worte: »Er hat gesagt, ich müsste sofort wieder kommen ...« – »Dein Bruder ist gestern hingegangen ...«
Nun trat der Mann wieder ins Zimmer, warf sich vor mir nieder und sagte: »Ich muss fort, geben Sie mir Ihren Segen, Jetsumna Kuchog, und ein Songdü, das mich schützt.« Erklärungen waren überflüssig, ich verstand, dass er sich zu einem geplanten Raubzug stellen musste und dass ihm dasselbe Schicksal drohte wie dem Onkel, dessen Seele ich den Weg nach dem Paradies der Großen Glückseligkeit ebnen sollte. Ein Versuch, ihn von seinem Vorhaben abzubringen, wäre vergeblich gewesen. Der Gedanke kam auch weder seiner Mutter noch seiner Frau; der Mann tat, was seine Vorfahren seit Jahrhunderten getan hatten und was ihnen allen ebenso unausweichlich, ja ebenso natürlich schien wie der Lauf der Gestirne. Ich machte also ein Songdü. Dazu riss ich vom Ende einer seidenen Schärpe einen Streifen* ab, knüpfte einen Knoten und sprach dabei innerlich die Wünsche aus, der Mann möge von Gefahr verschont bleiben, selbst niemanden in Gefahr bringen und einer rechtlicheren Denkweise zugänglich werden. Dann blies ich in der vorgeschriebenen Weise auf den Knoten und reichte dem jungen Mann den Streifen. Er band ihn sich um den Hals, bedankte sich und fügte in einer plötzlichen Aufwallung hinzu: »Jetsumna Kuchog, ich bin immer mildtätig gegen die Armen gewesen, Leute vom geistlichen Stande und Pilger werden in meinem Hause stets gut aufgenommen, ich habe nur einen Menschen getötet. Das war im Kampf; es hätte nicht viel gefehlt, so wäre ich auf dem Platz geblieben.« Bei diesen Worten ließ er seinen Pelz fallen, auf seiner Brust wurde eine große Narbe sichtbar.

* Die Songdüs können verschiedene Farben haben: Weiß (oder Blau an der chinesisch-tibetischen Grenze) für Laien, Rot für Glieder der Geistlichkeit (in Ausnahmefällen auch für Laien), Gelb für hohe religiöse Persönlichkeiten.

Seine Mutter reichte ihm einen Napf Branntwein, dazu aß er ein paar Mund voll gedörrtes Fleisch mit einem Klößchen Tsampa. Währenddem machten die jungen Frauen seinen Essvorrat für unterwegs fertig. Dann ging er in die Nacht hinaus und wir hörten den Hufschlag seines Pferdes allmählich in der Ferne ersterben.
Wieder Stille ringsum, bis auf das eintönige Gemurmel aus der Zimmerecke, wo die drei Frauen nach den Perlen des Rosenkranzes die heilige Formel »Om mani padme hum« vor sich hin sprachen. Ihre Gesichter spiegelten ruhige Schwermut, eine Art heiterer Ergebenheit, die ohne Verzweiflung oder Auflehnung ein Schicksal erträgt, das zu bekämpfen unmöglich wäre. Ich musste an unsere Fischerfrauen denken, die ihre Männer während eines Sturmes auf dem Meer wissen. Den Säbel des alten Räubers vor mir, begann ich das Totenamt. In vorgeschriebener Weise rief ich die Seele des Verstorbenen und beschwor sie, sich nach dem Ort der Glückseligkeit führen zu lassen. Ob er mich hörte, dieser verhärtete Räuber, der nach dem Glauben seines Volkes auf dem Felde der Ehre gefallen war, wo die »Tapferen mit dem starken Herzen« sich gegenüberstehen?
Am Morgen bat ich, noch einen Tag bleiben zu dürfen, um meinen Tragtieren eine Pause zu gönnen. Sicherlich würden ihnen vierundzwanzig Stunden Ruhe ausgezeichnet bekommen, aber mein eigentlicher Grund war, diese unerwartete Gelegenheit auszunutzen, um von den Bauersfrauen Näheres über die Ausübung des Räuberhandwerks in der dortigen Gegend zu erfahren. Als Khadoma, die sich um das Seelenheil eines verstorbenen Angehörigen bemüht hat, hatte ich allen Grund zu hoffen, dass sie mir offen antworten würden, da ich ja sowieso Bescheid wusste, von welcher Art der »Handel« war, den die Männer des Hauses betrieben.
Meine Erwartungen wurden nicht enttäuscht. Es gab dort eine Art geheimer Dienstpflicht. Alle marschfähigen Män-

ner hatten sich an »Handelsunternehmungen« zu beteiligen, die durch eine Führerversammlung festgesetzt wurden. Auch die Verteilung der Beute wurde durch die Anführer geregelt. Ich verstand nun, warum der Mann nicht über Nacht hatte bleiben dürfen.

Die Schildbürger von Lachen

Auf späteren Reisen sollte ich ähnliche Sitten vorfinden, und zwar im Lande der Golog, bei den Popas und in den Gebirgen um das Hochtal des Salween. Bis dahin aber waren die Ansätze zum »Sozialismus«, die ich in Tibet angetroffen, auf friedlichere Ziele gerichtet gewesen. Ich hoffe, dass keiner meiner Leser sich an dem Wort Sozialismus in diesem Zusammenhang stößt. Was ich jetzt schildern will, schien mir wie eine lächerliche Entartung bestimmter sozialistischer Gedankengänge, zu denen Stellung zu nehmen mir fern liegt, besonders wo ich auf politischem Gebiet ganz unzuständig bin. Selbstverständlich hatten die Einheimischen keine Ahnung davon, was man im Abendland unter Sozialismus versteht, die zum Teil recht sonderbaren Einrichtungen sind ihren eigenen Gedanken über die Gleichheit aller und über die Pflichten des Einzelnen gegen die Gesamtheit entsprungen.

Mit das Erstaunlichste, was ich in dieser Hinsicht erlebte, war Lachen, ein Dorf an der tibetischen Südgrenze, etwa 2400 Meter hoch, nicht weit von der kleinen Wachfestung Kampa Dzong. Es liegt zwar einige Kilometer jenseits der Grenze, aber die Bevölkerung ist rein tibetisch; sie stammt wahrscheinlich von wandernden Hirten aus Ha ab. Dies Gebiet gehört heute zu dem kleinen tibetischen Staat, der auf den Karten Bhutan heißt und von seinen Bewohnern Dugjul (Land des Donners) genannt wird.

Lachen zählt ungefähr vierundzwanzig Familien. Diese zeigen

die ersten Ansätze zu bäuerlicher Sesshaftigkeit. Sie bestellen ihre Felder mit Gerste und Kartoffeln. Auf das Hirtenleben ihrer Vorväter haben sie noch nicht ganz verzichtet, im Sommer verlassen sie ihre Häuser und ziehen mit ihren Yakherden auf die etwa 1600 Meter höher gelegenen Almen. Wenn dort gegen Ende September der Schnee zu hoch wird, führen einige Männer das Vieh über die Grenze nach Tibet, wo infolge des kälteren und trockeneren Klimas die Weiden gewöhnlich schneefrei bleiben. Die übrigen Dorfbewohner ziehen in die Heimat hinunter.

Ich habe lange in diesem verlorenen Winkel gelebt, sowohl in dem Kloster oberhalb des Dorfes als auch in der Umgebung. In »Heilige und Hexer« habe ich ausführlich darüber berichtet. So bot sich mir reichlich Gelegenheit, das Zerrbild eines sozialistischen Gemeinwesens zu bestaunen.

Die Gemeindevorsteher, drei an der Zahl, wurden auf ein Jahr gewählt. Ihnen war ein Zehnerrat beigeordnet. Diese dreizehn Ältesten regelten die laufenden Angelegenheiten und übten die richterlichen Befugnisse aus. Bei wichtigeren Entscheidungen wurden alle Männer des Dorfes zur Beratung und Abstimmung einberufen. Grundsätzlich sollte jeder zu den Ausgaben beitragen und an den öffentlichen Arbeiten teilnehmen und dafür seinen Teil an den Gemeindeeinnahmen erhalten.

Diese Verfassung scheint uns musterhaft, aber die besten Gedanken können bei der Ausführung in ihr Gegenteil verkehrt werden.

Wie gesagt, sollten die drei Gemeindevorsteher gewählt werden. Das wurden sie auch, nur waren nicht etwa alle Ortsansässigen wählbar, sondern in stillem Einverständnis mussten sie zur Gruppe der mehr oder weniger zerlumpten »Reichen« gehören. Merkwürdigerweise hielten die »Armen« an dieser Regel mit größerer Strenge fest als ihre vom Schicksal begünstigteren Mitbürger. Wer, so meinten sie, würde einem armen Schlucker gehorchen, der weder Vieh noch sons-

tige Güter besitzt? Nur ein Pinkpo, ein Wohlhabender, könnte sich Ansehen verschaffen.
Bei der Rechtsprechung wurde von den Vorstehern die in Tibet und, man muss es leider gestehen, auch in sehr vielen andern östlichen Ländern bestehende Sitte streng gewahrt. Ehe die Parteien vor Gericht erschienen, schickten sowohl Kläger wie Beklagte den Richtern Geschenke. Diese handgreiflichen Beweise ihrer Ehrerbietung wiederholten sie bei Beginn der Verhandlung. Vom Umfang der Gaben hängt die Einstellung der ehrenwerten Richter ab und die wichtigste Frage für den Recht Suchenden ist zu erfahren, was sein Gegner geschenkt hat, damit er ihn an Freigebigkeit übertrumpfen kann. Das erspart im Verlauf des Prozesses langweilige und unnütze Redekämpfe. In Lachen, wie sonst in Tibet, steht auf alle Vergehen nur Geldstrafe, auf Diebstahl und tätliche Beleidigung ebenso wie auf Meuchelmord. Von den Strafgeldern belegen die Ältesten zunächst einmal einen Teil für sich selbst mit Beschlag, von dem Rest wird für alle männlichen Einwohner – Vorsteher und Räte eingeschlossen – ein Festmahl veranstaltet.
Das Essen spielte überhaupt die wichtigste Rolle. Sobald der Gemeinde irgendwelche Einnahmen zufielen, wurden sie sofort in Lebensmittel umgesetzt; die Männer ließen sich auf dem Dorfplatz im Kreise nieder und die großen Gemeindekochkessel wurden herangeschleppt. Die Gefäße galten als gemeinsames Eigentum, aber ach, mit dem Inhalt war das ganz anders! Wenn ein Yakviertel oder ein paar Hammel vertilgt werden sollten, dann wanderten die fetten Bissen zu den Ältesten, die an der einen Seite des Kreises auf Teppichen saßen, während die Armen sich damit begnügen mussten, ein paar magere Knochen abzunagen.
War die zur Verfügung stehende Summe gering, dann wurde die Gemeinde nur zu einem Tee eingeladen, auch hier wieder erhielten die Ältesten und die andern Pinkpos, die als Erste

bedient wurden, die ganze obenauf schwimmende Butter, während für die Unbegüterten ein paar Näpfe einer dünnen schwärzlichen Brühe übrig blieben. Hierzu ein paar Worte über die Teebereitung der Tibeter. Den Tee kauft man in ziegelförmig gepressten Blöcken. Davon wird ein Stück angebrochen, zerbröckelt und lange gekocht. Die Flüssigkeit wird in ein Butterfass gegossen und nach Zusatz von Salz, Natron und – je nach dem Wohlstand der Familie – mehr oder weniger Butter kräftig geschlagen. Dann gibt man sie durch ein Sieb, um die Blätterreste zu entfernen, und schüttet den Tee in große Kessel, die bei den Reichen aus Kupfer oder Silber, bei den Armen aus Ton bestehen. Darin wird er neu erwärmt. Vor dem Ausgießen schüttelt man den Teekessel, um die Butter gut zu mischen. Trotz alledem erhalten die Ersten stärker gebutterten Tee als die Letzten. Ist eine große Menschenmenge zu versorgen, so wird der Tee in Holzzubern herangeschafft und mit großen hölzernen Schöpflöffeln verteilt. Hierbei erhalten die Letzten tatsächlich eine fast fettfreie Flüssigkeit.

Der Fürst von Sikkim hatte eines Tages den Gedanken, in Lachen eine Schule einzurichten, um die Bildung der Einwohner zu heben. Das scheint sehr lobenswert; weniger glücklich war die Wahl des Schulmeisters: ein dem Alkohol ergebener Tibeter, der bei einer Rauferei seinen Gegner durch Messerstiche getötet und sich der Sühne durch Flucht über die Grenze entzogen hatte. Den Vorstehern fiel die Aufgabe zu, die Jungen zu bestimmen, die der Wohltat höheren Wissens teilhaft werden sollten. Es wäre ein Irrtum zu glauben, dass etwa ein Wettstreit darum entbrannt sei. Ganz im Gegenteil, wenn Eltern mit den üblichen Geschenken bei den Vorstehern erschienen, um ihr Wohlwollen für ihre Söhne zu erbitten, dann stets, um ihnen den Zwang des Lesenlernens zu ersparen! Sie könnten die Jungen als Yakhirten auf den Bergen besser gebrauchen. Die großen Drei teilten diese Ansicht, nah-

men die Gaben der Pinkpos huldvoll entgegen und gewährten ihnen gern die gewünschte Vergünstigung.
Da jedoch der Fürst Schüler in seiner Anstalt sehen wollte und die Macht besaß, der widerspenstigen Gemeinde eine Buße aufzuerlegen, zwang man die Kinder der armen Familien, die keine Opfergaben aufbringen konnten, zur höheren Bildung, selbst dann, wenn die Eltern keine Knechte besaßen und auf ihre Jungen zum Viehhüten und für die Feldbestellung angewiesen waren. Ferner wurden die Schwachsinnigen zur Teilnahme am Unterricht bestimmt, weil sie – wie mir einer der Räte ganz ernsthaft auseinander setzte – doch zu nichts Vernünftigem zu gebrauchen wären und daher niemand einen Schaden davon hätte, wenn sie nicht arbeiteten.
Ich sprach schon von dem Kloster oberhalb des Dorfes. Zu einem Kloster gehören Mönche, doch die Gründe, die es den Eltern geraten scheinen ließen, ihre Jungen nicht zur Schule zu schicken, hatten noch viel mehr Gewicht, wenn es sich darum handelte, sich nicht nur für immer der Arbeitskraft ihrer Söhne zu berauben, sondern sogar zu ihrem Lebensunterhalt beizusteuern. Nur wohlhabende Familien können sich die Ehre naher Verwandtschaft mit einem Mitglied der Geistlichkeit etwas kosten lassen und die waren in Lachen nicht zahlreich genug, um das Kloster, so klein es sein mochte, mit Novizen zu versorgen. Da griff nun wieder die höhere Weisheit ein. Trapas sind nötig, ja unentbehrlich, sie vertreiben böse Geister, die die Herden schädigen und die Menschen töten. Sie lassen zur rechten Zeit Regen niedergehen und halten den Hagel von den Saaten ab. Sie führen die Seelen der Verstorbenen zu einem angenehmen Aufenthaltsort. Sie sagen die Zukunft voraus, treiben unglücklichen Menschen Geister aus und heilen Kranke durch wunderkräftige Formeln. Kurz, sie sind unentbehrlich und wenn kein Knabe die Berufung in sich verspürte, dann mussten die Vorsteher den inneren Drang ersetzen. Wenn sie fehlgriffen, umso schlim-

mer! Die von ihnen bestimmten Kinder zogen das geistliche Gewand an, lernten die Muschelhörner und die langen Trompeten blasen, die Bronzebecken schlagen und im Götterdienst psalmodieren. Ob ihnen das zusagte oder nicht, sie machten sich auf diese Weise ihren Mitbürgern nützlich. Immerhin gab es einige Milderungen für ihr Schicksal. Da das Kloster zu einer der »Rotmützen«-Sekten gehörte, war den Mönchen das Heiraten gestattet. Sie konnten also ein Haus im Dorf besitzen, dort bei ihrer Familie wohnen, ihre Felder bestellen und ihr Vieh versorgen wie die andern Dorfbewohner. Diesen hatten sie übrigens voraus, dass sie weder Steuern zu zahlen noch Pflichtarbeit zu leisten brauchten und den Ältesten keinen Gehorsam schuldig waren, da deren Befugnisse sich nur auf Laien erstreckten.

Im Frühjahr versammelten sich alle Männer auf dem Dorfplatz. Ein üppiges Mahl bildete den Auftakt zur Beratung, wann in Lachen und wann im höher gelegenen Sommerdorf die Feldarbeit beginnen sollte. Waren diese Daten nach Leerung zahlreicher Näpfe Bier bestimmt, dann musste an dem einen Tag die ganze Gerste ausgesät werden und an dem andern waren sämtliche Kartoffeln zu pflanzen. Wohlverstanden, an demselben Tag und von jedermann, ganz gleichgültig ob sein Boden trocken, der eines andern feucht war, sein Ackerbesitz groß oder klein! Darauf durfte keine Rücksicht genommen werden, hier galt nur ein Gesetz: Gleichheit.

»Wenn«, so bekam ich zu hören, »die Leute an verschiedenen Tagen säen, werden sie auch an verschiedenen Tagen ernten. Dann könnte es z. B. vorkommen, dass die, welche die ersten Kartoffeln nach Tibet oder Sikkim verkaufen, einen höheren Preis erzielen als ihre Dorfgenossen, die damit einige Tage später auf den Markt kommen. Ein solcher Wettbewerb ist ungesund, die Einnahmen müssen für alle gleich sein.«

Der Erntetag wurde auf einer ähnlichen Versammlung im Sommer festgelegt. Was half es, wenn einer vorbrachte, seine

Kartoffeln wären noch nicht reif, oder ein anderer um Erlaubnis bat, seine Gerste eine Woche früher zu schneiden, weil sie verdürbe, wenn sie auf dem Halm stehen bliebe – das Gesetz war unerbittlich. Selbst für den eigenen Bedarf durfte vor dem festgesetzten Tag niemand auch nur eine Kartoffel ausgraben. »Keiner soll sich eigennützig gütlich tun«, lautete die Weisheit der Lachener, »jeder muss warten, bis alle so weit sind.«

Seltsam, das runde Jahr hindurch ließen die Pinkpos es sich gut sein, ohne ihre armen Mitbürger einzuladen! Solche Ketzergedanken hätten allerdings weder die Reichen noch die Armen verstanden.

Noch unsinniger aber mutet uns das Verbot an, *nach* Ablauf der festgesetzten Zeit zu ernten. Wer nicht über die genügende Zahl rüstiger Hände verfügte, musste sich die Hilfe weniger beschäftigter Dorfgenossen sichern, wollte er nicht Schaden leiden, denn am Morgen nach Ablauf der »Erntezeit« wurde das Vieh auf die Felder getrieben, um die Stoppeln abzuweiden, und keine Beschwerde des unglücklichen Besitzers, dessen Gerste die Tiere zertraten, wäre zugelassen worden.

Aber die Lachener konnten ja nicht allein von Eigenerzeugnissen leben, sie brauchten Korn, Reis, Tee, Salz, Hausrat, Wirtschaftsgeräte und manches andere. So mussten sie hinunter nach Sikkim oder hinauf nach Tibet, um auf den Märkten zu tauschen. Auch diese Handelsfahrten waren geregelt: an einem bestimmten Tag brach die ganze Bevölkerung auf; Greise und Kinder hatten die Befugnis, im Dorf zu bleiben, die Frauen nur für den Marsch nach Tibet. Dieser war anstrengender und nicht gefahrlos, der Sepo La wird oft durch plötzliche Schneefälle ungangbar.

In Lachen besteht ebenso wie in Tibet die staatliche Wulaeinrichtung, der Zwang zum Trägerdienst für Durchreisende. Hier gibt es amtliche Sätze für die Entlohnung. Jeder Reisende mit einem Ausweis der Sikkimer Behörde hat das Recht, Träger anzufordern.

Von der Tragdienstpflicht befreit waren nur die Ältesten und die Trapas, die Reichen konnten sich gegen eine Jahressumme freikaufen. Den Bedürftigen wäre es schon recht gewesen, gelegentlich ein paar Groschen zu verdienen, doch sie durften ihren Lohn nicht behalten. Er floss ohne jeden Abzug in die Gemeindekasse. Sobald die Einnahmen, einschließlich der Freikaufgelder, ausreichten, wurde ein Yak erstanden und für eins der berühmten Gemeinschaftsmähler geschlachtet. Dass etwa ein armer Familienvater eine neue Hose nötiger brauchte, ist ein zu eigennütziger Gedanke, als dass einer gewagt hätte, ihn laut auszusprechen. Der Mann bekam seinen Knochen zum Abnagen und durfte im Winter mit nackten Beinen herumlaufen. Auch die Frauen waren tragdienstpflichtig und mussten ihren Lohn abliefern, aber sie hatten nicht einmal den Trost, von dem Festmahl etwas abzubekommen.

Aus schwesterlichem Mitgefühl für die Unterdrückten wollte ich eines Tages den Frauen ein Essen stiften. Die Vorsteher zogen die Stirne kraus, solche Neuerungen brachten die überlieferten Sitten in Verwirrung. Nach einigem Überlegen ließen sie mich wissen, sie wollten immerhin ein kleines Fest gestatten, falls ich mich verpflichtete, ein entsprechendes für die Männer zu veranstalten. Wenn Lustbarkeiten stattfänden, dann nur für alle. Ich sagte, sie gewährten doch bei ihren eigenen Mählern den Frauen keinen Platz. Den Einwand hätte ich mir sparen können: Wohl dürften Männer Vorteile genießen, von denen Frauen ausgeschlossen blieben, aber das Gegenteil wäre undenkbar. – Dergleichen kann man ja nun bei uns auch hören. In diesem Zusammenhang darf ich bemerken, dass im eigentlichen Tibet die Frau kein hartes Los hat, sie genießt große Freiheiten, wird sehr gut behandelt und niemand denkt daran, sie von den frohen Mählern im Freien auszuschließen, an denen die Tibeter so viel Vergnügen haben.

Einmal musste ich Brennholz schlagen lassen, während die Lachener einen ihrer Tibetzüge machten. Ich ließ das im Dorf bekannt geben und hatte bald eine Schar Waldarbeiter beisammen, ein paar Männer, die hatten zurückbleiben dürfen (darunter der Schulmeister, der seine Schüler im Stich ließ), und zahlreiche Frauen. Sie waren hocherfreut über die unverhoffte Verdienstmöglichkeit. Ich ließ Tee und Lebensmittel verteilen und vier Tage lang wurde unter Lachen und Singen geschafft.
Soweit schien alles sehr schön, aber die Vorsteher waren bei ihrer Rückkehr ganz anderer Meinung. Niemand hätte das Recht, erklärten sie, irgendeine Arbeit zu übernehmen, wenn er nicht vom Rat dazu bestimmt sei. Die Holzlieferung stellte eine Einnahme dar, woran die ganze Gemeinde teilhaben müsste. Ich hätte mich an sie wenden müssen. Sie würden dann jedem Familienoberhaupt befohlen haben, mir die gleiche Menge Holz zu liefern, und der Ertrag wäre, wie immer, in die Festkasse gewandert. Allen, die mir geholfen hatten, Männer und Frauen, wurde eine hohe Buße auferlegt.
Mit dem »Befehl an alle« zu gemeinsamer Tätigkeit hatte ich übrigens bereits meine Erfahrungen. Die Ältesten hatten zugesagt, mir ein bescheidenes Holzhäuschen zu einem festen Preis zu errichten. Vor Beginn der Arbeiten baten sie mich um Vorauszahlung der halben Summe. Das Geld wurde sofort in Lebensmittel umgesetzt. Die gesamte männliche Bevölkerung ließ sich unterhalb der Stelle, wo mein Heim stehen sollte, auf einer Lichtung häuslich nieder und begann zu feiern. Sie aßen und tranken zehn Tage lang; staunend sah ich von meinem Zelt aus zu und fragte mich bang, wenn sie wohl ihren Hunger so weit bezähmt haben würden, um mit dem Bauen zu beginnen.
Auf meine wiederholten Vorstellungen machte sich schließlich ein Trupp daran, Bäume zu fällen und mit der Axt Bretter zuzuhauen; Sägen kennen sie dort nicht. Die andern ta-

ten keinen Handschlag. Nach zwei Stunden ließen die Arbeiter sich wieder auf der Lichtung zum Essen und Trinken nieder.

Mittlerweile war der Zeitpunkt für eine der Handelsfahrten herangekommen und alles verschwand, weil ja keiner länger arbeiten durfte als die andern. Mich ließen sie in einem Rohbau ohne Dach zurück, vierzehn Tage vor Beginn der Regenzeit. Da rief ich drei Mönche des Dorfklosters, die gelernte Zimmerleute waren, zu Hilfe. Als die Gemeinde zurückkehrte, war die Wut über den entgangenen Gewinn groß; aber die Trapas unterstehen ja nur ihrem Abt.

Auf die Spitze getrieben wurde der lächerliche Gleichheitswahn der Lachener bei Lebensmittellieferungen. Die Butter musste ich bei Hirten jenseits der Grenze kaufen, um zu vermeiden, dass die vierundzwanzig Familien mir jede den auf sie entfallenden Anteil brachte. Ich hätte die Butter annehmen müssen, ganz gleich ob frisch oder ranzig.

Einmal hatte ich bekannt geben lassen, ich wünschte große Kartoffeln. Säcke voll sorgfältig ausgesuchter Knollen wurden zu meiner Einsiedelei heraufgeschleppt; bald hatte ich so viel zusammen, wie ich brauchte. Da erschienen die drei Unvermeidlichen auf der Bildfläche und erinnerten mich daran, dass nach der Vorschrift ihrer ungeschriebenen, aber unverletzlichen Veranlassung niemand begünstigt werden dürfe. Außerdem, erklärten sie mit gewichtiger Miene, als verrieten sie mir ein Geheimnis, würden die Kartoffeln gemischt geerntet, kleine, mittlere und dicke miteinander. Warum sollten nun andere die kleinen essen und ich zu jeder Mahlzeit nur dicke? Ja, warum wohl? Zweifellos wegen derselben ewigen Ungerechtigkeit, die ihnen beim Festmahl die fetten Bissen bescherte. Ich hütete mich, hierüber mit ihnen zu rechten, aber ich musste viel Festigkeit zeigen, damit nicht mein Häuschen von einer Kartoffelflut – dem gerechten Anteil der übrigen Familien – überschwemmt wurde. Zur Wiedergutmachung

musste das Geld, das die andern von mir bekommen hatten, an die gefräßige Festkasse abgeliefert werden.
Das tollste Stück war das jedoch immer noch nicht. Kurz vor Wintersanbruch, im letzten Jahr, das ich in der Gegend verlebte, wurde die Strohhütte meiner Diener in ihrer Abwesenheit von einem Dieb heimgesucht. Daraufhin beschloss ich, einen Hund anzuschaffen. Einer meiner Leute besorgte im Dorf ein großes schwarzes Tier, das wachsam und für den Zweck wohl geeignet schien. Nach einigen Tagen stand einer der »Drei« vor meiner Tür. Wie er vorgelassen wurde, begann er in strengem Tonfall und ohne Einleitung: »Sie haben Tsöndüp einen Hund abgekauft, obwohl Sie wissen, dass bei uns niemand begünstigt werden darf. Jede Familie hat die gleichen Rechte. Warum soll Tsöndüp als Einziger einen Gewinn einheimsen? Sie hätten sich an uns wenden müssen, wir hätten Ihnen ...« – »Vierundzwanzig Hunde geschickt, nicht wahr«, unterbrach ich ihn entsetzt. »Nein«, erwiderte er kalt, »vierundzwanzig Hunde sind im Dorf nicht verfügbar, wir hätten Ihnen *einige* geschickt.«
An demselben Abend begann es zu schneien, und wenige Tage später war jede Verbindung zwischen Lachen und der »Ebene der Glückseligkeit«, über der meine Einsiedelei an einer Felsenwand klebte, abgeschnitten. Nun hätten die Gesetzeshüter vom Dorf mich nicht mehr erreichen können, selbst wenn sie gewollt hätten. Und so blieb es bei dem einen Hund.
Doch das sind alte Geschichten, jetzt sind wir weit weg vom Himalaja.

Raue Pfade

Der nächste Tagesmarsch brachte uns nach Sasoma, was »Neues Land« bedeutet. Tatsächlich war der Ort auch erst im Entstehen begriffen – ein paar Häuser um das stattliche Gebäude herum, in dem ein moslemischer Chinese ein Gasthaus mit Kaufladen betrieb und die einfältigen Tibeter weidlich ausbeutete. Sie mögen tapfere Räuber sein, die guten Leute, vom Handel verstehen sie nichts, da ist ihnen der gerissene Chinese leicht überlegen. Der in Sasoma machte sein Geschäft mit Pelzen. Er tauschte sie von den Einheimischen gegen mancherlei nützliche und viel unnütze Dinge ein, die er in seinem Laden verlockend aufbaute. Wie das im Osten selbstverständlich ist, betätigte er sich daneben, oder was den Gewinn betrifft, wohl im Hauptberuf, als Geldverleiher gegen Wucherzinsen. Das Gasthaus war hervorragend. Der Mann konnte zwar in dieser verlorenen Gegend kaum auf zahlungsfähige Gäste in größerem Umfang rechnen, aber der Hauptzweck des Baues war wohl auch ein anderer: die, für dortige Verhältnisse natürlich, prunkvolle Ausstattung sollte die harmlosen Naturkinder verblüffen. Mir konnten die Hintergedanken gleichgültig sein, ich freute mich, endlich einmal eine gute Unterkunft gefunden zu haben. Yongden und ich hatten jeder ein eigenes Zimmer, dazu ein Vorzimmer mit Balkon – eine geradezu fürstliche Raumverschwendung.

Von diesem Balkon aus fällt mein Blick auf zwei der mittelalterlichen Burgfräulein, von denen ich erzählte, jede mit einer Last Holz auf dem Rücken. Der Chinese kommt auf sie zu und sagt in einem Ton, der Widerspruch ausschließen soll: »Dreihundert Sapeken!« Dreihundert bedeutet nach der dortigen Rechnungsweise hundertfünfzig. Eine der Tibeterinnen versucht zu handeln, aber der würdig in makelloses Schwarz gekleidete Frauenkenner sieht die verwunschene Prinzessin nur selbstgefällig lächelnd und von oben herab an, steckt ihr schäkernd den Finger in den Pelzausschnitt, kneift sie in die Wange und drückt ihr hundertfünfzig Sapeken in die Hand. Ihr Widerspruch ist erstorben, sie lädt schweigend ihre Traglast ab und verschwindet mit der Gefährtin.

Am nächsten Tage mussten wir wieder durch ein Gebiet, das als unsicher verschrien ist. Da sich eine Güterkarawane

mit acht Maultiertreibern in der Herberge befand, hielt ich es für besser, mich ihnen anzuschließen. Die Karawanen brechen meist sehr zeitig auf. Aus Angst, man könnte ohne uns weiterziehen, schnürten wir unser Bündel bald nach Mitternacht.
Schon vor Sasoma war der Pfad schlecht, jetzt wurde er gefährlich. Bergauf, bergab geht es steil auf schmalem Steig, über Felsblöcke, oft im freien Raum hoch über dem Fluss, wo morsche Bohlen an glatten Wänden haften. Häufig wechseln wir die Ufer. Die Brückenbaukunst steht in diesem Land nicht auf hoher Stufe. Zwei oder mehr zusammengebundene Stämme werden quer über den Fluss geworfen, darauf ruht ein roher Belag aus Bohlen und Stämmchen. Das Bauwerk ächzt und schwankt unter den Tritten unserer Tiere. Aber alles geht gut, keine unserer wertvollen Lasten versinkt im Strom. Auch der schlimmste Weg hat einmal ein Ende – am Nachmittag ziehen wir in Labrang ein.

Streitbare Mönche

Hier, im Herzen der Provinz Amdo, ist die Bevölkerung noch altfränkischer, ursprünglicher und rauer als in den Grenzgebieten. Ausländer werden nur widerwillig geduldet. Alles stand noch unter dem Alpdruck der vernichtenden Niederlage durch die moslemischen Truppen des Generals Ma. Er ist chinesischer Kommissar für den Grenzschutz und übt zugleich das Amt des Ambans aus, d. h., er hat die Rechtsprechung über alle Tibeter in Amdo und in den Gegenden um den Kuku Nor.
Zwei Jahre lag diese schreckliche Zeit zurück, noch einige Monate länger mein Besuch bei General Ma. Ich wollte mich damals in Labrang zum Studium niederlassen.
In Beijing, wo ich im Peilings lebte, dem an das »Große

Lamakloster« stoßenden Tempel, lernte ich einen hohen mongolischen Lama kennen, der früher am Lhasaer Hofe wichtige Ämter bekleidet hatte. Wie er von meinem Wunsch, mich der Erforschung der tibetischen Philosophie zu widmen, hörte, riet er mir zu einem Aufenthalt in Labrang. Die dortige Mönchsuniversität könnte es in Bezug auf die Gelehrsamkeit ihrer Professoren mit den großen Klöstern in Lhasa aufnehmen. Ich dankte ihm für den guten Rat und machte mich, obwohl Lungenpest und Bürgerkrieg im Land wüteten, im Karren auf den Weg. Allerdings brauchte ich unter diesen Verhältnissen statt der üblichen vier Wochen rund zwanzig für die Reise. In Lanzhou besuchte ich den Statthalter und teilte ihm meine Absicht mit. Er schlug mir die Genehmigung nicht rundweg ab, sondern verwies mich an General Ma in Xining. Auch von dort gäbe es Straßen nach Labrang. Widerspruch wäre zwecklos gewesen, so fuhr ich nach längerem Aufenthalt hin. Der General gab mir sehr liebenswürdig, aber bestimmt zu verstehen, ich sollte die Reise nach Labrang verschieben und lieber zunächst nach Kumbum gehen. Mir blieb keine Wahl und in Kumbum gefiel es mir dann so gut, dass ich fast drei Jahre dort blieb.

Die Gründe gegen meine Anwesenheit in Labrang sollte ich dann bald erfahren. General Ma bereitete einen Strafzug gegen die unbotmäßigen Tibeter vor. Den Vorwand zum Einschreiten lieferten der chinesischen Behörde innere Streitigkeiten der Mönchsgemeinde Labrang. Der Großlama und Klosterabt Jamjang Shedpa, ein Tulku, hatte einen Trapa namens Tsöndüp zum Oberverwalter für die weltlichen Angelegenheiten des Klosters ernannt. Dieser gewann im Verlauf seiner Amtstätigkeit beträchtlichen Einfluss auf den Greis und leitete in Wirklichkeit die sämtlichen Klostergeschäfte ohne jede Aufsicht. So etwas kommt in Tibet häufig vor und wie andere Männer in seiner Stellung, hatte auch Tsöndüp ein großes Vermögen zusammengerafft. Das musste natürlich den

Neid der Mönche erregen; aber da, wie gesagt, solche Verhältnisse in den Klöstern nichts Seltenes sind, hätten sie sie wahrscheinlich schweigend geduldet, wenn Tsöndüp sonst keinen Anstoß bei ihnen erregt hätte. Unglücklicherweise machte er jedoch die Schwester seines Herrn und Abtes zu seiner Geliebten und soll die Missachtung der Mönchsregeln, die bei den »Gelbmützen« in diesem Punkte sehr streng sind, so weit getrieben haben, dass er die Frau in einem zum Kloster gehörigen Haus unterbrachte. Der alte Jamjang Shedpa, der seinem Verwalter sehr zugetan war, drückte beide Augen zu und die Mönche wagten nicht, ihren Gefühlen öffentlich Luft zu machen. Dann starb der Abt und sein Thron konnte nicht eher neu besetzt werden, als bis das Kind sich offenbarte, in dem die Seele des Verstorbenen wieder geboren war. Jetzt schien den andern Klosterwürdenträgern und den Mönchen die Stunde der Rache gekommen. Zunächst wurde Tsöndüp seiner Ämter enthoben, dann seine Habe beschlagnahmt und schließlich, als er hartnäckig und verstockt den Urteilsspruch seiner Ordensbrüder anzuerkennen sich weigerte und sein Recht forderte, heimlich zum Tode verurteilt. Am Abend, ehe die Hinrichtung erfolgen sollte, erfuhr er, wie die Dinge standen. Obwohl sein Haus von Posten umstellt war, gelang es ihm, mithilfe eines Freundes, im Dunkel der Nacht zu entkommen. Jenseits der Klostermauern schwang er sich auf das bereitstehende Pferd und galoppierte davon. Indessen wurde sein Verschwinden bald bemerkt und es entspann sich auf gefahrvollen Bergpfaden eine aufregende Menschenjagd im Finstern.

Sein Glück blieb ihm treu, er erreichte unverletzt chinesisches Gebiet. Gute Geschäftsfreunde aus den Tagen seines Glanzes beschafften ihm Wechselpferde und er konnte sich in Xining in Sicherheit bringen. Dort habe ich ihn kennen gelernt und aus seinem Munde die ganze Geschichte gehört. Natürlich versuchte er, sich ins hellste Licht zu rücken, und es steht mir nicht zu, zu entscheiden, ob etwa auch auf Seiten seiner Feinde ein gutes Maß von Schuld zu suchen war. Auf keinen Fall aber betrachtete sich Tsöndüp als besiegt. Er wusste den General Ma für seine Sache zu gewinnen, der als kluger Staatsmann in diesem Streit eine willkommene Gelegenheit sah, seine Herrschaft im unbotmäßigen Amdo zu festigen. Er befahl den Mönchen, Tsöndüp in seine Ämter wieder einzusetzen und ihm sein beschlagnahmtes Vermögen zurückzuerstatten. Die Weigerung, mit der der General gerechnet hatte, blieb nicht aus. Nun schickte er Soldaten zum Kloster mit der Forderung bedingungsloser Unterwerfung.

Die Abgesandten wurden von den Mönchen treu ergebenen Bauern in einen Hinterhalt gelockt und niedergemetzelt. Jetzt riefen die Trapas alle Laien der Umgegend zu den Waffen und stellten ein kleines Heer auf, das in blindem Vertrauen auf die ihnen geschenkten Zaubermittel und auf den Zauberbann, den die Lamas schleuderten, sich den anrückenden moslemischen Eindringlingen entgegenstellte. Die nur mit alten Gabelvorderladern bewaffneten, aber von Löwenmut beseelten Bauern schlugen sich heldenhaft. Der Ausgang dieses ungleichen Kampfes konnte nicht zweifelhaft sein. Der General hatte strenge Befehle erlassen. Diesmal sollte der freiheitliche Geist der Stämme gebrochen werden, die bisher noch nie die chinesische Herrschaft hatten anerkennen und die von ihren Räuberbanden unsicher gemachten Straßen dem Handel öffnen wollen.

Die Soldaten verschonten niemanden. In der Nacht vor der Einnahme von Labrang, mitten im Winter, flohen die verängstigten Einwohner in die Berge. Ohne Obdach und Nahrung irrten sie im Schnee umher und wagten nicht, in die eroberten Dörfer zurückzukehren, da selbst Kinder, die um Gnade hatten bitten sollen, niedergemacht worden waren. Etwa zweitausend Flüchtlinge sollen im Gebirge vor Kälte und Hunger umgekommen sein.

Klugerweise hatten die Mönche selbst sich nicht am Kampf beteiligt. Das rettete ihnen das Leben, aber eine hohe Kriegsentschädigung wurde ihnen auferlegt. Außerdem zündeten die Soldaten das Haus eines Großlamas an, der die Bauern besonders eifrig zum Widerstand angestachelt hatte, und plünderten die Tempel. Auf Befehl des Generals wurde Tsöndüp wieder eingesetzt, zwar nicht in sein früheres Amt, auf das er freiwillig verzichtete, wohl aber in alle Ehren, die damit verknüpft gewesen waren, und ferner, woran ihm am meisten lag, in den Besitz seines schönen Hauses und seines gesamten Vermögens.

Während das Kloster Labrang sich unterwarf, flammte im nahe gelegenen Amcho der Widerstand der Mönche von neuem auf. Als die bewaffneten Bauern in Scharen gefallen waren, belagerten die Soldaten das Klostergebäude, in dem sich die Mönche wie in einer Festung verschanzt hatten und von wo aus sie auf die Angreifer schossen. Bei einem Überfall gelang es diesen, das Bollwerk überraschend in Brand zu stecken. Das Feuer verbreitete sich schnell und bald war die ganze Gompa (tibetisch für »Kloster«) ein ungeheurer Gluthaufen. Wer zu fliehen versuchte, fiel unter die Kugeln der Belagerer. Einer der Soldaten, die dabei gewesen waren, erzählte mir später, dass die Trapas, tapfer bis zum furchtbaren Ende, geistliche Gesänge angestimmt hätten und von den Terrassen in das Flammenmeer hinuntergesprungen wären.

Nur einer entkam lebend – der Abt; wie es heißt durch ein Wunder. Als die Mönche sahen, dass alle Hoffnung vergeblich war, hüllten sie ihren Führer in Thangkas (auf Stoffrollen gemalte Bilder), auf denen »furchtbare Gottheiten« abgebildet waren. Dicht verpackt in diese Bilder, von einem Wall aus heiligen Büchern umgeben, blieb der Abt von den Flammen verschont und konnte im Schutze der Nacht aus dem rauchenden Trümmerhaufen entweichen. Was man von dem Wunder halten soll, weiß ich nicht; fest steht, dass der Lama entkommen ist und bei den Stämmen der Golog, in der Grassteppe, Zuflucht gefunden hat.

Der junge Tulku

Zwei Jahre waren nun ins Land gegangen. Das Kind, das die »Wiedergeburt« des verstorbenen Jamjang Shedpa darstellte, war bei Litang im Lande Kham gefunden und als Großlama des Klosters eingesetzt worden. Tsöndüp genoss die Früchte seines Sieges in kluger Zurückgezogenheit. Mir schien sein Benehmen sogar ängstlich. Das Gefühl der Sicherheit wäre bei ihm auch unangebracht gewesen. Wohl waren seine Gegner zunächst mürbe gemacht, aber sie mussten ihn noch mehr hassen als früher, angesichts des Unglücks, für das sie ihm die Schuld zuschoben. Wenn auch niemand ihm offen nach dem Leben trachten durfte, Gift in die Speisen zu mischen ist in Tibet eine wohl bekannte Fertigkeit. Warum machte er nicht seine Schätze zu Gold und lebte in Xining oder Lanzhou oder auch im fernen Beijing in ungestörter Behaglichkeit? Nun, mir stand es nicht zu, ihm Ratschläge zu erteilen, er hätte sie zweifellos auch wenig geschätzt. Er empfing mich sehr freundschaftlich, in dankbarer Erinnerung an meine Besuche während seiner Verbannung. Sobald er von meiner Ankunft hörte, sandte er einige Trapas zu mir mit der Einladung, im Kloster in einem der für angesehene Gäste bestimmten Häuser Wohnung zu nehmen, doch ich hatte bereits in einer Herberge ein zusagendes Unterkommen gefunden und lehnte dankend ab. Kurz darauf kam Tsöndüp selbst, in Begleitung seiner Diener, welche die üblichen Willkommensgeschenke trugen. Er versuchte mit eindringlichen Bitten, mich umzustimmen, aber mein großes Zimmer mit dem Blick auf das bunte Treiben des Marktes gefiel mir.

Der Nachfolger des Großlamas oder, um mich tibetisch aus-

zudrücken, der wiederum Fleisch gewordene Jamjang Shedpa bewohnte seit kurzem seinen Palast im Kloster. In Anbetracht seines zarten Alters hatten ihn seine Eltern begleitet und lebten noch mit ihm zusammen. Die Sitte schreibt vor, dass die Mutter, sobald der Sohn ihrer Obhut entraten kann, mit ihrem Gatten ein Gebäude bezieht, das in einiger Entfernung vom Kloster liegt und als Wohnsitz für die Familie des Abtes bestimmt ist.
Tsöndüp hatte dem Vater des jungen Lamas meine Ankunft mitgeteilt und dieser beeilte sich, mir Lebensmittel zu senden. Die Einladung, im Kloster zu wohnen, hatte ich ausgeschlagen, dann gehörte es sich, dass man mir wenigstens etwas zu essen schickte. Das ist in ganz Tibet Sitte, doch die Freigebigkeit des »Jab chenpo«, des »Großen Vaters« (weil er einen Tulku gezeugt hat), übertraf bei weitem das Maß des Landesüblichen. Geschlachtete Hämmel, frisch und gedörrt, an die zwanzig große Stücke Butter, Käse, Zucker, Tee, Gerstenmehl, Viehfutter, kurz reichliche Verpflegung für uns alle auf vierzehn Tage.
Am Abend erschienen Bauern mit neuen Geschenken; sie sagten, sie kennten mich vom Kumbum oder vom Kuku Nor her. Ich konnte mich oft nicht an sie entsinnen, doch um keinen zu betrüben, ließ ich es mir nicht anmerken. Wieder andere kamen ganz einfach, um mir Gaben darzubringen, ohne eigentlich zu wissen, wer ich war. Das Gerücht lief um, eine gelehrte Khadoma sei eingetroffen; Tsöndüp, der Vater des jungen Jamjang Shedpa, vornehme Mönche, der Oberverwalter des Großlamas von Lob und andere Standespersonen hätten sie begrüßt. Mehr brauchte es nicht, um die Einwohner herbeiströmen zu lassen. Von Yongden mit unerschütterlicher Ruhe geführt, zogen sie in nicht enden wollender Reihe an mir vorüber. Die seltsamsten Dinge türmten sich in meinem Zimmer auf, das bald einen ebenso bunten Anblick bot wie die Marktbuden unter meinem Fenster.

In Lotushaltung (mit untergeschlagenen Beinen, wie die Buddhas auf den Standbildern; eine Lamadame darf sich beim Segnen diese Stellung erlauben, für andere Frauen ist sie nicht gestattet) saß ich auf dem als Bett dienenden Gestell, segnete die Bauern, knüpfte Songdüs und verteilte Heilmittel. Hierbei musste ich immer sehr geschickt verfahren. Arzneien aus überseeischen Ländern würde hier jeder von vornherein ablehnen. Den Unglücklichen, der so viel Mut gefasst hätte, eine Kleinigkeit davon zu schlucken, würde bald die Reue über seine Tat packen und die Angst vor den schlimmen Folgen und die Vorwürfe seiner Angehörigen würden sicherlich seinen Zustand verschlimmern. Manch einer würde sich mithilfe der Einbildung vielleicht sogar zu Tode quälen. Dann aber wäre der unglückliche Arzt in den Augen aller Tibeter ein böser Zauberer und teuflischer Giftmischer und ich möchte keinem Fremden wünschen, in Innerasien in diesen Geruch zu kommen; es könnte ihm das Leben kosten. Ein Arztlama hat, ebenso wie seine Laienbrüder im Westen, nichts dergleichen zu fürchten; wenn seine Kranken sterben, macht kein Mensch ihm den Vorwurf. Wollte ich also Heilmittel verabreichen, so musste ich sie in tibetische Arzneien verwandeln. Aus Chininpillen oder Aspirintabletten wurden Tsering rilbus, »Kugeln des langen Lebens«. Bald weihte ich sie selbst, bald sagte ich, ein sehr heiliger Einsiedler in der Ferne habe sie hergestellt. Oder ich löste Pulver in Wasser auf, das ich als geweiht bezeichnete. Nicht alle Tibeter teilen übrigens die abergläubische Furcht vor ausländischen Heilmitteln; in manchen Gegenden sind diese sehr geschätzt und man traut ihnen beinahe Wunderwirkungen zu. Es gibt tibetische Ärzte, die an den englischen Universitäten in Indien ihre Prüfung abgelegt haben.

Am andern Morgen machte ich dem jugendlichen Großlama meinen Besuch. Zunächst wurde ich feierlich bei seinen Eltern eingeführt, die mich in einem prunkvollen Gemach

empfingen. Der Vater, ein schöner Hüne, wie man sie im Lande Kham häufig findet, war ein kleiner Häuptling aus der Gegend von Litang. Er wie seine Gattin, eine wirkliche Schönheit, trugen ein würdiges Wesen zur Schau. Außer dem Großlama, ihrem Jüngsten, hatte dies stattliche Paar noch einen Sohn und eine Tochter. Ein üppiges Mahl wurde aufgetragen, dem Yongden und ich alle Ehre antaten. Wir brauchten nicht zu fürchten, unbescheiden zu erscheinen; selbst wenn wir gewollt hätten, wäre es uns unmöglich gewesen, auch nur die Hälfte von dem zu vertilgen, was der glückliche Vater des jungen Herrn über Labrang verschlang. Als wir alle reichlich gesättigt waren, wurden wir vor Jamjang Shedpa geführt. Er hatte bereits sein eigenes Zimmer, das seines Vorgängers, und war von einem kleinen Hofstaat aus Hausbeamten umgeben. Unter diesen befand sich der Lehrer, der ihn in die klösterlichen »guten Sitten« einführen sollte. Später wird er von den größten Gelehrten Labrangs Unterricht erhalten, dann nach Lhasa gehen und seine Bildung auf den Universitäten Sera oder Depung abschließen. Dieser Plan für die Erziehung eines großen Tulkus ist unabänderlich festgelegt.
Den Lehrer konnte man zu dem Erfolg seiner ersten Versuche beglückwünschen. Mit den auf Kindergröße vorschriftsmäßig zugeschnittenen Klostergewändern angetan, die viel zu weite ererbte Mütze der Jamjang Shedpas auf dem Kopf, saß der Knabe würdevoll auf seinem Thron, ein offenes Buch auf den Knien und die Augen auf die Seiten gesenkt, als sänne er über den Inhalt des Gelesenen nach. Auch verstand er Songdüs zu knüpfen und mit ernster Miene darauf zu blasen. Vorschriftsmäßig erteilte er den Segen: angesehenen Gläubigen legte er die winzigen Hände auf den Kopf, die andern berührte er leise mit dem kleinen Bänderwedel, den sein Kammerherr ihm reichte. Seine früh entwickelten Fähigkeiten in vollem Glanze erstrahlen zu sehen, hatte ich erst am übernächsten Tage Gele-

genheit, als er Pilger empfing. Jetzt schien er ein wenig verschüchtert. Was mochte ihm sein Lehrer von mir erzählt haben? Seine Umgebung wusste, dass ich zwar Ausländerin, aber in allem, was Tibet und seine Religion betrifft, sehr beschlagen bin. Während ich mich mit den anwesenden Geistlichen unterhielt, blieb der Kleine klugerweise unbeweglich mit gesenkten Augen auf dem hohen Kissenhaufen sitzen. Diese Haltung hatte sein Lehrer wohl gut mit ihm geübt und ihm anbefohlen. Aber plötzlich, wahrscheinlich aus Neugier, nahm er einen kühnen Anlauf, sah mir voll ins Gesicht und lächelte schelmisch – ein Kind, das sicherlich am liebsten von seinem Thron heruntergesprungen wäre, die drückende Mütze und das hinderliche Gewand heruntergerissen und mit seinesgleichen fröhlich gespielt hätte. Es blieb jedoch bei dem Aufblitzen, schon war der Knabe an strenge Zucht gewöhnt, er dachte wohl an seinen Lehrer und die Strafe, die er verwirken könnte. Die Tibeter würden die Erklärung vorziehen, dass der Geist Jamjang Shedpas, der diesen kindlichen Körper bewohnte, dessen natürliche Regungen in der Gewalt hat. Jedenfalls wurde der Kleine wieder ernst, sagte einige eingelernte Sätze auf und reichte mir ein in gelbe Seide gewickeltes Buch, das einer der Mönche ihm in die Hand drückte, das für mich vorbereitete Geschenk. Der Empfang war zu Ende.

Da ich eben die Strafen erwähnte, will ich hier einschalten, dass die hohen geistlichen Würdenträger Tibets, der Dalai Lama eingeschlossen, in ihrer frühen Jugend von Züchtigungen nicht verschont bleiben, im Gegenteil, ihre Erzieher sind sehr freigebig damit. Ohne Zögern verabreichen der Sprach-, der Geschichts- oder der Philosophielehrer dem Zögling eine tüchtige Tracht Prügel, wenn er seine Aufgabe nicht richtig hersagen kann. Dies Volk besitzt raue Sitten und selbst die geistlichen Führer verschmähen es nicht, ihre Schutzbefohlenen mit Stockschlägen und Fußtritten auf dem Weg zur Vollendung vorwärts zu treiben. Nach der Züchtigung muss der

Knabe sich vor dem Lehrer niederwerfen und ihm für sein Wohlwollen danken. Eigenartig ist die Sitte, dass der Lehrer eines großen Tulkus sich nach Verabreichung der Strafe dreimal vor dem Schüler niederwirft. Er hat das unvollkommene Werkzeug gezüchtigt, das der junge Mensch noch darstellt, und erweist nun der hohen Persönlichkeit seine Ehrerbietung, die sich dieses Körpers bedienen will, um ihr Werk in dieser Welt zu vollenden.

Besuch im Kloster

Am nächsten Tag besichtigte ich das Kloster im Einzelnen. An vielen Stellen waren noch die Spuren der Kämpfe zu sehen; trotzdem war der Gesamteindruck der einer reichen und blühenden Mönchssiedlung. Anschließend nahm uns Tsöndüp mit zum Essen in sein Haus, das in der landesüblichen Bauweise errichtet und sehr üppig ausgestattet war. Die riesigen Teekannen und die Kohlenbecken, auf denen sie ruhten, waren aus reinem Silber mit goldenen Verzierungen, die Tassen aus Beilstein, die Untertassen aus getriebenem Gold, ebenso die pagodenförmigen Deckel, die eingelegte Perlen und Türkise schmückten. Wundervolle Teppiche und Leopardenfelle bedeckten die Kissen der Ruhebetten. Bilder und Standsäulen, Muster edelster chinesischer und tibetischer Kunst, schmückten den Raum. In seltsamem Gegensatz dazu standen ein paar Farbdrucke mit Ansichten aus Paris, die an den Wänden hingen. Vielleicht schienen sie ihrem Besitzer und seinen Besuchern aber wertvoller als alles andere. Ähnliche hatte ich schon in Shigatse bei der Mutter des Tachi Lama gesehen. Tsöndüp glaubte übrigens, die Bilder stellten Moskau dar, und war erfreut, als ich ihn aufklärte, dass er meine Heimatstadt vor sich sähe.

Beiläufig wurde erwähnt, dass das Haus über einen chinesischen Küchenchef verfügte; der bedeutet in Tibet dasselbe wie der französische im Westen. Das Essen begann mit trocknen Brotschnitten, die in Amdo sehr geschätzt sind. Unglücklicherweise bringe ich keinen Bissen davon hinunter. Als Tsöndüp merkte, dass ich diese Vorspeise nicht mochte, ließ er ein sehr hübsches Tischglöckchen erklingen, worauf mir chinesisches Backwerk und zwei Dosen mit ausländischem Keks vorgesetzt wurden. Dem nächsten Gang: Butterreis, mit Zucker und Korinthen bestreut, tat ich alle Ehre an. Das ist die Nationalsüßspeise in Tibet, gut zubereitet schmeckt sie ausgezeichnet. Nun sah ich den kommenden Genüssen mit Spannung entgegen, ich merkte, dass der reiche Tsöndüp mir ein Festmahl nach chinesischer Sitte bot, das mit dem Nachtisch beginnt und mit der Suppe endet. Tatsächlich folgte ein Gang dem andern: Fisch, Fleisch, allerlei Gemüse, schmackhafte Momos (gedämpfte Teigklöße mit Fleischfüllung), und zum Abschluss die Suppe mit einer Einlage von Eierteigwaren mit Würzfleischfüllung. Um 1 Uhr hatte das Mahl begonnen, es war fast 6 Uhr geworden, als wir uns erhoben. Nach einem Plauderstündchen mit Tsöndüp und verschiedenen seiner Freunde, die gegen Ende des Essens gekommen waren, ritt ich, von einem Zug Laternen tragender Diener begleitet, nach meiner Herberge zurück – ganz wie die chinesischen Vornehmen.

Um einen ausgezeichneten Mann, den Oberverwalter des Großlamas von Lob Gompa, nicht zu kränken, musste ich am folgenden Tag bei ihm ein ähnliches Mahl über mich ergehen lassen. Mehrere weitere Tage verbrachte ich mit ernsthafteren Pflichten, Bücher nachzuschlagen und gelehrte Lamas zu besuchen. Auch einem Ngagpakloster in der Umgebung stattete ich einen Besuch ab. Die Ngagpas, die »Leute der geheimen Worte«, sind Zauberer. Sie haben das Erbe der Bön-Schamanen angetreten, die, ehe der Buddhismus nach Tibet kam, dort als Priester herrschten. Der von den Hindusendboten seit dem 8. Jahrhundert in Tibet gepredigte Buddhismus war bereits weit von der Lehre des Buddha entfernt; er hatte dem Tantrismus allerlei abergläubische Bräuche entlehnt. Diese waren den Grundlehren der tibetischen Bön-Schamanen so ähnlich, dass einer teilweisen Verschmelzung der neuen und der alten Religion keine unüberwindlichen Hindernisse im Wege standen. So kommt es denn, dass unter dem Namen Ngagpas richtige Schamanen zur lamaistischen Geistlichkeit gehören, wenn auch »uneigentlich«. Ihre Aufgabe ist der Verkehr mit den Geistern. Dieser dienen sie auf verschiedene Weise, die einen zu unabhängigen Gruppen zusammengeschlossen, die sich zu bestimmten Zeiten in eigenen Tempeln vereinigen, im Übrigen aber bei ihrer Familie leben (sie dürfen heiraten), andere stehen ganz für sich und üben die von einem meister ihrer Sekte erlernten Zauberkünste zu ihrem eigenen Nutzen aus oder, häufiger, gegen Vergütung, wenn Leute ein durch Geister erzeugtes Unheil von sich ablenken oder einen Mitmenschen auf solchem Wege schädigen wollen. Es gibt jedoch noch eine dritte Art. Einige große lamaistische Klöster der Gelbmützensekte, wie Labrang, haben sich außerhalb der Mauern eine Gruppe Ngagpas angegliedert, die als Stellvertreter der Mönche den Verkehr mit den bösen Geistern aufrechterhalten. Die Gelbmützen selbst dürfen den Geistern nicht die Ehre erweisen, nach der diese begierig sind, oder ihnen die Nahrung bieten, die sie fordern. Das tun die Ngagpas für sie gegen Entlohnung.

Der Zaubertempel, den ich besichtigte, war geräumig und sehr gut erhalten. Die Fresken an den Wänden zeigten grausig-malerische Darstellungen, die man an allen den »schrecklichen Gottheiten« gewidmeten Orten findet. Die »schrecklichen Gottheiten« sind in der Mehrzahl bekehrte oder mit Gewalt unterworfene böse Geister, die ein Zauberheiliger zwang, ihre Kraft der Verteidigung der lamaistischen Religion und ihrer Gläubigen zu widmen. Um die geheimnisvollen Götterfiguren herum hatte der Maler eine ganze Höllenwelt aufgebaut; scheußliche Teufel und Teufelinnen zogen unglückseligen Menschen die Haut ab, wickelten ihnen die Därme zum Knäuel auf, fraßen ihnen das Herz aus dem Leibe und was dergleichen schauerliche Beschäftigungen mehr sind. Die Tibeter sind übrigens gegen solche Bilder abgestumpft; es gibt sie in ihrem Land in Unmassen und bis auf die Gelehrten, die ihre sinnbildliche Bedeutung kennen, schenkt ihnen niemand Beachtung.

Die Ngagpas, in deren Tätigkeitsbereich auch die »schwarze Magie« gehört, sind oft liebenswürdige Leute. Den Dünkel, den die Zauberkundigen aus der eigentlichen Geistlichkeit gern zur Schau tragen, kennen sie meist nicht, wahrscheinlich, weil sie eine niedrigere Stellung in der geistlichen Rangordnung einnehmen. Ich habe aber auch einige getroffen, die sich selbst und alles andere auf der Welt grundsätzlich nicht allzu ernst nehmen.

Bei den Ngagpas von Labrang wurde ich sehr freundlich aufgenommen, wir verplauderten einige Stunden beim Teetrinken. Am andern Morgen beim Tagesgrauen ging die Reise weiter.

Nach Nanping

Yongdens Eingebung

Acht Jahre lang begleitet mich nun Yongden auf meinen Reisen, da sollte ich eigentlich Zeit gehabt haben, mich an seine vielen Eigenheiten zu gewöhnen, und doch bringt er es immer wieder fertig, mich – und manchmal sich selbst – durch neue Taten zu verblüffen.
Trotz frühem Aufbruch von Labrang haben wir am ersten Marschtag unser Ziel nicht erreichen können. Zunächst wurde ich eine Weile aufgehalten von allerlei Leuten, die mir eine gute Reise wünschen, Geschenke bringen und meinen Segen empfangen wollten. Sie hatten mich in der Herberge nicht mehr angetroffen und holten uns unterwegs ein. Später am Tag hatten wir Pech mit den Tragtieren, die Lasten saßen nicht fest, wir mussten abladen und die vielen Säcke und Ballen neu aufbinden. Kurz, die Nacht bricht herein, als wir einen kleinen Weiler erreichen.
Einer meiner Leute geht vor, klopft bei einem Bauern an und bittet um Gastfreundschaft. Sie wird rundweg abgeschlagen. Er kommt zurück, berichtet von seinem Missgeschick und will gerade einen neuen Versuch machen, da hält ihn Yongden zurück. Der junge Lama scheint eine plötzliche Eingebung zu haben. Er ruft einer Frau zu, die uns vom Fenster aus zusieht, und fragt in befehlendem Ton, wo ein gewisser Passang wohne (von dem ich nie etwas gehört habe). Er erfährt, das sei der Besitzer des schönsten Anwesens im Dorf. Yongden geht hin und verkündet in bestimmtestem Ton, wir seien vom

Kuchog Leszang in Labrang geschickt, dieser beauftrage den Hausherrn, uns aufzunehmen und aufs Beste zu bewirten. Wer ist dieser Kuchog Leszang, woher mag ihn Yongden kennen? Ich habe keine Ahnung. Aber eins weiß ich sicher: von einer Empfehlung an Passang ist keinen Augenblick die Rede gewesen; dass wir in diesem Ort Nachtlager suchen, ist ein reiner Zufall. Wie dem auch sei, die Tür wird sofort geöffnet und man empfängt uns sehr ehrerbietig. Ein nettes Zimmerchen wird mir für die Nacht angewiesen. Während meine Leute abladen und die Säcke mit Decken und Feldbett ins Zimmer bringen, sind unsere Gastgeber in der Küche beschäftigt. Bald wird ein reichliches, gutes Abendessen aufgetragen. Dann ziehen alle Hausbewohner, Herr und Frau voran, das Gesinde hinterdrein, an mir vorüber und empfangen den Segen. Man spricht davon, auch die Nachbarn einzuladen, doch ich erkläre, ich sei zu müde und wolle sie lieber am Morgen sehen.
Ehe ich mich niederlege, halte ich Yongden noch einen Augenblick zurück. Ich bin zu neugierig zu erfahren, wie ihm der Gedanke mit dem Lama gekommen ist. »Sag, wer ist Kuchog Leszang? Wann hast du seine Bekanntschaft gemacht? Warum hast du mir nicht von ihm erzählt?«
»Ich kenne ihn ja gar nicht.«
»Du kennst ihn nicht …? Und dieser Passang?«
»Den kenne ich ebenso wenig.«
»Nun höre aber bitte einmal zu! Ich verstehe wohl, dass der Gedanke mit der Empfehlung eine List von dir war, aber woher wusstest du die Namen dieser Leute und dass Passang ein ›Gabenherr‹ (Chindag; ein Hausherr, der durch Geschenke zum Unterhalt eines Geistlichen beisteuert) von Kuchog Leszang ist?«
»Ich bin genauso erstaunt wie du. Ich muss die Namen wohl in Labrang gehört haben, aber ich erinnere mich nicht im Leisesten daran und das Sonderbarste, ich kann mir auch jetzt

noch das Hirn zermartern, wie und wann das war. Die beiden Namen und was ich sagen musste, damit man uns aufnahm, sind mir plötzlich in den Sinn gekommen, als Tobgjal sagte, man wollte uns kein Obdach geben. Ich habe nicht nachgedacht, sondern einer Eingebung gehorcht.«

Das ist merkwürdig, dachte ich bei mir. Nun, wir haben den Vorteil davon und ich bin jetzt zu müde zum Grübeln. Bald bin ich fest eingeschlafen.

Ich erwachte recht früh, trotzdem drängte sich schon eine Menschenmenge vor meiner Tür, die den Segen oder Zaubermittel oder Wahrsagekünste von mir erwartete. Einer nach dem andern trug mir seine Wünsche vor. Da sollte ich Wasser für langes Leben weihen oder verteilen oder Gerstenkörner magnetisieren, die die Anwesenden unter sich verteilten, um sie aufzubewahren oder ihren Freunden und Verwandten in andern Dörfern zu schicken. Diese Körner sollen ebenso wie das Wasser eine Kraft enthalten, die die Gesundheit schützt, sie wird ihnen durch die Weihe des Lamas eingeflößt.

Als ich diesen Teil meiner Amtspflichten erledigt glaubte, bat mich Passang in ehrerbietigem Ton, aus seinem Hause die Geister auszutreiben. Er hätte zwar nichts besonders Verdächtiges bemerkt, doch der bösen Wesen gäbe es ja so viele und so durchtriebene, dass es besser sei, ihren dunklen Absichten zuvorzukommen, als später den Schaden zu heilen. Der Gedanke lässt sich hören; wir tun ja dasselbe gegen die Krankheiten und nennen es Hygiene. So führe ich denn eine vorbeugende Geisteraustreibung auf dem Gutshof durch. Man gewöhnt sich an alles. Ich lerne allmählich die feierlichen Handlungen mit der Würde eines Oberpriesters vollziehen, aber mir selbst tun diese geistlichen Übungen wehe.

Zu Beginn meines Aufenthalts unter der tibetischen Landbevölkerung hatte ich mich bemüht, den Leuten die Nutzlosig-

keit solches äußerlichen Formelwesens zu zeigen und sie zu überzeugen, dass der Glaube daran von demselben Buddha, dessen Anhänger sie sich nannten, als verhängnisvolle Irrlehre verdammt worden sei. Die Mühe war vergeblich gewesen. Es war mir nicht nur nicht gelungen, ihren eingewurzelten Hang zum altüberlieferten Aberglauben zu erschüttern, im Gegenteil, die Bauern hatten Zweifel bekommen, ob ich eine rechtgläubige Buddhistin sei und nicht etwa eine christliche Missionarin, die ihre Religion zu verderben suchte.
Später, als meine Zugehörigkeit zum Sangha (dem buddhistischen religiösen Stand) nicht mehr infrage gestellt und meine Fähigkeit zur wirksamen Ausübung bestimmter lamaistischer Riten anerkannt war, an meiner Einstellung zu den Äußerlichkeiten der Religion sich aber nichts geändert hatte, bemühte ich mich in andern Gegenden von neuem, den Leuten klarzumachen, dass Formeln und Worte nie die Gesinnung ersetzen können, und auf die allein kommt es an. Wohl hatte ich Lehre und Beispiel der großen tibetischen Mystiker und Einsiedler auf meiner Seite, das Volk beharrte bescheiden, aber hartnäckig auf seiner Ablehnung.
Drubthobs (*grubthob* geschrieben), »heilige Wundertäter«, und Gomchens (*sgomchen*), »Einsiedler«, so meinten sie, hätten die Freiheit, auf Äußerlichkeiten zu verzichten. Sie wären ja mächtiger als die Götter, die sie ebenso wie die Geister sich dienstbar machten. Aber für arme, einfache Leute wie sie schicke es sich nicht, diese Großen im Reiche des Geistes nachahmen zu wollen, sie wären bescheidene Laien und hielten sich an die Sitten ihrer Väter.
In Kumbum hatte ich mich daran gewöhnt, das lamaistische Klostergewand zu tragen, und behielt das dann auf meinen Fahrten bei. Auf der späteren Reise nach Lhasa wollte ich unerkannt bleiben, sonst gaben Yongden und meine Diener mich stets als Khadoma aus, ohne über meine Staatsangehörigkeit Näheres zu sagen. Oft hielten mich die Dorfbe-

wohner für eine Tibeterin und wir ließen sie bei dem Glauben. Wurde geradeheraus nach meiner Herkunft gefragt, dann lautete die Antwort, ich käme aus der Mongolei oder aus Gjamed, worunter man in Tibet so etwas wie Indochina versteht.

Unter meinem jetzigen Avatar war es für mich schwerer denn je, mich den »geistlichen Pflichten«, die meiner harrten, zu entziehen. Yongden, der von der Bedeutung äußerer Formen eine recht geringe Meinung hat, lachte nur über meine Gewissensbisse. »Bah«, meinte er, »blas doch ruhig diesem Rheumatiker auf den Rücken oder dem Tauben dort ins Ohr. Es wird ihnen bestimmt nichts schaden und du machst ihnen eine große Freude damit. Aber noch eins: Ist es wirklich ganz ausgeschlossen, dass von deinen geschulten Geisteskräften eine wohltätige Wirkung ausstrahlt, die dein Atem, das Wasser oder die Pillen, die du weihst, diesen Armen mitteilen? Man muss Mitleid mit ihnen haben und sie auf ihre Weise behandeln. So machen es alle gelehrten Lamas und heiligen Einsiedler.«

O weh! Ohne mich übertriebener Bescheidenheit rühmen zu wollen, als einen sehr »gelehrter Lama« betrachtete ich mich nicht und meine »Heiligkeit« schien mir nicht makellos. Aber der immer praktische Yongden fuhr fort: »Sind wir, du und ich, echte Glieder der Geistlichkeit? Ja, nicht wahr. Wir haben beschlossen, uns auf dieser Reise als Lamas zu geben, wir müssen also unsere Rolle auch zu Ende spielen, wenn wir nicht verdächtig werden wollen, sodass die Leute denken, wir hätten uns verkleidet und führten Böses im Schilde. Das könnte übel für uns ausgehen. Noch weiter, wenn durch unsere Schuld diese Leute die Sünde begehen, echten Lamas, die wir doch sind, Schaden zuzufügen, dann tragen wir dafür die Verantwortung.«

Der junge Mann hatte Recht, gegen seine Gründe war nichts einzuwenden, besonders nicht dagegen, dass wir uns nicht verdächtig machen sollten, wo die Mittel, das zu vermeiden, niemandem schadeten. So hatte ich nachgegeben und mich bereit gefunden, meinen »geistlichen Pflichten« nachzukommen. Sie beschränkten sich jedoch nicht immer auf Äußerlichkeiten, sondern gelegentlich hatte ich erschütternde Erlebnisse.

Während ich in Passangs Haus den Segen erteilte, war mir eine Frau dadurch aufgefallen, dass sie sich bewusst im Hintergrund hielt. Wie alle andern gegangen waren, kam sie auf mich zu und sagte mit tränenschwerer Stimme: »Vorige Woche ist mein Vater gestorben. Was ist aus ihm geworden? Hat er eine glückliche Wiedergeburt gehabt? Suchen Sie ihn mit Ihrem Blick und sagen Sie es mir.«

Das war eine unerfreuliche Lage! Herumreden hatte hier keinen Sinn. Diese Frau suchte keinen leeren Trost. Sie wollte eine Tatsache erfahren, eben wo ihr Vater von neuem geboren worden war. Ich wusste es nicht und meine Ansichten über die Wiedergeburt unterschieden sich bestimmt sehr von ihren eigenen. Dennoch musste ich die angstvolle Frage der Frau, die mit tränenfeuchtem Gesicht vor mir stand, beantworten. Das Mitleid gebot es. »Kommt in einer halben Stunde wieder«, sagte ich schließlich, »man soll mich allein lassen, ich will versuchen, in innerer Sammlung zu ›sehen‹, welches das Schicksal Eures Vaters ist.«

Zum Scherzen verspürte ich nicht die geringste Lust. Den bitteren Schmerz einer Tochter über den Verlust des geliebten Vaters hatte ich selbst zu stark durchlebt, um seltsame Gedanken, die er hervorzurufen imstande ist, bei einer andern ins Lächerliche zu ziehen. Antworten musste ich, es widerstrebte mir jedoch, einer Frau, die an meine Hellseherkraft glaubte, eine erfundene Geschichte zu erzählen. Lieber wollte ich den Zufall walten lassen oder das, was wir so nennen, weil wir seine Quelle nicht kennen.

Ich setzte mich in der vorgeschriebenen Haltung nieder, mit

halb geschlossenen Augen, verbannte jeden eigenen Gedanken, erzeugte die »Leere« und kam in den Zustand, wo man jedes Bewusstsein seiner Umgebung verliert. Da tauchte plötzlich ein Bild vor mir auf: ein chinesischer Kaufladen. Deutlich sah ich Angestellte Kunden bedienen und mit reichen Vorräten hantieren. Der Besitzer musste ein sehr wohlhabender Mann sein. Da erschien er auch selbst, groß, stattlich, mit lachendem Gesicht, in schwarze Seide gekleidet. Ohne dass jemand es mir gesagt hätte, wusste ich – wie wir das alle aus Träumen kennen –, dass er gerade Vater eines Sohnes geworden war. Dann verschwand das Bild und nach und nach kam mein gewöhnliches Bewusstsein wieder. Warum hatte ich einen chinesischen Laden gesehen? Wäre ein Bild aus dem tibetischen Volksleben nicht natürlicher gewesen, wo ich seit langem darin untergetaucht war?
Welches auch die Ursache des Gesichts gewesen sein mag, es lieferte mir eine Antwort, die ich erteilen durfte, ohne mir Vorwürfe machen zu müssen, auf eine ernst gemeinte Frage mit einem Witz erwidert zu haben. Auf dieselbe Weise hätte jeder in die Meditation eingeweihte tibetische Lama eine Antwort zu finden versucht. Daher fühlte ich mich keines Betrugs schuldig, als ich zu der Bäuerin sagte: »Euer Vater ist nicht im Bardo aufgehalten worden. Er ist bereits in unserer Welt wieder geboren worden. Aber nicht in Tibet, sondern in China. Er ist der Sohn eines reichen Kaufherrn, dessen Haus ich gesehen habe. Ich kann nicht sagen, in welcher Stadt das Haus liegt, doch es muss im nördlichen China sein, denn die Leute, die mir erschienen sind, waren groß von Gestalt, wie die in Gansu. Nun stillt Eure Tränen. Euer Vater wird im Wohlstand leben und in einem Lande, wo die Lehre Buddhas gepredigt und geübt wird.«
Die Frau weinte zwar noch, aber nicht mehr so bitterlich. Sie trauerte nur noch über ihren eigenen Verlust. Über das Schicksal des Verstorbenen war sie beruhigt.

Das Gebiet, das wir nun durchqueren, ist schön und malerisch, aber sehr dünn bevölkert, was uns zu langen Tagesmärschen zwingt. Wir haben Ende März, da ist es in diesem hoch gelegenen Lande noch kalt, im Freien nächtigen können wir kaum. Wir würden in unsern Zelten nicht frieren, die schutzlosen Tiere dafür umso mehr. Am Abend der überlangen Marschtage sind sie müde und brauchen einen warmen Stall zum Ausruhen, wenn sie nicht Schaden nehmen sollen. Aber wir müssen auch zu Menschen, um Viehfutter, Häcksel und getrocknete Erbsen kaufen zu können, damit wir den Notvorrat nicht anzugreifen brauchen.
Geschrotete Erbsen sind in Amdo ebenso wie in Nordchina und in Tibet das übliche Pferdefutter. Die Maultiere mit ihren kräftigeren Zähnen fressen die Erbsen ganz, gelegentlich vertilgen sie sogar dicke Bohnen. Man hält das für ein sehr viel besseres Kraftfutter als Gerste. Übrigens können sich die an Erbsen gewöhnten Tiere schlecht auf Körner umstellen, sei es Gerste, Mais oder Weizen, und sie werden meist krank, wenn man sie ihnen auf der Reise verfüttern muss.
Außer der Sorge um unsern kleinen Marstall hielten uns noch andere Gründe vom Nächtigen im Freien ab – die Räuber, die das Land unsicher machen. Für sie wären unsere hier sehr geschätzten großen Xiningmaulesel eine lockende Beute gewesen.
Dörfer gab es wenige, Herbergen nur in Abständen von vierzig bis fünfzig Kilometer. So lange Tagesmärsche auf unebenen Pfaden waren recht anstrengend. Das schöne, trockene Wetter wurde während unseres Aufenthaltes in dem Dorfe Kargnag (wohl richtiger Karnag, »schwarze Mauer«) durch Schneefall unterbrochen. In diesem Ort wurde ich die Heldin eines lustigen Schauspiels, das Yongden heraufbeschwor, ohne es zu ahnen. Er rief nämlich einem Dorfjungen, der mich

anstarrte, im Scherz zu: »Sieh dir die Jetsumna Kuchog nur genau an, sie ist hundert Jahre alt!«
Bass erstaunt war der Bengel zu seinem Vater gelaufen, um ihm die unerhörte Botschaft zu bringen. Dieser hatte es sogleich seinem Nachbarn weitererzählt und von Mund zu Mund verbreitete sich die Mär schnell über das ganze Dorf. Eine Hundertjährige war zu Pferd angekommen und sie schien noch recht rüstig zu sein! Alle wollten das Wunder sehen. Bald war mein Zimmer voll von Leuten, die über mein gutes Aussehen in Entzücken gerieten. Keine weißen Haare! – Die Frauen betrachteten sie aus der Nähe. Alle Zähne hatte sie noch! – Sie baten mich, den Mund zu öffnen. Und sie hielt sich ganz gerade und ihre Wangen waren nicht runzelig, sie sah gut, ihre Hände zitterten nicht! Wunder über Wunder! Noch nie, sagten die Leute, sei ein so alter Mensch in ihr Dorf gekommen und nie hätten sie geglaubt, dass eine Hundertjährige so jugendlich aussehen könnte.
Da nun in Tibet alle Gefühle, Freude und Schmerz ebenso wie Achtung und Bewunderung, sich in Geschenken kundtun, setzte sich das Staunen in Lebensmittelgaben um, die mir von allen Seiten zuströmten: Butter, Weizen- und Gerstenmehl, Käse, Fleisch. Ich konnte den Strom nicht aufhalten, der sich bald von der Tür bis zu dem Kang ergoss. Strengste Ehrenhaftigkeit hätte vielleicht verlangt, dass ich erzählte, mir fehlten noch sehr viele Jahre an den hundert. Aber die Tugend ist nicht immer dort, wo sie nach den strengen Sittenrichtern zu sein scheint; sie hängt von den Umständen ab und das entscheidende Merkmal dabei ist meiner Ansicht nach die Nächstenliebe. Andern Gutes erweisen, niemandem ein Leid zufügen, das ist die beste Lebensregel. Nun zu unserm Fall. Das gesamte Dorf genoss das Schauspiel, das ich ihnen bot, von Herzen. In dem einförmigen Leben dieser Menschen bedeutete der Durchzug einer rüstigen Hundertjährigen ein großes Ereignis, das man noch nach langen Jahren am Abend wei

tererzählt. Vielleicht wurde mithilfe kluger Köpfe sogar eine Legende daraus, die dem Dorf zum Ruhm gereichen und ihm den Neid der Nachbarn eintragen konnte. Wäre es da nicht unrecht von mir gewesen, alle diese Freuden zunichte zu machen? Sie waren doch mit ein paar Pfund Butter, Fleisch und Mehl nicht zu hoch bezahlt! Den Leuten ging es gut und die Geschenke, die sie mir brachten, machten sie nicht arm. Außerdem rechneten sie damit, dass ihnen diese guten Werke in einem späteren Leben mit Zinseszinsen vergolten würden, und für das jetzige hofften sie, dass der Segen, den sie mir abnötigten, und die Wollfetzen, die ich für sie von meinem Lamagewand abreißen musste, ihnen ein wenig von meiner unerschöpflichen Jugendkraft mitteilen möchten.

Die Erinnerung an ein anderes Dorf ist weniger angenehm. Es gibt dort eine nicht unbedeutende Gompa und da man in solchen abgelegenen Klöstern fast immer einige Mönche findet, die Lebensmittel zu verkaufen haben, schicke ich zwei meiner Leute hin, um Nachfrage zu halten. Sie seien barsch abgewiesen worden, erzählen sie bei der Rückkehr, man hätte sie als Sentüanpas erkannt. Dies ist ein in Gansu lebender Mongolenstamm mit starkem chinesischem Einschlag. Die Sentüanpas spielen die führende Rolle in Kumbum, wo nur sie zu den Klosterämtern zugelassen sind; hier schien man sie aus mir unbekannten Gründen nicht zu schätzen. Wir hätten die Sache auf sich beruhen lassen, wären nicht einige händelsüchtige Trapas in unserer Herberge erschienen, um mit meinen Leuten Streit anzufangen. Ohne mich zu zeigen, das hätte der Sitte widersprochen und wäre als Mangel an Würde vermerkt worden, befahl ich, sie hinauszuweisen. Es gab eine kleine Keilerei, dann zogen die Trapas ab mit der Drohung, sie würden Verstärkung holen und bewaffnet wiederkommen. Der Wirt verrammelte das Tor, meine Leute luden die Gewehre und hielten sich bereit.

Ich war ärgerlich. Hilfe stand von keiner Seite zu erwarten.

Wie der Wirt mir erzählte, hatten die Dorfbewohner für die streitlustigen Trapas, die das geistliche Gewand entweihten und nur auf Übeltaten sännen, nichts übrig, trotzdem würden sie sich hüten, uns zu verteidigen. Was war der Klosterabt für ein Mann? Würde er die Kampfhähne im Zaum halten wollen oder können? Ich hielt es fast für sicher, dass er von dem Vorgefallenen nichts wusste, aber einen Weg, ihm Nachricht zukommen zu lassen, sah ich nicht. Während ich noch überlegte, berichtete mein Diener Sotar dem Wirt, wer ich eigentlich war, und fügte hinzu, wenn mir oder meinen Leuten oder meiner Habe irgendetwas geschähe, würde General Ma Soldaten schicken, um das Kloster niederzubrennen und wahrscheinlich auch das Dorf, das nichts zu meinem Schutz unternommen hätte. Diese Drohung konnte ihren Eindruck nicht verfehlen, die Erinnerung an das Blutbad von Labrang war noch lebendig. Wahrscheinlich hat der Wirt den Trapas einen Wink gegeben. Jedenfalls blieb alles ruhig und da Sotar an diesem Tag nichts von seiner Eigenmächtigkeit verlauten ließ, wachten wir die ganze Nacht. Noch vor dem Morgengrauen befahl ich den Aufbruch und als die Sonne aufging, lag der ungastliche Ort bereits weit hinter uns.

Nun gestand mir Sotar, was er getan hatte. Ich war sehr ungehalten. Dass niemand Genaueres über mich wissen sollte, war das Kernstück meiner Pläne. Den langen und verwickelten Reiseweg bis zur Grenze des verbotenen Gebietes hatte ich doch gerade in der Hoffnung gewählt, meine Spuren verwischen und mich als waschechte Amdotibeterin ausgeben zu können. Wo sollte das hinführen, wenn meine Leute über meinen Kopf hinweg Enthüllungen machten? Ich schalt Sotar kräftig aus, aber den eigentlichen Grund meines Ärgers durfte ich ihm ja nicht sagen – nicht einmal meine Leute sollten vorläufig wissen, dass ich nach Lhasa wollte. Ihre Redereien hatten meinen Plan zu Schanden machen können und so ist es denn auch tatsächlich gekommen, auch ohne dass sie das Ziel kannten.

Ein Forscher, der unerkannt bleiben will, muss allein reisen, höchstens mit ein oder zwei Gefährten, die ebenso mit dem Herzen bei der Sache sind wie er selbst. Für gemietete Leute ist die Aussicht auf Belohnung die einzige Triebfeder; das genügt allerdings nicht, um Verschwiegenheit zu verbürgen und in schwierigen oder gefährlichen Lagen Selbstverleugnung aufzubringen.

Die Vorräte werden knapp

In Taochou (Lintan) befand ich mich vorübergehend in fast rein chinesischem Gebiet, Choni (Jonê) liegt aber wieder mitten im tibetischen Amdo. Kurz ehe man den Ort erreicht, bietet sich ein prächtiges Bild: die wie ein riesiges Tor zum Ufer des Tauho vorspringenden Berge. Das dortige Kloster hat einen gewissen Ruhm wegen seiner Druckerei, die die Holzstöcke für die 108 Bände des Kankur (geschrieben *bjah hgyur*), der heiligen Textsammlung des Lamaismus, enthält.

Mir lag jedoch weder daran, das Kloster eingehend zu besichtigen, noch dem fast unabhängigen Fürsten, der hier mit einem kleinen Gefolge Hof hält, meine Aufwartung zu machen, sondern ich wollte unerkannt bleiben und nur eine Nacht dort verbringen. Selbst das war schon zu lange. Sotar schwätzte schon wieder und diesmal, ohne dass eine unmittelbare Gefahr gedroht hätte. Vielleicht hoffte er, die Straßenräuber ließen uns eher in Frieden, wenn bekannt würde, dass ich eine Europäerin sei. Jedenfalls erzählte er abends, ich sei Fa Kuë, Französin. Wir ahnten nichts davon, bis man am andern Morgen von Yongden Näheres wissen wollte. Der begriff die Lage sofort und sagte mit gut gespielter Sicherheit: »Aber natürlich, sie stammt aus Fakuëdzong.« – »Gibt es denn ein Dzong (befestigter Ort) dieses Namens?«, fragten die Leute erstaunt weiter. »Ganz sicher, es ist weit weg, sehr weit von hier, ganz im Süden Tibets«, fuhr Yongden mit derselben Selbstverständlichkeit fort, beeilte sich aber gleichzeitig mit dem Packen, um allem Weiteren zu entgehen. Unterwegs nahm ich Sotar ins Gebet und er musste schließlich seine Schuld eingestehen. Wieder schalt ich ihn aus; doch es war vergebliche Mühe, er hat das Ausplaudern nicht mehr lassen können. Nur ging er später vorsichtiger zu Werke, sodass ich oft nur aus meinem Pech ahnen konnte, was vorausgegangen sein musste. Wir haben jetzt Richtung auf Sichuan. Dort herrscht Bürgerkrieg. Doch das ist nicht der eigentliche Grund, warum ich diese Provinz meiden möchte. Mir lag daran, das von unabhängigen, nicht chinesischen Stämmen bewohnte Grenzgebiet kennen zu lernen, und ich hoffte auch, beim Marsch durch dieses wilde Land am ehesten die große Straße nach Lhasa unerkannt erreichen zu können. Aber die Kriegswogen branden bis in das südliche Gansu herüber. In all den kleinen Städten laufen unbestimmte Gerüchte um, dass weiter im Süden gekämpft würde. Es war wohl dasselbe wie überall in China: Nach einer Niederlage oder weil sie den versprochenen Sold nicht erhielten, trennten sich Soldatenhaufen von der Truppe und durchstreiften raubend und sengend das Land. Diese Art Räuber sind nicht mehr die in mancher Hinsicht großmütigen barbarischen Recken Tibets, ihnen zu begegnen ist gefährlich. Das Beste, was man von ihnen erhoffen kann, ist, mit heiler Haut davonzukommen, wenn man ihnen das gesamte Gepäck ausliefert. Auch sie sind Leute von Benehmen. Vornehme, besonders Ausländer, sprechen sie höflich an, etwa: »Mein Pferd ist müde, seien Sie so gut und leihen Sie mir das Ihre!« Auf diese Weise »leihen« sie Fuhrwerke und Gespanne, Waren aller Art, die sie immer gerade in dem Augenblick »nötig« haben, »tauschen« sie ihre zerlumpten Kleider gegen die neuen ihrer Opfer. Aber all dies ist sozusagen nur Spiel, ein un-

schuldiger Zeitvertreib auf dem Marsch. Blutiger Ernst wird es, wenn sich diese wilden Horden eines Fleckens oder Städtchens bemächtigen.
Als wir in Minchow (Minxian) einzogen, war viel von diesen Banden die Rede, obgleich sie sich in Ortsnähe noch nicht gezeigt hatten. Die Stadt ist klein, doch wie mir schien, blühten Handel und Gewerbe. Meine Herberge lag außerhalb der Befestigung und wies mehrere von Mauern umgebene große Höfe auf. Im äußersten hatten Yongden und ich unser Lager errichtet. Trotz der noch immer lebhaften Kälte zogen wir unser sauberes Zelt einem übel riechenden, staubigen chinesischen Gasthauszimmer vor. Am vierten Tag unseres Aufenthaltes – wir warteten, dass das verstauchte Bein eines unserer Diener sich besserte – erschien der Wirt bei mir. Eine Räuberbande sei gemeldet, wir sollten die Nacht über auf der Hut sein. Unmittelbar bis an die niedrige Mauer, hinter der unsere Zelte standen, reiche unbebautes Feld. Es sei sicherer, wenn wir im Haus schliefen oder wenigstens die Zelte in einen der inneren, rings von Gebäuden umgebenen Höfe verlegten. Das Letztere taten wir dann. Das Gepäck wurde in einen Raum gebracht, der an den Pferdestall stieß, wo meine Leute bei ihren Tieren nächtigten. Yongden und ich schliefen weiterhin im Zelt.
Die ganze Nacht lösten sich die Wachen auf der Stadtmauer und auf den Häusern vor den Toren ab. Alles blieb ruhig. Aus der Ferne klangen einmal Flintenschüsse herüber, aber das Feuer war nicht anhaltend genug für einen richtigen Überfall. Am folgenden Tag völlige Stille. Widersprechende Gerüchte laufen um. Die einen wollen wissen, die Räuber wären nach Osten abgezogen, andere sagen, die moslemische Bevölkerung bereiteten einen Aufstand vor und könnten bis nach Minchow herüberkommen. Meine Leute haben Befehl, dass wir das Gebiet so schnell wie möglich verlassen. Sönam, der Mann mit dem verstauchten Bein, erklärt, er sei marschfähig. Ich lasse

verschiedene Kleidungsstücke, Bettzeug und andere entbehrliche Sachen verkaufen, um die Traglasten zu vermindern. Wir können dann entweder schneller marschieren oder zusätzliche Lebensmittel aufladen, falls die Dörfer unterwegs von Räubern besetzt sind und wir nichts zu kaufen bekommen. Auch die neue Nacht verläuft ohne Zwischenfall.

Beim Frührot, am 16. April, verlassen wir Minchow, in schneller Gangart. Die Straße ist zunächst breit und eben, aber es dauert nicht lange und wir befinden uns wieder auf schmalen, steilen Gebirgspfaden. Über Geröllhalden geht es mühsam voran, tief unter uns strömt ein Nebenfluss des Heishui He, den wir verschiedentlich überqueren. Einmal hätten wir fast ein übles Bad genommen. In diesem Lande zeigt nichts die genaue Lage einer Furt an, die sich übrigens oft mit dem Wasserstand verschiebt. Wir hatten uns auf den Pfad verlassen. Wo er ins Wasser mündete, ritten wir hinein, Sotar voran. Da er in dem schnell strömenden, trüben Wasser den Grund nicht erkennen konnte, überließ er sich wie gewöhnlich dem Instinkt seines Reittiers. Der Fluss war tief, wir mussten die Steigbügel loslassen und die Beine auf den Sattel legen. Plötzlich verlor Sotars Tier den Grund unter den Hufen und begann unbeholfen zu schwimmen. Sotar war ein geschickter Reiter, er wendete das Tier und brachte es schnell wieder auf festem Grund. Die andern hatten bei diesem Anblick sofort ihre Maultiere zurückgehalten und ich rief alles zum Ufer zurück. Wir konnten mit unsern beladenen Tieren die Furt nicht auf gut Glück suchen. Im Notfall muss Tobgjal, ein ausgezeichneter Schwimmer, mit nackten Beinen auf ungesatteltem Tier den besten Übergang ausfindig machen. Aber wahrscheinlich konnten wir ihm die Unannehmlichkeit ersparen. Ganz nahe, auf einem Steilhang über dem Fluss, lag ein Dörfchen. Die Leute mussten die Furt kennen und gegen Geld würden wir auch sicher einen als Führer gewinnen. Yongden ritt zu den Häusern empor.

Vielleicht nistete ein böser Kobold an diesem Ort, der seinen Schabernack mit uns treiben wollte. Jedenfalls ist Yongden kaum auf der Höhe der ersten Häuser angekommen, als sein sehr kluges, schönes Reittier auszuschlagen beginnt, dann ohne ersichtlichen Grund aufbäumt und den armen Lama in hohem Bogen auf einen kleinen Erdwall schleudert, den nach dem Fluss zu glücklicherweise eine Mauer abschließt. Sonst wäre Yongden mit Schwung unten im Fluss gelandet. Arg geschunden steht er wieder auf und entledigt sich seines Auftrags. Niemand ist bereit, uns durch den Fluss zu führen, wohl aber will man uns die Furt beschreiben: wir wären an der richtigen Stelle ins Wasser geritten, hätten uns aber dann nicht geradeaus halten dürfen, sondern erst ein Stück mit der Strömung … dann gegen die Strömung … dann dies … dann jenes …! Das konnte heiter werden, das Flussbett schien breit genug für allerlei Zickzackwege und auch zum Untergehen. Dass Menschen und Tiere beim Durchqueren eines Flusses umkommen, ist in dieser Gegend nichts Seltenes. Die Tibeter regen sich darüber ebenso wenig auf wie wir Europäer etwa über Kraftwagenunfälle. Jeder Verkehr hat seine eigenen Gefahren! Wir gingen also von neuem ins Wasser und jetzt besannen sich die Dörfler doch auf ihre Menschenpflicht, sie leiteten von ihrer Klippe herunter unsern Übergang durch Zurufe.
Unser Ziel war das Städtchen Siku (Zhugqu). Ich kannte es nicht einmal vom Hörensagen. Der Bezeichnung auf meiner Karte, einer roten Raute, nach war es ein »Ting«, also eine chinesische Kreisstadt. Wichtig konnte sie nicht sein, aber ich dachte sie mir als einen kleinen Handelsplatz ähnlich wie Tenkar, den Grenzort beim Kuku Nor, und rechnete damit, meine Vorräte dort gründlich auffüllen zu können. Unser Seitental mündete in das breitere des Heishui He, dem wir nun folgten. Als Siku vor uns auftauchte, brach die Dunkelheit herein und es begann zu regnen. Wahrscheinlich waren wir von den Pos-

ten auf dem Wachtturm, die in diesen unsicheren Zeiten scharf Ausschau hielten, bemerkt worden. Irgendeine Täuschung musste ihnen unsern bescheidenen Zug von fünf Leuten als eine furchtbare Streitmacht vorgespiegelt haben, jedenfalls wurde das Stadttor hastig geschlossen und ein Dutzend Soldaten mit schussfertigen Gewehren erschien auf der Mauer, bereit, die Stadt zu verteidigen.

Solchen Eindruck hatte mein Erscheinen bisher noch nirgends gemacht! Ich war gebührend stolz darauf, aber doch eigentlich mehr ärgerlich. Der Regen nahm zu und die Chinesen oben auf der Mauer, die abwechselnd misstrauische Blicke auf uns und wohlgefällige auf ihre Waffen warfen, flößten mir kein rechtes Vertrauen ein. Man soll Kindern kein gefährliches Spielzeug in die Hand geben und die chinesischen Soldaten, besonders wenn sie – wie meist – noch nicht lange auf einem so abgelegenen Posten stehen, machen manchmal Späße, die für andere Leute recht gefährlich werden können.

Endlich, während wir uns über diesen merkwürdigen Empfang wunderten und von den die Mauern schmückenden »Tapferen« den Grund dafür zu erfahren suchten, wurde das Tor langsam, mit gewollter Feierlichkeit, geöffnet und ein Herold erschien. Er saß zu Pferd. Dieser Umstand verhinderte, dass er so würdevoll auf uns zukam, wie es wohl seine Absicht gewesen war. Meine Maulesel hatten nämlich vor dem Regen Schutz gesucht und sich dicht an die Mauer gedrückt, dahinter warteten meine Leute, sodass das Tor fast blockiert war. Der Abgesandte des Kreishauptmanns konnte also nur halb heraus, das Hinterteil seines Pferdes blieb im Schatten unter der Wölbung. »Wer seid ihr, Menschen, die ihr Waffen tragt? (Wir hatten zwei Gewehre, unsere Revolver sah er ja nicht.) Aus welchem Lande kommt ihr und welches sind eure Absichten?«

Ich ahnte, dass Sotar stolz mit all meinen Titeln und Würden herausplatzen wurde, was gar nicht in meiner Absicht lag. So

dicht an der tibetischen Grenze, wo die Neuigkeiten sich mit einer an Wunder gemahnenden Schnelligkeit verbreiten, war es dringend nötig, unerkannt zu bleiben. Mein Sohn hatte glücklicherweise die Gefahr bereits bemerkt und kam jedem unerwünschten Einmischen der Diener mit den Worten zuvor: »Ich habe amtliche Pässe; ich kann sie hier im Regen nicht entfalten, aber ich werde sie Euch zeigen, sobald wir in Deckung sind. Ich bin ein Lama. Ich mache eine Wallfahrt. Meine Diener haben die Erlaubnis, Waffen zu tragen, um uns gegen die Räuber zu verteidigen. Ich bin hierher gekommen, um Lebensmittel zu kaufen.«
Diese Erklärung schien den Herold zu befriedigen. Es regnete inzwischen in Strömen, wahrscheinlich wollte er so bald wie möglich nach Hause. »Ich werde dem Beamten Eure Worte überbringen«, lautete sein Bescheid. Dass wir in die Stadt hineindurften, sagte er nicht, gegenteiligen Befehl erteilte er ebenso wenig. Den Augenblick, wo er sein Pferd wendete, benutzten meine Leute, um hinter ihm durchs Tor zu schlüpfen. Als es wieder geschlossen werden sollte, waren wir alle drinnen.
An die Stadtmauer lehnte ein Gasthaus. Dorthin zog ich mich zurück. Der Wirt hatte schon mehrere Maultiertreiber aufgenommen. Er fand trotzdem noch ein Kämmerchen für mich, wo ich die Nacht allein verbringen konnte. Doch der Stall war voll, meine armen Tiere mussten angebunden auf der Straße stehen. Man versuchte, aus Zelttuch eine Art Regendach herzurichten, aber es war nicht groß genug. Ich selbst war auch bald unter Wasser gesetzt, durch das schadhafte Dach ergoss sich der Regen in Sturzbächen in mein Zimmer.
Das schlechte Wetter hinderte jedoch den Mandarin nicht, Yongdens Papiere höchstselbst nachzuprüfen. Er erschien in Begleitung zweier Unterbeamten und vier bewaffneter Soldaten. Sein Auftreten war äußerst höflich, wie es übrigens in China fast die Regel ist, da die Beamten mit verschwindenden

Ausnahmen Männer von Bildung sind. Außerdem ist Yongden wirklich Lama und tibetischer Staatsangehöriger und er besaß auch einen Waffenschein. Ich selbst wurde als ganz nebensächlich betrachtet und hütete mich, daran Anstoß zu nehmen.
Leider war der Aufwand, mit dem wir den Besuch in Siku erkämpfen mussten, unnütz vertan. Zu kaufen gab es nichts als etwas gesalzenes Schweinefleisch. Die über die Räuber umlaufenden Gerüchte hielten die Handelskarawanen ab, sich auf die Straße zu wagen. Die Einwohner des Kreisstädtchens besaßen nur gerade den eigenen Lebensbedarf – so lange die Räuber ihnen das Wenige noch ließen.
Der Regen hörte über Nacht auf; als ich erwachte, war schönes Wetter. Vom Fenster aus fiel mein Blick auf dunkle Berge, die hinter der Stadt unvermittelt aufstiegen. Zur Rechten öffnete sich ein kurzes Tal, das in eine sonnenüberglänzte Ebene mündete – ein Bild tiefen Friedens. Es rief in uns die Erinnerung wach an die strahlende Weite und die glitzernden Seen der Bergwelt im nördlichen Tibet.
»Sieh, Sotar«, sagte ich zu dem Trapa, der neben mir stand, »wenn wir klug wären, blieben wir hier, bauten uns Einsiedeleien auf den Bergen und beschlössen unsere Tage in frommer Besinnung. Was hat es für einen Sinn, die Welt zu durchstreifen? Alle diesseitigen Welten und alle jenseitigen finden sich ja in uns selbst.«
Glaube niemand, dass ich von einem Forscher annähme, er würde so mit einem europäischen Diener sprechen. Die Völker des Ostens sind anders veranlagt. Der Tibeter verstand mich und dachte ebenso wie ich. Aber ebenso wie mir fehlte ihm die Klugheit. Er seufzte auf und ging in Gedanken verloren zu seinen mit dem Beladen der Maulesel beschäftigten Kameraden. Bald lag Siku hinter uns, die glückselige Stunde, wo man alle Bindungen von sich schüttelt, hatte für uns noch nicht geschlagen.

Ein guter Empfang und ein böser

Der nächste bedeutendere Ort auf meiner Karte in unserer Marschrichtung heißt Nanping. Vielleicht gibt es dort Lebensmittel zu kaufen, aber zunächst müssen wir, falls uns kein Glücksfall zu Hilfe kommt, uns ernstlich einschränken. Mit diesen wenig erfreulichen Aussichten ziehen wir den Weg von gestern Abend zurück, denn Siku lag etwas abseits. Das Gebiet wird von Bauern tibetischer Rasse bewohnt, ist durchweg sehr gebirgig, die Siedlungen sind selten und durch große Wälder getrennt. Die Einheimischen sind häufig unfreundlich und wenig gastfrei, wir schlafen meist in unsern Zelten, aber so nahe wie möglich an einem Dorfe, um eines bescheidenen Gefühls von Sicherheit willen.

Fast in jedem Lager kommen Leute zu mir mit der Bitte um Heilung von allerhand Beschwerden. Wie vielerlei und was für sonderbare Leiden diese armen Menschen zu erdulden haben, überschreitet jede Vorstellung. Eines Nachmittags erscheint ein Trapa. Er erzählt, mehrere seiner Familienmitglieder seien gestorben. Er möchte gern wissen, ob die Ursache etwa darin zu finden sei, dass ihr Haus in einer ungünstigen Richtung liege. Die Lage der Häuser gilt nämlich in China und Tibet als sehr wichtig. Wahrscheinlich ist alles wahr, was dieser Mann mir sagt, und er verfolgt keinerlei böse Absicht mit seiner Bitte. Indessen habe ich bemerkt, dass ein anderer Trapa draußen stehen geblieben ist und zu horchen scheint. Wollen die Leute mir etwa eine Falle stellen, um herauszubekommen, ob ich wirklich ein Lama bin? Immerhin wird es gut sein, meine Antwort so zu fassen, dass sie für lamaistische Gemüter ganz einwandfrei aussieht, was mich aber nicht hindern wird, einige Reinlichkeitsvorschriften mit einzuflechten. Ich lasse mir also die Lage bis ins Einzelne beschreiben und verlange dann in besonderen Beuteln etwas Erde von jeder Seite des Hauses. Der Trapa besteigt sofort sein Pferd, um das Verlangte zu holen, und kommt am Abend wieder. Ich nehme ihm die Erde ab und verschiebe meine Antwort bis zum Morgen. Ich habe inzwischen neben andern Einzelheiten in Erfahrung gebracht, dass ein Zimmer kein Fenster hat. Nach einigem Nachdenken gebe ich diesen Orakelspruch von mir:

»Da die Eingangstür Sonnenstrahlen empfängt, ist ihre Richtung gut. Doch das finstere Zimmer muss mit einem Fenster versehen werden, das dem wohltätigen Licht Zutritt gestattet. Das Haus muss vollständig ausgeräumt werden. Man soll alles hinausbringen und dann das Haus durch Verbrennen von Sang* reinigen. Wenn alle Einrichtungsstücke gut gesäubert sind, Kleider, Teppiche, Decken im Freien geklopft, dann soll man sie wieder ins Haus bringen und dort von neuem Sang verbrennen. In jedem Zimmer soll ein Buddhabild aufgestellt werden. Die Räume sollen stets ganz sauber gehalten werden, aus schuldiger Achtung vor dem Buddha im Bilde. Aus demselben Grund soll niemand in dem Haus auf den Boden spucken. (Das wird schwer zu erreichen sein, aber vielleicht bringt Frömmigkeit selbst dies Wunder fertig!) Schließlich soll man den Abt des benachbarten Klosters bitten, ein Sipao zu weihen (ein auf Papier oder Stoff gedrucktes bestimmtes Muster, das als mächtiger Zauber gilt), und dieses über die Eingangstür kleben.«

Diese Regeln können kein Unheil anrichten, vielleicht sogar Nutzen stiften. Ferner entspricht alles der lamaistischen Sitte. Der Großlama des Klosters, den ich nie im Leben gesehen habe, wird die Ehre zu schätzen wissen, die ich ihm durch die Anerkennung seines Ansehens und seiner Macht mittelbar

* Die getrockneten Nadeln bestimmter Nadelholzarten, Zypressenblätter, junge Triebe bestimmter Farne und verschiedener anderer Pflanzen, die man auf Kohlen verbrennen lässt, um duftenden Rauch zu erzeugen. Diesem wird die Kraft zugeschrieben, Menschen und Dinge zu reinigen.

erweise. Sollte nun noch irgendjemand Zweifel an meinem Lamatum äußern, so würde der Abt selbst ihn als Narren behandeln.
Außer einigen Nahrungsmitteln für solche ärztlichen Bemühungen kommt kein Nachschub in unsere Vorratssäcke. Mehrjährige Missernten, Räubereinfälle, schwere Steuerlasten haben das Land arm gemacht. Es gibt dort nichts mehr zu kaufen. Als uns das Mehl ausgeht, müssen wir uns mit etwas luftgetrocknetem Hammelfleisch begnügen, das ich für solche Notfälle aus Kumbum mitgenommen habe. Hier und da pflücken wir etwas wilden Löwenzahn, den wir roh essen; aber viel ist das nicht. Mit unbeladenen Tieren und in ebenem Gelände könnten wir schneller vorwärts kommen, so müssen wir nicht nur langsam marschieren, sondern auch noch Umwege machen. Da ist ein Pass von den Bewohnern des nächsten Dorfes mit Baumstämmen verrammelt worden; sie fürchten einen Räubereinfall von Sichuan her. Ein einzelner Fußgänger könnte wohl durchkommen, nicht aber Reiter und beladene Tiere. Wir müssen einen sehr großen Bogen schlagen, um einen andern Pass zu suchen. Die Enttäuschung ist bitter, hatten wir doch gehofft, auf der andern Seite des Berges etwas zu essen zu finden.
Zum Trost stoßen wir an diesem Abend auf einen stattlichen Gutshof, wie man deren selbst im eigentlichen Tibet wenig findet. Ich zähle an hundert Stück Rindvieh, die von der Weide heimkehren, weitere traben andern Ställen zu. Das geräumige Wohnhaus ist ein fester Steinbau; die großen Fenster sind mit dichten Läden verschlossen. Man empfängt uns höflich und weist uns einen ausgedehnten, mehr als zwanzig Meter langen Raum als Unterkunft an. Es ist in Tibet nichts Ungewöhnliches, besonders auf Reisen, dass Herr und Gesinde, Frauen und Männer das Zimmer teilen. Umziehen für die Nacht kennt man nicht, daher ist das Bedürfnis nach Abschließung nicht stark. Die Dienstboten breiten die Kissen

und Decken für das Lager ihres Herrn auf dem Fußboden aus. Ein reicher Mann wird vielleicht das Obergewand ablegen und sich in Hose und Weste zur Ruhe begeben. Ist er dann unter seinen Decken warm geworden, wird er gern noch seine Weste wegtun und mit nacktem Oberkörper schlafen. So machen es die meisten Tibeter beiderlei Geschlechts, wenn sie daheim sind. Die Frauen entledigen sich des Schmuckes sowie des Obergewandes und legen sich in dem langen Unterrock und Hemd, das sie darunter tragen, schlafen. Diener, Bauern, überhaupt alle Ärmeren, die weder schwere Kissen noch warme Decken ihr eigen nennen, schlafen völlig bekleidet, höchstens dass sie den Gürtel lockern. Mich hieran zu gewöhnen, ist mir bei meiner Lhasareise als Bettelpilgerin sehr hart angekommen, aber es blieb mir keine Wahl. Bis dahin hatte ich es fast immer einrichten können, die Kleider zur Nacht zu wechseln und morgens nicht auf mein Bad zu verzichten.
Von dem großen Raum, den man uns anbot, teilten meine Leute durch Zeltbahnen ein Stück ab und schlugen dort mein Feldbett auf. Da angesehene Lamas auf Reisen sich für ihre religiösen Übungen in ähnlicher Weise durch Vorhänge abschließen, erschien meine Benehmen nicht ungewöhnlich. Auch diesmal musste ich als Gastgeschenk das ganze Haus segnen. Der Hauskaplan betätigte sich als Gehilfe, er trug den Teller mit dem geweihten Korn und die Flasche mit dem Weihwasser vor mir her.
Mancher meint, dem Reisenden auf unbekannten Pfaden beschere jede Stunde ein ernstes oder heiteres, jedenfalls aber aufregendes Abenteuer. Die Wirklichkeit ist weniger bunt. Die meisten Tage fliehen ohne irgendein merkwürdiges Ereignis dahin. Also Eintönigkeit? Keineswegs, für einen, der sehen und fühlen kann, ist jede Minute dieses frischen, ungebundenen Lebens voller Freuden. Außerdem hat jeder Forschungsreisende seine Beschäftigung, die den Grund oder manchmal auch nur den Vorwand für sein Unternehmen abgibt. Der eine

ist Erdkundler, der andere Naturforscher, ich selbst sammelte die Ausdrucksformen menschlichen Denkens, versuchte das Weltgeheimnis zu durchdringen und der Menschen Furcht vor Leid und Tod zu mildern. Philosophie und Religion, hochgeistig oder naturhaft-einfach, freche Streiche der Zauberer, Ekstasen der Mystiker, das war mein Feld, das ich mit Fleiß und Geduld beackerte. Man darf mir ruhig glauben, selbst an vielen Tagen, wo »sich nichts ereignete«, war ich keineswegs unbeschäftigt. Aber die beschaulichen Zeiten sind für den Reisenden nie von langer Dauer, dann »ereignet sich etwas«. So ging es auch uns, als wir ahnungslos auf gutem Pfad durch blühende Frühlingswälder zogen.

Ein Bauer aus Gomi, unserm nächsten Ziel, überholte uns. Er lud uns sehr freundlich ein, die Nacht in seinem Haus zu verbringen, beschrieb uns noch genau den Weg und ritt dann, da er kein Gepäck hatte, rasch weiter. Aus der Ferne rief er uns noch zu, er würde ein Abendessen für uns herrichten lassen. Diese erfreuliche Begegnung, die Aussicht auf ein warmes Nachtlager und auf eine gute Mahlzeit machten uns froh. Wir beschleunigten den Schritt und etwa zwei Stunden später, bei Einbruch der Dunkelheit, erreichten wir das Dorf.

Die erste Frage meiner Leute ist nach der Wohnung des guten Mannes, aber ehe jemand antworten kann, reckt sich ein wild schreiender Kerl vor ihnen auf und verkündet den Befehl des Ortsvorstehers, dass es jedermann verboten sei, uns aufzunehmen oder uns das Geringste zu verkaufen. Bei dem Lärm eilt alles aus den Häusern und rottet sich um meine Leute zusammen.

Ich war mit Yongden etwas zurückgeblieben. Als wir herankommen, zerteile ich schnell die Menge und erblicke den Krachmacher vor meinen drei Dienern. Die Dorfbewohner stehen ruhig dabei, unentschlossen, wessen Partei sie ergreifen sollen. Solche Lagen sind gefährlich, man muss sie schnell klären, sonst ist man selbst der Leidtragende. Noch einige

Minuten, und die Einheimischen sind fähig, auf uns loszugehen. Ich werfe einen schnellen Blick in die Runde und überschlage die Zahl der Neugierigen. Es mögen an die fünfzig sein, alle unbewaffnet, wir sind also im Ernstfall mit unsern Waffen in der Übermacht.
Sotar fragt mich kurz angebunden: »Müssen wir zuschlagen?«
Natürlich müssen wir, und zwar schnell, sonst kriegen wir die Schläge. Ich erwidere nur ein Wort: »Dung!« (Schlag zu), und peng! Hat der tobende Volksredner einen Faustschlag in der Herzgrube. Der war von Sotar. Eine kräftige Ohrfeige folgt blitzschnell von Sönam, während Tobgjal dem Ärmsten mit seinem derben Knüttel die Seiten bearbeitet. Das Opfer sinkt nieder, die Menge stiebt auseinander. Der Zweck ist erreicht, mit uns wird keiner anbinden.
Ich zeige auf einen als Lager geeigneten Platz, eine Tenne wahrscheinlich, und befehle meinen Leuten: »Tragt die Gewehre und Revolver sichtbar, schlagt die Zelte auf und kündigt an, dass niemand die Nacht über sich in unserer Nähe blicken lassen soll, wir würden wachen und ohne Anruf sofort schießen.«
Kein Mensch ist mehr ringsum zu sehen. Wir fangen an auszupacken. Trotz des Verbots bringt uns eine alte Frau einen Armvoll Kleinholz zum Feuermachen. Yongden belohnt sie großmütig. Dann taucht ein Mann auf, wohl ein halbamtlicher Unterhändler. Er nähert sich vorsichtig dem Lama und erzählt ihm, der Dorfvorsteher befehlige hundertfünfzig Soldaten. Sie ständen auf dem Pass, den wir überschreiten müssten, und ließen niemand durch, der nicht einen Brief mit dem Siegel des Beamten vorzeige. Dieser werde übrigens am andern Morgen unser ganzes Gepäck prüfen. Dann folgt noch einiges andere, das bestimmt ist, auf uns Eindruck zu machen. Immerhin scheint der hohe Herr nicht zu wagen, sich uns selbst zu zeigen, sonst würde er nicht diesen Gesandten vorschicken. Ein Beweis, dass er über keinen einzigen Soldaten verfügt und

wahrscheinlich nicht einmal ganz sicher ist, ob seine Dörfler ihn gegen die Lamas mit den kräftigen Fäusten unterstützen werden. Vor Körperkraft hat der Tibeter stets Hochachtung. Aber ein Erfreuliches bietet mir die Unterhaltung, die ich im Zelt verborgen mit anhöre: Ich merke, dass der Vorsteher uns alle für waschechte reiche Tibeter hält. Er versucht für freien Abzug ein nettes Sümmchen von uns zu erpressen, durch das bewährte Mittel, uns Angst einzujagen. Das hat bei Tibetern fast immer Erfolg. Soll ich nun bezahlen oder sagen, wer ich bin? Wenn es nach mir ginge, möchte ich fast lieber bezahlen und unerkannt bleiben, doch um meiner Leute willen muss ich mich gegen eine solche Unverschämtheit zur Wehr setzen.

Ich gehe also hinaus und sage dem Abgesandten ganz trocken, er solle verschwinden und seinem Herrn ausrichten, er werde mein Gepäck nicht prüfen, seine Soldaten könnten mir gestohlen bleiben und ich würde ihm meine Karte schicken, um ihn zu lehren, wer ich sei. Bald darauf bringt ihm einer meiner Leute Yongdens und meine Karte. Der erwartete Erfolg stellt sich ein. Eine Abordnung erscheint, voran der Vertreter des Beamten. Der überreicht mir eine Begrüßungsschärpe und bittet mich namens seines Vorgesetzten um Entschuldigung, er hätte nicht ahnen können, wer wir seien. Nun kommen Leute mit so viel Stroh und Erbsen, dass meine Tiere zwei Tage daran genug haben, sowie einem reichen Vorrat Mehl und Butter für uns selbst. Dieser feierliche Zug, mit den vorangetragenen Laternen, muss einen tiefen Eindruck auf die Dorfbewohner machen. Unsere Ehre ist glänzend wieder hergestellt. Meine Diener werfen sich in die Brust.

»Da ja der Dorfvorsteher Soldaten hat«, teile ich dem Abgesandten mit, »wünsche ich, dass er mir morgen früh vier als Führer und Geleit bis auf die Passhöhe zur Verfügung stellt.« Den Brief mit dem Siegel des großen Mannes, der als Ausweis für die Postenkette nötig sein soll, verkneife ich mir. Dann

sage ich zu meinen Leuten: »Ihr könnt alle ruhig schlafen, heute Nacht haben wir von Dieben nichts zu befürchten.«
Wir waren allerdings die Einzigen, die an diesem Auftritt Freude hatten; bekamen wir doch die dringend benötigten Lebensmittel, ohne den Beutel zu zücken. Für den Beamten war es schmerzlich, denn er hatte »das Gesicht verloren«, und die Dorfbewohner seufzten, da sie, wie im Osten allgemein üblich, alles, was der Herr uns gesandt hatte, ohne Entschädigung abliefern mussten. Am unglücklichsten war der Schreier dran, den meine Trapas, wie ich fürchte, übel zugerichtet hatten; er büßte seinen Übereifer und der Herr Beamte, in dessen Auftrag er uns herausgefordert hatte, wird ganz sicher nicht einmal ein Trostwort für ihn übrig gehabt haben. Der Mann durfte froh sein, wenn er ihn nicht gar für alles verantwortlich machte und bestrafte.

Der Einsiedler im Walde

Am Morgen erschienen statt der Soldaten vier Männer vom Dorf, darunter ein Aussätziger. Den schickte ich sofort zurück, ohne zu sagen warum; ich schenkte ihm sogar eine kleine Summe, damit er hinter den drei andern nicht zurückstehen sollte. Der lange Aufstieg strengt Mensch und Tier sehr an. Mein großer schwarzer Maulesel hält sich tapfer; glücklicherweise, denn Fußmarsch in dem oft unbeschreiblich morastigen Gelände wäre eine Qual. Nach unserer Seite zu ist der Berg kahl, der Pfad schlängelt sich zwischen weiten sumpfigen Almweiden endlos empor.
Kein fesselnder Blick entschädigt uns. Nebel hüllt alles in dichte Schleier. Jenseits der Passhöhe beginnt dichter Wald. Der Pfad, eine steile, schmale Rinne zwischen Dornsträuchern, ist von den niederströmenden Regenmassen ausgewaschen, Felsen und Baumwurzeln liegen bloß. An vielen Stellen

ist das Gestrüpp so dicht, dass wir absteigen und mit anstrengenden Gelenkigkeitsübungen die Hindernisse umgehen oder überspringen müssen. Der Abend ist nicht mehr fern, mich plagen neuralgische Schmerzen im Bein, die wohl von Erkältung herrühren. Ich werde daher nur langsam vorwärts kommen und schicke Sotar mit Sönam, den Tragtieren und zwei Führern voraus, um das Lager aufzuschlagen und Tee zu kochen. Yongden, Tobgjal und ein Führer bleiben bei mir. Eine chinesische Laterne, die ich in weiser Voraussicht mitführe, erhellt mit schwachem Schein unsern Pfad, als die Nacht völlig hereingebrochen ist.

Nach dem Tag in der Nässe habe ich Fieber, die Schmerzen im Bein sind arg und der Abstieg will kein Ende nehmen. Ich fühle mich am Ende meiner Kräfte und muss häufig ausruhen. Der Lama ermutigt mich auf seine eigene Weise: »Raff dich doch noch einmal auf, die Sache wird schon schief gehen!« oder: »Du musst dich beeilen, die Kerze ist bald heruntergebrannt, dann finden wir den Weg nicht mehr.« Er bietet mir an, mich auf dem Rücken zu tragen, doch auf diesem schlechten Pfad könnten wir dabei leicht beide den Hals brechen. Zur Erhöhung der Behaglichkeit erzählt uns der Führer bei einer der kurzen Ruhepausen, es gäbe in diesem Wald eine Unmenge Leoparden; die Leute seines Dorfes hätten im laufenden Jahr allein sechs erlegt, die aus andern Dörfern noch mehr; gelegentlich würde auch einmal ein Tiger gemeldet. Diese Kunde hören weder Yongden noch Tobgjal mit besonderem Vergnügen. Der Lama beschwört mich noch eindringlicher, ich sollte mich aufraffen. Ich stellte ihn ja gern zufrieden, aber mein Bein ist fast ganz steif und das Fieber wird immer heftiger. Die Leoparden lassen mich kalt, ich habe nur einen Wunsch: recht schnell in mein Zelt zu kommen, mich unter warmen Decken auszustrecken und heißen Tee zu trinken. Als ich wieder einmal zurückbleibe, beginnt Yongden, der Pfeife, die wir alle um den Hals tragen, allerlei Weisen zu entlocken. Will er die

wilden Tiere verscheuchen? Ich fürchte, er könnte eher Räuber dadurch anlocken, und bringe ihn zum Schweigen.
Nach einer Weile dringen plötzlich ferne Rufe zu uns. Es sind Männerstimmen. Wem rufen sie und wer mag es sein? Ich vermute, es sind Bauern, die uns entgegengehen sollen. Doch in diesem Lande muss man stets auf der Hut sein. Selbst der Führer rät, vorsichtig zu sein und nicht sofort zu antworten. Es wäre überhaupt besser, wenn wir den Pfad verließen und uns im Wald versteckten, bis wir uns überzeugt hätten, dass die Leute nichts Böses im Schilde führten. Wenn sie uns suchten, dann wüssten sie, dass wir auf diesem Weg wären, aber nicht genau wo. Sie würden also an uns vorübergehen. »Wenn es bewaffnete Räuber sind, rühren wir uns nicht und sobald sie weit genug weg sind, steigen wir so schnell, wie wir können, zum Dorf hinunter, ehe sie umkehren.« Bei diesen Worten bläst der Gute unsere Kerze aus und zieht uns tief in den Wald hinein. Wie können wir von da aus im nächtlichen Dunkel unterscheiden, ob die Ankömmlinge Freunde oder Feinde sind? »Das fühlt man doch«, versichert der Führer voll Selbstvertrauen. Er ist überhaupt ganz gerissen, dieser Bauer; sollte er seine Fähigkeiten etwa bei ungesetzlichen Unternehmungen erworben haben? Dieser Gedanke stimmt mich zum Lachen. Behutsam klopfe ich auf den Busch. »Bah«, erwidert der Bauer, »nicht jeder kann die Reisenden auf seinem Stuhl sitzend erwarten, wie der Ponpo (Häuptling) von Gomi, der Euer Gepäck untersuchen wollte.« Der Mann hat Sinn für Humor!
Inzwischen können wir deutlich Lichter erkennen, die den Berg heraufkommen. Das Stimmengewirr wird kräftiger. Wenn diese Leute uns nicht absichtlich in Sicherheit wiegen wollen, sind es keine Räuber. Wir machen uns lächerlich mit unserm Versteck. Mein Ansehen muss leiden, wenn man mich wie einen verängstigten Hasen dort kauern findet. »Los«, sage ich, »wenn es Räuber sind, werden wir das schon merken; ich

fürchte sie nicht.« Daraufhin zünde ich die Laterne wieder an und führe die Männer auf den Pfad zurück. Ganz wie ich es mir dachte, waren die Ankömmlinge von den besten Absichten beseelt. Der vorausschreitende alte Trapa erbat meinen Segen. Dann setzten wir uns in feierlichem Zuge in Marsch. Der Weg war viel besser geworden und der ganze Auftritt, in dessen Mittelpunkt ich stand, so eigenartig, dass ich meine Schmerzen darüber vergaß. Kienfackeln erhellten flackernd die Waldnacht, von verschiedenen Seiten kamen weitere hinzu, lange ehe man die Menschen erkennen konnte, gewahrte man die tanzenden Lichter. Mir voraus schritten Männer mit Becken, in denen duftende Kräuter auf glühenden Kohlen verbrannt wurden. Der aufsteigende Qualm dehnte sich unter den Baumkronen zu langen Nebelfahnen, die uns wie ein Geisterheer folgten.

Das Walddorf, eine Anzahl zwischen Bäumen versteckter Hütten, tauchte auf. In Abständen machten meine Begleiter Halt, dann wurde der Würzrauch kräftiger und der Qualm dicker. Mein Blick fiel auf schemenhafte Gestalten, die zu Boden fielen. Auf gut Glück spendete ich den Segen.

Endlich entdeckte ich auf einer kleinen Lichtung unser Lager mit drei Zelten. Ich eilte auf das meine zu und fand zu meiner Freude mein Bett fertig vor, die Dorfbewohner hatten große Kessel Buttertee gestiftet. Nach ein paar Tassen davon und einem kräftigen Abendessen legte ich mich müde, aber zufrieden schlafen, Fieber und krankes Bein waren vergangen.

Doch unsere Tiere brauchten einen Ruhetag. Das schien zunächst vierundzwanzig Stunden Untätigkeit für mich zu bedeuten. Wenn man sich nur Mühe gibt, findet sich jedoch fast überall etwas Lohnendes zu besichtigen. Als der alte Trapa mir am Morgen seinen Besuch machte, fragte ich ihn über die Göttersagen der Gegend aus. »Dieses Dorf«, erwiderte er, »ist besonders gesegnet. Nehmen wir nur die unerwartete Ehre Eures Besuchs! Eigentlich wolltet Ihr einen andern Pass benutzen. Wäre der nicht gesperrt gewesen, so hättet Ihr nicht hierher gefunden. Die Götter haben Euch geführt. Und dann: vor etwa drei Monaten ist, sicherlich ebenfalls durch Einwirkung der Götter, ein Drubthob durchgekommen und hat sich in der Nähe niedergelassen. Alles hier bei uns, Mensch und Tier, steht unter seinem Schutz; seit seiner Ankunft haben wir keinen Krankheitsfall gehabt und durch seine Güte wird die Ernte sicherlich überreich ausfallen.«

Sieh an, dachte ich bei mir, das ist ja noch besser als eine Legende, und erklärte dem Trapa, ich wollte den Drubthob aufsuchen. Er versuchte Einwendungen, der Einsiedler hatte den Dorfleuten eingeschärft, ihn nicht zu stören und sich der Hütte, die sie für ihn gebaut hatten, nur zu nahen, wenn sie ihm zu bestimmten Zeiten Nahrungsmittel brachten. Mein lebhaftes Bitten und die Aussicht auf ein Geschenk hatten schließlich Erfolg, der Trapa willigte ein, mich zu führen.

Die Hütte des Klausners lag mitten im Wald. Einen Pfad musste man sich selbst durch das Buschwerk bahnen. Rundherum waren die ersten Ansätze zu einer Rodung zu erkennen, auf der Dotse (Steinhaufen, die zu Ehren der Berggötter, Waldgötter usw. zusammengetragen werden) im Kreis standen. Auf dem Strohdach und an den rings zwischen den Bäumen gespannten Fäden flatterten Wimpel. Das Ganze glich einem den »ländlichen Gottheiten der Berge und Wälder« geweihten Altar.

Bei dieser feierlichen Aufmachung erwartete ich, den Drubthob in seiner Klause in Buddhahaltung anzutreffen, in Betrachtung versunken. Da wurde ich nun enttäuscht; ich fand den heiligen Mann bei einer sehr menschlichen Beschäftigung. Er wollte gerade den eben gekochten Tee und gerösteten Mais zu sich nehmen.

Besonders begeistert schien er über meinen Besuch nicht zu sein, trotzdem empfing er mich höflich. Ich überreichte ihm die übliche Begrüßungsschärpe, in einen Zipfel hatte ich jedoch ein paar Geldstücke geknotet. Er schien dessen nicht Acht zu haben, sondern legte den Seidenschal zu dem kleinen Haufen neben sich und lud mich ein, auf einem Holzblock im Winkel Platz zu nehmen. Er erzählte, dass er im nächsten Monat weiterziehen werde, es war also einer der wandernden Naljorpas*, die es in Tibet zu Hunderten gibt. Ich fragte ihn, ob er mit den örtlichen Gottheiten, die diesen Wald bewohnten, in Verbindung getreten sei, und spielte auch auf die Dotse an, die man rings um seine Hütte errichtet hätte, als sei er selbst ein Waldgott. »Ein Gott?«, rief er verächtlich. »Wer Chines und Lhagthong** erobert hat, steht viel höher als die Götter; ja, die Lha, Lus und Tsens, die diesen Wald bewohnen, kommen, um mir zu huldigen, und ich segne sie, wie ich auch die Menschen und alle Dinge segne. Das ist meine einzige Tätigkeit, um ihretwillen reise ich. Ich gehe zwischen den Wesen und den Dingen einher und segne sie, indem ich Glück säe. Sarva mangalam! Sarva mangalam! (Segen allerseits!) Die Ruhe des Geistes, den tiefen Blick, der erkennt, was der gewöhnliche Mensch nicht sieht, das muss man erwerben. Darüber hinaus gibt es nichts, das ist die Quelle des Unendlichen, der höchst mächtigen Barmherzigkeit der Bodhisatvas***.«

Er sprach gut, der wandernde Klausner. Redete er nur nach, was er gelesen? Oder war er bis zum Sinn dieser Sätze vorgedrungen? Wie dem auch sein mochte, in dieser kargen Hütte,

---

* (Geschr. *rnal byor.*) Wörtlich »derjenige, der die Ruhe, die Heiterkeit erreicht hat«. Eigentlich ist es der Name für die Mystiker, die Jogis, aber es wird großer Missbrauch damit getrieben, und eine Unmenge Schaumschläger schmückt sich damit.

** (Geschr. *ji gnas* und *lhag mtyong.*) Wörtlich »die vollkommene Ruhe und der höhere Blick«, d. h. ein das Gewöhnliche übersteigendes Begriffsvermögen.

*** Wesen, die den Grad geistiger Vollkommenheit unmittelbar hinter dem der Buddhas erreicht haben.

die bis auf einen schlechten Teppich, eine zerrissene Decke und zwei Töpfe ganz leer war, umspielte den Mann ein Hauch von Würde und heiterem Wohlwollen, die er ohne ein wenig Dünkel wohl nicht aufgebracht hätte.
Wir waren kaum wieder draußen, als mein Trapa begann: »Aber die Dotse, die Ihr hier seht, sind nicht etwa von unsern Leuten errichtet worden, sondern von den Berggöttern, den Lus und Tsens. Alle huldigen sie ihm, genau wie er es uns erzählt hat. Die Zahl dieser Dotse vermehrt sich ständig; jedes Mal, wenn unsere Leute ihm Lebensmittel bringen, entdecken sie ein neues. Ach, es ist sehr traurig, dass der Drubthob uns zu verlassen gedenkt. Wie schade, dass er nicht hier stirbt, wir könnten dann seine Knochen sammeln, das würden mächtige Zaubermittel sein.«

Der Grat der Chörten

Am andern Morgen brechen wir ziemlich spät auf. Der Weg führt weiter bergab, in bebautes Land. Wir erreichen einen Fluss, der, wie man uns sagt, die Grenze zwischen den chinesischen Provinzen Gansu und Sichuan bildet. Das Wetter ist regnerisch, dicke schwarze Wolken stehen am Himmel. Ich halte es daher für richtig, im ersten Dorf jenseits des Flusses Halt zu machen. Wir sind wieder ganz in China, Tibeter sieht man hier nicht mehr. So schroffer Wechsel der Bevölkerung ist im Grenzgebiet häufig. Ein Dach über dem Kopf wäre mir willkommen gewesen, vor allem auch wegen der Tiere; der drohend verfinsterte Himmel verhieß ein Unwetter, aber ringsum gab es keine Herberge und mein Trapa, den ich ins Dorf geschickt hatte, kam unverrichteter Dinge zurück.
Also schnell ein Lager aufschlagen! Als mein Zelt gerade stand, fegte der erste Windstoß durchs Tal, er hätte es fast in

Stücke gerissen. Yongden und ich klammerten uns krampfhaft an die Stöcke, die Diener an das Tuch. Sintflutartiger Regen durchweichte unser Gepäck, das noch im Freien lag. Glücklicherweise raste der Sturm bald vorüber, selbst der Regen hörte ziemlich schnell auf. Aber unsere Decken und Vorratssäcke troffen vor Nässe.
Gegen Abend erschienen die unvermeidlichen Neugierigen, die der Sturm in ihren Häusern festgehalten hatte, in Scharen. Bald wusste jedermann, dass eine tibetische Klosterfrau von hohem Rang angekommen sei, und ich hatte wieder allerlei ärztliche und Wahrsagerpflichten zu erfüllen. Manche Leute wollten nichts als mich anstarren, aber fast jeder brachte ein Geschenk. Auch Moslems und Soldaten in Uniform waren unter den Besuchern. Die Soldaten boten ein lächerliches Bild mit dem unvermeidlichen umgehängten Gewehr und einem Teller voll frischer Eier in der Hand.
Man riet uns, auf der Hut zu sein, Räuber wären gemeldet. Kurz ehe es ganz finster wurde, baten wir unsere Besucher zurückzukehren und fügten die gewohnte Warnung hinzu: »Dass niemand sich einfallen lässt, heute Nacht hier umherzustreifen! Wir schießen sofort, wenn wir etwas sehen oder hören.« Eine so deutliche Sprache wissen die Menschen hier zu schätzen, sie achten den Reisenden, der sich stark genug fühlt, seine Habe zu verteidigen. Auch die Sichuaner Soldätchen nickten beifällig mit dem Kopf und enteilten mit den Bauern, ihre leeren Teller in der Hand und ihre riesigen Gewehre auf dem Rücken. In der Nacht vernahm ich die Trommel des Postens und ganz in unserer Nähe einige Schüsse. Was vorgefallen ist, haben wir nie erfahren, wir brachen in aller Frühe auf.
Nach Nanping zu ist das Land nicht reine Steppe, sondern große Brachflächen schieben sich zwischen bebaute Äcker und die Dörfer sind dünn gesät. An verschiedenen Stellen sehen wir Särge, teils einzeln, teils in Gruppen im Freien ste-

hen. Ob die Chinesen auch anderswo ihre Toten am Wegrand und auf den Feldern aussetzen, weiß ich nicht; in Gansu und überall sonst, wo ich in China gereist bin, habe ich jedenfalls immer erlebt, dass sie beerdigt wurden.
Nach einigen Marschstunden stehen wir vor einer hohen, bewaldeten Bergkette. Es ist zu spät, um heute noch das jenseitige freie Feld zu erreichen. Die Nacht im feuchten und unsicheren Walde zu verbringen lockt uns nicht. Wir schlagen daher unser Lager nicht weit von einem Gutshof auf und verschieben den Übergang bis zum nächsten Tag.
Die stockwerkartig aufragenden, steilen, zerklüfteten Hänge mit den finsteren Wäldern bieten ein feierlich-ernstes Bild. Auf dem höchsten der von unsern Zelten aus sichtbaren Grate erhebt sich eine Reihe einzelner Felsen, in Form von Chörten, die von einem wundervoll geformten, in herrlichem Weiß leuchtenden überragt wird. Der Sonnenuntergang überschüttet diese seltsamen Denkmäler mit Goldglanz und lässt sie in allen erdenklichen Rottönen, vom kräftigen Kupfer bis zum Orange und tiefen Purpur, erstrahlen. Dann verschwimmen sie im Dunkel, aber das größte, das blendend weiße, steht noch lange am Himmel, als alle andern entschwunden sind und Finsternis die ganze Umgebung verschlungen hat.
»Das ist ein Chörten Rangdung«, sagen meine Leute in achtungsvollem Ton und werfen sich in Richtung auf das glänzende Wunder über den Wolken nieder. Die Tibeter verehren schöne Felsenformen, sie erblicken darin naturerschaffene Meisterwerke (rang dschung, geschr. *rang byung*); diesen schreiben sie ein Eigenleben zu, das Kunstwerke aus Menschenhand nicht besitzen.
Auch ich stehe in Bewunderung verloren da und freue mich darauf, die Denkmäler am andern Tag aus größerer Nähe zu sehen. Aber als ich hiervon spreche, schüttelt Sotar mit schlauer Miene den Kopf: »Man kann den Chörten, die so erscheinen, nicht näher kommen. Sie sind unerreichbar. Wahrscheinlich

werden wir sie gar nicht mehr sehen, wenn wir morgen früh aufwachen. Sie sind ein gutes Vorzeichen für uns. Das ist alles.«
Der gute Mann sollte nur zur Hälfte Recht behalten. Bei Sonnenaufgang lag der Grat mit den Chörten klar vor mir; das Überragende schillerte perlmuttfarben. Mit frohen Gefühlen sprang ich in den Sattel, wie ein Bergsteiger, der zu einer Erstbezwingung aufbricht, oder ein Pilger, der sich dem Heiligtum nahe weiß.

Im Walde finden wir am Wegrand wiederum zwei Särge; einer ist unversehrt, der andere verrottet und die Leichenteile liegen bloß. Meine wackeren tibetischen Trapas prüfen die Knochen, ob die Schenkelbeine noch dabei sind. Daraus werden Kanglings hergestellt, die unheimlichen Flöten der Naljorpas. Wahrscheinlich sind schon andere Liebhaber hierfür da gewesen, denn die Knochen finden sich nicht. Da kommt einer der Männer auf den klugen Einfall, den andern Sarg zu öffnen. Uns Abendländern erscheint Leichenschändung als ein verabscheuungswürdiges Verbrechen; die Tibeter, die ihre Toten als letztes Almosen den Raubtieren aussetzen, finden nichts Verwerfliches dabei. Laien würden vielleicht zögern, die Ruhe des Toten zu stören, aus Furcht vor den bösen Geistern, die sich an ihre Fersen heften könnten, doch meine Leute sind Mönche. Sie sind überzeugt, dass der Naljorpa, dem sie ihren glücklichen Fund zum Kauf anbieten würden, die Fähigkeit hat, alle Dämonen zu zähmen. Zudem haben Geräte aus Menschenknochen für sie alles Schauerliche verloren, man findet Derartiges in Tibet bei manchen Lamas und bei den meisten Einsiedlern. Ich selbst habe ein Kangling in meinem Gepäck und trage eine Halskette aus Knochenplättchen von Menschenschädeln. Auch die christlichen Einsiedler hatten oft einen Schädel in ihrer Hütte. Der Tod ist in jeder Religion Gegenstand des Grübelns, den tibetischen Mystiker erinnern solche Bilder der Vergänglichkeit nicht an den Tod, sondern an seine Unwirklichkeit. Ich selbst teile zwar die abergläubische Geisterfurcht nicht, aber ich habe Angst vor Bazillen, die Cholera hat hier im vergangenen Jahr schwer gewütet. Daher befehle ich meinen Leuten, den Sarg unberührt zu lassen. Ich füge hinzu, dass die Chinesen über die Behandlung ihrer Toten anders denken als die Tibeter und dass sie es für sehr verwerflich halten würden, einen Sarg zu öffnen.

Beim Weggehen erblicken wir noch einmal für eine kleine Weile den Grat der Chörten, wir nähern uns ihnen und ich habe gute Hoffnung, sie zu erreichen. Da macht der Weg plötzlich eine Biegung, andere Gipfel schieben sich dazwischen. Wir steigen weiter. Das Zauberbild, das uns seit dem Vorabend verfolgt, bleibt unter uns, niemals werden wir die »Wunderdenkmäler« mit den Händen berühren.

Soldaten und Räuber

Ein kleines Abenteuer harrt unser beim Abstieg. Jenseits der Passhöhe sind wir alle abgesessen. Der Pfad ist ein Morastbrei; die Tiere werden von den Trapas geführt, Yongden und ich machen den Schluss. Nach einigen Stunden bessert sich der Weg, das Wetter ist schön, beschaulich schreiten wir durch den Wald.

Plötzlich hören wir Schüsse, ganz in unserer Nähe. Es werden wohl Jäger sein. In dem sehr dichten Unterholz könnten wir leicht eine Ladung Schrot mit abbekommen, daher streben wir ins Freie. Unvermutet tauchen an einer Wegbiegung zwei Männer vor uns auf, die aufwärts steigen. Sie stecken in Lumpen, die struppigen Haare hängen ihnen ins Gesicht und reichen bis auf die Schultern. Ich kann mich nicht entsinnen, je solche sonderbaren Gestalten erblickt zu haben. Der eine trägt eine vorsintflutliche Flinte, der andere einen langen Spieß. Die Biedermänner treten etwas zur Seite, um uns vorbeizulassen, als ein dritter sichtbar wird. Der hält eine ganz unwahrscheinliche Waffe in der Hand, ein vorderarmlanges dreischneidiges Dolchmesser. Uns bleibt der Mund offen vor Staunen. »Das sind Jäger«, sage ich im Brustton der Überzeugung zu Yongden, der erwiderte jedoch ernst: »Nein, es sind Soldaten!« Soldaten! Ich war da in China und in Tibet mancherlei gewöhnt, aber dies scheint mir der Gipfel. Neue Schüsse reißen mich aus meinen Betrachtungen. Es ist entschieden klug, uns zu zeigen, umso mehr als uns diese drei bereits gesehen haben. Wir beschleunigen den Schritt und betreten eine Lichtung. Dort liegen, faul ins Gras gestreckt, an die zwanzig ebenso zerlumpte Kerle. Ab und zu schießt einer in die Luft. Haben sie uns von weitem kommen sehen, ohne dass wir es merkten? Wollen sie sich mit dem Lärm wichtig machen oder wollen sie uns einen Schreck einjagen? Auch einige Knaben sind unter der Schar, für sie hat man die Spieße kürzer machen müssen.

Mein erster Gedanke ist: Welch hübsche Aufnahme! Aber meine Bildfalle steckt in der Satteltasche. Mein zweiter Gedanke ist weniger lustig: Was ist aus meinen Tieren geworden? Wenn etwa weiter unten am Berg noch ein solcher Haufe liegt, dann schwebt meine Habe in Gefahr. Bisher habe ich keinen Kampflärm gehört und ohne zähen Widerstand lassen meine streitbaren Trapas sich nichts wegnehmen. Sie sind außerdem besser bewaffnet als diese zerlumpten Soldaten. Die Herren reden kein Wort mit uns, während wir mitten durch ihr Lager schreiten, ein Einziger wagt die landesübliche Frage: »Wo geht ihr hin?« Ohne stehen zu bleiben, erwidere ich: »Nach Nanping«, und setze ruhig meinen Weg fort. Wir sind noch nicht hundert Meter weit gekommen, als der ganze Haufen aufsteht und uns folgt; auch die drei, die uns zuerst begegneten, haben kehrtgemacht. So ziehen wir eine Weile unter militärischer Bedeckung weiter, dann erblicke ich meine friedlich rastenden Tiere, sie sind vollzählig und meine Leute sit-

zen in aller Gemütsruhe daneben. Sie machen große Augen, als sie uns in der Gesellschaft ankommen sehen.
Wir dürfen uns jetzt nicht den Anschein geben, als hätten wir Angst und wollten fliehen. Nichts wäre ungeschickter! Wenn die Leute keine schlechten Gedanken haben, dann würden wir sie durch ein solches Benehmen darauf bringen und falls sie welche haben, dann sind Ruhe, Kaltblütigkeit und sicheres Auftreten die besten Mittel, um auf sie Eindruck zu machen.
Ich setze mich also nieder und verlange eine Tasse Tee aus meiner Thermosflasche. Jetzt ist der Augenblick zum Unterhalten gekommen. Ich frage den Mann, der der Anführer zu sein scheint: »Wer seid ihr, was tut ihr hier?«
»Wir sind Soldaten aus Nanping. Wir sind den Truppen entgegengesandt, die aus Gansu ankommen sollen, aber Maultiertreiber sind uns begegnet und haben gesagt, sie kämen heute nicht.«
Das Eis ist gebrochen, die Kinder der Wildnis reden. Sie bewundern meine amerikanischen Schuhe, meine wunderbare Flasche, die den Tee warm hält, und meine großen Maulesel. Dann stehe ich auf, steige wieder in den Sattel und wir scheiden in Freundschaft von den Männern mit den urzeitlichen Gewehren, den lustigen Spießen und den Bühnendolchen. Diese Teufel sind also gute Teufel, sie wollen uns nicht überfallen. Wahrscheinlich haben sie sogar Wohlwollen für uns, denn verblümt geben sie uns einen guten Rat. »Geht nicht nach Nanping hinein«, meint der Anführer, »die Stadt ist voll von Soldaten, ihr werdet dort bestohlen werden.«
Wir machen uns diese Nachricht zunutze, allerdings auf unsere Weise. Die Freunde haben gelogen, als sie sagten, sie wären Soldaten aus Nanping, denn sie bleiben unterwegs in einem Bergdorf, während wir den Marsch nach der Stadt fortsetzen. Yongden, der überall schlechte Absichten wittert (und damit vielleicht nicht ganz Unrecht hat), spricht die Befürchtung aus, dass die zerlumpten Kerle offenen Kampf am hellen Tag

scheuten und deshalb uns zugeredet hätten, nicht in der Stadt zu übernachten, sondern im Lager; dann könnten sie im Schutz der Dunkelheit unsere Maulesel leichter stehlen. Ich gebe nicht viel auf Vermutungen und halte mich lieber an Tatsachen: drei meiner Tiere müssen neu beschlagen werden und wir brauchen dringend Lebensmittel. Also werden wir nach Nanping hineingehen.

Im weiten Tal des Paishui He herrscht großes Gedränge. Der von einem Nebenbuhler in die Flucht geschlagene Statthalter von Sichuan hat sich nach Nanping zurückgezogen. Ich kann das Haus, in dem der General wohnt, aus einiger Entfernung erkennen. Siegesbögen aus Astwerk, mit roten Papiergirlanden und bunten Laternen geschmückt, sind im Garten vor dem Haus errichtet. Mir scheinen solche Freudenzeichen unter den gegebenen Umständen etwas fehl am Platze; doch es kommt mir nicht zu, über etwas zu urteilen, dessen Gründe ich nicht kenne.

Einige tausend Soldaten in anständiger Uniform, ganz unähnlich den armen Teufeln von unterwegs, liegen in der Stadt in Quartier; in einem Haus Unterkommen zu finden, scheint von vornherein ausgeschlossen. Wir haben keinen rechten Mut, das Angebot eines freundlichen Gemüsehändlers anzunehmen und in seinem offenen Garten Zelte aufzuschlagen. Es scheint uns bei dem Durcheinander in der Stadt zu unsicher und Yongden bleibt nach wie vor misstrauisch in Bezug auf die Absichten unserer »Freunde«.

Es ist fast Nacht, als wir einen moslemischen Gerber finden, der uns den an seine Wohnung stoßenden Schuppen zur Verfügung stellen will. In einem nahen Stall, der an einem Hof liegt, kann er auch unsere Tiere unterbringen. Ich entscheide mich sofort, mehr Sicherheit können wir heute nicht verlangen.

Unser Wirt lässt den Schuppen gleich ausfegen und aufs Beste säubern, die Moslems haben im Allgemeinen einen größeren Reinlichkeitssinn als die andern Einheimischen. Natürlich kann der gute Meister nichts für den widerlichen Geruch der in seiner Werkstatt aufgestapelten Häute. Mir wird übel davon und ich bemühe mich schnell einzuschlafen, um nichts mehr riechen zu müssen.

Auch hier wieder ist es unmöglich, Lebensmittel zu kaufen. Es gibt weder Eier noch Butter, noch Milch, noch Gemüse, noch Stroh für die Tiere, wir bekommen nur etwas Mehl und gesalzenes Schweinefleisch zu lächerlich hohen Preisen sowie Erbsen und Gerste für das Zehnfache ihres Wertes. Die Truppen belegen alles mit Beschlag.

Wir erfahren, dass die aus Gansu erwarteten »Soldaten« eine Räuberbande sind, die es auf Nanping abgesehen hat. Der Bewohner hat sich große Bestürzung bemächtigt. Sie fürchten, die Truppen des besiegten Statthalters können sie nicht verteidigen oder besser gesagt, ihre Führer werden es vorziehen, sich kampflos zurückzuziehen. Die Zerlumpten werden wohl also die Vorhut dieser Banditen darstellen.

Wir hatten gehofft, hier einige Ruhetage genießen zu können nach den anstrengenden Märschen auf kaum sichtbaren Bergpfaden, bei schlechtem Wetter und mangelhafter Ernährung. Die Tiere haben schon lange keine Eisen mehr, beim Marsch der schweren Lasten auf steinigen, unebenen Wegen können sie sich leicht verletzen. Doch in Nanping Gefahr zu laufen, mitten in Kampf und Plünderung zu geraten, scheint unklug; wir werden daher vor Tagesanbruch weiterziehen.

Über den Kunka La nach Sungpan

Im Bönpo-Kloster

Von Nanping aus ziehen wir eine Weile am Paishui He aufwärts; dann befinden wir uns wieder im Bergland. Die Gegend ist herrlich, ich müsste das eigentlich auf jeder Seite betonen. Trotz Mühsal, Entbehrungen und Schwierigkeiten, von denen wir nicht verschont bleiben, ist diese Reise ein ganz großer Genuss. Leider wird das Wetter regnerisch und auf dem zweiten Tagesmarsch hinter Nanping geraten wir in einen wütenden Sturm, der sich am nächsten Tag zur gleichen Stunde wiederholt.

Ich kenne nichts Jämmerlicheres als auf durchweichtem Boden hastig errichtete Zelte und eine Nacht in nassen Kleidern und Decken, trotzdem würde ich es noch einmal auf mich nehmen, falls meine seit Wochen schlecht genährten, abgespannten Leute es wünschten. Sotar antwortet auf meine Frage: »Oh, darüber haben wir kein Urteil; wenn Jetsumna Kuchog uns sagt: bleibt da, dann bleiben wir, wenn sie sagt: marschiert, dann marschieren wir.« Die andern stimmen bei. Man darf aus dieser Einstellung nicht etwa folgern, die Leute wären Dummköpfe, weit gefehlt! Sie sehen das Verhältnis zwischen Herr und Diener anders als der Abendländer. Sie sind keine Kriecher, doch sie haben unbegrenztes Vertrauen zu mir und zu meiner höheren Einsicht. Sie setzen voraus, dass ich ihr Bestes im Auge habe und dass meine Beschlüsse auch für sie richtig sind.

Der junge Lama fügt sich nicht leicht; er hat seinen eigenen

Kopf und ist manchmal richtig hitzig. Er überrascht mich oft durch seine Hartnäckigkeit und wenn ich ihm Vorwürfe mache, antwortet er lachend: »Ich gleiche dir.« Da hat er Recht, meiner Treu! Er gleicht mir in mehr als einer Hinsicht. Wer weiß, ob die Annahme an Kindes Statt nicht eine geheime innere Angleichung schafft. Ein Tibeter würde sagen, es sei gerade umgekehrt, unsere Übereinstimmung hätte uns zusammengeführt; er würde noch hinzufügen, wir wären in manchem früheren Leben durch Bande der Familie oder der Zuneigung verbunden gewesen und ernteten nun die Früchte unserer Taten in einer fernen Vergangenheit.

Wir ziehen also weiter, von Dorf zu Dorf. Schließlich, gegen Abend, finden wir bei einem chinesischen jungen Ehepaar ein Unterkommen. Wir verbringen die Nacht im Trockenen. Meine Diener strahlen. Wieder einmal hat sich meine höhere Einsicht gezeigt oder, wie sie es ausdrücken, meine Hellsicht. In froher Stimmung bereiten sie unser mageres Abendessen und trocknen sich vor einem großen Feuer.

Am nächsten Tag führt unser Weg durch riesige Wälder, die als wenig sicher gelten. Die Augen auf das Düster des Unterholzes gerichtet, die Ohren gespitzt, reiten wir meist schweigend dahin. Nachts lösen sich die Männer im Postenstehen ab; auch ich schließe mich nicht aus, das einzige Vorrecht, das ich beanspruche, ist die erste oder letzte Wache, um meinen Schlaf nicht unterbrechen zu brauchen. Man gewöhnt sich an alles. Das erregende Prickeln, das man beim ersten Mal empfindet, wenn man seine Waffe lädt, um auf Posten zu ziehen, und sich darauf gefasst macht, dass »sie« (wie Tartarin sagen würde) sich zeigen könnten, ist bei dem Lama und mir, wenn auch noch nicht ganz erstorben, so doch schon sehr abgeschwächt. Die andern sind seit langen Jahren an das Reisen in übel berüchtigten Gebieten gewöhnt und Räubergeschichten sind ihnen in der Jugend erzählt worden wie uns Märchen.

In kurzen Tagesmärschen erreichen wir das Bönpo-Kloster in

Tagyu (Jinzhaigou). Die Sekte der Bönpos hält an der vorbuddhistischen Urreligion Tibets fest. Sie hat mehrere Zweige, sodass heute ungewiss ist, ob einer die religiösen Formen genau spiegelt, die vor dem 7. Jahrhundert unserer Zeitrechnung in Tibet herrschten.

Als wir vor dem Kloster eintrafen, war es kaum Mittag. Das ist an sich zu früh, um das Lager aufzuschlagen, doch ich reise zum Forschen und nicht als Schnelligkeitsjägerin. Ich habe das langsame Reisen immer geschätzt, es lässt einem Zeit, viel zu sehen und zu hören. Hier wollte ich versuchen, in das Kloster hineinzukommen. Die Erlaubnis wurde uns nicht verwehrt, ein Gastraum war jedoch nicht frei. Am nächsten Tag sollte ein feierliches Totenamt für einen kürzlich verstorbenen Bauern stattfinden. Dazu wurde eine große Menge Besucher von weither erwartet, die nicht am selben Abend nach Hause gelangen konnten und untergebracht werden mussten. Viele waren übrigens schon da und richteten sich in den Gebäuden um den Tempel herum ein. Auf ein Dach über dem Kopf konnten wir verzichten, wir brauchten nur die Genehmigung, unsere Zelte aufzuschlagen. Das wurde uns zugestanden; ich selbst konnte sogar für mein Zelt einen Platz im Haupthof gegenüber dem Säulengang des Tempels wählen. Eine bessere Unterkunft hätte ich für meine Beobachtungen nicht finden können.

Ich sandte dem Abt den üblichen Gruß, eine Schärpe und ein Geschenk, dann machte ich es mir bequem in der Erwartung, dass er mich zu sich bitten lassen oder selbst zur Begrüßung erscheinen würde, je nachdem, welcher Ehre er mich würdig hielt. Er schickte einfach einen Hausbeamten, der mir den Willkommenstee und als Angebinde einige Klumpen Butter überbrachte. Diese laue Höflichkeit genügte mir, ich trank den Tee und als die Mönche gegangen waren, sah ich in Muße den Gläubigen zu. Jeden Augenblick trafen neue Gruppen ein. Wenn sie mich fesselten, so ich sie auch. Mehrere besuchten

mich und erbaten meinen Rat, teils gegen Krankheiten, an denen sie selbst oder einer der ihren litten, teils für das Gedeihen ihrer Saaten und ihres Viehs.
Bei Einbruch der Dämmerung erschien der Abt selbst, entschuldigte sich, dass er wegen Überlastung mit Festvorbereitungen mich nicht gleich bei der Ankunft hätte begrüßen können, stellte einige höfliche Fragen über mein Befinden und versprach, mir Abendessen zu schicken. Dann endlich kam heraus, was er auf dem Herzen hatte. Unter Berufung auf meine Verschwiegenheit vertraute er mir an, im Kloster ginge leider nicht alles nach Wunsch. Er vermute, das könne mit der Lage der Tempelpforte zusammenhängen; vielleicht sei die Richtung ungünstig. Ich möge ihm doch sagen, wie es damit stehe. Falls es nötig sei, werde er nicht zögern, die Vorderseite des Gebäudes niederzureißen und in einer andern Himmelsrichtung neu zu errichten. Und er hätte noch eine zweite Sorge, die Stätte für einen neuen Friedhof auszuwählen. (Die Bönpos beerdigen ihre Toten.) Welches sei der hierfür geeignete Platz? Es sei wichtig, keine der örtlichen Gottheiten zu reizen und sich vor den bösen Geistern zu schützen, die bei Gräbern umgehen. Schwierige Fragen! Er fühle die Last seiner Verantwortung und der Rat einer Khadoma werde ihm eine große Erleichterung bedeuten.
Ich verschob meine Antwort auf den andern Tag und machte mich über das inzwischen eingetroffene Abendessen her. Besuche erwartete ich jetzt nicht mehr, doch ich sollte mich täuschen. Ich hatte die Mahlzeit noch nicht beendet, als mit den Worten: »Ich möchte Sie sprechen«, ein Trapa den Vorhang meines Zeltes aufhob. »Tretet ein und setzt Euch«, erwiderte ich. Er hockte sich auf einen Teppich nieder und begann ohne Umschweife: »Mein Guru (geistiger Führer) und ich bewohnen eine zum Kloster gehörige Klause, aber wir sind kein Bönpos, wir sind Ngagpas (Leute »des Innen«, die mit den Eingeweihten des Buddhismus in geistiger Verbindung

stehen). Mein Guru ist krank. Ich habe sagen hören, dass Sie Arzneien verteilten. Vielleicht haben Sie eine, die meinem Guru Genesung bringen könnte. Er weiß nicht, dass ich hier bin.«

»Warum lebt ihr unter den Bönpos, wenn ihr keine Bönpos seid?«, fragte ich.

»Mein Guru weiß es«, erwiderte der Trapa, wollte also selbst keine Auskunft geben.

»Welches ist denn die Krankheit Eures Guru«, fuhr ich fort, »ich kann Euch doch keine Arznei geben, ohne zu wissen wogegen. Kann er nicht morgen früh herkommen? Wenn er zu schwach ist, um auszugehen, werde ich ihn besuchen.«

»Vielleicht wird er sterben«, murmelte der Trapa.

Handelte es sich um einen sehr ernsten Fall? Dann besaß ich nicht genügende ärztliche Kenntnisse, um helfend einzugreifen, aber das Mitleid gebot mir, trotzdem den Kranken aufzusuchen. Vielleicht hatte der Schüler auch übertrieben.

»Ich werde sofort nach ihm sehen«, sagte ich zu dem Trapa, rief Yongden und brach mit den beiden Männern auf. Die Klause befand sich in einem Hain in geringer Entfernung vom Kloster.

»Wartet hier«, sagte unser Führer, als wir davor standen, »ich will zunächst allein hineingehen und Ihren Besuch ankündigen, der Lama hat mir nicht aufgetragen, Sie zu holen, ich weiß nicht, ob er nicht ärgerlich sein wird.«

Mit diesen Worten verschwand er im Inneren. Aus Neugier traten Yongden und ich ganz dicht an die Tür heran. Wie würde der geistliche Vater den Übereifer seines Schülers aufnehmen? Tibetische Lamas sind oft von hitziger Gemütsart. Zuerst hörten wir ein undeutliches Gemurmel, zweifellos erstattete der Trapa seinem Meister Bericht. Peng! Der Klang konnte nicht täuschen, das war eine schallende Ohrfeige. Ein Restchen Lebenskraft schien der Sterbende noch zu besitzen. Mein Sohn grinste: »So bekam ich sie früher von meinem

Grammatiklehrer! …« Die Geschichte hatte ich schon zu oft gehört, unwillig bedeutete ich ihm, still zu sein.
Jetzt vernahm man die röchelnde Stimme des Kranken: »Ich will sie nicht sehen … Arznei! … Narr! … Du hast keinen Glauben an mich. Oh, Jammer über mich! Den schlechten Taten in meinem früheren Leben verdanke ich diesen unwürdigen Schüler.« Die Stimme wurde noch schwächer: »Warum habe ich ihm das Geheimnis enthüllt … Jetzt stehen mir seine Sünden im Wege … Arznei! … Die Handschrift brauche ich und sie ist da … Ich werde das Mittel gegen den Tod erfahren … Es ist in einem der Standbilder eingeschlossen, aber in welchem?«
»Schweigt, schweigt! Kuchog«, flehte der Trapa, der argwöhnen mochte, dass wir horchten. Ob vor Zorn oder vor Schwäche, der Kranke begann jetzt rasselnd zu atmen, als sei er am Ersticken. Dann erklang die Stimme wieder.
»Ich habe dir das hundertmal gesagt, Elender, die Bönpos wissen nicht, dass das Buch dort verborgen liegt, und du gehst zu dieser Frau … Hast du ihr etwa gesagt … Hast du den Bönpos etwa gesagt …«
»Nichts habe ich gesagt, so schweigt doch!«, flehte der unglückliche Trapa.
»Geh weg! … Geh, geh!«, war die Antwort. Die Laute wurden schwächer, die Worte verworren. Verzweifelt stammelte der Schüler immer wieder: »Kuchog, mein Guru.« Von dem andern kam kein Ton.
War er bewusstlos geworden? Yongden wollte hineingehen, aber ich hielt ihn zurück. Wenn wir uns zeigten, liefen wir Gefahr, das Unheil, das wir sehr unschuldiger Weise heraufbeschworen, zu verschlimmern. Ich hörte den Trapa seufzend in der Klause auf und ab gehen, zweifellos war er um seinen Meister beschäftigt. Ich blieb noch stehen. Vielleicht würde er mich rufen und ich konnte dem Kranken irgendwie nützlich sein.

Nach einer Weile kam der Trapa heraus. Wie er blitzschnell die Tür öffnete, fiel mein Blick auf einen alten Lama, der an der Wand lehnte, auf beiden Seiten durch Kissen gestützt. Seine Augen standen weit offen, aber er rührte sich nicht. Wir waren ein wenig zurückgewichen, doch nicht weit genug, der Trapa erriet, dass wir gehorcht und die Worte seines Guru vernommen hatten. Er stand einen Augenblick wie versteinert da. »Kuchog will keine Arznei, er ist nicht krank, er denkt nicht daran zu sterben, er wird nie, nie sterben«, stieß er dann in sonderbarem Ton heraus wie ein Geistesgestörter oder Träumender. Ich wollte nochmals meine Dienste anbieten, aber er wies mich schroff ab: »Kuchog will nicht, er ist nicht krank, er wird nicht sterben.«

Als wir allein zum Kloster zurückgingen, kam mir plötzlich der Gedanke, der alte Lama sei bereits tot.

Die Lösung des Unsterblichkeitsrätsels ist in China ebenso leidenschaftlich gesucht worden wie der Stein der Weisen im Abendland. Manche behaupten übrigens, das, was außen Stehende die Verwandlung gemeiner Metalle in Gold nannten, hätte für die Eingeweihten die Kunst, sich unsterblich zu machen, bedeutet. Die alten chinesischen Taoisten brüsteten sich damit, das Geheimnis der Unsterblichkeit zu besitzen, und mehr als ein gutgläubiger Fürst starb an dem giftigen Zaubertrank, von dem er ewige Fortdauer seines Lebens erhofft hatte. Heutzutage spricht man weniger von diesem Geheimnis der Geheimnisse, obgleich es immer noch Asiaten gibt, die nach dem Mittel suchen, das unsterblich macht; dafür spielen aber bei Mystikern und Okkultisten noch jetzt allerlei Lehren eine Rolle, die das Einzelleben ins Unendliche zu verlängern streben, sei es rein geistig, sei es in Verbindung mit einem Körper, der mit unserm jetzigen nicht übereinstimmt.

Die Unsterblichkeit der Seele und das Schicksal des Körpers waren für die Tibeter nie so brennende Fragen wie für die Chinesen, denn die Tibeter glauben stets an die Wieder-

fleischwerdung und an die Wiedergeburt. Trotzdem sollen sich nach mehreren Überlieferungen unter den geheimen Büchern, die Padmasambhava an verborgenen Stellen für spätere, reifere Geschlechter verwahrt hat, Abhandlungen über Mittel gegen den Tod befinden.
Die Bönpos, besonders die »Schwarzen«, die in mehr als einer Hinsicht Berührungspunkte mit den Chinesen zeigen, bewahren gleichfalls die Erinnerung an Überlieferungen vom Geheimnis des Nichtsterbens. Vielleicht hatte der alte Lama erzählen hören oder sich eingebildet, dass eine solche Handschrift sich unter den heiligen Büchern befände, mit denen die im Klostertempel aufgestellten Standbilder voll gepfropft waren. So etwas kann vorkommen, denn die Menschen, welche die Schriften einmauern, ahnen meist nichts von ihrem Inhalt. Entweder können sie nicht lesen oder sie sind, wie so häufig, dem religiösen Schrifttum gegenüber ganz gleichgültig.
Ich darf hier kurz erwähnen, dass alle von Tibetern verehrten Standbilder – in Tempeln sowohl wie in Wohnungen – bedruckte Blätter mit Abschnitten aus den heiligen Schriften umschließen oder wenigstens Blättchen mit Mantras oder Zaubersprüchen. Erst dieser verborgene Inhalt gibt den Figuren »Leben« und macht sie zu Gegenständen der Verehrung.
Beim ersten Morgengrauen erwachte ich vom lauten Klang der Zimbeln, bald fielen die Töne der Gyalings ein. Das Totenamt der Bönpos hatte begonnen.
Auch unter den Gästen regte es sich und auf dem Klosterhof wurde es lebendig. Die Bauern wollten nicht etwa der Feier beiwohnen. Das ist für tibetische Laien, Lamaisten wie Bönpos, nicht Sitte. Die Anwesenheit bei öffentlichen religiösen Feiern ist ihnen zwar nicht verboten, aber ebenso wenig anempfohlen; es ist auch keinerlei Verdienst damit verbunden. Die religiösen Bräuche sind Sache der Geistlichkeit.

Jeder hat sein bestimmtes Ziel, entweder für einen Einzelnen (etwa Gesundung) oder für die Allgemeinheit (etwa Fruchtbarkeit).

Die rauen Bergler, die für kurze Zeit als Gäste in diesem ländlichen Kloster weilten, kümmerten sich also kaum um das geräuschvolle Psalmodieren der Mönche. Ihre Sorge galt dem Morgenimbiss, den sie der Geistlichkeit schuldeten*, und dem eigenen Frühstück. Lärmend suchten sie Holz und Feuerbrände zusammen. Bald ringelte sich der Rauch in Wölkchen aus den Fenstern oder stieg von den Ecken des Klosterhofs auf, wo die Fremden, die nicht im Haus untergekommen waren, offene Kochstellen anlegten. Nicht lange, und das Geklapper der Teezuber vereinte sich mit den feierlichen Klängen der Gyalings, Ragdongs, Zimbeln und Trommeln, die im Tempel drinnen seufzten und dröhnten, zu einem hässlichen Lärm, in den das Wiehern und Schreien der Tiere in den Ställen weitere Misstöne brachte.

Immer neue Gruppen von Gläubigen gesellten sich hinzu, aus den Dörfern der Nachbarschaft oder aus ihren Übernachtungsstätten von unterwegs. Bis zehn Uhr waren etwa dreihundert Männer und Frauen beisammen, alle mit ihren besten Kleidern angetan. Schön waren diese Leute nicht, auf zwanzig wahllos herausgegriffene entfiel sicherlich ein Dutzend mit mehr oder weniger entwickeltem Kropf. Das Volk trat zu Zügen zusammen und umschritt den Tempel, dem sie als Bönpos die linke Seite zuwendeten, im Gegensatz zu den Lamaisten, die ihn zur Rechten lassen. Viele Gläubige hatten eine Manimühle in der Hand, aber an Stelle des Om mani padme hum der Lamaisten begleiteten sie die Umdrehungen mit Om matrije fa len du. (Ebenso wie bei Om mani padme hum wird

---

* Wird eine Weihehandlung für einen Einzelnen durchgeführt, so muss dieser (oder seine Hinterbliebenen) die beteiligten Mönche während der ganzen Dauer des Amtes beköstigen.

der Sinn der Bönpoformel verschieden ausgelegt. Manche meinen, sie beziehe sich auf den »Urgrund aller Dinge«.) Die Beteiligung der Menge am Totenamt bestand in einem eintägigen Fasten. Nicht alle nahmen es ganz ernst damit. Die Ortsgeistlichkeit samt ihrer Dienerschaft war sowieso davon befreit. Fasten schließt in Tibet auch das Verbot des Trinkens, selbst eines Tropfen Wassers, und das des Sprechens ein. Schweigen fällt den meisten Menschen schwer; Tibeter und Tibeterinnen machen da keine Ausnahme. Um den Tempel herum konnte man zahlreiche alte Frauen bemerken, die es juckte, ihre Zungen zu gebrauchen. Sie pressten die Lippen zusammen, schoben sie rüsselartig vor und murmelten dahinter, was sie laut nicht aussprechen durften. Sie schienen sich sehr gut zu verständigen, ihre von Grinsen, Gebärden und Augenzwinkern begleitete stumme Unterhaltung war sehr lebhaft. Auch die Mädchen schäkerten wortlos mit den Jünglingen und ersannen lustige Kämpfe mit den Gebetsmühlen. Ein junger Mann nahm sogar eins der Mädchen während dem Umzug unter der Tempelhalle in beide Arme, was sie sich gern gefallen ließ. Er verteidigte seine Beute mit Fußtritten gegen die Freundinnen, die sie lachend zu befreien suchten. Je weiter der Tag fortschritt, umso lauter erscholl das Om matrije fa len du im Chor der Bauern. Gegen Abend begannen alle, die nicht fasteten oder ihr Fasten gebrochen hatten – das schienen viele –, ein großes Gelage und ein paar Stunden später sank die ganze Horde, von Müdigkeit und Trunkenheit überwältigt, in tiefen Schlaf.

Im Laufe des Nachmittags, während ich der Menge zusah, erschien der Abt, um mich an den erbetenen Rat zu erinnern. Ich gab ihm folgenden: das Tempeltor zu verlegen wäre nicht nötig, seine Richtung schädigte das Gedeihen des Klosters nicht. Für den neuen Friedhof müsste man darauf achten, woher der Wind am häufigsten wehte, und einen Platz suchen, zu dem er später käme als zum Kloster. Es empfehle sich auch,

die Toten recht tief zu begraben. Diese harmlosen Ratschläge konnten kein Unheil anrichten.
In den Pausen der feierlichen Handlung suchten mich auch Mönche mit allerlei Anliegen auf. Yongden benutzte die Gelegenheit, um sich unauffällig über den kranken Lama zu unterrichten. Er erfuhr nur, dass die beiden reisenden Mönche, ein alter und ein junger, vor einigen Monaten die Gastfreundschaft des Klosters erbeten hätten, die ihnen gewährt worden sei. (Sie wird Mitgliedern der Geistlichkeit selten abgeschlagen, wenn ein Raum zur Verfügung steht.) Die beiden Trapas, die ihrer Angabe nach zur Sekte der Sakya gehörten, hätten sich in der ihnen zugewiesenen Klause eingerichtet und seien dort geblieben. Niemand dächte daran, sie zu vertreiben. Der Abt schicke ihnen einiges wenige an Lebensmittel und der junge Mönch ziehe von Zeit zu Zeit durch die Gegend, um Nahrungsmittel zu erbetteln. Die beiden lebten sehr zurückgezogen und die Bönpos kümmerten sich kaum um sie. Yongden wollte nicht neugierig erscheinen, er fragte daher nicht weiter, sondern ging noch einmal selbst nach der Klause. Er fand die Tür verschlossen und auf sein Klopfen erfolgte keine Antwort.

Ein betrogener Betrüger

Auch meine Diener waren während des Klosteraufenthalts nicht untätig gewesen, doch sie hatten andere Sorgen. Die Maulesel hatte einer von ihnen hinter Nanping schlecht und recht neu beschlagen, aber für das Pferd hatten wir keine Ersatzeisen mit. Alle möglichen Leute wurden ausgefragt, ob es nicht irgendwo in der Nachbarschaft jemanden gäbe, der Hufeisen verkaufe und womöglich anzulegen verstände. Da kommt spät am letzten Abend ein Mann auf sie zu, bringt zwei Eisen zum Vorschein und behauptet, er sei ein geschickter Hufschmied. (Er brachte nur zwei, weil Reittiere in Tibet nur an den Vorderhufen – den »Händen« wie die Tibeter sagen – beschlagen werden, Lasttiere dagegen auf allen vieren.) Für die Hufeisen und das Beschlagen forderte der Mensch einen so hohen Preis, dass meine Leute glaubten, er scherze. Da irrten sie sich, es war ein gerissener Geschäftsmann, der unsere Zwangslage ausbeuten wollte. Alles Handeln blieb vergeblich, er ließ nur boshaft lächelnd die Eisen klirren.

Meine Leute besitzen eine kleine Reisekasse, die einer selbstständig verwaltet. Eine so hohe Ausgabe wagte jedoch keiner zu verantworten. Sönam kam zu mir und erzählte, was sich zutrug. Ich war recht ärgerlich. Nicht nur, dass ich auf meinen Reisen sehr sparsam wirtschaften musste, auch der Gedanke, einem Beutelschneider ausgeliefert zu sein, regte mich auf. Doch dass mein Pferd lahm wurde, war bestimmt noch unangenehmer, das arme Tier sollte meinen Zorn nicht ausbaden. So entschied ich: »Bezahlt, was er verlangt, aber gebt alle drei genau Acht, dass er es gut macht.« Beim Schein mehrerer Kerzen und eines flammenden Feuers waltete der Schmied seines Amtes, steckte flugs seinen Silberbarren in die Tasche und eilte davon, stolz auf seinen Streich.

Lange vor Sonnenaufgang wurde ich rau aus dem Schlummer gerissen, meine Leute wollten das Gepäck aufladen. Ich sah die Notwendigkeit dieser Hast, die ich nicht befohlen hatte, nicht ein, aber meine Einwendungen fruchteten nichts, alle redeten durcheinander; Sinn war nicht darin. Dazu machten sie ganz sonderbare Gesichter und rafften meine Sachen mit ungewohnter Behändigkeit zusammen. Dann wurde mir in einem Ton, der keinen Widerspruch duldete, angekündigt, meine Morgenwäsche müsste ausfallen, das Wasser sei schmutzig geworden. Einigermaßen verdutzt fügte ich mich in mein Schicksal und bald saß ich ungewaschen und ungefrühstückt im Sattel.

Sobald wir die Straße erreichten, schlug Sönam auf die Tragtiere ein, wandte sich nach uns um und rief: »Schnell, schnell!« Warum nur diese Aufregung? Auch Yongden sah mich verständnislos an. Doch schon hatten die andern Vorsprung gewonnen und wir mussten nach. »Was ist denn los?«, rief ich, wie ich wieder in Hörweite war. »Schnell, schnell!«, lautete die einzige Antwort, doch Sönams listiges Lächeln beruhigte mich etwas. Machte ich Miene, langsamer zu reiten, so wurde ich mit einem neuen »Schnell, schnell!« zur Ordnung gerufen.

Das ging eine gute Stunde lang, dann zügelte Sönam sein Tier und fragte: »Sind Sie müde geworden, Jetsumna Kuchog? Ich habe die Flasche gestern Abend mit kochendem Tee gefüllt; er muss noch warm sein. Wollen Sie jetzt frühstücken? Wir können ein wenig Halt machen.«

»Aber nun endlich heraus mit der Sprache. Was geht hier vor?«

»Ich habe ihm den Silberbarren mit dem Wawa (den schwangeren) gegeben.« Ich erinnerte mich gut, dass wir eines Tages beim Geldwechseln einen dieser gefälschten Silberbarren erhalten hatten. Sie werden von den Betrügern geschickt ausgehöhlt und mit Blei ausgegossen. In Gansu und den westlichen Grenzgebieten, wo das Silber hauptsächlich in Barrenform umläuft, sind sie in Massen zu finden. Die chinesischen Kaufleute erkennen sie meist leicht, doch auch sie werden gelegentlich damit betrogen; am häufigsten fallen allerdings einfache Leute darauf hinein. Nun hatte Sönam den geschäftstüchtigen Hufschmied damit angeschwindelt. Ein Betrug war es streng genommen nicht, denn die Silberhülle wog gut und gern den Wert der beiden Eisen und seiner Arbeit auf; indessen konnte ich mir seine Wut vorstellen, wenn er die Täuschung merkte. Später lernte ich die Sache ganz von der heiteren Seite ansehen, damals beherrschte mich jedoch allein der Gedanke, dass der betrogene Betrüger seine Freunde aufbieten und uns nachsetzen könnte. Ich stieß die Thermosflasche, die Sotar mir hinhielt, weg, schlug auf die Tragtiere ein, gab meinem Maulesel die Sporen, rief nun meinerseits: »Schnell, schnell!«, und jagte mit unserer kleinen Karawane weiter, den halben Vormittag lang.

Abenteuer im Walde

Das urbar gemachte und bebaute Land erstreckt sich nicht weit über Tagyu hinaus; bald tauchten wir wieder im Walde unter. Wir ritten in völliger Einsamkeit; wieder einmal waren wir vor unliebsamen Begegnungen gewarnt worden. Das Wetter, regnerisch beim Aufbruch, hatte sich gegen Mittag aufgeheitert. Das hofften wir auszunützen, wir wollten den Tagesmarsch ausdehnen, um sobald wie möglich aus diesen herrlichen, aber übel beleumdeten Wäldern hinauszukommen.

Wie brüchig sind gute Vorsätze! Als sich eine wundervolle Lichtung vor uns öffnet, in der ein klarer Fluss sich zu einem schmalen See ausbuchtet, fühlen wir unsern Entschluss wanken. Welch erhabene Wildnis! Ringsum mit prächtigem Tannenwald bedeckte Berge; durch die Ausschnitte zwischen den Wipfeln leuchten schneeige Gipfel hervor. Zartes Gras bedeckt den Boden; ein seltener Leckerbissen für unsere Tiere! Wer weiß, ob wir vor Einbruch der Nacht einen andern Lagerplatz finden. Den ganzen Vormittag ist uns kein menschliches Wesen zu Gesicht gekommen. Hunger haben wir alle und möchten gern etwas essen. Als unbelehrbare Naturfreundin kann ich der Verlockung der herrlichen Gegend nicht widerstehen. Wir bleiben. Dass das unklug ist, wissen wir. Falls wir keinen bewohnten Ort erreichen können, gebietet die Vorsicht, im Unterholz, weitab vom Pfad, ein Versteck zu suchen und auf keinen Fall Feuer anzuzünden.

Aber diese ganze Reise ist ja ein Hohn auf die Klugheit, da kommt es auf ein Wagnis mehr nicht an.
Wie gesagt hatten wir seit Stunden niemanden bemerkt und jetzt, wo unsere Zelte stehen und das Feuer flackert, entdecken wir einen Menschen, einen einzelnen Mann, der langsam am Ufer entlang auf uns zukommt. Er hat kein Gepäck bei sich. Als er näher heran ist, bemerken wir, dass er etwas in der Hand hält. Dieses Etwas entpuppt sich als eine Schnur frisch gefangener, an den Kiemen aufgereihter Fische. Hat er sie geangelt oder besitzt er im Fluss Reuse oder Netz, das er eben entleert hat? Das ist für uns nicht weiter wichtig; aber wie kommt der Mann hierher, ganz allein, ohne das kleinste Bündel? Ein Reisender ist er bestimmt nicht und ein Dorf gibt es in der Nachbarschaft nicht. Immerhin, ich kaufe seine Fische gern fürs Abendessen. Ich schicke Sönam hin. Zuerst weigert sich der Mann, nach einigem Bitten gibt er sie schließlich her, ein wenig teuer, aber nicht übertrieben.
»Wo kommst du her?«, fragt ihn Sönam. Ein unverständliches Gemurmel und eine unbestimmte Handbewegung sind die Antwort. Inzwischen bin ich herangekommen und frage meinerseits: »Wohnst du weit von hier? Wo gehst du hin?« »Da, da«, macht er und streckt die Hand nach seinem Geld aus. »Wenn du allein reist, kannst du dein Gepäck holen und in unserer Nähe lagern, wir werden dir Tee geben.« – »Ho!« Er hat die halbe Rupie Sichuaner Währung, die Sönam ihm gibt, bereits in seinem Beutel verschwinden lassen, geht weiter und ist bald im Waldesschatten untergetaucht.
»Ein Berggeist hat mir Abendessen gebracht; leider nicht kostenlos«, sage ich scherzend, aber Sotar wird recht ernst. »Es kann ein Räuber von der Landstraße sein«, meint er, »dessen Genossen in einem Versteck warten und der hier ein paar Fische zur Bereicherung des Abendessens holen wollte.«
Das ließ sich hören, man hatte uns genug vor dem Verweilen in diesem riesigen Wald gewarnt, der im Westen an die großen

tibetischen Steppen stößt, wo die als Räuber berüchtigten Golognomaden hausen.
Wir konnten das Lager abbrechen und weiterziehen. Aber was sollte das nützen? War eine größere Zahl Räuber, die es auf uns abgesehen hatten, in der Nähe, dann würden sie uns leicht einholen und im Waldesdunkel wären wir für die Verteidigung schlechter daran als auf dieser offenen Lichtung. Inzwischen war der Mond aufgegangen, die Scheibe spiegelte sich silbern im See, ein zackiger Schneegipfel schimmerte über den schwarzen Bergen am Nachthimmel. Das Bild bezauberte mich so, dass alle Bedenken schwiegen; wir blieben. Die Nacht verlief ohne Zwischenfall. Zum Ausgleich für den sehr frühen Aufbruch am Vortag blieb ich sogar etwas länger liegen.
Im Lauf des Vormittags stieß eine Reisegesellschaft zu uns, fünf chinesische Kaufleute mit ihren Lasttieren, drei mit uralten Flinten bewaffnete Tibeter und ein malerischer Ngagpa der Bönpo-Sekte. Dieser, ein Riese von Gestalt, trug seine langen Haare in ein Stück roten Stoff gewickelt wie einen riesigen Turban um den Kopf. Um mich nicht zu wiederholen, lasse ich das merkwürdige Erlebnis mit diesem Mann hier weg. (Man kann es in »Heilige und Hexer«, a. a. O., nachlesen.) Beim Anblick meines religiösen Gewandes stiegen die drei Tibeter ab und erbaten meinen Segen. Die Männer berichteten übereinstimmend, sie hätten sich der Sicherheit halber zusammengetan. Sie schienen glücklich über die Verstärkung durch meine bewaffneten Trapas und wir zogen gemeinsam weiter. Trotz unserer langsamen Gangart hatten die drei Tibeter Mühe, mit uns Schritt zu halten, der Pfad stieg allerdings beständig steil an und ihre Tiere waren, wie sie erzählten, sehr ermüdet.
Es war noch ziemlich früh am Nachmittag, als sie uns vorschlugen, an einer ganz annehmbaren Stelle, die wir gerade erreicht hatten, das Lager aufzuschlagen. Meinen Leuten wäre es nur recht gewesen, ich hatte jedoch beschlossen, nicht vor Einbruch völliger Dunkelheit Rast zu machen. Falls uns etwa

jemand nachspürte, konnte er dann nicht genau wissen, wie weit wir gekommen waren, und wenn wir uns außerdem noch so tief wie möglich in den Wald zurückzogen und dort in gutem Versteck ein Behelfslager errichteten, waren wir einigermaßen sicher. Den neuen Reisegefährten gegenüber hatte ich nichts von meinen Absichten verlauten lassen, dazu war immer noch Zeit, und dass die Chinesen gern zustimmen würden, wusste ich im Voraus. Gegenüber den Bitten der drei Tibeter blieb ich fest, mit der Begründung, wir müssten schnell nach Sungpan und dürften uns unterwegs nicht aufhalten. Um die Wahrheit zu sagen, der Vorschlag hatte mir gründlich missfallen. Ich brachte ihn – vielleicht zu Unrecht – mit dem einsamen Fischer vom Vortag in Verbindung. Gehörte dieser Mann zu einer Räuberbande und waren die drei Reiter seine Spießgesellen, die uns an einen verabredeten Platz locken sollten, damit man die Kaufleute und mich selbst in aller Ruhe ausplündern konnte? Das klingt ein wenig umständlich, doch in den weiten Einöden Tibets kennt man noch viel durchtriebenere Anschläge.
In der Dämmerung erreichten wir eine gerodete Fläche, auf der sich eine Art Scheune erhebt. Ein Chinese geht draußen seiner Beschäftigung nach, von einer zahmen Ziege begleitet. Sobald er unser ansichtig wird, eilt der Biedermann schleunigst mit der hinter ihm herspringenden Ziege ins Haus und verrammelt die Tür. Er weigert sich hartnäckig, uns einzulassen. Wir versuchen es mit Unterhandlungen, einer nach dem andern entfaltet seine ganze Beredsamkeit, um den Besitzer oder Wächter der Behausung zu überzeugen, dass wir ehrenwerte Reisende sind und nichts Böses im Schilde führen. Wir müssen lange reden. Endlich entschließt sich der Chinese, uns aufzunehmen. Der Raum ist sehr groß, nicht nur alle Tiere können unterkommen, auch die Männer finden noch Platz. Für mich selbst ist gesorgt, der Chinese will mir sein eigenes Zimmer abtreten.

Seitdem der Mann sich wegen unserer Herkunft beruhigt hat, ist er hilfsbereit. Er schleppt Feuerholz herbei, lässt uns sogar etwas Mehl und Schweinedörrfleisch ab. Seine Angst wäre gewesen, erzählt er dann, wir könnten Gansuer sein, die überall plünderten, wo sie vorbeikämen. Wie sonderbar! Das höre ich zum ersten Mal und habe doch mehrere Jahre in Gansu verbracht. Was hat es wohl mit diesem einsamen Haus mitten im Wald für eine Bewandtnis? Der Mann, der uns einließ, spricht eine chinesische Mundart, von der meine Leute wenig verstehen und ich kein Wort. Aus seinen Erklärungen scheint hervorzugehen, dass wir uns in einem zum Schutz der Reisenden errichteten staatlichen Unterkunftshaus befinden.
Am andern Morgen vergrößert sich unsere Gesellschaft um vier Männer und sechs Frauen, die gleichfalls nach Sungpan wollen. Einer der Männer hat ein Gewehr. Sie erzählen haarsträubende Räubergeschichten und bestätigen, dass das jetzt vor uns liegende Stück bis zum Kunka-Pass das schlimmste der ganzen Straße ist.
Der Wald wird immer dichter, der Weg immer schmäler; eigentlich kann man nur noch von Dickicht mit der Andeutung eines Pfades reden. Alle Augenblicke muss ich mich auf den Hals meines Maultieres bücken, um tief herabhängenden Zweigen auszuweichen.
Unterwegs deuten unsere neuen Weggenossen auf eine weniger dicht bewaldete flache Mulde, die nach Westen zu ansteigt und in fast kahle Grate ausmündet: »Dort kommen die tibetischen Räuberbanden herunter.« Eifrig spähen wir die Hänge ab, aber nichts ist zu entdecken als dichtes Gestrüpp, von einzelnen hohen Bäumen überragt.
Den Kunka La erreichen wir, ohne irgendetwas Verdächtiges zu bemerken. Wie üblich steht ein Lhatze auf der Passhöhe. Diese hohen Steinhaufen, in denen Zweige und Fähnchen stecken, sind ländliche Altäre für die Berggottheiten und dienen zugleich als Wegweiser für den Fremden.

Einer der Männer ist abgestiegen, bricht einen Zweig ab und reicht ihn mir, damit ich ihn den Gottheiten des Passes opfere. Ich gebe ihn an Sönam weiter mit der Anweisung, ihn auf den Steinhaufen zu stecken. Dann lasse ich mir – um bei der tibetischen Sitte zu bleiben – einen Stein geben, den ich vom Sattel aus auf den Haufen werfe mit dem vorschriftsmäßigen Ausruf: »Lha gyalo! De tamche pam!« (Die Götter siegen, die bösen Geister sind überwunden!) Hierauf vollführen meine sämtlichen Gefährten mit lautem Geheul und gellenden Pfiffen einen Höllenlärm. Das soll die bösen Geister erschrecken.

Ich schleudere meinen Fluch über ein Dorf

Der Wald liegt hinter uns. In mählicher Senkung führt die Straße zwischen riesigen Weideflächen an sanft gewölbten Bergkuppen abwärts. Räuber sind nicht mehr zu fürchten, unsere Notgemeinschaft löst sich auf. Jeder Trupp marschiert so schnell oder langsam, wie es ihm behagt, und bald sind wir wieder für uns. Es regnet ohne Unterlass. Wir erreichen ein großes Bönpo-Kloster und finden im nahen Dorf bei einem Bauern Unterkunft. Hier scheint eine viel strengere Klosterregel zu gelten als bei den Bönpos, die wir vor kurzem kennen lernten. Im Dorf erzählt man uns, diese Letzteren genössen einen schlechten Ruf. Ihr Abt habe zwei Weiber. Warum wirft man ihm das vor? Die Vielehe ist in Tibet gestattet, ebenso wie in China, und Unverheiratetbleiben ist den Bönpo-Geistlichen nicht vorgeschrieben. Auch dem Trunk seien die Mönche ergeben, gehen die Vorwürfe weiter. O weh! Das ist in Tibet wie in manchem andern Land ein verbreitetes Laster. Die Sittenstrenge der Bauern macht mich stutzig. Anderntags erfahre ich mehr. Das große Bönpo-Kloster hier am Orte möchte sich den Anschein geben, als gliche seine Regel in allem der lamaistischen: Ehelosigkeit der Geistlichen, zumindest aller höheren; wenn man trinkt (was den Bönpos ebenso erlaubt ist wie den »Rotmützen«), dann nur im Geheimen. Man muss den Schein wahren.

Wir reiten bei abscheulichem Wetter weg. Im Lauf des Tages klärt es ein paar Mal auf, aber gegen Abend setzt von neuem feiner Nieselregen ein. Wir müssen in einem Dorf, das in einiger Entfernung oberhalb der Straße auftaucht, Obdach für Mensch und Tier suchen. Yongden und Sotar steigen hinauf. Für uns findet sich nichts, aber die Tiere will ein Bauer in seinem Stall unterbringen. Das ist immerhin etwas. Hier beginnt nun der Schwank. Meine Abgesandten halten nach einem Lagerplatz in der Nähe des Stalles Ausschau und entdecken nicht weit davon eine Freifläche zwischen Häusern. Sie deuten darauf, sagen zu den Umstehenden, dort wollten wir Zelte aufschlagen, und kommen uns entgegen. Als wir dann gemeinsam zu dem in Aussicht genommenen Platz reiten, merke ich, dass es der öffentliche Abort für das ganze Dorf ist; in einigen Teilen Tibets gibt es keinen in den Häusern. Da mir Yongden und Sotar nichts Gegenteiliges gesagt haben, nehme ich natürlich an, die Bauern hätten uns diese Stelle aus Bosheit angewiesen, um uns ihre Verachtung zu bezeigen. In hellem Zorn recke ich mich in den Steigbügeln empor und schleudere meinen Fluch über die Einwohnerschaft: »Weil ihr eine Khadoma an einen unreinen Ort geschickt habt, werden die bösen Geister euch heimsuchen und in eurem nächsten Leben werdet ihr … fressen.« Ich schmettere das Wort frei heraus; es ist klangvoll auf Tibetisch! Dann male ich ein paar Beschwörungszeichen in die Luft, spucke dreimal in Richtung auf das Dorf aus und wende mich ab mit den Worten: »Ich will die Nacht im Freien zubringen und als Beweis meiner Macht sollt ihr sehen, wie der Regen aufhören wird, damit ich und die Meinen ungestört schlafen können.« Sprachlos, wie versteinert, stehen die Naturkinder da.

Eine Stunde später funkeln die Sterne am klaren Himmel. Auf einem kleinen Erdwall am Fluss sind unsere Zelte errichtet. Einige Dorfbewohner haben sich aufgemacht, um das Missverständnis zu klären, aber ich weigere mich, sie zu empfangen. Wir verbringen eine ausgezeichnete Nacht. Am frühen Morgen, während wir beim Packen sind, erscheint wieder ein Mann. Yongden schneidet ihm das Wort ab, nimmt ihn beiseite, zieht eine elektrische Taschenlampe aus meiner Satteltasche und sagt: »Pass gut auf jetzt und erzähl das deinen Freunden. Was siehst du?«

»Ich sehe ein Kästchen«, erwiderte der Mann, der weiter nichts Wunderbares dabei finden kann.

»Was siehst du jetzt?« Dabei drückte der Lama auf den Knopf.

»Potztausend, da ist Feuer drinnen!«, ruft der Bauer.

Yongden schaltet aus. Der Mann schlägt vor Bewunderung die Hände zusammen. Mein Sohn lässt die Lampe noch ein paar Mal aufblitzen und sagt in wichtigem Ton: »So, nun hast du es gesehen. Hattest du schon einmal einen Lama oder eine Khadoma getroffen, die etwas Ähnliches besaßen?«

»Niemals.«

»Man nennt es ›das aus sich selbst geborene kostbare Juwel‹ (Norbu Rangchon. Dies wunderbare Kleinod spielt eine große Rolle im tibetischen Volksglauben). Mit diesem Zauberkleinod kann man den Regen vertreiben oder herbeiholen, die Ernten zerstören oder die Felder fruchtbar machen, Menschen und Tiere bei Gesundheit erhalten oder sterben lassen. Du hast gesehen, wie auf Befehl der Khadoma gestern Abend der Regen aufgehört hat und die Sterne herauskamen. Sie braucht den Schutz eurer Häuser nicht, auch keines andern Schutz. Dies Juwel kann ihr alles beschaffen. Nun gehe zu deinem Lama und frage ihn, ob er dir etwas Ähnliches zeigen kann.«

Der arme Tibeter ist ganz verwirrt. Meine Diener verbergen ihre Gesichter in den Ballen, die sie aufladen, damit sie nicht vor Lachen zerplatzen.

Dann brechen wir auf, ich zu Fuß voran. Ich schüttele nicht den Staub des Ortes von meinen Schuhen, sondern lasse meinen Rosenkranz aus Menschenschädelplättchen durch die Finger gleiten. Nach einer Weile sage ich zu Yongden: »Mit den Leuten haben wir uns einen bösen Scherz erlaubt, aber sie verdienen es nicht anders, wenn sie mich an diesen schmutzigen Ort schicken.«
»Aber sie haben uns ja gar nicht hingeschickt«, erwiderte der Lama, »wir, Sotar und ich, haben von weitem die leere Fläche gesehen, ohne zu wissen, wozu sie diente, und gedacht, dass wir dort gut untergebracht sein würden. Wir selbst haben gesagt, wir wollten da die Zelte aufschlagen. Was der Platz darstellt, haben wir erst gemerkt, als du mit dabei warst. Und du hast dann sofort die ganze Gesellschaft so niedlich verflucht, dass wir gar nichts mehr sagen konnten.« Dabei lachte er, der Freigeist!
Doch Sotar reitet nachdenklich mit trauriger Miene fürbass und meint seufzend: »Das alles ist sehr unheilvoll; diese Leute werden als Schweine oder als Kot fressende Kerbtiere wieder geboren werden.« Die beiden andern Diener nicken mit dem Kopf. Wie jedermann in Tibet und Indien sind sie überzeugt, dass die Worte der Lamas in Erfüllung gehen.
Den ganzen Tag bleibt das Wetter schön, ein neuer Beweis meiner Macht, der die Dorfbewohner, die wir hinter uns lassen, beeindrucken wird. Der Regen setzt erst wieder ein, als wir in Sungpan unter Dach sind.

In Sungpan

Die lieblich zwischen Wiesen gelegene Stadt hat uns vom ersten Augenblick an, wo wir ihrer ansichtig wurden, einen erfreulichen Eindruck gemacht. Aus der Ferne gesehen sind alle chinesischen Städte hübsch; ihre zackigen Mauern und die

Tore mit den malerischen Dächern scheinen stets ein Geheimnis zu umschließen, dem Fremdling eine Überraschung zu verheißen. Ein wohltuendes Gefühl der Entspannung überkommt uns. Diese beruhigende Landschaft! Überall frisches Grün und freier Blick. Vergessen ist das stets leicht beängstigende Waldesdunkel, der Schlupfwinkel der Räuber. Heute Nacht werden wir in einer Stadt sein, in einem richtigen Haus ungestört schlafen. Heute werden wir endlich einmal uns wieder satt essen. Der an das Einerlei regelmäßiger Mahlzeiten gewöhnte Städter ahnt nicht, welch beträchtlichen Raum der Gedanke an das Essen im Gemüt eines Menschen einnimmt, der, zu häufigem Fasten verurteilt, durch menschenleere Landstriche zieht.

Unsere Erwartungen scheinen sich zu erfüllen. Im ersten Stock eines fast neuen Holzhauses nahe beim Stadttor, das einem chinesischen Handwerker gehört, finden wir schöne große, helle, gut gelüftete Zimmer, nach chinesischer Sitte ausgestattet: ein paar Tische und Stühle, als Bett ein Brettergestell – den Kang verwendet man in Sichuan nicht. Aber die allgemeine Freude wird bald getrübt. Yongden hat seine Frage nach Lebensmitteln noch nicht ganz ausgesprochen, als uns aufs Bestimmteste erklärt wird, in Sungpan gäbe es nichts zu kaufen außer Schweinedörrfleisch und Mehl. Unsere Mägen haben diese Kost allmählich über, ich hatte von Butter, Milch und Gemüse zu träumen gewagt, meine Leute von frischem Rind- oder Hammelfleisch. Also wieder einmal müssen wir den Riemen enger schnallen.

Wären meine Trapas weniger gute Buddhisten, so könnten sie ein paar Hühner oder auch einen Hammel kaufen und schlachten lassen, doch sie kennen ihre Pflichten als Glieder der Geistlichkeit. Wenn sie auch nicht die sittliche Kraft haben, jede Fleischnahrung zu verschmähen, lehnen sie es doch ab, nur um das tierische Verlangen ihres Magens zu befriedigen, den Auftrag zum Töten eines Geschöpfes zu geben, das ebenso gern leben möchte wie sie selbst. Ist das Unrecht geschehen und das Fleisch liegt zum Kauf aus, dann unterliegen sie der Versuchung. Sie geben diese menschliche Schwäche in aller Bescheidenheit zu und ich hüte mich, den Richter zu spielen, gebe ich ihr doch selbst gelegentlich nach. Schließlich hat unser Wirt ein paar Eier aufgetrieben. Ein Hoffnungsstrahl. Wer weiß, wenn der Mann nur eifrig genug sucht ... Die Götter Sungpans sind uns gnädig: am andern Morgen bringt man uns Rüben.

Sungpan ist nicht mehr Gansu, nicht nur der Provinzgrenze nach. Von den chinesischen Städten im Innern Gansus, wo es Weiße gibt und wo mich einige vornehme Chinesen kannten, trennt mich ein breiter Streifen Land, der teils sehr dünn besiedelt ist, und zwar mit Hirten tibetischer Abstammung, teils reine Wüste darstellt. Abendländer sind selten hier draußen, vielleicht alle zehn Jahre verirrt sich einmal einer her. Ich war ja von Labrang ab zur unbekannten tibetischen Klosterfrau geworden. Das entsprach ganz meinen Wünschen, daher vermied ich, mich zu erkennen zu geben und dem chinesischen Kreishauptmann in Sungpan meinen Besuch abzustatten. Der Schutz, den solche Beamten dem Fremden angedeihen lassen können, steht nur auf dem Papier; im Gegenteil, er bringt mancherlei Unannehmlichkeiten mit sich. Diesmal gelang es mir wirklich, unerkannt zu bleiben; selbst Sotar plauderte nicht; warum, weiß er allein. Im Augenblick dachte also keine Behörde daran, eine Untersuchung über mein Reiseziel in die Wege zu leiten oder meine Pläne zu durchkreuzen, aber nach Süden zu lag dichter bevölkertes chinesisches Land vor mir, wo die Leute weniger einfältig sind als die tibetischen Bergbauern. War es vielleicht besser, nach Westen abzubiegen und trotz Räubergefahr und mangelhafter Wege durch das von unabhängigen tibetischen Stämmen bewohnte Gebiet zu marschieren?

Während ich mit dem Entschluss rang, hörte ich, der Führer

eines dieser Grenzstämme, ein berühmter Räuberhauptmann, weile in der Stadt. Die chinesische Behörde verhandelte mit ihm über kitzlige Grenzziehungsfragen. Verwegen wie der Alte war, hatte er sich mit seinem Sohn und einigen Bedienten aufgemacht, um mit den Beamten als Gleichstehender zu reden. Sicher rechnete er damit, dass die Chinesen aus Furcht vor blutiger Rache nicht den Mut haben würden, Hand an ihn zu legen. Immerhin blieb das Wagnis groß. Wenn er die Herren zum Zorn reizte, konnte es ihm in weniger als einer Stunde den Kopf kosten. Zu diesem Mann schickte ich Yongden. Er erzählte ihm, eine ehrwürdige tibetische Dame, eine Khadoma, möchte aus Furcht und Abscheu vor den chinesischen Ungläubigen ihren Reiseweg durch ein Gebiet legen, wo Tibeter, ihre Glaubensgenossen, wohnten. Die Unterhaltung verlief freundlich; der Häuptling verstand mühelos die Gründe, die Yongden ihm vortrug, und versprach, einen Geleitbrief für uns auszustellen, der bei seinen eigenen und bei zwei befreundeten Nachbarstämmen Gültigkeit hätte. Das war ja eine herrliche Lösung! Wenn der Anführer unsere Sicherheit verbürgte, dann konnten seine Untertanen uns nicht bestehlen. Auch auf Lebensmittel, Führer und Ersatztiere konnten wir rechnen. Dieses ausgezeichnete Plänchen, das bestimmt geklappt hätte, denn die tibetischen Räuber sind Ehrenmänner und halten ihr Wort, hatte leider einen Haken, was mir anständigerweise gleich von vornherein nicht verschwiegen wurde. Der Häuptling lag nämlich mit dem Großlama eines Klosters, dessen Gebiet wir durchqueren mussten, in Fehde. Wie würde man uns im feindlichen Lager empfangen?
Am nächsten Morgen besuchte mich der Häuptling selbst. Er wiederholte mir, was er Yongden gesagt hatte, ohne meine Entscheidung im Geringsten beeinflussen zu wollen. Dieser Räuberedelmann machte mir den Eindruck eines verschlagenen, listigen Naturburschen; er schien der ganzen Welt mit großartiger Gelassenheit gegenüberzustehen. Als er gegangen

war, hielten Yongden und ich Kriegsrat und nachdem wir das Für und Wider eingehend erwogen, kamen wir zu der Überzeugung, es sei zu unsicher, uns zwischen die feindlichen Brüder zu wagen. Das hieß also, dass wir auf chinesischem Gebiet bleiben mussten. Am andern Morgen wollten wir aufbrechen. Vier Tage haben wir uns in Sungpan ausgeruht. Soll ich sagen, einen Tag zu lange? Wir hätten uns dann nicht zu überlegen brauchen, ob wir das grässliche Schauspiel einer öffentlichen Hinrichtung mit ansehen wollten. Wie man in Sungpan erzählte, hatte der Verurteilte einen Kriegsplan verraten und dadurch den Verlust einer Schlacht und den Tod eines Generals verschuldet. Der Mann was so unklug gewesen, in sein Heimatdorf zurückzukehren, dort hatte man ihn verhaftet.
Nun führte man ihn zum Tode. Am Spätnachmittag bewegte sich der Zug durch die Stadt, voran schritt ein niederer Beamter mit der Holzlatte, die in China dasselbe versinnbildlicht wie in Rom Rutenbündel und Axt des Liktors: das Gesetz, die Staatsgewalt. In seiner Nähe ging der Henker, der einen bloßen Säbel kerzengerade vor sich hielt. Dann folgten die richterlichen Beamten. Den Schluss bildete der Verurteilte mit auf den Rücken gebundenen Händen, von ein paar Soldaten begleitet. Der Mann schien keine Spur erregt zu sein, sein Schritt klang so fest wie der eines Spaziergängers. Der Zug bewegte sich schnell vorwärts und war bald außerhalb der Wälle angekommen, auf denen die Menge sich drängte, um dem Trauerspiel zuzusehen. Dieses war übrigens sehr kurz, sehr wenig feierlich und, nach dem Gesichtsausdruck der Zuschauer zu schließen, sehr wenig eindrucksvoll. Während einer der Richter noch einige Fragen an den Todgeweihten zu stellen schien, stieß der Henker diesem blitzartig das Schwert in den Rücken oder vielleicht auch in die Seite; so genau vermochte ich es nicht zu unterscheiden, denn wie man sich denken kann, hielt ich mich in guter Entfernung vom Richtplatz. Der Mann taumelte und fiel. Sofort setzte sich der kleine Zug

der Amtspersonen in der früheren Ordnung wieder in Bewegung und die Menge war bald zerstoben.
Spät am Abend lag der Leichnam des Gerichteten noch am selben Platz. Ein Mann stand daneben. Vollkommen ruhig, mit unbeweglichem Gesicht, erklärte er mir, er sei ein Verwandter des Toten, und erging sich in Entschuldigungen, dass er das weiße Trauergewand noch nicht habe anlegen können und unfreiwillig gegen den guten Ton verstoßen müsse. Das schien ihn tiefer zu betrüben als der schreckliche Tod seines Verwandten. Er warte, fuhr er fort, auf den Sarg, um den Leichnam zu bergen und zur Bestattung in die Heimat zu schaffen. Das alles klang so einfach, so gar nicht aufregend. Da lag der Tote zu unsern Füßen. Die von seinem Blut getränkte Erde schimmerte braungolden im letzten Abglanz des Tageslichts. Er schien auf einem Samtteppich zu ruhen, den ein paar Grasbüschel, ein paar wilde Blümchen umsäumten. Ich wartete eine Weile, während die Nacht rasch hereinbrach. Der Sarg kam immer noch nicht. Da grüßte ich den Totenwächter und ging. Nach wenigen Schritten wandte ich mich noch einmal um. Das schwarze Gewand des Chinesen war mit der umgebenden Dunkelheit verschmolzen und man sah von ihm nichts mehr als ein starres, bleiches Gesicht, das unwirklich im Raum hing.

Über Lifan nach Lianghekou

Wir verkleiden uns

Allen Fremden, die in Versuchung geraten könnten, den äußersten Westen des Himmlischen Reiches im Frühling oder Sommer zu bereisen, gebe ich den freundschaftlichen Rat: steht ab davon. Dann herrscht dort die Regenzeit und was das bedeutet, habe ich sowohl auf dieser Reise wie auf der zwei Jahre später unternommenen zur Genüge erduldet. Erdrutsche reißen die Wege fort, Überschwemmungen versperren die Täler, Brücken stürzen ein, Wasserfluten ergießen sich durch schadhafte Dächer auf den Schläfer, Lehmballen und Nässe machen die sprichwörtliche Unsauberkeit der landesüblichen Herbergen noch unerträglicher.

Die Begeisterung wird also auf eine harte Probe gestellt. In mir loderte die heilige Flamme der Abenteuerlust; sie hatte Kraft genug, mich seelisch zu erwärmen und ohne Zweifel auch körperlich, entging ich doch selbst dem leisesten Schnupfen.

Von Sungpan nach Mochow (Maowen) sind es keine zweihundert Kilometer, aber wir brauchten sechs Tage dazu. Der Saumpfad folgte meist dem Fluss oder führte in ziemlicher Höhe an den Uferwänden entlang. Einst mochte er ein Meisterstück chinesischer Wegebaukunst gewesen sein. Er war mit Platten gepflastert und an steilen Stellen oft kilometerweit mit Stufen versehen, ähnlich den alten Römerstraßen. Nun verfiel er seit Jahrzehnten. Die Stufen, große Steinblöcke, hatten sich gelockert oder waren abgerutscht. Wie Gämsen mussten un-

sere Maulesel zwischen schwanken Platten und scharfkantigen Felsen auf und ab klettern und wir mit. Für meine kurzen Beine alles andere als vergnüglich. Oft musste ich von Block zu Block springen.
Die Nächte, die diesen anstrengenden Tagen folgten, waren womöglich noch anstrengender. Unmöglich, Zelte aufzuschlagen, alles Land ist bebaut, der Pfad schlängelt sich zwischen von Mauern eingefassten Feldern oder Felsen entlang. Herbergen sind selten und widerlich schmutzig. Die Saumtiertreiber, die diese Straße benutzen, schlafen bei ihren Tieren und Lasten im Stall. In derartigen Unterkünften konnte keine Rede davon sein, dass ich mich nachts entkleidete, wir wagten nicht einmal, unsere Decken aus den Säcken zu holen, so abstoßend schien der Gedanke, sie mit dem Schmutz ringsum in Berührung zu bringen. In mein langes tibetisches Klostergewand gehüllt, die nassen Stiefel an den Füßen, schlummerte ich ein wenig, eine Nachtruhe konnte man das nicht nennen. Nach kurzem Marsch in der frischen Morgenluft war jedoch erfreulicherweise alle Müdigkeit verflogen und die helle Freude über das Reisen abseits von der großen Straße wurde wieder lebendig.
Die Gegend ist übrigens keineswegs langweilig. Ihre Geschichte wäre näherer Erforschung wert. Gegen welche Feinde mochten einst die Festen in den Engtälern zwischen hohen Bergen errichtet sein? Vielerorts sieht man mit ungewöhnlich dicken Mauern geschützte Gebäude, hier und da ragen Wachttürme auf, die Straße beherrschend; selbst die kleinsten Dörfer sind gewaltig befestigt. All diese Wehrbauten fallen heute in Trümmer und wenn sie hinter Regenschleiern oder im ungewissen Mondlicht aus nächtlichen Nebelschwaden vor einem auftauchen, verstärkt sich der unheimliche Eindruck der Landschaft. Unsere Freude war groß, als wir endlich wieder einen anständigen Weg ohne »Stufen« und überstarkes Gefälle unter den Füßen hatten. Um unser Behagen zu

vermehren, hörte auch der Regen auf und großmütige Menschen gaben mir ein Almosen. Das kam so. Wir ritten an einem Feld entlang, wo Bauern Kartoffeln ausmachten. Kartoffeln! Schon der Anblick ließ mir das Wasser im Mund zusammenlaufen.

»Würdet ihr uns welche verkaufen?«, fragte höflich der Lama. – »Nein.« – »Wir werden euch einen guten Preis bezahlen. Wie viel wollt ihr haben?« – »Wir verkaufen sie nicht.«

Die Leute waren Chinesen, meine geistliche Tracht bedeutete hier nicht notwendigerweise so viel wie in Tibet, aber ich ließ es darauf ankommen, die Verlockung war zu groß. »Wollt ihr nicht einer Klosterfrau behilflich sein, sich zu sättigen, ohne Fleisch essen zu müssen?« Das wirkte. Wahrscheinlich waren es Buddhisten, es gibt deren zahlreiche Sekten in China, die auf strenge Einhaltung des Fleischverbotes sehen. Ein paar Frauen unterbrachen die Arbeit, lächelten mir zu und füllten die Säcke, die an meinem Sattel hingen. Yongden zog die Börse.

»Wir wollen kein Geld, wir schenken sie euch. Gute Reise.«

»Danke. Mögen eure Ernten und euer Vieh gedeihen. Langes Leben frei von Krankheit euch allen!«

Was die Maultiertreiber, die wir unterwegs treffen, uns über die Lage in Sichuan erzählen, ist widerspruchsvoll. Für den Augenblick scheint Ruhe zu herrschen, aber man rechnet damit, dass der nach Nanping geflüchtete Statthalter einen Gegenangriff mit frischen Truppen unternehmen wird. Ich lege Wert darauf, weit weg zu sein, ehe die Kämpfe wieder beginnen. So darf ich meinen armen Tieren wiederum die Ruhepause nicht gönnen, die sie so nötig hätten. Zwei haben sich auf den schlechten Wegen die Füße verletzt und lahmen; fast alle sind wund auf dem Rücken, trotz Polsterung und Decken kommt das bei tibetischen Holzsätteln leicht vor.

Leid tut mir's, dass ich darauf verzichten muss, Chengdu, die Hauptstadt Sichuans, zu sehen und den berühmten Berg

Emei, wohin Tausende von chinesischen und tibetischen Pilgern jährlich wallfahrten, um die zahlreichen Tempel an seinen Hängen zu besuchen und auf dem Gipfel die wunderbare Erscheinung des Buddha zu betrachten. Verschiedene schlecht unterrichtete Leute verlegen sie nach Shigatse in Tibet, in ein erdichtetes Vesaktal (in Wirklichkeit ist Vesak der Name eines Monats des Hindujahrs). Das ist ein Irrtum. Die Erscheinung gehört zu dem Berg Emei in Sichuan und ist eine Tatsache, welches auch immer ihre natürliche Ursache sein mag. Zahlreiche Pilger haben sie gesehen, ebenso Nichtbuddhisten, auch der Lama Yongden und ich können sie bezeugen. Besonders merkwürdig ist, dass Menschen, die die Erscheinung im selben Augenblick betrachten, sie nicht alle auf dieselbe Weise sehen. Die einen sagen, dass sie Buddha in der Meditationshaltung erblickten, andere sehen ihn stehen. Seine Haltung, der Ausdruck seines Gesichts, seine Kleidung wechseln ebenso wie die Schärfe des Bildes.

Minchow, auf der Straße nach Chengdu, ist von einer Soldatenräuberbande besetzt. Man fürchtet sogar, dass sie bis nach Mochow kommen, das an unserm Weg liegt. Wir müssen uns beeilen, wieder nach Westen, auf tibetisches Gebiet zu gelangen, aber das ist erst von Mochow aus möglich. Was im Augenblick dort vorgeht, können wir nicht genau in Erfahrung bringen.

Nach langem Überlegen, was wir am klügsten tun, entscheide ich mich, vorübergehend auf Unerkanntbleiben zu verzichten und meine ausländische Staatsangehörigkeit zu betonen. Damals genoss der Europäer in China noch einen Rest seines früheren Ansehens. Würde ich aber in meiner geistlichen Tracht abendländisch genug aussehen? Ich hatte zwar einen Pass, aber ehe man einen Beamten auftrieb, der ihn prüfen konnte, mochten sich viele unangenehme Dinge ereignet haben. Ich hätte ausländische Kleider gebraucht oder wenigstens chinesische, wie die Missionarinnen. Derartiges besaß ich nicht. Herrin und Diener, alle waren wie Tibeter gekleidet, vom Hut bis zu den Stiefeln. Doch nicht ganz: Vor unserer Abreise hatte ich einige wasserdichte Kleidungsstücke aus Amerika kommen lassen, Mäntel für Yongden und mich, Umhänge mit Kapuze für die Diener und für mich noch eine Mütze mit Nackenschutz. Trotz des schlechten Wetters hatten wir sie bisher kaum benutzt, aus Furcht aufzufallen. Jetzt sollten sie die Lage retten.

Yongden und ich werden die Mäntel anziehen, ich werde dazu die Mütze aufsetzen und mein Sohn einen weichen Filzhut. Wenn er die Krempe tief ins Gesicht zieht, geht er vielleicht auch als »Ausländer« durch. Handschuhe aus Paris sollen den Eindruck abrunden und die Umhänge der Diener die fremdländische Herkunft ihrer Herren unterstreichen. Wir wirken recht drollig in unserm Aufzug. Die Trapas sahen in ihren spitzen Kapuzen wie spanische Büßer aus, es fehlte ihnen nur die Kerze in der Hand. Selbst unsere Tiere schüttelten halb unruhig, halb erstaunt die Köpfe. So rückten wir bei strahlendem Sonnenschein in voller Regenausrüstung in Mochow ein; mir war ungemütlich warm unter der Gummimütze.

Ich ritt der Gruppe voraus, überzeugt, dass wir Aufsehen erregen würden. Aber zunächst war es nichts damit, die Dörfler betrachteten mich recht gleichgültig. Erst als wir bis in die Mitte des Städtchens gelangt waren, schien ich einigen Chinesen aufzufallen. Ich setzte eine würdige Miene auf und streckte meine arische Nase so spitz wie möglich in die Luft. Man betrachtete mich aufmerksamer. »Es ist eine Xifan-Frau«, ließ sich dann einer der Chinesen ganz ruhig vernehmen und die andern nickten zustimmend.

Das war ja niederschmetternd! Xifan ist einer der Namen, die die Chinesen den Tibetern geben, und zwar kein sehr schmeichelhafter, er hat den Nebensinn »Wilde«.

Als der erste Ärger überwunden war, konnte ich über den unerwarteten Erfolg meiner so klug ausgedachten List lachen.

Niemand geruhte mehr, von uns Notiz zu nehmen und ohne irgendwelches Aufsehen zu erregen, zogen wir weiter, bis ein Einwohner uns ansprach, er könne uns in seinem Haus Zimmer für die Nacht überlassen.

Ein paar Männer, wie man sie auf chinesischen Straßen stets herumlungern sieht, eilten herbei, um meinen Leuten beim Abnehmen der Lasten zu helfen und die Tiere in den Stall zu schaffen. Nach getaner Arbeit rief Yongden die Chinesen zu sich und wollte ihnen eine Kleinigkeit schenken. Er saß auf einem Stuhl und hatte neben sich auf dem Tisch einen Sack voll großer Kupfermünzen stehen. Plötzlich, während er sprach, brach einer der Männer aus der Reihe, stürzte sich auf den Sack und wühlte die Hand hinein. Noch ehe der Dieb die Hand zurückziehen konnte, hatte der Lama sie fest am Gelenk gepackt und so heftig gepresst, dass er das Geld fallen lassen musste. Seine Genossen überhäuften ihn mit Schimpfworten. Meine Diener eilten auf den Lärm herbei und bearbeiteten ihn kräftig mit den Fäusten, sobald sie begriffen, was vorgegangen war. Ich machte der Züchtigung ein Ende und die empörten Chinesen stießen den Mann aus ihrer Reihe. Wie mochte der Mensch auf diesen ganz unmöglichen Gedanken verfallen sein? War er geistesgestört oder hatten ihm Unglück und Hunger den Verstand verwirrt? Er blieb mitten auf der Straße stehen, der offenen Tür gegenüber, wie es schien auch jetzt noch gebannt von dem Anblick des Geldsacks auf dem Tisch. Die Chinesen und meine Diener hatten mit Yongdens Zustimmung beschlossen, die mildeste Strafe wäre, dass er bei der Geldverteilung leer ausginge. Sie teilten ihm dies mit und sagten, er solle sich glücklich schätzen, dass wir ihn nicht dem Richter übergäben, der ihn zumindest hätte ausprügeln lassen. Die andern nahmen ihren Lohn in Empfang und verschwanden, aber der Unglücksmensch blieb auf der Straße stehen, die Augen starr auf unsere Tür gerichtet, wie ein hungriges Tier.

Er rief in mir die Erinnerung an ein früheres Erlebnis wach.

Eines Abends hatte ich auf den dicht verschneiten Großen Einöden mein Lager aufgeschlagen. Da sah ich auf der riesigen weißen Fläche einen schwärzlichen Punkt herankommen: ein Wolf auf der Suche nach Beute. Er schien die neben meinen Zelten angebundenen Maulesel gewittert zu haben. Wölfe greifen so kräftige Tiere kaum je an, wenn sie nicht in der Überzahl sind. Auch dass Zelte Menschen beherbergen, die der Wölfe Tod sind, musste dies im Land der Hirten beheimatete Tier ganz genau wissen.Jetzt hatte allerdings der Hunger Gewalt über den Wolf und ließ ihn alle Vorsicht vergessen. Er stürzte zum Angriff vor. Im selben Augenblick eilte ich laut schreiend vor das Zelt, bisher hatte ich ihn durch die Vorhänge beobachtet. Der Wolf blieb stehen, aber er ging nicht zurück. Auf mein Lärmen kamen meine Diener gelaufen. Einer holte ein Gewehr und erbat die Erlaubnis, den Wolf abzuschießen, das Fell würde einen guten Vorleger abgeben. Natürlich verbot ich das. Der Wolf stand immer noch da, wie an den Boden gefesselt. Er hatte die Männer gesehen, wahrscheinlich wusste er auch, was ein Gewehr ist, aber nichts konnte den Bann brechen, den die ersehnte Nahrung auf ihn ausübte. Da holte ich ein großes Stück Fleisch, das wir bei unsern Vorräten hatten, und befahl meinen Leuten, mich allein zu lassen. Behutsam schritt ich auf das immer noch unbewegliche Raubtier zu. Als ich auf etwa fünfzig Meter heran war, hielt ich das Fleisch hoch und warf es ihm entgegen, so weit ich konnte. Dann zog ich mich zurück, ohne den Wolf aus den Augen zu verlieren. Er sprang mit ein paar Sätzen auf meine milde Gabe zu, nahm sie in den Rachen und entfloh eilends.

An dieses Raubtier erinnerte mich der Chinese auf der Straße. Sollte ich ihn ebenso behandeln? Ich wartete einen Augenblick ab, wo meine Leute mit anderm beschäftigt waren, und warf dem Mann einen Dollar zu. Das große Silberstück glänzte nicht lange im Straßenstaub. Der Dieb ergriff es mit der-

selben Gier wie jener ausgehungerte Wolf das Fleisch und machte sich genau wie dieser schleunigst davon.
War das gerecht? Gewiss nicht. Der »Dieb« erhielt für seine »Übeltat« mehr als seine »ehrlichen« Genossen. Vielleicht war seine Armut so viel größer als die ihre. Ich konnte es nicht wissen. Mich in unserer verworrenen Welt zum Richter aufwerfen zu wollen schiene mir anmaßend. Die beste Sittenlehre für uns arme Sterbliche ist ohne Zweifel, uns die Gnade des gegenseitigen Mitgefühl zu gewähren.

Ein bewegter Tag

Kein Ruhetag in Mochow! Da wir früh am Nachmittag angekommen sind, können wir unsere Einkäufe erledigen. Am andern Morgen geht es weiter. Der stolze ausländische Prunk ist im Bündel verstaut, wir kleiden uns wieder bescheiden als Tibeter, nur fragen wir uns lachend, mit einem Unterton von Ernst, ob wir nicht etwa jetzt wie »Ausländer« wirken.
Straße wie Wetter sind heute prächtig, doch die Folgen der schweren Regengüsse der letzten Wochen machen sich bemerkbar. Ein Erdrutsch hält uns auf. Leider ist die Erdbewegung nicht wie in früheren ähnlichen Fällen bereits zum Stehen gekommen, wenn auch nur vorläufig. Hier ist eine ganze Steilwand im Abrutschen. In langer Reihe sitzen in sicherer Entfernung vor uns angekommene Lastträger und sehen geruhsam zu, wie Steine und Sand hinunterkollern. Eine gute Stunde lang bleibt uns nichts übrig, als dasselbe zu tun. Dann lässt die Menge des herabfallenden Erdreichs und die Häufigkeit der Schübe nach. Meine Leute erklären, jetzt wollten sie den Übergang versuchen. Zunächst müssen sie die lockeren Erdhaufen feststampfen, um den Maultieren einen Weg zu bahnen. Die Arbeit geht nicht schnell vonstatten, sie

haben kein Handwerkszeug, statt Schaufeln benutzen sie flache Steine, die vom Berg herabgefallen sind.
Während meine Erdarbeiter schaffen, halte ich die Stelle im Auge, wo die Lawinen sich lösen, und rufe ihnen zu, wenn sich oben an der Wand eine Bewegung ankündigt, damit sie sich schleunigst in Sicherheit bringen. Trotz dieser Vorsichtsmaßregeln bin ich alles andere als ruhig; eine unvorhergesehen niederbrechende Scholle kann furchtbares Unheil anrichten. Sobald der Übergang möglich ist, werden die Tiere eins nach dem andern an der Gefahrenstelle vorbeigeführt. Dann kommt das Gepäck an die Reihe, das die Diener auf dem Rücken hinüberschleppen. All dies braucht seine Zeit und ich stehe Ängste aus, wie meine braven Leute den gefahrvollen Weg immer wieder zurücklegen müssen.
Unsere Straße führt nach Weitchou (Wenchuan) und weiter über Koutcheng (Xuecheng) nach Chengdu. Weitchou ist eine von prachtvollen Gemüsegärten umgebene, nicht unbedeutende Stadt. Sie war gerade von einer zum Räuberhandwerk übergegangenen Soldatenhorde geplündert worden und es schien mir nicht ausgeschlossen, dass einige der Spitzbuben sich noch dort herumtrieben, daher hielt ich es für besser, wir blieben in sicherer Entfernung.
Wir wollen hier nach Westen abbiegen, um über Lifan (Lixian) in tibetisches Gebiet zu gelangen. Dazu müssen wir zwei Flüsse überschreiten, den Xi He (derselbe Fluss, an dem Sungpan liegt, aber unter anderm Namen) und den vom Za-Pass herabkommenden Xian He, der sich in Ersteren ergießt. Zwei Hängebrücken, die auf der schmalen Landzunge zwischen den Strömen zusammenstoßen, führen hinüber.
Auf vier riesigen Tauen, anscheinend aus Stroh, einem in Westchina sehr beliebten Brückenbaustoff, schwanken lose aneinander gelegte Bretter. Die Tragtaue hängen beiderseits an vier bis fünf Haltetauen, die zugleich eine Art Geländer bilden. Das Ganze gleicht einer ungeheuren Hängematte. An

stürmischen Tagen ist, wie mir ein Eingeborener erzählte, die Benutzung unmöglich, die Stege wirken wie Schaukeln und man nimmt schleunigst die Bretter weg, damit sie nicht in den Fluss gefegt werden.
Über die erste Brücke kamen wir ohne Zwischenfall, aber auf der zweiten glitt einer der Maulesel gleich anfangs aus und schwebte mit einem Bein im Leeren. Sein Führer stützte ihn sofort, doch das Tier verschob bei seinen ängstlichen Versuchen, das Gleichgewicht wieder zu finden, weitere Bretter, kam zu Fall und hing nur noch auf den Tauen.
Ich freue mich, der Freundlichkeit der chinesischen Landbevölkerung ein gutes Zeugnis ausstellen zu können; überall wo ich durchgekommen bin, habe ich sie wohlwollend und dienstbereit gefunden. Überall, mit Ausnahme von Weitchou. Nicht nur, dass niemand Anstalt machte, dem armen Tier zu helfen, sondern unbekümmert ging der Verkehr weiter. Dadurch geriet die Brücke heftig ins Schwanken und das Rettungswerk wurde immer schwieriger und gefährlicher. Jetzt wurden sogar von der andern Seite her in Eile die Bretter weggeholt. Man wollte uns also nicht hinüberlassen. Nun erfuhr ich auch den Grund: Einige Ortsbewohner waren gewerbsmäßig als Führer über die Brücke tätig, gegen gutes Entgelt.
Um mir nichts von meiner Würde zu vergeben, erklärte ich mich bereit, für die Rettung des gestürzten Tieres und die Führung der andern Lohn zu zahlen, nichts dagegen für das Auflegen der weggenommenen Bretter. Würden diese nicht sofort herbeigeschafft und ordnungsmäßig angebracht, so schickte ich dem Ortsbeamten meine Karte und verlangte strenge Bestrafung der Übeltäter. Bei diesen Worten übergab ich einem meiner Diener die Karte und er nahm Richtung auf Weitchou. Aber er kam nicht weit. Ein Haufen Menschen umringte ihn und versprach, die Bretter umgehend zu holen sowie Tiere und Gepäck für acht Dollar ins Trockene zu brin-

gen. Mit diesem »Vergleich« musste ich mich einverstanden erklären.
Die Halunken waren wirklich geschickt. Im Handumdrehen schoben sie dem abgestürzten Maulesel einen Strick um den Bauch, zogen ihn empor und stellten ihn, an allen Gliedern zitternd, auf die Beine. Noch ehe er wusste, wie ihm geschah, hatten sie ihn an Kopf und Schwanz ergriffen und lotsten ihn über die Planken. Erst als er drüben an einem Haus festgebunden war, hatte er Muße, über die Wechselfälle des Lebens auf der Reise nachzudenken. Die andern Tiere wurden von den Lasten befreit und mit derselben Fixigkeit von je zwei Männern hinübergeholt; das Gepäck schleppten meine Diener und sobald alles und alle in Sicherheit waren, betrat auch ich die schwankenden Bretter. Die Freibeuter der Brücken zeigten sich jetzt von der gewinnendsten Seite. Sie boten mir an, mich zu stützen oder mich zu tragen, die verlockende Aussicht auf acht blanke Silberstücke stärkte ihren Eifer. Es fehlte nicht viel und sie hätten mich wie einen Maulesel gepackt und hinübergeschoben.
Der Erdrutsch und der bewegte Flussübergang hatten uns viel Zeit gekostet. Die Dunkelheit meldete sich, als wir noch weit von Lifan waren. Wir mussten in einem Dorf am Weg namens Koutcheng Halt machen. Die Bewohner schienen sehr arm zu sein, nicht einer besaß einen Stall, in dem wir unsere Tiere hätten unterbringen können. Endlich machte ein Bauer, dem sehr daran lag, Geld zu verdienen, den Vorschlag, er wollte sie in einem Zimmer seines Hauses einstellen. Wir Menschen fanden bei einem mit drei alten Weibern behafteten Greis Aufnahme und mussten mangels etwas Besserem damit zufrieden sein.
Was wir an Neuigkeiten erfahren, ist ausgesprochen schlecht. Die Gyarongpas (wörtlich »Leute der chinesischen Täler«, Stämme tibetischen Ursprungs, die seit Jahrhunderten in den Grenztälern des westlichen China leben) sollen Lifan geplündert haben; der chinesische Beamte sei mit seinen Leuten ent-

flohen, Banden durchstreiften das Gelände vor der Stadt und hätten Reisende überfallen.
Unsere Lage ist ungemütlich. In dem engen Tal, in dem wir uns befinden, gibt es nur einen Saumpfad. Uns bleiben zwei Möglichkeiten: entweder Weitermarsch Richtung Lifan, wo die Lage ungeklärt scheint, oder Umkehr zu den schwankenden Brücken, in eine Gegend mit räubernden Soldaten. Auch die Maulesel bereiten mir Sorge. Mangels rechtzeitiger Pflege haben sich ihre Wunden verschlimmert. Ich will sie nicht länger mit Lastentragen quälen. Das heißt also Ruhetage einschieben, bis die Wunden geheilt sind, oder fremde Tiere mieten. Schon bei den ersten Worten erwidern mir die Bauern, ich würde keine finden. Maultierverleiher gäbe es nur in Lifan oder in Weitchou, außerdem hätten die meisten ihre Tiere aus Furcht vor Räubern weit weg in Sicherheit gebracht. Inzwischen ist die Nacht hereingebrochen. Morgen wollen wir überlegen, was zu tun ist. Für heute haben wir alle dringend Ruhe nötig.
Mein Feldbett wird in einem kleinen Zimmer aufgeschlagen, in dem sich bereits zwei Bettstellen mit Brettern befinden, von denen meine Wirte ihre Decken weggeholt haben. Sie dienen mir als Abstelltische. Eine unangenehme Überraschung harrt meiner beim Auspacken. Der Revolver ist nicht mehr da! Und doch ist hier sein Platz: in der rechten Satteltasche, dem Blick verborgen, aber leicht greifbar. Ich frage nach. Weder Yongden noch die Diener haben ihn herausgenommen, niemand hat ihn gesehen. Wir suchen. Er findet sich in keinem unserer Gepäckstücke. So hat ihn wohl ein geschickter Spitzbube gestohlen, während der verunglückte Maulesel unsere Aufmerksamkeit gefangen nahm. Er kann jedoch auch herausgerutscht sein, wie die Leute das Gepäck in den Händen trugen, auf der Brücke oder bei dem Erdrutsch. Unnütz, sich Vermutungen hinzugeben; wie es zugegangen ist, werden wir doch nie erfahren. Nur eins ist betrübliche Tatsache, ich habe eine

Waffe verloren, die mir im gegebenen Augenblick nützlich sein könnte, und ich sehe keine Möglichkeit, Ersatz dafür zu schaffen.

Erzwungene Muße

Acht Tage bleiben wir in Koutcheng. Die Wunden unserer Tiere wollen nicht heilen, trotz aller Pflege, die ich ihnen angedeihen lasse. Aus Lifan nichts Neues. Kein Maultiertreiber kommt vorbei, den wir ausfragen könnten, und die Dorfbewohner wissen ebenso wenig wie wir selbst. Sie sind sämtlich Chinesen und haben vor den rücksichtslosen, kräftigeren Gyarongpas solche Angst, dass sie sich nicht über die Grenze ihrer Felder hinauswagen.

Das Leben während dieser Wartezeit bietet keine besonderen Annehmlichkeiten, aber eine meiner glücklichen Eigenschaften ist die Fähigkeit, mich überall einzugewöhnen und zufrieden zu sein, ganz gleich wo. Ich lese tibetische Bücher, die ich im Gepäck mitgenommen habe, lustwandle am Flussufer und hören den drei alten Weibern meines Wirtes zu, die sich vom Morgen bis zum Abend in den Haaren liegen. Der Haus»herr« ist ein schweigsamer Alter mit leicht wackelndem Kopf und unsicherem Schritt, er stiert den größten Teil des Tages verloren vor sich hin und schenkt dem Lärm um sich keine Beachtung. Er wird daran gewöhnt sein. Nach chinesischem Recht hat nur eine der Frauen Anspruch auf den Titel Gattin, die andern sind Konkubinen, wobei zu betonen ist, dass diese Stellung nichts Ehrenrühriges in sich schließt. In den oberen Gesellschaftsschichten ist die Trennungslinie zwischen Gattin und Nebenfrauen ziemlich scharf gezogen, bei den Armen, wo die ganze Familie in einem engen Haus lebt und alle gemeinsam arbeiten, ist das anders.

Es war ja nicht das erste Mal, dass ich solche Verhältnisse mit ansah, und wieder fiel mir die überraschende Verschiedenheit

zwischen der Vielmännerei und der Vielweiberei unter sonst ähnlichen Lebensbedingungen auf. Die meisten alten Chinesen mit mehr als einer Frau, die ich gesehen habe, glichen dem Biedermann in Koutcheng – arme niedergeschlagene Tröpfe, die auf selbstständige Willensregungen verzichtet haben und unter dem Pantoffel stehen. Die Frauen waren nicht etwa alle unfreundlich und streitsüchtig; ich habe ständig lächelnde, sehr liebenswürdige Greisinnen kennen gelernt, aber stets hatten sie die Herrschaft im Hause, und wie gut sie auch für den Gatten sorgen mochten, für voll nahmen sie ihn nicht.
Wie anders bei der Vielmännerei! Die tibetische Bäuerin lässt sich das Heft nicht aus der Hand nehmen; mag sie auch gebückt und zahnlos daherschleichen, die Männer hält sie unter ihrer Fuchtel. Erst an dem Tage, wo die junge Frau ihres Sohnes (und anderer Männer) ins Haus einzieht, gerät ihre Herrschaft ins Wanken, dann muss sie sich mit dem Herunterleiern von Tausenden von Manis (Om mani padme hum) nach dem Rosenkranz oder der Gebetsmühle trösten und mit dem endlosen Altweibergeschwätz auf dem Tempelvorplatz an Festtagen.
In die Eintönigkeit der Tage brachte eine tierkundliche Entdeckung, die ich machte, eine lustige Abwechslung. Darf ich sie erzählen? Zunächst: das anspruchsvolle Wort »Entdeckung« bezieht sich nur auf mich. Das Tier, um das es sich handelt, ist seit Jahrhunderten Millionen Menschen wohl bekannt. Nur ich selbst hatte es noch nie gesehen und das ist anscheinend ein Wunder, wo ich mehr als zehn Jahre unter Tibetern, Chinesen, Hindus, Koreanern und andern asiatischen Völkern gelebt habe.
Hier in Koutcheng bemerke ich nun eines Morgens beim Bettmachen auf einer meiner Decken ein Tierchen von eigenartigem Aussehen, weißlich und wie durchscheinend, mit einem schwarzen Längsstreifen. War es eine Seltenheit aus der Tierwelt Sichuans? Wie ich es in der hohen Hand halte und prü-

fend betrachte, kommt Yongden herein und bietet mir guten Morgen. »Hast du gut geschlafen? Was siehst du so aufmerksam an?«

»Ein Tier«, antworte ich, »schau her. Weißt du, was es ist?«

Der Lama tritt heran, hat aber kaum einen Blick auf meine Hand geworfen, als er wie toll zu lachen und durchs Zimmer zu tanzen anfängt. Schließlich bringt er heraus: »Da! Du hast immer gesagt, dass du noch keine gesehen hättest. Jetzt hast du eine gesehen! Das ist eine Laus.«

Wieder sind Jahre verstrichen und ich habe weiter unter Tibetern und Chinesen gelebt, aber die Laus von Koutcheng ist die einzige geblieben, die mir zu Gesicht gekommen ist.

Die Ungewissheit konnten wir nicht länger ertragen. Yongden unternahm in Begleitung eines Dieners eine Erkundungsreise nach Lifan, und zwar zu Fuß, wir wollten unsere beiden gesunden Maultiere nicht an die Spitzbuben auf der Landstraße verlieren.

Beide kamen unversehrt wieder und berichteten, die Gyarongpas hätten sich aus Lifan zurückgezogen, ihr Kampf gelte den Steuerforderungen der chinesischen Behörden. Der Oberbeamte sei entflohen, aber wir hätten nichts zu befürchten. Yongden hatte gleich mit einem Maultiertreiber abgeschlossen, unser Gepäck abzuholen und nach Zaccolo (Zaguno), einen Marktflecken jenseits Lifan, zu befördern. Unsere Tiere waren, von den Wunden abgesehen, in bester Verfassung, der Marsch konnte ihnen nach der Ruhewoche nur gut tun, wenn sie weder Lasten noch Sättel zu tragen brauchten.

Am übernächsten Tag erschien der Mann, wir brachen bald auf und verbrachten die Nacht in seinem eigenen Haus, einem durch und durch mit Opiumduft geschwängerten Holzbau. Lifan bietet nichts, was den Fremden fesseln könnte, wir machten uns daher in aller Frühe auf die Weiterreise.

Unsere Straße führte den Xian He aufwärts. Von den Höhen am andern Ufer blickten trotzige Dörfer hernieder, die dicht aneinander gerückten mehrstöckigen Holzhäuser machten mit ihren Altanen einen wilden Eindruck. Wachttürme, die man um Lifan herum zahlreich findet, kennzeichnen auch fernerhin die Tallinie.

Der Marschtag war kurz, kaum vierzig Kilometer. Früh am Nachmittag trafen wir in Zaccolo, einem Gyarongpa-Dorf, ein. Schnell hat sich ein Haufen Neugieriger um uns geschart, aber nichts kündigt uns an, wo wir wohnen könnten. Yongden verlässt uns, um im Dorf Umschau zu halten. Während er weg ist, kommt eine Frau auf mich zu und sagt, sie habe Zimmer für uns frei, aber ihr Stall sei nicht geräumig genug für sämtliche Tiere. Das ist unerfreulich; ich stimme daher erst zu, als der Lama unverrichteter Dinge zurückkehrt.

Die Frau, die mich angesprochen hat, ist eine Chinesin, ihr gehört eine mitten zwischen den Bauernhäusern gelegene Herberge. Wir betreten einen kleinen, schmutzigen Hof, der tiefer gelegene Stall sieht noch unreinlicher aus. Unsere armen Tiere werden es schlecht haben hier! Wir selbst bekommen ein Zimmer im ersten Stock. Eine Holzstiege, steil wie eine Hühnerleiter, führt hinauf, sie mündet auf einen nach dem Hof zu offenen gedeckten Gang. Dort erleben wir eine angenehme Überraschung. Der ganz aus Holz aufgeführte Oberstock ist ein Neubau, die chinesischen Gäste haben ihn noch nicht verräuchern und verschmutzen können. Die helle Naturfarbe des Holzwerks verleiht dem Ganzen einen Hauch von lachender Sauberkeit. In dem großen Raum nahe der Treppe sollen meine Leute schlafen, dann kommen eine Küche und ganz am Ende, wo der Gang rechtwinklig abbiegt, zwei ineinander gehende Zimmer. Ich werde das hintere nehmen, das zwei Fenster aufweist, eins zum Gang hin, das andere zum freien Feld. Yongden wird im Vorderzimmer schlafen, so kann er mir als Leibwache dienen und unliebsame Besucher abhalten.

Tage vergehen. Die Wunden meiner Tiere vernarben nur langsam. Meine Diener entschädigen sich für die wochenlangen Entbehrungen und essen fast ständig. In Zaccolo gibt es zwar keine Leckereien zu kaufen, aber kräftige Nahrung in Fülle. Das nutzen sie aus.

Der Lama liest in seinem Zimmer, ich tue dasselbe in dem meinen, das ich nie verlasse. Ich muss mich vor der Neugier der Dorfleute schützen; sie möchten mich aus der Nähe begaffen und das ist mir zuwider. Aber ich habe noch einen andern Grund, zurückgezogen zu leben. In Zaccolo gibt es ein lamaistisches Kloster, sogar nicht einmal ein unbedeutendes; ein riesiger Chörten verleiht ihm einen Anflug von hochmütiger Würde.

In Tibet kommen die Mönche, was Reiselust betrifft, noch vor den Kaufleuten; ohne Gepäck, ohne Geld durchstreifen die Landstreicher vom geistlichen Stand zu Tausenden ihr Land und die Nachbargebiete nach allen Richtungen. Die einen suchen einen Führer zum Pfad der höchsten Weisheit, andere jagen Geheimlehren nach, wieder andere träumen davon, die von großen Lamas vergangener Jahrhunderte verborgenen Bücher zu finden, manchen lockt die Sehnsucht nach Umgang mit Göttern und Dämonen, die Naljorpas verbringen die Wandertage mit dem Chöd (vergleiche »Heilige und Hexer«) oder andern grausigen Geheimbräuchen. Wir wollen die Harmlosesten aus der großen Schar nicht vergessen: fromme Pilger, die nach geweihten Stätten wallfahrten.

Diese Scharen reisender Mönche stellen einen glänzenden Nachrichtendienst dar. Man wird verstehen, wie wenig Wert ich darauf legte, dass die Trapas von Zaccolo mich allzu häufig oder aus allzu großer Nähe zu sehen bekamen. Zu leicht konnten sonst die Leute an der Grenze erfahren, wer ich war und was ich wollte.

Trotz meiner Abgeschlossenheit entging ich den Blicken der niederen Geistlichkeit nicht völlig. Öfters kamen Trapas in die

Herberge, um mit meinen Dienern, ihren Ordensbrüdern, zu plaudern. Sie schritten auf dem Gang vor meinem Fenster auf und ab und suchten zu erspähen, was in meinem Zimmer vorging. Tatsächlich erhaschten sie auch dann und wann einen Blick, aber viel hatten sie nicht damit gewonnen – ich saß und las ein tibetisches Buch, was für sie nicht gerade ein ungewohnter Anblick war.

Eines Nachmittags, als ich, wie gewöhnlich auf dem Bett sitzend, in ein Buch vertieft war, den Rücken dem Gangfenster zugekehrt, hatte ich dies bekannte seltsame Gefühl, als würde ich beobachtet. Wie ich mich umdrehte, entdeckte ich in einem Riss der chinesischen Papierfensterscheibe ein menschliches Auge. Das war nicht das erste Mal; ruhig fuhr ich fort zu lesen, aber draußen erklang jetzt eine Stimme: »Ich werde Sie besuchen.« Das Auge verschwand. Ich hörte Schritte auf dem Gang, dann in Yongdens Zimmer. Dieselbe Stimme erklang: »Ich will die Ani besuchen.«

»Jetsumna Kuchog«, verbesserte mein Sohn, entrüstet über den Mangel an Ehrerbietung.

»Jetsumna Kuchog, wenn Ihnen das Spaß macht«, erwiderte die Stimme mit betonter Gleichgültigkeit und ehe Yongden es hindern konnte, stand der Eindringling in meinem Zimmer.

Es war ein Mann mit angegrauten Schläfen, sorgfältig gekleidet, sein Klostergewand aus schönem Wollserge war makellos. Er machte einen sehr selbstsicheren, sehr wohlhabenden Eindruck und schien eine leicht spöttische Ader zu besitzen. Die Art, wie er mir seinen Besuch aufzwang, missfiel mir gründlich, doch ich war zu klug, um mit einem Lama Streit anzufangen, wo ein Kloster mit wahrscheinlich mehreren hundert, wenn nicht an die tausend Mönchen nur ein paar Schritt ab lag. Ich sagte mit lachender Miene: »Setzen Sie sich, Kuchog. Sie haben sich umsonst bemüht. Es gibt hier nichts Besonderes zu sehen.«

»Sie selbst sind sonderbar genug«, erwiderte der Lama, »was treiben Sie hier?«
»Ich warte, bis die Wunden meiner Tragtiere geheilt sind, damit wir weiterziehen können.«
»Wo kommen Sie her?«
»Von Norden, nahe der Mongolei.«
»Wo gehen Sie hin?«
»Nach Süden, nach meinem Land.«
»Welchem Land?«
»Gyamed.« (Südchina. Für die Tibeter des Grenzlandes ist das ein sehr unbestimmter Begriff, der auch Indochina einschließt.)
»Aber Sie sind keine Chinesin?«
»Nein. Die Gyamedpas sind ebenso wenig Chinesen wie die Gyarongpas.«
»Ach!« – Gyamed brachte den Lama in Verwirrung, er war nicht ganz im Bilde. – »Yunnan?«, fragte er.
»Noch weiter südlich.«
»Sehr weit weg?«
»Sehr weit weg!« – Stille.
»Und in diesem Land sind die Leute Ngagpas (Buddhisten)?«
»Jawohl.«
»Gehören Sie schon lange zum geistlichen Stand?«
»Zehn Jahre.«
Er schaute mich einen Augenblick an. »Was haben Sie vorher getrieben?«
»Ich war verheiratet.«
»Ihr Gatte ist tot?«
»Nein, er hat mir gestattet, in den geistlichen Stand zu treten. Er hat noch zwei Frauen!«
Hier schloss sich die Tür hastig hinter Yongden, der sich das Lachen nicht länger verbeißen konnte. Meine Stimmung war weniger heiter, diese Ausfragerei ging mir auf die Nerven. Ich wollte Schluss machen damit. »Inwiefern kann das alles für Sie von Bedeutung sein, Kuchog?«

»Das ist mir alles ganz gleichgültig. Die Trapas haben mir erzählt, hier wohne eine ausländische Ani, die den ganzen Tag aus religiösen Büchern vortrüge. Das schien mir erstaunlich. Woraus tragen Sie vor?«
Dieser unverschämte Kerl!, dachte ich und antwortete etwas trocken: »Ich trage nicht vor, ich lese.«
Er sah mich jetzt wieder boshaft lächelnd an.
»Aber ja, ich lese«, wiederholte ich, fast zornig, »ich lese und bemühe mich zu verstehen, wieso ›die Form das Leere selbst ist und das Leere die Form selbst‹, wieso es ›außerhalb des Leeren keine Form gibt und außerhalb der Form kein Leeres‹.« (Aus dem Prajñâ Pâramitâ.)
Er erwiderte nichts, wurde ernst, erhob sich und besah die Bücher, die auf meinem Tisch lagen.
»Die Zeiten sind schlecht, Jetsumna Kuchog«, meinte er, als er die Durchsicht beendet hatte, »der Geist der Menschen ist auf das Böse gerichtet. Sie denken nur daran, wie sie einander schädigen können. Sie suchen selbstsüchtig ihr eigenes Wohl und bringen sich damit selbst ins Verderben. Sie sind blind, die Ruhe fehlt ihnen; nur in der Ruhe bildet sich der ›tiefe Blick‹, aus dem die Weisheit fließt. Die Chirolpas (Nichtbuddhisten) und sehr viele andere haben gedacht und gegrübelt, haben Gelehrte und Heilige hervorgebracht, aber sie haben den Glauben an die Wirklichkeit eines abgetrennten, für sich bestehenden Ichs nicht aufgegeben. Dies Ich, das es nicht gibt, beten sie an, um seinetwillen quälen sie sich und die andern. Sie haben nicht den tiefen Einblick gewonnen, der die Unwirklichkeit des Ichs enthüllt und der Welt, wie sie ihnen erscheint. So lange wie sie nicht ihren Irrwahn erkennen, werden sie den schmerzlichen Täuschungen Geburt und Tod unterliegen. Den Glauben an das Ich aufgeben heißt sich auf immer vom Tode befreien.«
Er hielt an und ich wartete schweigend, um nicht den Faden seiner Gedanken abzureißen, falls er weiterreden wollte. Aber er lenkte auf einen andern Gegenstand über.

»Wer ist der junge Mann, der hier war? Ein Tulku, nicht wahr? Ich glaube mich nicht zu täuschen.«
»Man hat es Ihnen zweifellos erzählt?«
»Nein, das fühlt man zuweilen, selbst wenn der Tulku nicht öffentlich anerkannt ist … Er wird ein bewegtes Leben haben.«
Damit hat er schon angefangen!, dachte ich bei mir selbst, im Hinblick auf all die Reisen, die bereits hinter ihm und, seit er mein Sohn geworden, sicherlich noch vor ihm lagen. »Er gehört zur Sekte der Karma-Kagyu«, sagte ich laut, »er hat bei verschiedenen Lehrern studiert, ich habe ihn als Sohn angenommen.«
»Meine Familie lebte in der Nähe von Sartog«, begann der Lama jetzt, »ich habe als Guru einen Meister gehabt, der den ›tiefen Blick‹ erreicht hatte. Gomchen war er nicht, er hat es nie für nötig gehalten, sich in eine Einsiedelei zurückzuziehen. Er sah alle Dinge anders als wir in unserer Unkenntnis. Ihm nur zu nahen war ein Segen. Ihm verdanke ich alle Erkenntnis, die ich erworben habe.«
»Sie gehen in ein fernes Land«, ließ er sich dann vernehmen, sah mich einen Augenblick prüfend an und fuhr fort: »… vielleicht ferner als das, welches Sie mir genannt haben. Der junge Mann begleitet Sie. Da Sie alle beide die Lehre (Buddhas) lieben und sich bemühen, ihren Sinn zu erfassen, werde ich Ihnen gern einige der Lehren meines Meisters mitteilen. Sie können bei den Leuten dort unten vielleicht Segen stiften. Ich will nicht länger bei Ihnen verweilen. Ich habe zu tun und auch aus andern Gründen kann ich nicht nochmals hierher kommen. Doch der junge Lama soll mich im Kloster besuchen. Ich werde ihm einige Aufzeichnungen diktieren oder ihn ein paar Seiten aus Handschriften abschreiben lassen. Morgen werde ich einen Trapa schicken, um ihn abzuholen und zu mir zu führen.«
Der seltsame Gast trank noch eine Tasse Tee, sprach ein paar Worte mit Yongden und verabschiedete sich.

Am folgenden Tag traf ihn Yongden in einem Häuschen – die tibetischen Mönche haben jeder ein eigenes, groß oder klein, ganz nach ihren Mitteln –, das augenscheinlich nicht ihm gehörte, denn er wusste nicht einmal den Platz der einfachsten Gebrauchsgegenstände. Das ließ darauf schließen, dass der Unbekannte Yongden nicht bei sich empfangen wollte. Vielleicht sollte niemand erfahren, was er seinem neuen Schüler diktierte. Aus der ehrerbietigen Haltung der beiden bedienenden Trapas konnte mein Sohn entnehmen, dass der Lama ein Mann von Bedeutung sein musste. Yongden erkundigte sich nach dem Namen, aber damit ist nicht viel gewonnen. Die eigentlichen Namen der Lamas sind kaum bekannt und der gute Ton verbietet, sich ihrer zu bedienen, wenn man von ihnen spricht; man bezeichnet sie auf eine allgemeine Weise mit ihrem Titel oder Klosteramt, mit dem Wohnsitz, falls es sich um Tulkus handelt, oder mit dem Namen ihres Heimatlandes.

So wurde dieser Lama Markam Kuchog genannt. Markam ist eine der Bezeichnungen für das Gebiet Sartog im Lande Kham. Aufschlüsse über den Mann selbst waren daraus nicht zu entnehmen. Zweifellos war er ein wohlhabender Klostergelehrter, wie es deren in Osttibet eine ganze Menge gibt. Sie führen ein sorgenfreies, behagliches Leben, nach Berühmtheit streben sie nicht, ihre Tage sind mit Lesen, freundschaftlichem Gedankenaustausch mit ihresgleichen und gelegentlichem Unterricht auserwählter Schüler angenehm ausgefüllt.

Jedenfalls konnte Yongden während der wenigen Tage, die wir noch in Zaccolo blieben, mancherlei fesselnde Aufzeichnungen machen; er schied mit Bedauern von dem wohlwollenden Lehrer.

Zaccolo hat sich mir noch aus einem andern Grund tief eingeprägt, wegen des Trauerspiels, das sich in der Herberge zutrug. Der siebzehnjährige Sohn unserer chinesischen Wirtsleute lag hoffnungslos an Schwindsucht darnieder.

Allabendlich um die Dämmerung entzündete die Mutter vor ihrem Götterbild die Lampen, stellte sich mit Räucherkerzen in den gefalteten Händen auf die Schwelle, hob den Kopf gen Himmel und schickte ein herzzerreißendes Gebet empor. Die Stimme erhob sich nicht zu verzweifelten Ausbrüchen, sondern blieb gleichförmig, eintönig, wie in müder Bitterkeit erstarrt.

Es war eine Wechselrede, ein etwa zwölfjähriger Knabe warf die vorgeschriebenen Worte ein. Wahrscheinlich wäre er lieber ganz anderswo gewesen, seine Rolle langweilte ihn sichtlich. Er war wenig bei der Sache, drehte den Kopf rechts und links und sah zu, was im Hof vorging. Die Frau hob die Hände zum Himmel und vergaß alles um sich bis auf den Todgeweihten und den Gott, der ihm Genesung schenken konnte, wenn es sein gnädiger Wille war. Sie merkte nicht, dass der Junge schlecht aufpasste. Wenn er die Antwort ganz vergaß, rief sie sie ihm zu. Der Bengel wiederholte sie nachlässig, seine kreischende Stimme brachte einen Misston in das rührende Schmerzenslied eines gequälten Mutterherzens.

Währenddessen herrschte auf dem Hof reges Leben, unbekümmert ging jeder seinen Geschäften nach, nur auf sich bedacht. Die arme Frau inmitten der allgemeinen Teilnahmslosigkeit erfüllte mich mit unsagbarer Traurigkeit.

Eines Tages bat sie mich, ihren Sohn zu besuchen. Ich stieg ins Erdgeschoss hinab, wo sich die Wohnung der Wirtsleute befand, ein mittelgroßes Zimmer mit einer Tür zum Hof als einziger Öffnung. Der Raum war düster, von Weihrauchduft und stickiger Luft erfüllt. Im Hintergrund stand das Krankenbett. Ärztliche Kenntnisse waren nicht nötig, um zu erraten, dass dem Jungen nur noch kurze Zeit zu leben beschieden war. Ich riet zu sehr kräftiger Kost, wenn der Knabe sie vertragen könnte, und verpflichtete die Eltern, ihn aus diesem Zimmer zu schaffen, sie möchten ihn in die warme Sonne setzen oder wenigstens in ein helles sonniges Zimmer im oberen

Stockwerk legen. Ich musste irgendetwas sagen, Hilfe war ausgeschlossen.

Unvermutet bot sich die Gelegenheit weiterzukommen, ohne die Heilung unserer Tragtiere abzuwarten, die übrigens viel länger dauerte, als wir je gefürchtet hätten. Yongden erfuhr, dass ein Maultiertreiber, der Waren nach Zaccolo gebracht hatte, leer heimkehrte. Sofort ging er hin und mietete den Mann für die Beförderung unseres Gepäcks auf der Gebirgsstrecke über den Za-Pass.

Abenteuerliche Nacht

Wir sind spät aufgebrochen, unser erster Tagesmarsch wird kurz. Das Wetter ist wolkig. Kurz hinter Zaccolo erblicken wir noch einen hohen Wachtturm, der wundervoll in die Landschaft gestellt ist. Dann ziehen wir zwischen Feldern entlang. Die Dörfer am Wege bieten nichts Fesselndes. Der vom langen Regen ausgehöhlte Pfad ist an mehreren Stellen beinahe abgerissen. Wir kommen zwar ohne große Schwierigkeiten hinüber, aber es kostet Zeit. Die Sonne steht fast am Himmelsrand, als wir bei einer Ortschaft, die unser Treiber Hsitien nennt, Halt machen.

Während wir einen passenden Lagerplatz suchen, kommt ein Trapa vorüber. Er ist als Amchod (Hauskaplan) bei einem Bauern tätig und verspricht, uns bei diesem Zimmer zu beschaffen, wenn wir es wünschen. Auch ein großer Stall befinde sich auf dem Hof, wo unsere Tiere eingestellt werden könnten; der Chinese und sein Gehilfe sollten in einem daran stoßenden Zimmer schlafen. Dieser Vorschlag sagt mir sehr zu, wenigstens für die Tiere. Mir selbst würde es große Freude machen, nach sechs Nächten im Zimmer wieder einmal im Zelt zu schlafen.

Tobgjal, Sönam und die Treiber laden ab und führen in

Begleitung des freundlichen Trapas die Tiere in den Stall. Auf dem Weg durchs Dorf wollen sie Stroh und Korn kaufen. Sotar hat unterdessen Feuer für das Teewasser angemacht.
Da ich nichts zu tun habe, ziehe ich ein Buch aus der Satteltasche, setze mich auf einen Sack und beginne zu lesen. Bald erscheinen die Neugierigen aus dem Dorf. Einer, der mich nach tibetischer Sitte halblaut lesen hört, kommt näher. Als er nichts verstehen kann, bittet er, mein Buch sehen zu dürfen. Ich reiche es ihm. Er buchstabiert mit fremdartiger Aussprache einige Sätze zusammen, dann hat er plötzlich das Buch erkannt und ruft den Umstehenden zu: »Das gehört zu unserer Religion! Es ist das Sherab kyi pharol tu chinpa*.« Er gibt mir das Buch sofort wieder, tritt ein paar Schritte zurück und wirft sich dreimal heftig zu Boden, um den heiligen Blättern, die ich in der Hand halte, seine Verehrung zu erweisen. Nun eilt dieser »Schriftgelehrte« davon, um bald mit ein paar Büchern in der Hand wieder zu erscheinen. Er zeigt sie mir und liest mit meiner Hilfe ein paar Seiten. Die umstehenden Bauern staunen ehrfürchtig. Inzwischen ist die Sonne untergegangen und das Licht so schwach geworden, dass wir aufhören müssen. Aber ein Wunder ist geschehen, eine plötzliche Erleuchtung über die Bauern gekommen: Sie haben das Ziel meiner Reise entdeckt!
Ihr Dorf hat die große Ehre gehabt, einen Tulku hervorzubringen. Dieser bedeutende Lama kehrt jetzt von Lhasa zurück und wird auf dem Weg nach seinem Wohnsitz in der Mongolei einige Tage in seinem Geburtsort verbringen. Er hat in einem Ort jenseits des Za-Passes Halt gemacht. Wir sind fromme Leute, die von der Anwesenheit des Tulkus in der Gegend gehört haben, wir wollen ihm huldigen und ihn um

---

* Die tibetische Übersetzung der philosophischen Sanskritabhandlung *Prajñâ Pâramitâ*. Das ganze Werk besteht aus zwölf dicken Bänden, aber es gibt zahlreiche Auszüge in Form kleiner Hefte; ein solches hatte ich bei mir.

seinen Segen bitten. Wie glücklich, dass die guten Gyarongpas sich diese Geschichte ausgedacht haben! So brauche ich mir keine Mühe zu geben, selbst eine zu erfinden.
Die frommen Gefühle, die man uns zuschreibt, werden sofort belohnt. Man bringt uns allerlei Lebensmittel, darunter drei Eier und einen Korb Nüsse.
Die Nacht bricht herein; die Bauern entfernen sich. Tobgjal und Sönam sind zurück. Wie wir anfangen, die Zelttücher zu entfalten, erhebt sich ein Wind und schwillt im Handumdrehen zum Sturm an. Ich beginne zu bedauern, dass ich die angebotene Gastfreundschaft ausgeschlagen habe. In der Ferne grollt der Donner. Die Diener fragen, ob sie die Zelte fertig machen sollen; es gäbe sicher bald einen kräftigen Regenguss. Könnten wir nicht lieber doch noch ein schützendes Dach suchen?
Das scheint mir schwierig. Unser Gepäck auf dem Rücken nach dem Haus des gastfreien Bauern zu schleppen würde zu lange dauern. Sönam schlägt einen kleinen Gutshof vor, der dicht bei uns hinter einem Geländebuckel und einer Baumgruppe verborgen liegt und den ich bis dahin nicht bemerkt hatte. Der Donner rollt jetzt ganz nahe. »Wer würde es wagen, Reisende bei diesem Wetter abzuweisen«, meint Sönam vertrauensvoll. Die andern teilen seine Zuversicht. Hurtig packen sie die Säcke zu, raffen die halb fertigen Zelte zusammen und laufen nach dem Haus. Man empfängt sie dort freundlich, ganz wie sie es erwartet haben. Yongden und ich helfen beim Umräumen. Als die ersten schweren Tropfen fallen, ist unser ganzes Gepäck im Trockenen.
Das kleine Anwesen gehört einem kinderlosen Ehepaar in mittleren Jahren. Die Wohnung über dem Stall umfasst nur zwei Räume: die Küche und ein Zimmer, das man über einen Gang erreicht; es ist mit Vorräten, Kleidern, spinnfertiger Wolle, Holzbündeln, Kästen und allerlei staubigem Gerümpel angefüllt. Die Nemo (einfache Frau) verspricht, mir dort einen

Platz für das Feldbett freizumachen, die Männer sollen mit in der Küche schlafen.
Man muss zufrieden sein. Das Gewitter ist über uns, der Sturm rast, mit Hagel vermischt, peitscht der Regen gegen die Hausmauern. Wir sind hier jedenfalls besser untergebracht als im Zelt und werden in Ruhe zu Abend essen können.
Die Nemo hat sich erboten, unsere Suppe zuzubereiten, wenn wir ihr Fleisch und Tsampa liefern. Weiße Rüben und Mohrrüben will sie beisteuern; natürlich rechnet sie darauf, samt dem Nepo (ihrem Mann) zum Mithalten eingeladen zu werden. Unterdes trinken wir erst noch einmal Buttertee.
Das Unwetter war zu heftig, um lange zu dauern, knapp eine Stunde nach unserm Umzug hört der Regen auf. Sönam und Tobgjal wollen nach den Tieren sehen und da Sotar heute nicht zu kochen braucht, kann er sich ihnen anschließen.
Die drei Männer lehnen ihre leeren Näpfe gegen die Wand* und gehen. Der Nepo folgt ihnen, um Milch und Gemüse zu holen, die die Dorfleute uns versprochen haben. Seine Frau geht in das Zimmer hinüber, um dort für mich etwas Ordnung zu schaffen. So bleiben Yongden und ich allein in der Nähe des Herdes sitzen.
Ein paar Minuten später kommt ein junger Mensch herein und setzt sich stumm in eine Ecke. Die Nemo kommt zurück, wirft einen gleichgültigen Blick auf den Ankömmling, deutet auf einen Holznapf, der in seiner Nähe am Boden steht, gießt Tee hinein und stellt ein Säckchen Tsampa daneben. Dann geht sie wieder zum Herd, facht das Feuer an und beschäftigt sich mit dem Kochtopf.

* Die einfachen Leute in Tibet sitzen beim Essen mit untergeschlagenen Beinen auf dem Boden oder einem Stück Teppich, die Schüsseln oder Näpfe werden vor sie hingestellt. Wohlhabendere benutzen ganz niedrige Tischchen für das Essgeschirr. Die Reichen essen von Tischen in der Höhe ihres Sitzes, sie nehmen auf einem Haufen Kissen Platz.

Der junge Mensch redet noch immer kein Wort, er hat nicht einmal der Frau gedankt, wie sie ihm das Essen hinstellte. Ungeschickt fährt er mit der Hand in den Sack und lässt beim Herausziehen das meiste wieder fallen. Den Rest wirft er in seinen Tee, dreht die Tsampa mit den Fingern zu Brei, ohne hinzusehen, die Augen stieren mit leerem Ausdruck ins Weite. Schließlich führt er den Napf zum Munde und hält ihn an die Lippen gepresst, ohne zu trinken.

Die Hausfrau geht nun daran, das Fleisch für die Suppe in kleine Würfel zu schneiden, dabei beobachtet sie verstohlen das seltsame Gebaren des Ankömmlings. Während sie aus einem Reisigbündel in der Ecke trockenes Holz zum Nachlegen holt, steht der junge Mensch auf, lässt den Napf, den er noch in der Hand hält, fallen und schreitet wie ein Uhrwerk hinaus. Yongden und ich sehen uns an. »Ein Irrer«, sagt leise der Lama. Ich nicke bestätigend mit dem Kopf.

Bei dem Gepolter des Napfes hat die Frau sich umgedreht und sieht den Unglücklichen gerade noch durch die Tür verschwinden. »Was hat denn Ihr Diener?«, fragt sie, »man sollte meinen, er ist verrückt.«

»Wie, unser Diener? Dieser Mensch ist nicht unser Diener.«

»Es ist keiner von Ihren Leuten, die bei den Mauleseln im Dorf geblieben sind?«

»Keineswegs. Wir kennen ihn nicht. Bei den Tieren sind nur zwei Chinesen, unsere drei Diener habt Ihr hier gesehen.«

»Warum haben Sie nicht gesagt, dass es nicht Ihr Diener ist?«

»Wir haben geglaubt, dass er in Euer Haus gehörte. Ihr habt ihm doch Tee gegeben.«

»Ich habe ihm Tee gegeben, weil ich glaubte, dass es einer Ihrer Leute wäre.«

»Ihr braucht es nicht zu bedauern, es ist ein Almosen, das sein Verdienst in sich trägt. Dieser arme Mensch hat sicherlich seine Sinne nicht beisammen. Es ist ein Irrer. Er hat seine Tsam-

pa und seinen Tee verschüttet, ohne zu essen oder zu trinken. Er schien es zu versuchen, aber nicht zu können.«
Himmel, welche unklugen Worte hatte ich ausgesprochen, ohne ihre Tragweite zu ahnen! Die Frau erbleichte. »Nicht wahr«, stammelte sie, »Sie haben es auch bemerkt. Er wollte essen und konnte nicht ...« Sie wurde nachdenklich.
In diesem Augenblick schlugen die Wachhunde wütend an, genau wie bei unserm Kommen. Meine Leute kehrten zurück. Beim Eintreten sahen sie sofort die auf dem Fußboden verschütteten Speisen und den umgeworfenen Napf. Tobgjal sprang darauf zu und hob ihn auf. »Was bedeutet das«, sagte er wütend, »wer hat meinen Napf benutzt?«
Die Bäuerin hörte nichts von Tobgjals Zornausbruch, ihr war ein entsetzlicher Gedanke gekommen. »Und«, sagte sie, »wie dieser Mensch hier hereingekommen ist, haben die Hunde nicht gebellt, und wie er hinausging, ebenso wenig. Schrecklich, schrecklich!«
Was mochte sie nur haben? Sie rief ihren Mann und erzählte ihm, was sich zugetragen hatte. Der machte ein finsteres Gesicht. »Das ist sehr schlimm«, ließ er sich vernehmen, »das ist kein Mensch gewesen, sondern ein böser Geist. Tee und Tsampa mögen seinesgleichen natürlich nicht, die wollen den ›Lebenshauch‹ der Sterblichen ... Wer hat ihn hierher gebracht?«
»Ihr redet Unsinn, Nepo«, sagte ich, »kein böser Geist ist hier gewesen. Es handelt sich um einen Schwachsinnigen. Wenn er nicht aus eurem Dorf stammt, dann irrt er durch die Gegend. Ihr müsst ihn suchen und ihm Obdach geben. Morgen werdet Ihr dann versuchen herauszufinden, wo er herkommt, um ihn zu seiner Familie zurückzuschicken.«
Dann wandte ich mich zu Sönam: »Nimm die Laterne und sieh nach, ob nicht ein junger Mensch draußen herumstreift. Wenn du ihn triffst, bring ihn ohne Gewalt hierher, es ist ein armer Irrer.«

Bei meinen Worten eilte die Bäuerin nach der Tür, stellte sich davor und schrie: »Ihr werdet nicht gehen. Ihr werdet das Haus nicht verlassen, Ihr werdet diesen Dämon nicht hierher zurückbringen.«
»Ich werde ihm heimleuchten, wenn es ihm einfallen sollte, sich noch einmal zu zeigen«, fiel der Mann ein und zog einen an der Wand hängenden Säbel aus der Scheide.
Jetzt handelte es sich nicht mehr um *einen* Irren, sondern um drei; die zwei vor mir waren bestimmt gefährlicher als der erste. Den abergläubischen Vorstellungen der Bauersleute entgegenzutreten wäre unklug gewesen. Der arme Kranke war draußen auf dem Feld weniger gefährdet als in diesem Haus. Ich schwieg. Sotar übernahm das Amt der Köchin, die zu aufgeregt war, um ihre Arbeit fortzusetzen. Wir aßen hastig, dann zog ich mich in mein Zimmer zurück.
Ich lag noch nicht, als mein Sohn leise an die Tür klopfte. Ich öffnete und sah, dass er seine Decken auf dem Arm trug. »Wenn du gestattest«, meinte er, »werde ich hier schlafen.«
»Ihr seid zu viel in der Küche, du hast keinen Platz?«
»Das nicht, die Geschichte mit dem Wahnsinnigen lässt mir keine Ruhe.«
»Ach, warum?«
»Weil diese Schafsköpfe sich darauf versteifen, dass es ein böser Geist gewesen ist und überzeugt zu sein scheinen, dass er mit uns ins Haus geschlüpft ist. Du kennst ja ihre Vorstellungen hierüber.«
»Was kann uns das ausmachen? Schlaf ruhig hier, wenn du willst.«
Yongden breitet seine Decken am Boden aus, in der Nähe der Tür. Sie muss offen bleiben, ich ersticke in dem ungelüfteten Zimmer unter den Gerüchen, die das Gerümpel ausstrahlt.
In der Nacht werde ich durch ein ungewöhnliches Geräusch wach. Nackte Füße schreiten vorsichtig über den Gang. Wer mag das sein? Ein Dieb? Das ist wenig wahrscheinlich, den-

noch stehe ich schnell auf, knie mich neben Yongden, halte ihm mit der Decke den Mund zu und sage ihm ins Ohr: »Es kommt jemand, wach auf.« Der Lama war noch nicht aus seinen Decken heraus, als der nächtliche Besucher auftauchte. Es war Sönam. »Ich wollte Sie warnen«, flüsterte er, »die Nemo ist krank, sie hat die ganze Nacht gestöhnt und über Herzbeschwerden geklagt. Sie sagt, der böse Geist, der gestern Abend gekommen ist, hätte ihr den ›Lebenshauch‹ weggenommen, um ihn zu verschlingen. Sie müsste sterben. Der Mann beschuldigt uns, wir hätten den Geist mit ins Haus gebracht. Er ist sehr wütend und hat die ganze Nacht geflucht. Wir haben noch keinen Augenblick geschlafen. Ich habe getan, als ob ich austreten müsste; ich wollte Ihnen mitteilen, was vorgeht.«

Yongdens Entschluss war gefasst: »Wir müssen fort, und zwar sofort, ehe der Nepo Zeit hat, sein albernes Gerede durchs Dorf zu tragen. Die plötzliche Erkrankung dieser Frau wird üble Folgen haben. Wir müssen weg. Wenn ihr Zustand sich verschlimmert, könnten uns die erregten Bauern übel mitspielen.«

»Das befürchte ich sehr«, bestätigte Sönam.

Sie hatten Recht. Die Lage war ernst, so lächerlich das klingen mag. Der Aberglaube, dass herumirrende böse Geister sich an die Schritte der Reisenden heften, mit ihnen in die Häuser eindringen, dort den Lebensodem von Mensch und Tier herausreißen und fressen, ist bei den Tibetern tief verwurzelt. Ein Angriff des ganzen Dorfes auf uns war nicht ausgeschlossen. Den Leuten ihren Wahn ausreden oder der Frau, die bestimmt nur unter den Folgen des großen Schrecks litt, helfen zu wollen wäre verlorene Mühe gewesen. Flucht schien das Beste.

»Hör zu, Sönam, in zwei Stunden wird es hell, geh sofort zu den Treibern, sage ihnen, dass ich heute einen weiten Marsch vorhabe, um den Tulku-Lama, dem ich meinen Besuch abstatten will, recht bald zu treffen. Auf keinen Fall aber sage etwas von dem ›Geist‹. Beeilt euch alle drei, dass ihr die Tiere herbringt. Wenn der Trapa oder andere Leute auf dem Bauernhof erwachen und dich ausfragen, so sage ihnen dasselbe. Wird es lange dauern, bis wir hier im Hause die Bündel geschnürt haben?«

»Wir haben gestern Abend gepackt. Bis auf das Bett von Jetsumna Kuchog und unsere Decken ist alles fertig.«

»Gut, mach schnell. Die Hunde sind angebunden, du hast nichts zu fürchten. Der Nepo hat dich hinausgehen sehen, er wird dich auf dem Hof glauben und sich nicht wundern, wenn sie bellen.«

»Ich glaube, dass ich vom Gang aus aufs Feld hinunterspringen kann. Die Hunde sind auf der entgegengesetzten Seite. Sie werden mich vielleicht nicht wittern. Der Nepo, der ganz mit der Kranken beschäftigt ist, wird meine Abwesenheit weniger merken, wenn die Hunde keinen Lärm machen.«

Yongden pflichtet dem bei und ich lasse ihnen ihren Willen. Sönam ist groß, jung und beweglich. Er braucht nicht tief zu springen. Schon verschwindet er in der Dunkelheit. Die Hunde sind nicht wach geworden. Man könnte meinen, wir spielten eine Entführungsgeschichte, ich habe fast Lust zum Lachen; aber der Lama ist ernst. »Faule Sache«, erklärt er.

Angezogen bin ich schnell. Man entkleidet sich wenig auf Tibetreisen; ich hatte nur Obergewand und Schuhe abgelegt. Mein Sohn und ich falten geräuschlos Feldbett und Decken zusammen und stecken sie in ihren Sack. Dann warten wir. Die Zeit erscheint uns lang. Endlich hören wir das gedämpfte Hufklappern unserer Tiere im Straßenstaub.

Yongden soll Sotar und Tobgjal holen. Er erzählt auch dem Nepo die Geschichte, die ich erfunden habe. »Wir wollen den Tulku schnellstens sehen, wir brechen ganz früh auf, um am Tag recht weit zu kommen.«

Ich glaube, der geplante Besuch bei diesem heiligen Mann macht Eindruck auf den Bauern; er ist sich nicht ganz sicher, ob so fromme Leute böse Geister mitbringen können. Es ist gut, diese Zweifel für uns nutzbar zu machen. Ich nähere mich der Kranken, aber der Mann schiebt mich weg und erlaubt mir nicht, sie zu berühren. Ich bestehe nicht darauf. Wenn der Schreck vorüber ist und die Frau in einigen Tagen merkt, dass sie noch auf der Welt ist, wird das Fieber von selbst vergehen. Die Tiere werden beim Licht unserer chinesischen Laternen beladen und wir marschieren ab. Der zum Pass emporsteigende Pfad führt durch Urwald. Die Einheimischen gehen zu Fuß oder reiten auf ihren kleinen Sichuan-Pferden. Daher hat man die Äste nur bis zu einer bestimmten Höhe abgeschlagen. Auf meinem großen Xining-Maulesel überschreite ich das vorgesehene Maß, mein Kopf steckt mitten im Blattwerk, ich laufe oft Gefahr, mir die Augen auszustoßen. Einmal hänge ich ganz fest. Mein Reittier versteht nicht, warum ich es zurückhalte und will in der Reihe bleiben. Meine Leute müssen es festhalten und mich mit dem Säbel heraushauen.

Wegen des überstürzten Aufbruchs sind wir alle noch nüchtern, auch die Tiere. Gegen Mittag lasse ich Halt machen. Während die einen den Mauleseln Futter geben, sammeln die andern trockenes Holz, das Feuer wird angezündet und bald schlürfen wir jeder einige Näpfe Buttertee. Der Hauptgang folgt, ein paar Stücke auf der kräftigen Glut geröstetes Fleisch mit Brot, das wir uns in Zaccolo haben backen lassen.

Während des Essens naht ein Reiter. »Wohin des Wegs?«, fragt Tobgjal, nach der Sitte auf tibetischen Straßen, und dem Landesbrauch entsprechend fügt Yongden hinzu: »Kommt und trinkt Tee mit uns.«

»Danke, ich trinke nichts, ich habe Eile«, erwidert der Reiter, ohne anzuhalten.

»Wo geht Ihr hin?«

»Zu dem Kuchog Tulku, jenseits des Passes. Die Frau, bei der ihr über Nacht wart, ist bei Tagesanbruch gestorben. Ich trage ihr Kleid zu dem Lama, damit er das Powa macht.«

Bei den letzten Worten ist der Mann schon hinter den Bäumen verschwunden, sodass die Stimme eines Unsichtbaren uns durch den Wald die überraschende Kunde zuträgt: Die Frau ist tot. Wir sind starr vor Staunen. Aber die Treiber dürfen keinen Schreck bekommen, sie wären fähig, uns in Stich zu setzen. Ich fasse mich schnell: »Arme Frau! Sie war sehr krank, als wir angekommen sind.«

Und der Bauer? Ist er jetzt ganz überzeugt, dass ein Geist den Lebensodem seiner Frau verschlungen hat und dass wir ihn ins Haus gebracht haben? Wird er seine Freunde aufhetzen? Wird man uns verfolgen?

Yongden glaubt es nicht. Dass ich am Vorabend aus religiösen Schriften vorgelesen habe und der fromme Zweck unserer Reise, der Besuch bei dem Tulku, werden, meint er, die Dorfbewohner zurückhalten. Seine Vermutung sollte sich bestätigen.

Die Frau war vor Angst gestorben, das stand fest. Wahrscheinlich hatte sie einen Herzfehler und konnte heftige Erregung nicht vertragen. Dass sie von dem Schreck Fieber bekam, hätte mich nicht erstaunt, aber einen tödlichen Ausgang konnte niemand vermuten. Obwohl ich ganz unschuldig an diesem Tod war, fühlte ich lange die Last einer peinlichen Verantwortung auf mir ruhen.

Der Zauberer und sein Schattenmensch

Das traurige Ereignis beeindruckte mich so, dass ich es mehreren Lamas erzählte. Nicht als ob ich eine übernatürliche Erklärung gesucht oder an ein »okkultes Phänomen« geglaubt hätte, ich bin nach wie vor der Überzeugung, einen Geistesgestörten vor mir gehabt zu haben. Immerhin erhielt ich von einem in den Geheimen Wissenschaften wohl erfahrenen Mann, Alak Ngags Tschang, eine so merkwürdige Erklärung, dass ich sie wohl hier einschalten darf, besonders wo sie ein

Licht auf die Anschauungen der tibetischen Okkultisten wirft. Dieser Lama wollte nicht zugeben, dass der seltsame junge Mensch ein richtiger Geist gewesen wäre, aber er mochte sich meiner Erklärung auch nur zögernd anschließen. Er ließ durchblicken, dass es ein Trulpa* gewesen sein könnte, der der Gewalt seines Schöpfers entronnen war und mit seinem unentwickelten Bewusstsein wie ein Irrer wirkte.

Konnte ein Trulpa, genau wie ein Geist, der den »Lebenshauch« frisst, den Tod der Bauersfrau verursacht haben? Nach Alak Ngags Tschang war die Sache sehr zweifelhaft, aber nicht unmöglich. Und da das Gespräch nun einmal auf die Trulpas gekommen war, erzählte der Lama mir die Geschichte von dem Zauberer Chotag.

Der Lama hatte die Geschichte von seinem Guru erfahren, der ein Freund des Mönches war, dem Chotag, wahrscheinlich durch das Beispiel des berühmten Asketen Milarepa angespornt, wenige Tage vor seinem Tod seinen Lebenslauf diktiert und ihm ans Herz gelegt hatte, alle andern Zauberer (Ngagpas), die etwa in Versuchung ständen, Trulpas zu schaffen, eindringlich vor der Gefährlichkeit dieses Unterfangens zu warnen.

---

* Die Tibeter glauben, dass die in bestimmte esoterische Lehren Eingeweihten die Macht haben, Geisterwesen zu erzeugen (Tulkus oder Trulpas), die fähig sind, sich auf der Erde wie natürliche Menschen zu bewegen. Der Trulpa wird auf übernatürliche Weise gebildet und hat kein eigenes Bewusstsein. Er ist nur eine leere Form, die von dem Zauberer, der sie gebildet hat, belebt und geleitet wird. Der Tulku dagegen wird auf natürliche Weise geboren. Obwohl der »Geist« dessen, der ihn als Werkzeug wünscht, von ihm Besitz ergriffen hat, verfügt er über eigenen Willen. Gelegentlich wird der Ausdruck Tulku auch für Trulpa gebraucht, das ist aber ungenau. Die tibetischen Okkultisten glauben, dass in bestimmten Fällen die Trulpas wie durch magnetische Anziehung ihre Persönlichkeit vervollständigen und bis zu einem gewissen Grad bewusste Lebewesen werden können. Die Lehren über diesen Gegenstand bilden einen der sonderbarsten Abschnitte der tibetischen esoterischen Schulung und werden streng geheim gehalten.

Chotag war weder Heiliger noch Weiser. In seiner Jugend hatte er eines Abends in einem plötzlichen Sinnenrausch ein Dokpamädchen, die er seit langem begehrte, roh vergewaltigt. Als seine Gier erloschen war, brachten ihn die Hilferufe des Opfers zur Besinnung. Um der Vergeltung zu entgehen, stieß er die Unglückliche in den nahen Fluss, warf den Zuber, in dem sie hatte Wasser schöpfen wollen, hinterdrein und ging, ohne irgendwelche Erregung zu zeigen, davon. Die »Leute der schwarzen Zelte« hatten die Verschwundene vergeblich gesucht. Als der Zuber an einem Felsblock angespült wurde, schien ihnen der Hergang klar. Das Mädchen war verunglückt. Sie hatte sich beim Schöpfen zu weit vorgebeugt, das Gleichgewicht verloren und war hineingestürzt. Die Strömung hatte sie fortgerissen. Über einem ihrer Kleidungsstücke vollzog Chotag mit unbeweglicher Miene das Totenamt.
Die Jahre vergingen, Chotag wurde ein reicher und berühmter Mann; die geheimsten der Zauberwissenschaften waren ihm nicht verschlossen. Für die Umwelt blieb er unerforschlich wie die »furchtbaren Gottheiten«, mit denen er verkehrte. Man brachte ihm mit Furcht gemischte Hochachtung entgegen. Aber der Zauberer hatte keine Freude an seinen Erfolgen; ein Wurm nagte an seinem Herzen. Er wusste, dass er alt war, und der Gedanke an sein nahes Ende erfüllte ihn mit Schrecken. Leben! Das war sein einziger Wunsch. Nichts galten ihm seine Siege, sein Reichtum, sein Ruhm. Noch lange, lange Jahre wollte er auf Erden verbringen, aber das Mittel gegen den Tod konnten ihm all seine Wunderkünste nicht verschaffen. Und doch war es da. In der Bücherei eines verstorbenen Freundes hatte er eine uralte Handschrift gefunden. Dort stand zu lesen, dass ein Zauberspruch gegen den Tod vom großen Padmasambhava in einer Höhle beim Gipfel des Kang Tise* vergraben

* Ein heiliger Berg der Tibeter und Hindus. Die Letzteren nennen ihn Kailash und verlegen Shivas Wohnsitz dorthin. Er liegt in Westtibet.

worden sei. Dies Buch musste er in seinen Besitz bekommen. Aber wie?
Nicht ausgeschlossen, dass er trotz seines hohen Alters die lange Reise von Ga im Lande Kham zu dem heiligen Berg glücklich überstanden hätte, hinaufgekommen wäre er nicht. Doch das Verlangen nach dem Geheimnis der Unsterblichkeit des Fleisches verzehrte ihn. Lange sann er nach, der Worte seines Meisters, der ihn in die Geheimlehren eingeführt hatte, eingedenk: Es gibt stets ein Mittel, um zum Ziel zu gelangen. Es handelt sich nur darum, es zu finden.
Das »Mittel« gab es tatsächlich auch für seinen Fall. War der Körper des Alten kraftlos, war seine schwache fleischliche Hülle nicht das richtige Werkzeug für seinen starken Willen, dann musste eben dieser Wille ein Werkzeug erschaffen, das seinen Absichten besser diente, dann musste Chotag seine Kunst, Trulpas hervorzubringen, anwenden. Mehr als einmal hatte der Zauberer sich ihrer bedient. Auch diesmal sollte ein Trulpa helfen. Er sollte zum Kang Tise wandern und nach den Weisungen seines Herrn an der bestimmten Stelle die kostbare Abhandlung ausgraben.
Als der Entschluss feststand, zog sich der Alte in die völlige Abgeschlossenheit im Finstern zurück und ging ans Werk. Der Trulpa trat in Erscheinung. Den Wünschen des Zauberers entsprechend hatte er das Aussehen eines jungen Trapas. Niemand konnte geeigneter sein, unauffällig eine Wallfahrt zum heiligen Berg zu unternehmen.
Der Schemen blieb mehrere Monate in der Abgeschlossenheit mit seinem Schöpfer. Ganz allmählich flößte dieser ihm Leben ein, sowohl durch das Aussprechen bestimmter Zauberformeln wie durch das Überfließenlassen eines Teiles seiner feinsten Substanz. Als Chotag glaubte, den Trulpa so weit gebracht zu haben, dass er sich wie ein natürlicher Mensch bewegen könnte, ließ er ihn hinaus. Ein junger Trapa schritt von dannen. Trotz räumlicher Trennung blieb er durch ein

okkultes Band an den Zauberer gekettet und führte seinen Willen aus. Kraft seiner Hellseherfähigkeit konnte der Alte jede Bewegung seines Trulpas verfolgen.

Dieser marschierte ohne Pause, Tag und Nacht. Er bedurfte weder Essen noch Trinken, noch Ruhe. Die Gewalt der über ihn ausgesprochenen Zauberformeln und die von dem Zauberer durch Gedankenballung erzeugten geistigen Kräfte hielten ihn aufrecht. So zog der »Pilger« durch Lhasa und Shigatse, dann den Chesru Tsangpo aufwärts. Nachdem er durch viele, viele Dörfer und vor viele, viele Dsongs gekommen war, erreichte er eine von Hirten bewohnte Grassteppe, ganz ähnlich den Changtang im Lande Ga.

Eines Tages stand er vor einem Zeltlager. Die Hunde schlugen nicht an. Da er den Blick stets geradeaus gerichtet hielt, stolperte er über einen Zeltpflock und blieb stehen. In dem Zelt war ein junges Mädchen.

Am andern Ende des riesigen Tibet fühlte Chotag den Stoß, der seinen Trulpa aufgehalten hatte, erblickte das junge Mädchen und erkannte – sein Opfer, das er vor sechzig Jahren vergewaltigt und getötet hatte. Er wusste sehr wohl, dass alle unsere Taten Wirkungen auslösen, die früher oder später zu uns dringen und uns Freude oder Schmerz bringen, aber da sein einstiges Verbrechen bisher nie seinen Erfolgen im Weg gestanden, war im Lauf der Jahre alle Furcht vor Sühne von ihm gewichen. Als Meister der Geheimwissenschaften besaß der Zauberer auch das gewöhnlichen Sterblichen verborgene Wissen um die früheren Daseinsformen jedes Menschen. Er versetzte sich in den Zustand völliger Versunkenheit und die für alle Zeiten unzerstörbaren Bilder der Ereignisse, die sich einst abgespielt haben, standen vor ihm.

Er sah, wie sein Opfer von der Strömung weggerissen wurde, und hörte, wie es sich dem Herrn des Mitleids, dem mächtigen Chenrezigs, empfahl: »Om mani padme hum! Nub dewachen kyi chinga la chog*.« Und da sie trotz ihrer Jugend stets eifrig Mani aufgesagt und Mildtätigkeit geübt hatte, nahm Chenrezigs sie zu sich in sein glückseliges Reich. Doch ihre Verdienste waren nicht groß genug, um ihr einen langen Aufenthalt dort zu gestatten. Kaum vierzig Jahre unserer Zeitrechnung vergingen – was etwa einer Stunde des Nub dewachen entspricht –, als das Mädchen auf unserer Welt wieder geboren wurde, und zwar ebenso wie in ihrem letzten Leben als Tochter im Zelt lebender Hirten.

Chotag, der nie Furcht gekannt hatte, erzitterte. Die Stunde der Vergeltung war da. Aber noch überließ er sich nicht seinen Ängsten, er beschloss zu kämpfen und hielt sich für stark genug, das Hindernis zu überwinden, das sich seinen Absichten in den Weg stellte. Zunächst musste der Trulpa von dem Zelt fortgebracht werden. Der Zauberer fasste seine ganze Gedankenkraft in einer gewaltigen Anstrengung zusammen, um dem Trapa den Befehl zu übermitteln. Aber zum ersten Mal gehorchte der Trulpa nicht.

Das junge Mädchen, das einen Pilgermönch vor dem Zelt stehen sah, ging hinaus und bat ihn einzutreten, um sich auszuruhen und Tee zu trinken. Der Trulpa, einem stärkeren Willen unterworfen als dem seines Schöpfers, gehorchte.

Chotag leidenschaftlicher Lebensdrang und sinnliche Begierde, die in dem Trapa als dem Geschöpf seines Willens und Körpers der Anlage nach schlummerten, entflammten angesichts dieses Mädchens zur Glut. Der Zauberer und sein Schemen waren jetzt ein Geist in zwei Leibern. Fürs Erste jedenfalls; denn bald regten sich andere Kräfte. Wie ein Magnet zog das keimende Selbstbewusstsein des Trapas aus der Außenwelt neue Erkenntnisse an.

Der Trulpa setzte sich, er schien ermüdet, was bei einem Pil-

* Möge ich im Paradies der großen Glückseligkeit wieder geboren werden.

ger nicht verwunderlich ist. Dann schloss er die Augen und man glaubte, er sei eingeschlafen.
Die alten Hirten waren fromme Leute, sie schätzten sich glücklich, einen Wallfahrer beherbergen zu dürfen. Der Trapa blieb, aus Tagen wurden Wochen. Standhaft widersetzte er sich den Befehlen des Zauberers und in dem Maße, wie die fremden Einflüsse auf seinen Geist zunahmen, wuchs sein Verstand. Der Halbmensch begriff, dass sein Dasein begrenzt war und dass er nach Erledigung seines Auftrages verschwinden würde; er wollte aber leben. Noch bestand das feine Band zwischen Schöpfer und Geschöpf. Chotag erfuhr alles, was vorging. Er wollte ein Ende machen. Wiederum schloss er sich im Finstern ein, wandte die mächtigsten Zauberformeln an, die anstrengendste Geistesballung – wo die Lebenskraft wie ein Bach ausströmt –, rief seine Schutzgottheiten zu Hilfe. Vergebens. Im Gegenteil, das erwachende Bewusstsein des Trapas zehrte an seiner Kraft.
Der Alte gab sich über die Furchtbarkeit der Lage keiner Täuschung hin. Jetzt war nicht mehr von der Kunst, sich unsterblich zu machen, die Rede, jetzt hieß es, sich gegen die drohende Vernichtung zu schützen. Der Aufsässige musste hinweg. Chotag versuchte, ihn in seine Nähe zurückzuholen, aber auch das schlug fehl. Das Bewusstsein des Trapas wurde täglich klarer, es fehlte nicht mehr viel am Menschen. Ihm blieb nicht verborgen, was der Zauberer im Schilde führte, und er setzte sich mit der ganzen Kraft seines Lebenswillens zur Wehr. Aber ebenso stark war die andere Gewalt in seinem dämmernden Bewusstsein: das unwiderstehliche Verlangen nach dem Hirtenmädchen. Manchmal verdrängte dieser Trieb alles andere, auch die Wachsamkeit vor dem Druck des Alten; dann gewann dieser die Oberhand in dem dauernden Geisteskampf. Auch in ihm wurde übrigens die alte verhängnisvolle Leidenschaft wieder wach.
Schließlich kam ein Tag, da sah Chotag den Schauplatz des

Verbrechens von einst wie gegenwärtig vor sich. Das Hirtenmädchen ging mit einem Zuber zum Wasserschöpfen nach dem Fluss, der Trapa folgte ihr. Plötzlich übermannte den Alten dieselbe verzehrende Gier wie vor sechzig Jahren. Den fernen Trulpa durchfuhr es wie ein Schlag und er stürzte sich auf das Mädchen. Das war sein Verhängnis. Der in langer Übung an blitzschnelles Ausnutzen von Gelegenheiten gewöhnte Zauberer hatte noch so viel Überlegung, um seinen Vorteil zu erkennen. Der Trapa hatte in der Hitze der Leidenschaft vergessen, sich zu bewachen! Chotag schüttelte den Sinnenreiz von sich, machte eine mächtige Anstrengung und nahm das Lebensmantra, auf dem das Dasein des Schemens beruhte, in sich zurück. (Durch Zaubersprüche Geschaffenes wird durch den Spruch der »Rücknahme« zerstört.)

Zu ihrem Entsetzen sah die Hirtentochter den Mann, den sie in den Armen hielt, sich wie eine Wolke auflösen.

Diese Anstrengung hatte die letzten Lebenskräfte des Alten erschöpft. Er überlebte sie nur um einige Monate. Kurz nachdem er die Geschichte seines bewegten Lebens diktiert hatte, fand man ihn tot auf seinem Sitz.

Ich fürchte, es ist mir nicht ganz gelungen, in fremder Sprache für eine fremde Gedankenwelt diese tibetische Geschichte so wiederzugeben, dass man sie als wirklich empfindet und miterlebt. Wer sie in einer Stadt des Abendlandes liest, kann nicht verstehen, welchen Eindruck sie in den Einöden der Changtang zu nächtlicher Stunde beim Lagerfeuer hervorruft, wenn Mondschein, Wolkenfetzen und die bläulichen Flammen des Chiwa (getrockneter Yakmist) die Leere mit gespenstischen Schatten bevölkern. Noch unmöglicher ist es, sich die Gefühle vorzustellen, die diese Erzählung bei jemandem erweckt, der, ohne sämtliche übertriebenen Einzelheiten zu glauben, überzeugt ist, dass sie eine Wahrheit einschließt.

Als wir auch am nächsten Tag niemand hinter uns entdecken konnten, schwanden meine Befürchtungen. Yongden behielt Recht: Wir wurden nicht verfolgt. Vielleicht hatte das Dorf den reitenden Boten beauftragt, dem Tulku-Lama von unserm Aufenthalt bei der Verstorbenen zu berichten und ihm unsere Bestrafung überlassen. Vielleicht glaubte man auch, dass wir länger bei dem heiligen Mann blieben, und beabsichtigte, dort in Massen zu erscheinen, um sich von uns auf Befehl des Lamas eine Buße zahlen zu lassen. So seltsame Auffassungen sind in Tibet im Schwang. Aber vor diesem Gerichtshof hatte ich keine Bange; ich dachte nicht daran, dem ehrenwerten mongolischen Tulku meinen Besuch zu machen.

Ich war, wie üblich, an diesem Morgen zu Fuß aufgebrochen, während die Männer die Zelte abschlugen und die Tiere beluden. Nach einer Stunde versperrte mir ein Schlammstrom von etwa dreihundert Meter Breite den Weg. Ein gewaltig angeschwollener Sturzbach hatte ein großes Erdbett losgebrochen und auf dem Weg durch den Wald gewaltige Bäume und Felsblöcke mitgerissen. Jetzt schwamm das alles in wirrem Durcheinander inmitten eines tiefen, schmutzigen gelben Pfuhls, aus dem sich der gewaltige Bach einen Abfluss bahnte.

Den Gedanken, heute meine hohen Gummistiefel einzuweihen, der mir beim Ankleiden gekommen war, musste mir geradezu ein freundlicher Gott eingegeben haben. Nie hätte ich sie besser gebrauchen können. Vor der Abreise aus Kumbum hatte ich von einem amerikanischen Versandgeschäft je ein Paar für Yongden und mich kommen lassen. Noch hatten wir beide sie nicht angehabt, sondern für die allerschlimmsten Zeiten aufgespart. Wir fürchteten, sie würden sich schnell abnutzen, und unterwegs Ersatz zu schaffen war unmöglich. Unsere Vorsicht erwies sich als überflüssig, die kostbaren Stiefel schienen unverwüstlich. Sie haben uns manchen guten

Dienst geleistet, außerdem waren sie für uns eine Quelle der Erheiterung. Die einfältigen Hirten der Grassteppe, die nie etwas anderes als Filzstiefel gesehen hatten, bestaunten das Wunder, dass wir im Wasser laufen und dabei völlig trockene Füße behalten konnten. Manche mochten glauben, es ginge dabei nicht ganz mit rechten Dingen zu.

Jetzt also stand ich in meinen neuen Stiefeln einsam vor dieser Flut von Schmutz. Mit dem Hindurcharbeiten zu warten, bis meine Leute kamen, und ihre Hilfe in Anspruch zu nehmen schien mir einer Expeditionsleiterin unwürdig. Nachdem ich es an verschiedenen Stellen versucht hatte, gelangte ich schließlich, abwechselnd im Schlamm watend und mich auf umgestürzte Stämme schwingend, ans andere Ufer – wenn auch nicht aufs Trockene, so doch wenigstens auf festen Boden.

Weiter stromaufwärts war der Fluss aus den Ufern getreten und überflutete den zwischen Felsen emporführenden Pfad. Das Wasser ergoss sich mit der Geschwindigkeit eines galoppierenden Pferdes nach unten. Es reichte uns bis an die Waden. Wir waren die Feuchtigkeitsmassen, die vom Himmel auf uns niederstürzten oder unsern Pfad überspülten, schon herzlich leid und doch standen wir erst am Anfang unserer Leiden.

In mählicher Steigung geht es weiter. Das Gelände wird besser, hier gibt es nur harmlose Bäche kreuz und quer. Am Nachmittag stoßen wir auf eine hübsche Lichtung mit gutem Gras für die Tiere und ebenem Boden für unsere Zelte. Mensch und Vieh würden einen Ruhetag zu schätzen wissen; gern stimme ich zu.

Hier sind wir am Fuß des eigentlichen Passes, das Ende des langen Aufstiegs ist nahe. Am andern Tag überschreiten wir die Waldgrenze, queren den Gürtel des Krüppelholzes, lassen die verödet daliegenden Almen hinter uns, schlängeln uns zwischen unbewachsenen Geröllhalden empor. Dann kommen die ersten Fetzen Schnee, bald liegt er sehr hoch. Das letzte Stück geht es steil aufwärts. Wir folgen vertrauensvoll der schmalen Spur unserer Vorgänger, ein anderes Wegzeichen gibt es nicht. Wie wertvoll der Anhalt ist, zeigt sich, als einige unserer Maulesel seitwärts ausbrechen. Sofort sinken sie ein und verlieren den Halt. Meine Leute trägt die Schneedecke erfreulicherweise, als sie sich vorsichtig an die Tiere heranarbeiten. Mit viel Mühe holen sie die Ausreißer zurück. Mein Reittier gleitet bei jedem Schritt, daher steige ich ab und gehe zu Fuß weiter.

Der Pass selbst ist ein V-förmiger Einschnitt in einem scharfen Grat. Unten, wo der Weg hindurchführt, ist er so schmal, dass die Tiere mit den Lasten rechts und links an den Felswänden entlangstreifen. Der ganze Grat misst an dieser Stelle kaum mehr als drei Meter. Drüben geht es unvermittelt hinunter, zwar nicht ganz so steil, aber dafür liegt der Schnee höher; bis wir den Almengürtel erreichen, können wir nicht aufsitzen.

Der Pass soll etwa 4500 Meter hoch sein*. Als wir tief unten die ersten Sträucher erreichen, sehen wir, dass sich eben die Knospen öffnen – zu Anfang Juni.

Der Marsch im Schnee hat mich angegriffen. Bei den Wiesen angekommen, kann ich der Versuchung nicht widerstehen, eine Pause zum Verschnaufen einzulegen. Ich strecke mich aus und schlafe ein. Kaum zwanzig Minuten später fahre ich hoch, steif an allen Gliedern. Ich wecke den Lama, der einige Schritte abseits ebenfalls eingeschlummert war. Die Folgen

* Das bestätigen auch die chinesischen Karten. Ich darf bitten zu berücksichtigen, dass meine Reisen nicht der Erdkunde dienten. Ich verlasse mich daher bei Höhenangaben auf vertrauenswürdige Reisende, die ich getroffen habe, und auf die besten Karten, die mir erreichbar waren. Alle Ziffern sind also »näherungsweise« zu verstehen und ich gebe sie nur, damit der Leser sich eine bessere Vorstellung vom Gelände machen kann.

unseres Leichtsinns machen sich bald bemerkbar. Yongden kratzt es im Hals und mich überläuft es. Tobgjal, der unsere Tiere bewacht, war klug genug, sich nicht im Frühjahr auf den feuchten Erdboden zu legen.
Wir steigen in den Sattel. Der Treiber mit seinen Tieren war weitergezogen. Wann werden wir sie einholen? Auf diesen Waldpfaden kann man nicht traben, wir kommen also kaum schneller voran als sie. Die Tiervermieter ziehen die Tagesmärsche gern in die Länge, falls zu einem festen Preis abgeschlossen worden ist. Ob die Nacht hereinbricht, ehe wir Lager schlagen, ob ich kein Abendessen erhalte, das ist unsern Chinesen ganz gleichgültig; ein Napf Tee, ein Stück Brot und ein paar Pfeifen Opium, mehr brauchen die genügsamen Leute nicht.
Mein Frösteln wird schlimmer, ich habe Fieber; im Kopf hämmert es, die Ohren sausen, jede Bewegung meines Reittiers verursacht mir heftige Schmerzen in Kreuz und Brust, Yongden stellt fest, mein Gesicht sei glühend rot, er selbst fängt an zu husten. Wir müssten etwas Warmes trinken und uns zu Bett legen. Wo mag der Chinese stecken?
Wir blicken in ein enges Waldtal hinunter, in der Ferne ragt ein Schneegipfel auf. Die Landschaft ist feierlich ernst und erhaben ruhig, ihr Zauber lässt mich fast meine Schmerzen vergessen. Stunden vergehen. Es regnet dann und wann. Endlich entdecke ich ganz tief unten etwas bläulichen Dunst über den Bäumen. Er ist nur ganz schwach, aber beim freien Leben in Berg und Wald schärfen sich die Sinne. Dort brennt ein Feuer, dort müssen unsere Leute lagern. Wir brauchen noch geraume Zeit, bis wir sie erreichen, doch ich hatte mich nicht getäuscht, das Feuer brennt und die Zelte stehen. Der Platz ist sehr schlecht geeignet zum Lagern, er ist abschüssig und mit hohem nassem Gras bestanden. In diesem dichten Waldland dürfen wir nichts Besseres erwarten und müssen uns bescheiden.

Mir soll alles recht sein, wenn ich nur ins Warme und aus meinen feuchten Kleidern komme. Sotar und Sönam, die mit den Chinesen vorausgezogen waren, haben alles bereit, ich trinke ein paar Näpfe Buttertee und strecke mich unter einem Berg Decken aus, eine Wärmflasche an den Armen, eine an den Füßen. Yongden macht es ebenso. Am andern Morgen ist das Fieber verschwunden, wir sind beide frisch und gesund, bereit, bis ans Ende der Welt zu marschieren.

Lianghekou ist jedoch nicht ganz so weit. Wir verbringen noch eine Nacht im Walde und errichten am folgenden Morgen unsere Zelte in drei Li* Entfernung vom Dorf. Dort zweigt die Straße ab zu dem Ort, wo sich der mongolische Tulku aufhält, doch ich verzichte darauf, ihm Besuch zu machen.

Yongden geht ins Dorf einkaufen. Es gibt nicht viel, er bringt nur sechs Pfund Butter, acht Pfund Mehl und ein wenig Tsampa mit und hat schwer dafür bezahlen müssen.

Meine Vereinbarung mit dem Chinesen läuft hier ab. Ich hätte gegen eine Verlängerung nichts einzuwenden, gern würde ich die eigenen Tiere noch schonen. Sie müssen in guter Form sein, sobald wir das eigentliche Tibet erreichen, dort muss ich schnell und ohne fremde Hilfe vorwärts kommen.

Der Mann ist auch bereit, noch einige Tage mitzuziehen, aber er versteift sich darauf, dass ich sechs Maulesel mieten soll, und ich brauche nur drei. Unnötige Ausgaben liegen mir nicht. Ich muss haushalten. Unter sechs Monaten kann ich kein Geld aus Europa heranschaffen und in dieser Zeit hoffe ich weit weg zu sein.

Ich lehne also ab. Von unsern acht eigenen Tieren sind fünf annähernd marschfähig, ihre Wunden vernarbt. Wir werden sie beladen, indessen, um die Lasten leichter zu machen, jeder einen Sack auf den Rücken nehmen. So geht es am 13. Juni gegen drei Uhr nachmittags zu Fuß weiter.

---

* Chinesisches Längenmaß. Drei Li sind etwa zwei Kilometer.

War ich unklug? Hat sich der Maultiertreiber für meine Ablehnung rächen wollen oder nur versucht, sich rein zu waschen, als er dem nächsten chinesischen Beamten von dem Durchzug Waffen tragender Ausländer Meldung machte?
Ich werde den Verdacht nicht los, dass er an unserm nächsten unerfreulichen Abenteuer nicht schuldlos war. Dann wäre er auch mitschuldig daran, dass ich meine Pläne umstoßen und eine Kette neuer Wanderfahrten beginnen musste, die mich mehr als drei Jahre festhielten. So sei er gesegnet, falls mein Verdacht begründet war.

Kampf mit dem Hochwasser

Verhängnisvoller Zwischenfall

Von Lianghekou (Fubian) führt ein guter Waldweg am Fluss entlang nach Fupien. Die Entfernung ist nicht groß, aber mit den ungewohnten schweren Lasten auf dem Rücken kamen wir nur langsam vorwärts. Unsere Tiere wussten das Grünfutter auf den Weiden zu schätzen und die Schonung, die ich ihnen bewilligte, förderte das Abheilen ihrer Wunden. Auch für uns selbst war dies gemächliche Wandern durch die Wälder nicht ohne Reiz, wir blieben wohl einen ganzen Tag über im Lager und genossen die tiefe Ruhe der Landschaft. Es war die Ruhe vor dem Sturm.

Fupien verdankt sein Ansehen in der Gegend der Tatsache, dass es an die vierzig Häuser zählt, während die andern Dörfer oft weniger als ein Dutzend aufweisen. Dass es außerdem Sitz eines Verwaltungsbeamten ist, war uns unglücklicherweise unbekannt.

Wir treffen recht spät am Abend vor dem Dorfe ein. Da wir keinen geeigneten Platz entdecken, schlagen wir unser Lager inmitten eines hoch gelegenen alten Friedhofs auf. Dort ist es wundervoll. Eine prächtige Wiese bietet Raum für die Zelte, die Tiere können ringsumher weiden. Der Vollmond steht am Nachthimmel, sein Licht und der Schein unseres Feuers geistern um die zwischen Gebüsch und schwankenden Grashalmen aufleuchtenden verwitterten Gräber. Das Wetter ist so schön, dass ich lange im Freien bleibe und dem Spiel von Licht und Schatten zuschaue. Alles ist wie verzaubert, ich wäre gar nicht erstaunt, wenn irgendwo tanzende Geister auf dem Plan erschienen. Doch nichts geschieht. Wir verbringen die Nacht in der friedlichen Nachbarschaft der Schläfer, die ein tieferer Schlummer umfangen hat.

Am 21. Juni, gegen neun Uhr früh, verlasse ich in Begleitung Yongdens das Lager zu Fuß, während die Diener das Gepäck fertig machen. Unsere Tiere vertragen jetzt wieder die vollen Lasten, wir brauchen nichts mehr zu schleppen – glücklicherweise, in dem Aufzug hätten wir in den chinesischen Dörfern einen recht jämmerlichen Eindruck gemacht. Aber wer weiß, machen wir etwa jetzt einen zu übermütigen?

Wir schreiten munter aus, werfen im Vorbeigehen einen Blick auf das Dorf und kommen an der Tür des Jamens vorüber, ohne die amtliche Eigenschaft dieses alten Gebäudes zu ahnen. Wohl fallen mir zwei sorgfältig gekleidete Chinesen auf, die davor stehen. Der eine ist recht groß. Er spricht leise mit seinem Gefährten, mir ist, als verstände ich die Worte: »Das sind Europäer (Weiguo ren).« Yongden hat nichts gehört. Ihm meine Wahrnehmung mitzuteilen hat keinen Zweck, dazu ist die Sache nicht wichtig genug. Man hat mich trotz meiner tibetischen Kleidung als Europäer erkannt und, was recht drollig ist, auch den Lama. Zur Aufregung liegt kein Grund vor. Wir sind nicht auf verbotenem Gebiet.

Wir lassen das flügellose Stadttor hinter uns. Vor uns dehnt sich die Landstraße, aber wir kommen nicht weit. Zwei Männer laufen laut rufend hinter uns her. Als sie uns erreicht haben, sprudeln sie atemlos, beide zugleich redend, eine Menge Fragen hervor. Aus ihrem ganzen Benehmen schließe ich, dass sie von irgendeiner Obrigkeit abgesandt sein müssen. Yongden antwortet, wir seien Mongolen. Warum, weiß ich nicht. Inzwischen trifft der lange Mensch ein, der mir im Dorf aufgefallen war, und ergießt einen Wortschwall über uns, von dem wir nichts begreifen. Wir sind nicht stark im Chinesischen, wir verstehen gerade die Gansuer Mundart.

Die Abgesandten berichten ihrem Vorgesetzten, wir hätten erklärt, wir seien Mongolen. Das trägt zur Verwirrung der Lage bei. Der Beamte spricht mit erhobener Stimme, verstehen kann ich auch jetzt nichts, wohl aber *sehen*, dass er unhöflich wird. Da verliere ich die Geduld, pflanze mich vor ihm auf und schreie auf Tibetisch – was er ebenso wenig versteht wie ich Chinesisch –, er habe sich gefälligst zusammenzunehmen und höflich zu sein. Er hat gleichfalls *gesehen*, dass ich ärgerlich bin. Er beruhigt sich ein wenig und verlangt zu wissen, was in dem Bündel ist, das Yongden auf dem Rücken trägt. Wir öffnen es: unsere Regenmäntel. Nun fragt er, ob wir Pässe hätten. Diesmal verstehen wir. Wir erwidern, wir hätten welche, sie seien allerdings in unserm Gepäck. Darauf machen wir kehrt. Bei unsern Leuten angekommen, ziehe ich die Papiere aus einem Mantelsack und reiche sie dem Beamten, zusammen mit unsern chinesischen Besuchskarten. Inzwischen sind zwei weitere Chinesen aufgetaucht, der eine kann ein paar Brocken Französisch und Englisch, aber ich habe jetzt meine eigenen Dolmetscher, Tobgjal und Sönam, die fließend Chinesisch sprechen.

Der Schwank geht in einer andern Tonart weiter. Unsere Pässe seien nicht am selben Tag ausgestellt, außerdem seien beide abgelaufen, erklärt der unerträgliche Mandarin. Ich setze ihm auseinander, dass wir mehrere Jahre in Gansu gelebt und keine Gelegenheit gefunden hätten, nach Beijing zu reisen, um die Pässe erneuern zu lassen. Übrigens seien sie für Daueraufenthalt ausgestellt und unbeschränkt gültig; wir wohnten in China.

Eine andere Sache: Warum habe Yongden gesagt, wir seien Mongolen? – Er hat verstanden, dass man von ihm wissen wollte, wo wir herkämen. Darauf hat er geantwortet: »Aus der Mongolei.«

Der Beamte überlegt, dann verkündet er seinen Entschluss. Er wird unser gesamtes Gepäck prüfen. Also derselbe Unfug wie

in Gomi! Ich widersetze mich nachdrücklich und poche auf mein Recht. Als Ausländerin bin ich diesem Zwang nicht unterworfen. Allerdings habe ich etwas zu verbergen: den Mehrladestutzen. Offen zeige ich ihn nur in Gegenden, die mir als gefährlich geschildert worden sind; sonst ist er, in zwei Teile zerlegt, zwischen Kleidungsstücken verborgen. Hat der Maultiertreiber geplaudert? Der lange Chinese wirft so argwöhnische Blicke auf die Ballen mit den Zeltstäben, er sucht wohl ein richtiges Gewehr und fragt sich, wo wir ein so langes Ding verborgen haben könnten. Es ist besser, er bekommt den Stutzen nicht zu sehen, die Versuchung wäre vielleicht zu groß für seine Tugend. Auch die andere Versuchung wollen wir ihm lieber ersparen, den Anblick meines »Reiseschatzes«, der Silberbarren und der Säcke voll Kupfermünzen. So etwas vor »Amtspersonen« offen auszubreiten ist unklug.
Neues Schweigen. Der Herr Beamte überlegt. Dann fällt ihm Yongden ein. In seinem Pass steht, dass er mit vier Stück Gepäck reise. Wo sind sie? Die sollen geöffnet werden.
Eine, man darf ruhig sagen hirnverbrannte Eigenart der chinesischen Pässe ist die Vorschrift, dass der Reisende die Anzahl der Gepäckstücke anzugeben hat, die er mitzunehmen gedenkt, und dass diese im Pass vermerkt sind. Wie es möglich ist, dass die Menge des Gepäcks auf einer Reise von einem Jahr oder länger unverändert bleibt, darauf geruht der chinesische Amtsschimmel, der andern seinesgleichen an Engstirnigkeit nichts nachgibt, keine Rücksicht zu nehmen: Zur Ehre der Behörden muss ich allerdings sagen, dass mir bis dahin noch kein chinesischer Beamter begegnet war, der sich darauf versteift hätte, die Zahl der wirklich Yongden gehörigen Ballen zu prüfen. Natürlich befand sich außer seinem Waschzubehör seine gesamte Habe mit meiner zusammen in den Säcken.
Unter dem Zwang der Verhältnisse und um bald zum Ende zu kommen, deutet Yongden auf den Sack mit seinen Sachen und öffnet ihn gewandt. Wie um den Inhalt auszubreiten, schiebt

er seine seidenen Kleider über ein Paket, in dem sich zwei Silberbarren im Werte von je fünfzig Tael* befinden. Aber scharfe Augen beobachten ihn, man hat das gewichtige Päckchen erspäht und den Inhalt erraten. Der Mandarin wirft sich in die Brust und verkündet seinen Willen: »Sie können mit ihren Dienern, Ihren Tieren und Ihrem Gepäck gehen, wohin es Ihnen beliebt, aber dieser junge Mann wird samt seiner Habe hier bleiben.«

Natürlich, denn in seinem Gepäck befindet sich ja das Silber! Unter irgendeinem Vorwand wird man ihm eine hohe Buße auferlegen und meine Barren werden auf rechtmäßigem Wege den Besitzer wechseln. Nein, mein Herr, Sie haben sich verrechnet! Außerdem werde ich unter keiner Bedingung Yongden oder sonst jemanden, der sich meiner Führung anvertraut hat, im Stich lassen.

»Dieser junge Mann ist mein angenommener Sohn«, lasse ich durch meinen Dolmetscher erwidern, »wenn Sie ihn zurückhalten, werde ich bei ihm bleiben. Ich werde einen Brief an meinen Konsul in Chengdu senden, er wird mit dem Statthalter sprechen und wir werden ja sehen, was dann geschieht.«

»Warum denn solche Schwierigkeiten machen«, wagt Tobgjal von sich aus einzuwenden, »Sie haben die Pässe gesehen, lassen Sie uns weiterziehen.« Er hat zu viel gewagt für einen Mann seiner bescheidenen Stellung. Der gereizte Beamte beweist es ihm auf der Stelle! Er lässt einige Worte vernehmen, die ich nicht verstehe, dann sehe ich zu meinem großen Staunen, wie zwei Kerle sich auf meinen Diener stürzen und ihn wegschleppen. Ins Gefängnis? Einen meiner Diener? Nur über meine Leiche! Ich eile hinter Tobgjal her, drehe ihn herum und schubse ihn wieder in die Reihe seiner Gefährten mit

* Tael bedeutet ein bestimmtes Silbergewicht, Taelstücke gibt es nicht. Das Wort wird nur von Ausländern gebraucht, die Chinesen sagen dafür Liang, die Tibeter sangg (geschr. *srang*).

dem Befehl, sich hinter mir zu halten und sich weder zu rühren noch zu sprechen. Dann wende ich mich dem Mandarin zu. »Er wird sich entschuldigen, er durfte sich nicht herausnehmen zu reden.«

Aber was ist das schon wieder? Ebenso schnell, wie ich Tobgjal befreite, hat der Chinese es fertig gebracht, Sotar das Gewehr, das er umhängen hatte, zu entwenden, ich entdecke es jetzt in den Händen eines seiner Leute. Ich trete auf den Mann zu und hole mir die Waffe wieder. »Dieses Gewehr gehört mir. Der Mann ist mein Diener.« Der Beamte gibt nach, das Gewehr ist tibetisches Erzeugnis und ohne jeden Wert.

Die feindlichen Parteien stehen einander schweigend gegenüber. »Da Sie uns zurückhalten«, sage ich nach einigen Minuten des Wartens, »bleiben wir. Ich werde meinem Konsul den Brief schicken.« Meinen Leuten befehle ich: »Zurück zum Friedhof.« Einen Augenblick muss ich innerlich lächeln, die Wirkung dieser Worte auf die Chinesen ist beträchtlich. Auf ihren Gesichtern malen sich Unruhe und starres Staunen. Warum haben wir uns einen so unheimlichen Lagerplatz ausgesucht?

Der Mandarin bietet mir Unterkunft im Dorftempel an. Ich lehne ab; so nahe bei ihm möchte ich nicht wohnen. Die Zelte werden an der alten Stelle aufgeschlagen, die Tiere sind abgesattelt und tun sich am frischen Gras gütlich. Für sie ist der Zwischenfall angenehm, sie bekommen einen unverhofften Ruhetag.

Die Lage ist alles andere als erheiternd. Von hier nach Chengdu, der Hauptstadt Sichuans, und zurück braucht ein Bote vierzehn Tage; mehrere Pässe sind zu überschreiten, die Wege dürften in ähnlichem Zustand sein wie die, die hinter uns liegen. Selbst wenn der Konsul schnell handelt und die chinesischen Behörden drängt, wie viele Tage werden vergehen, ehe ein Befehl an den Beamten in Fupien gelangt? Drahtnachrichten gibt es in diesem weltabgeschiedenen Lande nicht. Wir dürfen damit rechnen, uns vielleicht drei Wochen auf unserm Friedhof zu langweilen.

Yongden dringt in mich, ich solle mit den Leuten und allen Tieren weiterziehen. Er wolle allein zurückbleiben, bis der Bescheid einträfe, und in der nächsten Stadt wieder zu mir zu stoßen. Davon kann keine Rede sein.

Während ich überlege, wie wir uns am schnellsten aus dieser lächerlichen Lage befreien, richtet Sotar das Essen her. Ich lasse mir's schmecken; im Gegensatz zu vielen Leuten macht mich Ärger hungrig. Dann beginne ich meinen Brief an den Konsul. Über dem taucht der Herr Mandarin, die Quelle meines Kummers, auf, von vier gut gekleideten Chinesen begleitet. Vor meinem Zelt, dessen Vorhänge offen sind, bleiben sie stehen. Ich merke sehr wohl, dass er mich sprechen will, doch ich tue, als sähe ich nichts, und schreibe weiter. Yongden sitzt auf einem Teppich und liest, ohne die Augen zu erheben. Enttäuscht begeben sich die Herren zum Zelt des Lamas. Da er sich in meinem befindet, ist es natürlich leer. Vor dem Dienerzelt, wo sie nun hingehen, sind meine Leute mit dem Nachsehen des Sattelzeugs beschäftigt. Sie haben ausdrücklich Befehl von mir, kein Wort zu reden.

Unsicher geworden, kehrt der Beamte zurück. Ich rufe den meiner Diener herbei, der sich am besten auf Chinesisch ausdrücken kann, und lasse dem Mandarin mitteilen, ich ersuchte ihn, sofort durch einen Eilboten zwei Briefe nach Chengdu schaffen zu lassen, an den französischen und den englischen Konsul, der englische werde für Yongden eintreten. Wie kommt ein Königlich Großbritannischer Konsul dazu, sich eines tibetischen Lamas anzunehmen? Das muss dem »großen Tier« von Fupien einigermaßen sonderbar erscheinen. Aber ich gebe keine Erklärungen und er denkt wahrscheinlich, wenn ich einen Brief schicke, so habe ich Grund zu glauben, dass er seinen Zweck erfüllt.

Ich merke, dass dem Herrn nicht mehr ganz wohl ist in seiner Haut und dass er uns loswerden möchte, falls das möglich wäre, ohne sein Ansehen allzu stark zu gefährden. Gut, ich will ihm den Umfall erleichtern. Ich bringe ein Päckchen Papiere zum Vorschein. Sie haben nicht den geringsten Bezug auf unsere Pässe oder auf unser Reiseziel. Aber der Mandarin vertieft sich eifrig hinein und tut, als fände er sie sehr aufschlussreich. Seine Ehrenwache, die aus der Entfernung zusieht, kann sich überzeugen und bestätigen, dass er seinen Entschluss erst geändert hat, wie er handgreifliche Beweise für unsere Ehrbarkeit vor sich hatte. Er wird ganz lebhaft. Ja, wenn ich ihm diese Papiere gleich gezeigt hätte! Dann hätte er uns natürlich nicht zurückgehalten ... Der Gesichtsschnitt des Lamas hätte ihn irregeführt, er hätte ihn für einen Japaner gehalten ... Solchen und ähnlichen Unsinn setzt er uns vor, man sieht, er ist glücklich, diese unangenehme Sache hinter sich zu haben. Ich auch.

Also, wir sind frei und können weiterziehen, wann es uns behagt. »Morgen früh«, sage ich, »und Sie werden uns heute Abend Essen schicken.«

»Selbstverständlich.«

Das war ich meinen Leuten schuldig, sie müssen sehen, dass ich mir Achtung zu verschaffen weiß. Jetzt können wir erhobenen Hauptes aus Fupien abmarschieren. Wir haben »das Gesicht nicht verloren«.

In Sinkaitze

Wir nehmen jetzt Richtung auf Mugung, das dortzulande im Allgemeinen Sinkaitze (Xiaojin) genannt wird. Um die kaum vernarbten Wunden der Maulesel zu schonen, haben wir den Reittieren wiederum einiges Gepäck aufgeschnallt und marschieren trotz starker Hitze sämtlich zu Fuß. Mehrmals befürchte ich einen Sonnenstich und benetze mir den Kopf, jedes Mal wenn wir ans Wasser kommen. Der Weg ist gut. Er zieht sich zwischen Feldern und Dörfern entlang und bietet nichts Besonderes. Viel Mohn wird hier in der Gegend angebaut. Wie hübsch die Blume aussieht, die ein so übles Gift liefert! Dagegen kann man sich kaum etwas Hässlicheres denken als ein im Winde schwankendes reifendes Mohnfeld, mit den trockenen Köpfen auf dürren Halmen.

Von dem Mandarin in Fupien hatte ich erfahren, dass in Mugung ein französischer Missionar lebt. Ich glaubte mir erlauben zu dürfen, dem Landsmann einen Boten zu schicken mit der Bitte, mir eine Unterkunft suchen zu lassen. Ich wählte Sönam, der am Spätnachmittag aufbrach, während wir die Zelte aufbauten. Nachdem er seinen Auftrag ausgerichtet hatte, kam er uns entgegen und erreichte uns noch in guter Entfernung von der Stadt.

Er übergibt mir einen Brief. Vater Ch. teilt mir in sehr liebenswürdigen Worten mit, er habe kürzlich ein Haus gekauft, in dem von Nonnen eine Mädchenschule eingerichtet werden solle. Vorläufig seien sie noch nicht da, das Haus stehe uns zur Verfügung. Ich bin sehr froh. Diese Gelegenheit wollen wir ausnutzen und einmal drei bis vier wirkliche Ruhetage für Mensch und Tier einschalten. Der Pater hat Sönam das Haus gezeigt und dieser führt uns sofort dorthin. Eine Stunde nach der Ankunft erscheint unser Gastgeber. Er wusste bereits vor meinem Brief von meiner Anwesenheit im Lande. Ohne mir etwas davon zu sagen, hatte der Fupiener Beamte einen Boten zu ihm gesandt mit der Anfrage, ob er eine talwärts reisende Französin kenne und ob sie zu ihm wolle. Vater Ch. hatte geantwortet, er kenne keine und erwarte niemanden, er rate ihm jedoch, einer friedlichen Reisenden keine Schwierigkeiten zu machen. Falls ich nicht eingetroffen wäre, hatte der Pater sich vorgenommen, den Konsul zu benachrichtigen und einen Diener auf die Suche zu schicken.

Er selbst musste ein paar Tage später mit Neubekehrten nach Tatsienlu (Dardsedo, Kangding), wo ein Bischof der Pariser Missionsgesellschaft seinen Sitz hat. Damals war es Monsignore G., ein in der gelehrten Welt wohl bekannter Tibetforscher. Ich hätte mich nur zu gern mit ihm unterhalten, doch ein Besuch in Tatsienlu schien mir unklug. Dort unterhalten viele tibetische Kaufleute Niederlassungen, diese Männer sind häufig mit ihren Karawanen unterwegs – wie leicht konnte mich auf der Straße nach Lhasa einer wieder erkennen und Anzeige erstatten.

Ich habe also den gelehrten Herrn nie zu Gesicht bekommen, dafür habe ich aber im Lande Kham recht viel von ihm gehört. Er war dort schon bei Lebzeiten zum Sagenhelden geworden. Ob er es ahnte? Wahrscheinlich nicht.

Unter den Wundertaten, die man ihm zuschrieb, war folgende: Der Bischof hatte durch seine Hellseherkunst herausgefunden, dass in einem bestimmten See ein Schatz verborgen war. Er war dorthin gegangen, hatte Zauberformeln ausgesprochen, seine Hände ins Wasser getaucht und – o Wunder! – wie mit einem Magneten die versunkenen Goldschätze und Edelsteine herausgefischt. Der Fund wurde nach Tatsienlu geschafft und zur Deckung der Unkosten der Mission verwendet.

Überhaupt können die wenigen Ausländer, die in Kham gereist sind, den Ruhm für sich in Anspruch nehmen, den Sagenschatz dieses herrlichen Landes in großartiger Weise bereichert zu haben. Oft war es mir möglich, den Helden der Geschichte herauszubekommen, bei einer, die bei den Leuten von Ga und Jakyendo im Schwang ist, wollte es mir jedoch nicht glücken. Sie handelt von dem Fremden mit dem Wunderhund. Das Tier, der Schilderung nach eine Art Windhund, ist sehr groß. Damit es nicht müde wird, trägt es ein Diener des Fremden in einem Korb auf dem Rücken. Dieser Zauberhund kann durch die Berge hindurchsehen, was drüben vor-

geht. Er versteht die Sprache der Menschen und der Tiere, er liest auch ihre Gedanken. Alles berichtet er getreulich seinem Herrn. Der wird als ein Mann geschildert, der böse Absichten gegen die Tibeter hegt und seinen Wunderhund benutzt, um ihnen nachzuspüren und sie zu schädigen.
Von der Fähigkeit, durch einen Berg hindurchzusehen, ist in Tibet öfters die Rede. Die Hirtenstämme schreiben sie den Weißen zu. Ich selbst bin sehr häufig darüber befragt worden. Einige wollten sogar wissen, ob es möglich sei, das, was jenseits eines Berges liegt, auch zu fotografieren. Ob zu Recht oder zu Unrecht, die Tibeter sind jedenfalls überzeugt, dass manche ihrer Lamas diesen übernatürlichen Blick besitzen, und man erzählt Fälle, wo solche Auserwählte tatsächlich Vorgänge an einem Ort hinter einer Bergkette genau beschrieben haben. Es ist offensichtlich, dass es sich hier nicht um Gesichter (Visionen) im üblichen Sinn handeln kann.
Die Geschichte vom Wunderhund ist kein frei erfundenes Märchen, zuverlässige Leute haben mir bestätigt, ein Fremder, der einen Hund in einem Korb tragen ließ, sei in dieser Gegend gereist. Wer mag es gewesen sein? Sollten ihm diese Zeilen zu Gesicht kommen, dann wird er vielleicht vergnüglich über die Berühmtheit schmunzeln, die er und sein vierbeiniger Gefährte dort draußen gewonnen haben.
Um Tatsienlu zu meiden, hatte ich beschlossen, den Marsch durch ein großenteils unbewohntes Gebirge zu legen und erst in Taou (Dawu) wieder auf die Karawanenstraße zu stoßen. Gewohnheitsmäßig handelte ich noch nach dem in Kumbum aufgestellten Plan, aber ich hatte jeden Glauben an seinen Erfolg verloren. Das Abenteuer von Fupien zeitigte nämlich unliebsame Wirkungen, die ich nicht abzustellen vermochte. Man wusste, dass ich Ausländerin war, nahm gebührend davon Kenntnis und handelte entsprechend. In Mugung war meine Ankunft bereits gemeldet und der örtliche Beamte hatte Vater Ch. mitgeteilt, er werde mir eine Bedeckung für den

Weitermarsch stellen. Selbst wenn es mir gelang, dieser lästigen Ehrung zu entgehen, der Aufmerksamkeit der Behörde entging ich nicht. Man würde mich in Rumichangu (Danba) ankündigen und weitermelden, von Stadt zu Stadt! Das war das Ende! Wäre es unter solchen Umständen – fragte ich mich – nicht besser, Schluss zu machen? Falls ich an der Grenze erkannt und angehalten würde, waren die Aussichten für einen zweiten Versuch viel schlechter. Aber der Stein war im Rollen und ließ sich nicht aufhalten. Ich war die Gefangene meiner Umgebung: meiner schwatzhaften Diener, meiner Tiere und meines Gepäcks. Unmöglich, zusammen mit ihnen meine Spur zu verwischen, in der namenlosen Menge unterzutauchen, aber ebenso unmöglich, mich ihrer hier zu entledigen. Mit einem so ungewöhnlichen Verhalten hätte ich mich erst recht verdächtig gemacht. Ich musste weiter. Welch bittere Stunden habe ich in dem Häuschen in Sinkaitze verbracht, in Grübeln versunken, wie das Unmögliche möglich gemacht werden könnte, während das dröhnende Klappern einer nahen Mühle meine Nerven peinigte!
Es regnete die ganze Zeit, der Fluss schwoll mächtig an. In der Voraussicht, dass die Wege schlammig sein würden, hielt ich es für besser, wenn jeder von uns ein Reittier hatte, und mietete daher zwei Treiber mit vier Mauleseln zur Beförderung des Gepäcks bis nach Rumichangu. Dort wollte ich weitersehen, wie wir über den Pass kamen.

Die Überschwemmung setzt ein

Ich ließ Vater Ch. mit seiner kleinen Schar vorausziehen, sie wünschten sich zu beeilen wegen der drohenden Überschwemmung. Mit meinen trüben Gedanken wollte ich lieber allein reisen, um mich nicht verstellen zu müssen. Das Warten sollte mir übel bekommen. Vierundzwanzig Stunden Verspätung, das langsamere Vorwärtskommen meiner Karawane – die des Paters umfasste nur Reittiere – gaben dem Hochwasser freies Spiel, mich brachte es zur Strecke, während er sein Ziel ohne Zwischenfall erreichte. Es wurde spät am Vormittag, bis wir abmarschierten. Der Mandarin nahm zwar von der Ehrenwache Abstand, meldete mich jedoch seinem Untergebenen in Rumichangu, ganz wie ich das vorausgesehen hatte. Es regnete den ganzen Nachmittag.

Bei Einbruch der Dunkelheit sehen wir einen baufälligen kleinen Tempel am Wege. Er steht offen, eine Tür gibt es nicht mehr. Die Bänke und Tische im Innern lassen erraten, dass er als Schulsaal für die Kinder des nahen Dorfes dient. Meine Begleiter suchen samt den Tieren unter dem kärglichen Rest von Dach über einem zerfallenen kleinen Nebengebäude Schutz. Ich selbst bitte die Tempelgötter um Gastfreundschaft.

In einer Reihe stehen sie auf dem staubigen Altar. Ihre vom Zahn der Zeit und der Ratten angenagten Gesichter sehen mich mit dem eigentümlichen halb wohlwollenden, halb durchtriebenen Biedermannsausdruck der chinesischen Götzenbilder an.

Ich grüße sie freundlich: »Ihr fremden Gestalten, deren Nam' und Art ich nicht kenne, nehmt eine Reisende gütig auf, die Obdach in eurer Wohnung sucht!« Eine Antwort vernehme ich nicht, doch ich errate, sie ist zustimmend. »Ihr werdet keinen Anstoß nehmen, mein Bett zu Füßen eures Altars zu sehen. Als Gastgeschenk werde ich euch Räucherkerzen entzünden; möge ihr Duft euch ergötzen. Möget ihr glücklicher sein als ich, wenn es euch beschieden ist. Gebt denen, die kommen euch anzubeten, Gedanken der Weisheit ein, wenn ihr selbst auch nicht völlig weise seid. Ein kleinliches Almosen, wenn einer nicht mehr spendet, als er hat.«

Der ehrwürdige Alte, der, von zwei Dienern – einem in Menschen- und einem in Teufelsgestalt – eingerahmt, mitten auf dem Altar thront, scheint von meiner Rede angetan. Ein anderes Götterbild, ob männlich oder weiblich, darüber können Yongden und ich uns nicht einigen, wirft sich offensichtlich befriedigt in die vergoldete Brust; die bescheideneren Herrschaften daneben blicken beifällig drein. Das ist einmal eine recht höfliche Frau, werden sie denken. Könnte der treuherzige Alte, der Vorsteher dieser Gemeinde, in die Zukunft sehen, dann müsste er allerdings boshaft in seinen Greisenbart lächeln. Welche Widerwärtigkeiten harrten meiner!

Friedliche Nacht und Aufbruch in aller Frühe. Ich glaube zwar nicht, dass die Dorfleute sich empfindlicher gezeigt hätten als ihre Götter und Anstoß daran genommen, dass ich ihren Tempel als Schlafzimmer benutzte, immerhin ist es besser, wenn sie nichts davon erfahren. Also auf, ehe der Schulmeister mit seinen Zöglingen einzieht.

Bei Sonnenglut und Platzregen in stetem Wechsel vergehen die Stunden. Um die Mitte des Nachmittags stehen wir vor einer Brücke. Tosend rollt der Strom seine hoch angeschwollenen Wassermassen, die entwurzelte Bäume mitreißen, darunter weg. Der Brückenbelag, wie üblich aus losen Brettern, zittert und schwankt beängstigend. Wir werden die Tiere wieder eins nach dem andern am Zügel hinüberführen müssen.

Der erste Maulesel erreicht heil das andere Ufer. Doch kaum ist der zweite bei ihm angelangt, als auf unserer Seite das von der Flut unterspülte Erdreich einstürzt. Zwischen uns und der Brücke klafft ein Loch. Sofort strömt das Wasser nach, verbreitert den Einschnitt und nagt nun von zwei Seiten den Pfeiler an, dessen ausgetrocknetes Mauerwerk sich lockert.

Allein waren wir hier machtlos, noch dazu, wo zwei unserer Leute mit den Tieren am andern Ufer standen. Unser guter Stern rettete uns. Im nahen Dörfchen wurde ein Haus gebaut, eine Anzahl langer Bretter stand daran gelehnt. Aus eigenem Antrieb liefen die Bauern damit herbei und legten sie über das

Loch. Die beiden ersten Tiere waren bepackt hinübergeschritten; das schien uns jetzt zu gefährlich.
Abladen, zehn Maulesel und zwei Pferde ans andere Ufer schaffen, unsere sämtlichen Säcke und Bündel auf den Armen hinterdrein, das kostete uns über eine Stunde. Inzwischen brachen immer mehr Steine aus dem Pfeiler heraus. Die Sache wurde bedrohlich. Dass der Fluss die Brücke wegreißen würde, war sicher; es fragte sich nur, wann.
Meine erzwungene Untätigkeit ging mir auf die Nerven. Der Lama, unsere drei Diener, zwei chinesische Treiber, das machte zusammen sechs Männer. Man brauchte mich wirklich nicht. Ich durfte das Ping! Plautz! der ins Wasser sausenden Steine mit anhören, die wankende Brücke betrachten und mir ängstliche Gedanken machen, jedes Mal wenn Menschen oder Tiere darüber schritten.
Endlich war es geschafft. Der Lama und ich standen allein am diesseitigen Ufer. »Geh voraus, Yongden, und reich mir die Hand, damit ich auf die Bretter komme.«
»Eil dich, ich will sehen, ob sie noch halten«, antwortete er und lief los, viel schneller als ich. »Eil dich«, drängte er erneut, wie er die Brücke erreicht hatte.
Ich war noch mindestens fünf Meter davor, da krachte es gewaltig im Pfeiler; ein paar Planken, die darauf ruhten, gaben mit einem Ruck nach; die Brücke neigte sich querüber, wie ein Schiff beim Rollen; mehrere lose Bretter rutschten ab und wurden von der Strömung fortgerissen.
Der Stoß und der Schreck ließen mich zurückzucken, ich verlor das Gleichgewicht und setzte mich hin – eine zwar lächerliche, aber einwandfrei sichere Stellung. Noch war mir der Rückzug nicht abgeschnitten, doch was sollte ich allein, ohne Geld und Nahrungsmittel auf diesem Ufer?
Ich brauchte nicht lange zu grübeln. Die prächtigen Chinesen hatten von drüben alles mit angesehen. Noch bevor meine etwas weiter weg mit dem Beladen der Tiere beschäftigten

Diener sich aufmachen konnten, waren ein paar an Yongden vorbei zur Brücke gelaufen. Einer setzte sich rittlings auf einen noch einigermaßen sicheren Balken, von wo er mich erreichen konnte. Die zerstörte Brücke krachte in allen Fugen. Yongden hatte Recht, hier tat Eile Not.

Der Bauer streckte mir die Hand hin und zog mich hinüber zum Balken, auf dem ich entlangrutschte bis ein anderer Chinese mich in Empfang nahm, der ließ mich nicht wieder los, ehe ich auf festem Boden stand.

Hier hatten die westchinesischen Bauern ihre Freundlichkeit erneut unter Beweis gestellt. Unmöglich, sich liebenswürdigere, dienstwilligere Menschen vorzustellen! Ich bezweifle nicht, dass es unter dem von den Fremden abhängigen Stadtvolk weiter im Osten mancherlei unerfreuliche Gestalten gibt, aber diese Kulis, Dienstboten oder Fabrikarbeiter sind entwurzelte, missgeleitete Menschen. Dergleichen findet man nicht in Gebieten, wo die alten Sitten erhalten geblieben sind. Der echte Chinese ist freudig hilfsbereit, aber er ist nicht kriecherisch »dienstbeflissen«. Die Art des Auftretens der weißen »Eroberer«, die sich im fremden Land häuslich einrichten, hat bei den mit ihnen in Berührung gekommenen Chinesen eine erkünstelte Unterwürfigkeit gezeitigt. Doch dahinter verbirgt sich wilder Hass. Derselbe »Boy«, dessen armselige Rache heute darin besteht, seinen Herrn mit den Preisen übers Ohr zu hauen, wird ihm morgen, wenn die Umstände zu Hilfe kommen, mit Lust den Kopf abschneiden. Wir haben in Asien eine Rasse wilder Hunde gezüchtet. Kein Zwinger ist so fest gebaut, dass die Zeit ihn nicht lockerte – eines Tages werden die Hunde uns zerfleischen.

Wir beglückwünschen uns zu dem glücklichen Ausgang des kleinen Abenteuers und unsere Helfer erhalten ihre Belohnung. Unsere frohe Stimmung verfliegt allerdings schnell, die Leute sagen, unser Weg stehe einige Kilometer weiterhin ganz unter Wasser. Durchkommen sei ausgeschlossen.

Da haben wir die Bescherung! Zurück nach Mugung können wir jetzt auch nicht mehr, das Beste ist, uns selbst vom Stand der Dinge zu überzeugen. Also vorwärts!
Wir sind bald da. Der Pfad führt am felsigen Ufer scharf abwärts. Unten verläuft er auf eine kurze Strecke in weichem Boden, daher ist hier ein Damm aufgeschüttet und mit Steinen und Reisig befestigt. Dann geht es wieder steil zu einem hohen Bergvorsprung empor. Der Damm ist das überschwemmte Stück. Seine Breite können wir durch das schmutzige Wasser nicht feststellen, aber wir dürfen annehmen, dass er schmal ist. Ist er vielleicht teilweise von der Strömung weggerissen?
Sönam und Tobgjal wollen es untersuchen. Nur mit der Hose angetan, gehen sie ins Wasser, das ihnen sofort bis fast zu den Achseln reicht. Auf einmal verliert Sönam den Grund und dreht sich im Kreise. Ist nun der Pfad dort weggespült oder hat der Mann einen Fehltritt nach dem Fluss zu getan? Das ist zunächst wenig wichtig. Sotar macht schnell eins der Ersatzseile von einem der Ballen los und wirft es Tobgjal zu. Der fängt es auf und schleudert seinem Kameraden das eine Ende zu, aber Sönam kann durch die starke Strömung nicht herankommen. Das Seil treibt ab. Das Wasser kann nicht sehr tief sein, Sönam scheint dann und wann Fuß zu fassen, doch die Wucht des Wassers reißt ihn immer wieder um. Endlich wird er nach dem Rande zu getrieben, er kann den Stock und dann die Hand, die Tobgjal ihm hinhält, ergreifen und kommt aufs Trockene. Die Erkundung dieses Übergangs mussten wir aufgeben.
Der Tag schien reich genug an Zwischenfällen, es war Zeit auszuruhen. Nicht weit von uns öffnete sich zwischen Rasen bedeckten Hängen ein kurzes Tal, durch das ein Wildbach, sonst sicherlich ein friedliches Rinnsal, donnernd über Felsblöcke toste. Im flachen Gelände gabelte er sich mehrfach und hatte weite Strecken überschwemmt. Auf einem der seltenen noch trockenen Flecke mussten wir uns niederlassen. Die Stel-

le gefiel mir gar nicht. Vielleicht hätte ich weiter oben im Tal noch eine bessere gesucht, wenn nicht plötzlich Sönam Zustände bekommen hätte. Bis dahin hatte er seinen Unfall lächelnd hingenommen und keine Spur von Erregung gezeigt. Jetzt weinte er heiße Tränen, wurde unruhig und murmelte abgerissene Worte. Er gehörte so schnell wie möglich ins Bett. Ich ordnete an, dass nur die dringend nötigen Dinge ausgepackt werden und dass die Tiere gesattelt bleiben sollten. Mich zu entkleiden wagte ich nicht, sondern streckte mich auf Packsäcken aus. Trotz meiner schweren Müdigkeit ließen mich der ohrenbetäubende Lärm des Wildbachs und eine zunehmende Unruhe nicht schlafen. Von Zeit zu Zeit stand ich auf, um nach dem Stand des Wassers zu sehen. Es ging nicht hinunter, im Gegenteil, es schien steigen zu wollen. Ich zögerte, die Leute zu wecken, doch als ein neuer Gang zu dem als Pegel in den Boden gesteckten Zweig mich überzeugte, dass der Fluss stieg, ließ ich alles aufstehen, damit wir uns auf die nahen Hänge retten konnten. Die Männer banden den Tieren nur die schwersten Ballen auf, die leichteren wollten sie später auf dem Rücken wegschaffen. Sie arbeiteten fieberhaft, aber die Flut war schneller. Wir standen schon im Wasser, als die letzten Säcke noch am Boden lagen. Bald war unser Lagerplatz überschwemmt.

Durch das schnell fließende, stellenweise schon tiefe Wasser einen Weg nach dem Hang zu suchen war schwierig, bei der Dunkelheit erst recht. Auf dem Steilhang angekommen, konnten wir zwar unsern braven Tieren die Lasten abnehmen, aber für uns Zelte aufzuschlagen war unmöglich. Übrigens ging die Nacht bald zu Ende. In Erwartung des Morgenrotes setzten wir uns ins nasse Gras und freuten uns, dass es wenigstens nicht regnete.

Bis zum andern Mittag ist das Wasser stark gefallen. Die jungen Leute gehen mit Yongden und mir hinunter, um den Übergang nochmals zu versuchen. Das Wasser reicht ihnen

bis zum Gürtel. Der Damm ist nirgends zerstört; wenn man scharf darauf bleibt, kann man die Tiere hinüberschaffen. Unterdes taucht eine Horde halb nackter »Wilder« auf. Sie gehören zu irgendeinem der unabhängigen tibetischen Stämme, die im Westen dieses Gebietes leben. Als sie hören, dass der Übergang möglich ist, werfen sie sich lachend und wie die Teufel kreischend ins Wasser. Sie brauchen keine zwei Minuten, um aufs Trockene zu gelangen. Am Fuß des Berges, der den Fluss überragt, drehen sie sich um, betrachten uns und scheinen etwas zu besprechen.
Ich habe mein Klostergewand an, trage die gelbe Ordensmütze und um den Hals den schauerlichen Rosenkranz der Einsiedler. Fromme Leute, und alle Tibeter sind fromm, dürfen eine Gomchenma (einen weiblichen Einsiedler) nicht im Stich lassen. Ohne jeden Zweifel könnte sie auf den Wassern schreiten, wenn es ihr gefiele, aber da sie nicht zu wollen scheint, dürfte es verdienstlich sein, ihr zu helfen. So ungefähr wird sich die Sache in ihren Köpfen gespiegelt haben, jedenfalls erbietet sich einer, zurückzukommen und mich hinüberzutragen.
Ein Wink der Vorsehung! Ich erwidere, ich brauche fünf Männer. Sofort stürzen fünf Schlagetots sich wieder ins Wasser und stehen triefend vor mir. Yongden setzt ihnen auseinander, dass die Khadoma Tiere und Gepäck besäße, die hinüberzuschaffen wären.
»Schön«, meinen sie, »wir schaffen sie hinüber.«
Aber zuerst müssen wir alles herbeiholen. Wir waten durch die überschwemmten Wiesen. Dann werden die Lasten auf dem Rücken über den Damm geschleppt. Eins nach dem andern folgen die Tiere, ein Tibeter führt es am Zügel, ein anderer hält es beim Schwanz. Alles geht glatt, nur ein großer roter Maulesel hat es zu eilig; er wagt sich allein vor, kommt vom Pfad ab und nimmt ein gefährliches Bad, so wie Sönam am Vortag. Er wird gerettet. Zum Schluss werden der Lama und ich hinübergetragen.

Ich will nun unsern freundlichen Helfern ihren Lohn austeilen, doch sie wehren sich standhaft. Im Gegenteil, sie möchten mir etwas anbieten, wenn sie etwas hätten. Ja, natürlich, trockenen Käse! Ich muss ihn annehmen. *Eine* Belohnung erwarten sie allerdings von mir und dem Lama: den üblichen Segen und das Herbeten der Formeln, die zur Stärkung der Lebenskraft eines Schwächlichen vorgeschrieben sind. Bei einem von ihnen ließen nämlich die Kräfte nach. Der Hüne, der da vor mir steht, sieht ja nun alles andere als schwach aus, aber er muss schließlich selbst am besten über seinen Gesundheitszustand Bescheid wissen. Wir versprechen jedenfalls, den Wunsch zu erfüllen, und sagen auch während des Weitermarsches genauestens die Formeln auf, um unser den harmlosen Gemütern gegebenes Wort einzulösen.
Meine Leute haben ihre triefenden Hosen ausgewrungen; es ist warm, 30–32° C, wir werden alle bald wieder trocken sein. Wir befinden uns jetzt auf einem langen geraden Weg, der auf kurze Strecken leicht überschwemmt ist. Angenehmes Lager die Nacht unter dicken Bäumen und weit genug vom Fluss entfernt, um uns verhältnismäßig sicher zu fühlen. Wir genießen einen erquickenden Schlaf, den wir dringend nötig haben.

Weiter durchs Hochwasser

Bald nach dem Aufbruch am andern Morgen gleitet der rote Unglücksmaulesel auf einem als Steg dienenden Brett aus und stürzt ins Wasser. Er fällt nicht weit und der Bach ist nicht tief, aber die kräftige Strömung reißt das Tier mit. Der Fluss ist ganz nahe, ich fürchte schon, den Maulesel dorthin abtreiben und ersaufen zu sehen, da wird er gegen einen Felsen geworfen, kommt wieder auf die Beine und arbeitet sich aus dem Bach heraus.
Die von der Überschwemmung angerichteten Verheerungen,

die wir jetzt erblicken, sind furchtbar – alle Maisfelder verwüstet. Leider vergrößern wir den Flurschaden auch selbst noch. Wir müssen uns oberhalb des überschwemmten oder abgerutschten Weges einen Pfad durch die Äcker suchen; die Verlockung ist zu groß, trotz all unserer Bemühungen reißen unsere vierzehn Tiere hier und da eine Pflanze ab, andere zertreten sie mit den Hufen. Wem soll ich eine Entschädigung zahlen? Es ist niemand zu sehen.

Später am Tag rutschen zwei Maulesel von dem aufgeweichten schmalen Pfad ab, wir holen sie wieder, doch es dauert lange, bis wir einen gangbaren Aufstieg für sie gefunden haben.

Unsere Prüfungen sind noch nicht zu Ende. Hinter einer Siedlung mit drei Häusern führt der Weg zum Fluss hinab. Dieser hat dort einen großen Kessel ausgehöhlt, in dem das Wasser schäumt. Eine Strecke weiter hat ein Erdrutsch den Weg ganz weggerissen. Diesmal ist die Sache ernst. Wir brauchen Erdarbeiter.

In solchen Lagen glänzt Yongden. Ohne einen Augenblick zu verlieren, hält er den wenigen Männern des Ortes eine Predigt. Mit bewegten Worten rühmt er die Verdienste, die es zu erwerben gibt, wenn man Wege in Ordnung bringt, auf denen Götter und Menschen wandeln. Trotz seinem schlechten Chinesisch wirkt er hinreißend. Nicht einmal die Seelen der Ahnen vergisst er zu erwähnen, die gebahnte Wege besonders zu schätzen wissen. Die Frauen sind aus den Häusern getreten und hören begeistert zu. Was für ein gelehrter Lama! Und wie gut er spricht!

Sönam und Sotar, denen die Redegabe versagt geblieben ist, unterstützen ihn eindrucksvoll auf ihre eigene Weise. Sie werfen das Gewehr über die Schulter und erklären, ich sei eine Ta ren (eine bedeutende Persönlichkeit), der Weg müsse für mich sofort in Ordnung gebracht werden.

Die beiden Überzeugungsmittel, das salbungsvolle und das gewaltsame, das zarte und das harte, erzielen gemeinsam die

gewünschte Wirkung. Die Landleute holen ihre Spitzhacken. Zwischen den beiden Bewaffneten wirken sie wie Sträflinge, die zur Zwangsarbeit geführt werden. Yongden stärkt aus der Entfernung ihren Mut mit lauten Segenswünschen.
Die Arbeit ist nicht unerheblich. Oberhalb des abgerutschten Weges muss durch dichtes Dornengestrüpp ein Notpfad gebahnt werden. Das kann mehrere Stunden dauern.
Sönam und Sotar legen mit Hand an, die Treiber bewachen die Tiere, Tobgjal bereitet das Essen, Kartoffeln in der Schale und Tee. Die Bauern haben mich zum Eintreten aufgefordert, aber die Unsauberkeit widert mich an. Ich bleibe lieber vor der Tür des Hauses sitzen, dessen Küche Tobgjal mit Beschlag belegt hat, und halte Umschau. Ein Dutzend Kinder treibt sich im Freien herum, darunter ein einäugiger Junge mit einem von Brandwunden entstellten Gesicht. Alle sind schmutzig und hässlich, bis auf eins, ein etwa zehnjähriges Mädchen. Schlank, zart, hübsch, mit ganz unchinesischen Zügen, wirkt sie in dieser Umgebung wie ein Wunder. Sie gleicht den gemalten Prinzessinnen in den alten persischen Handschriften. Sie hat dasselbe katzenhaft-zärtliche, verlockend-sinnliche Äußere und ihre Bewegungen, ihr wohlüberlegtes Mienenspiel verraten, dass sie auch innerlich eine echte Evatochter ist. Ich könnte sie mir in kostbare Seide gehüllt, mit Edelsteinen geschmückt in einem morgenländischen Harem vorstellen. Wie kommt diese Schönheit, die mich mit wissenden Augen betrachtet, unter dies ungeschlachte Bauernvolk? Was wird einmal aus ihr werden? Wird einer der hiesigen Bauern sie zum Weib nehmen? Oder wird vielleicht ein zufällig des Weges kommender Städter oder ein Beamter auf Besichtigungsreise sie kaufen, um eine Schauspielerin, ein Freudenmädchen oder seine Freundin aus ihr zu machen?
Als man mir mitteilt, dass ein Pfad fertig ist, der für die Maulesel ausreicht – sie sind an schwieriges Berggelände gewöhnt –, verteile ich Geschenke an die Arbeiter und breche auf.

Kaum haben wir die gefährliche Stelle hinter uns, da stehen wir schon wieder vor einer Brücke. Wie Sönam, einen Maulesel am Zügel, darauf zugeht, bricht plötzlich ein Teil des Pfeilerwerkes am andern Ufer zusammen. Durch die Erschütterung stürzen einige der losen Bretter in den Fluss; die Brücke ist ungangbar. Meine Leute erbleichen. Das ist zu viel! Haben sich die bösen Geister gegen uns verschworen?
Wir befinden uns am Eingang einer engen Schlucht, wo der hoch angeschwollene Fluss über wild aufgetürmte riesige Blöcke in die Tiefe stürzt. Von allen Seiten spritzt das Wasser, wir werden durch und durch nass. Das von den Felsen widerhallende donnernde Tosen macht uns taub. »Tschui djigpa*«, ruft Yongden mir zu.
Die unglückselige Brücke wird nicht mehr lange aushalten. Meine Leute laufen zu dem nahen Dorf und kommen mit einigen Chinesen zurück, die Bretter tragen. Wir gehen genauso zu Werke wie zwei Tage vorher und kommen heil hinüber.
Danach bleiben wir von Zwischenfällen verschont. Wir verbringen die Nacht am Wegrand, auf Brachland. Unser Abendessen ist sehr mager, die Vorräte aus Sinkaitze sind fast erschöpft.

Meine Diener verlassen mich

Am andern Morgen gehe ich mit Yongden zu Fuß voraus. Die Widerwärtigkeiten dieses Marsches im Überschwemmungsgebiet – neben meinen andern Sorgen – machen mir Kummer. Um seelische Spannungen zu lösen, gibt es kein besseres Mit-

* Geschr. *tchui hdjigpa*, die »Zerstörung durch das Wasser«. Ein altüberlieferter Ausdruck für eine der Formen des »vorläufigen« Weltuntergangs; die anderen sind die Zerstörung durch das Feuer und durch den Wind. Genauso wie die Menschen wieder geboren werden, erstehen die Welten neu nach ihrem Untergang. Dieser Glaube ist Tibetern und Hindus gemeinsam.

tel als den Fußmarsch. Bei einem kleinen Dorfe ist der Weg wieder überschwemmt. Die Bauern berichten, ein Stück weiter sei er ganz zerstört, dort kämen wir unmöglich durch. Ein Mann, der es am Vortag auf einem Maulesel versucht habe, sei samt dem Tier ertrunken.

Ich werde mir die Stelle selbst ansehen müssen. Der Lama soll zunächst nach hinten gehen, den Leuten den Befehl zum Abladen und Warten überbringen und dann mit Sönam, Tobgjal und unsern Satteltieren zurückkommen. Zu viert finden wir vielleicht einen Ausweg.

Wir betreten das überschwemmte Land und kommen ohne Schwierigkeiten bis an die gefährliche Stelle. Das Hochwasser hat den Uferstreifen weggespült, eine Bucht ist entstanden, aus der drüben eine Felswand senkrecht aufsteigt. Aus der Art, wie sich die kleinen Wellen an ihrem Fuße brechen, kann man erkennen, dass das Wasser tief ist. Hier ist der Chinese ertrunken.

Diesmal gibt es tatsächlich nichts zu versuchen. Übrigens lassen die beiden jungen Leute und der Lama heute jeglichen Unternehmungsgeist vermissen. Sie sitzen reglos am Rand des Wasserlochs. Ich muss ihnen befehlen aufzustehen. Wir kehren um. Da bemerke ich einen Pfad, der mir zuvor entgangen war. Er führt bergauf. Den werden wir nehmen und sicherlich eine Möglichkeit finden, auf der andern Seite unsere Straße, die um diesen Berg herumführt, wieder zu erreichen. Den Versuch müssen wir auf jeden Fall machen und selbst wenn wir gezwungen sein sollten, das Fallen des Wassers abzuwarten, ist ein Lager auf dem Berg immer noch das Sicherste. Dort laufen wir nicht Gefahr, dass uns das Wasser nachts in die Zelte fließt.

Wie ich nun Tobgjal wegschicken will, die andern zu holen, wendet Yongden ein, er habe vorhin nicht nur meinen Auftrag ausgerichtet, sondern die Zelte aufschlagen lassen. Schadet nichts, dann werden sie wieder abgebrochen. Es ist

kaum Mittag und wir können bis zum Abend noch ein gutes Stück vorankommen.
Sie gehen alle drei zurück und ich steige langsam den neuen Weg empor, der sich als sandig und sehr steil entpuppt. Bei der kräftigen Hitze, in meinen durchweichten Filzstiefeln, in viel zu warmer Kleidung hat der »Spaziergang« nichts Angenehmes. Bald mache ich unter einem Busch, im Schatten eines Felsens Halt, ziehe mich aus, lasse Strümpfe und Stiefel trocknen und packe die hinderlichen Kleidungsstücke zusammen. Nach halbstündiger Ruhepause steige ich langsam weiter. Ich habe viel Zeit; selbst wenn meine Leute sich tüchtig beeilen, vor zwei Stunden können sie mich nicht einholen.
Oben am Berg taucht ein Dorf auf. Der Weg gabelt sich. Mir kommt in den Sinn, dass ich bei den Häusern um Tee bitten könnte. Sicher wäre dort auch eine Möglichkeit zum Übernachten, falls meine Leute müde sind. Wie ich dem Dorf zuschreite, kommt ein mächtiger schwarzer Hund auf mich zu, ein kleiner Junge läuft ihm nach und ruft ihn zurück, aber das Tier gehorcht nur widerwillig. Die andern Dorfköter stürzen kläffend hinterdrein. Da ist es klüger umzukehren. Der Schwarze verfolgt mich noch eine Zeit lang, aber sein Mut lässt nach, je weiter er sich vom heimatlichen Gelände des Dorfes entfernt. Schließlich macht er kehrt.
Ich erreiche den Einschnitt, wo der Abstieg nach drüben beginnt. Jetzt sollten meine Leute da sein. Ich setze mich hin und warte. Eine weitere Stunde vergeht; kein Stimmengewirr, kein Schellengeläut deutet auf das Herannahen von Menschen und Tieren. Wir müssen uns verfehlt haben. Sicher haben sie weiter unten einen Weg gefunden, der mir entgangen ist, und sind überzeugt, dass ich den eingeschlagen habe.
Ich könnte unschwer den am Fluss entlangführenden Weg nach Rumichangu wieder finden, aber es wäre mir doch lieber, vor Einbruch der Dunkelheit meine Leute zu treffen. Sie würden sich bestimmt ungeachtet ihrer Müdigkeit nach mir auf

die Suche machen. Schließlich habe ich auch selbstsüchtige Gründe, der Hunger meldet sich und mein Zelt wäre mir, falls es zu regnen anfängt, willkommen.
So lasse ich die Pfeife ertönen, die wir für solche Verlegenheiten umhängen haben. Nichts rührt sich. Aber ich verliere nicht den Mut, sondern pfeife während des Abstiegs in regelmäßigen Abständen. Endlich, schon ziemlich tief unten, vernehme ich die Antwort und bald taucht der Lama aus dem Unterholz auf. Er war in der Richtung des Schalles senkrecht emporgestiegen. Es verhält sich genau, wie ich es mir gedacht hatte; weiter unten geht ein zweiter Weg, in den der meine einmündet. Neu vereint ziehen wir weiter.
Der Weg führt in tausend Biegungen abwärts, Mensch und Tier sind müde, ich eingeschlossen. Das Unheil will, dass ich mir zwischen Steinen den Fuß verletze und humpeln muss. Die Karawane überholt mich. Als wir durch ein Dorf kommen, in dem wir übernachten könnten, sind die Treiber schon so weit voraus, dass mir nichts übrig bleibt, als ihnen zu folgen.
Beim letzten Tageslicht erblicken wir den Fluss wieder. Ich finde meine Leute auf einem Friedhof, weiter konnten sie nicht mehr. Der Platz ist schwerlich zum Lagern geeignet. Ein schneller Rundgang zeigt mir, dass die furchtbaren Güsse die Gräber ausgewaschen und halb verfaulte Särge mit verwesenden Leichen freigelegt haben. Die trübe Regenbrühe fließt in vielen Windungen daran vorbei. Ich rede den Männern zu, dass wir hier wegmüssen, doch sie sind abgestumpft vor Erschöpfung. Sie verstehen nicht, was ich sage, und legen sich schlafen, ohne zu essen.
Yongden ist ebenso müde, aber mit einem härteren Willen begabt, er schafft mein Zelt etwas weiter weg an eine erhöhte Stelle. In meiner Thermosflasche findet sich noch ein Restchen Tee, den teilen wir und legen uns nach diesem »Abendessen« voll angekleidet zum Schlafen auf die nackte Erde.
Vor dem Weggehen hatte ich meinen Leuten angekündigt, da

sie so müde seien, könnten sie sich den ganzen nächsten Morgen ausruhen. Wir waren dicht vor Rumichangu und mussten in einem halben Tag bequem hinkommen. Hätte ich das nur nicht getan!

Gegen 11 Uhr vormittags höre ich aus der Richtung meiner Leute ein Geheul emporschallen. Ich eile vor das Zelt und starre entsetzt auf eine blutige Haut, die wie eine Teufelsfahne unten auf dem Kirchhof zwischen den Gräbern hängt. Ein paar Schritte davon brennt ein Feuer, meine Leute stehen schreiend und aufgeregt, mit den Händen rudernd, dabei, der Suppentopf liegt umgeworfen in der Glut.

Ehe ich mich von meinem Schreck erholen kann, sind die drei Männer an mir vorbei. Ihre Blicke flackern wie bei Irren, aus ihren zusammenhanglosen Worten kann ich knapp so etwas heraushören wie: »Großes Wasser, Teufelswerk, Pferd.« Was soll das nur heißen?

»Sie wollen weg«, berichtet Yongden, der ihnen nachgelaufen ist und sie zurückbringt.

»Wohin denn?«

»Das wissen sie nicht; von uns weg.«

Das ist ja unvorstellbar! Ich versuche, sie zu beruhigen, ich sage ihnen, sie sollen bis nach Rumichangu mitkommen, wo ich sie entlohnen werde, damit sie nach Haus reisen können.

Nein, sie wollen kein Geld, keine Lebensmittel. Nichts wollen sie von mir. Sie werfen mir die Kutten und die Hüte, die ich ihnen geschenkt habe, vor die Füße. Tobgjal schleudert seine Börse in die Büsche. Dann verschwinden sie, wie drei Wahnwitzige, in gestrecktem Lauf in der Richtung, aus der wir am Vorabend gekommen sind.

Der ganze Auftritt hat keine zehn Minuten gedauert. Ich bin starr.

»Ich habe manches Mal gefürchtet, dass es so kommen könnte«, meint der Lama gelassen, »sie haben ›schwache Herzen‹.

Die Überschwemmung, die uns jeden Augenblick den Weg versperrt, die einstürzenden Brücken, die ins Wasser gefallenen Menschen und Tiere, das war zu viel für sie, es hat ihnen den Sinn verwirrt, sie konnten nicht mehr schlafen oder hatten Alpdrücken. Und dann nun der Tod des Pferdes. Da so viel Zeit war bis zum Aufbruch, hat der Chinese seine Tiere gestern Abend nicht angebunden, sondern über Nacht weiden lassen. Sein Pferd ist zwischen den Felsen emporgeklettert und abgestürzt, heute früh hat er es mit zerschmetterten Knochen gefunden. Er hat wenigstens das Fell retten wollen und es mithilfe seines Knechtes an Ort und Stelle abgezogen. Unsere Leute haben nichts von dem Unglück gewusst. Als nun der Chinese die bluttriefende Haut angeschleppt und zum Trocknen ausgebreitet hat, ist ihnen das Entsetzen in die Glieder gefahren und sie haben wie Irre zu heulen begonnen, geschrien, die Teufel wären hinter uns her, sie hätten das Pferd getötet und jetzt kämen die Menschen dran.«

Ich verstand. Bis jetzt waren wir, Menschen wie Tiere, stets mit heiler Haut aus den unangenehmen Zwischenfällen hervorgegangen, die sich seit dem Aufbruch von Sinkaitze auf unserer Straße häuften, aber nun wendete sich das Glück gegen uns. Für diese abergläubischen Seelen war der Tod des Pferdes die Androhung schwereren Unheils.

Dies lächerliche Abenteuer machte meine Lage noch unerfreulicher. Wo sollte ich Begleiter für die Weiterreise hernehmen? Chinesen durften es nicht sein. Um nach Tibet hineinzugelangen, brauchte ich Tibeter, und zwar vertrauenswürdige Leute. Doch darüber konnte ich später nachgrübeln, jetzt mussten wir nach Rumichangu.

Yongden beauftragte den Treiber, aus dem nächsten Dorf drei Männer herbeizuschaffen, dann machte er sich daran, unsere Sachen, die die geflohenen Trapas hatten herumliegen lassen, zusammenzupacken. Ich half nach Kräften, nebenbei kochte ich Wasserkakao und rührte einen tüchtigen Schuss Kola mit

hinein, wovon ich ein Fläschchen für »große Tage« bei mir führte, wo wir Schweres leisten mussten, ohne zu essen. Denn davon war jetzt keine Rede, obwohl wir seit dem Frühstück am Vortage nichts genossen hatten.
Am Nachmittag bringt der Chinese drei Männer. Wir brechen auf.
Der Regen beginnt von neuem und hört nicht wieder auf; im Gegenteil er steigert sich zu einer wahren Sintflut. Kurz vor der Stadt findet sich wieder eine überschwemmte Stelle. Für Fußgänger ist am felsigen Berghang ein Notsteg geschaffen, die Tiere müssen abgeladen werden und am Ufer entlangschwimmen. Meine Leute führen sie und halten sie mit Stricken fest, damit die Strömung sie nicht wegreißt. Trotz dieser Vorsichtsmaßregel fehlte nicht viel und zwei wären abgetrieben worden; der vom Pech verfolgte rote Maulesel wird gegen einen Felsen geworfen und kommt mit blutenden Beinen aus dem Wasser.

In Rumichangu

Von der Stadt trennt uns jetzt nur noch eine Hängebrücke, aber sie ist so nass und schlüpfrig, dass die Gefahr für die Tiere mir zu groß scheint.
Es ist spät, fast Nacht. Ich lasse alle meine Begleiter samt dem Gepäck zurück, gehe allein über die Brücke und frage in der Stadt nach der französischen Mission. Dort hoffe ich Rat und Hilfe zu finden. Zu meiner freudigen Überraschung treffe ich dort Pater Ch. wieder, der noch bei seinem Amtsbruder weilt. Meine Kleider triefen vor Nässe. Trotz aller Verehrung für den Pater bedaure ich in diesem Augenblick, dass dies kein evangelisches Missionshaus ist, wo liebenswürdige Damen mir trockene Wäsche und einen Morgenrock leihen könnten. Aber man darf nicht zu viel verlangen; ich schätze mich schon

glücklich, zum Essen eingeladen zu werden, seit sechsunddreißig Stunden habe ich nichts Richtiges bekommen.
Der Missionar gibt einem seiner Leute Auftrag, Träger zu besorgen, die mein Gepäck in die Stadt schaffen, während meine Tiere bei einem Bauern auf dem jenseitigen Ufer untergebracht werden.
Es ist schon lange finster, als Yongden hereintritt. Auch er bekommt zu essen, dann gehen wir über die Straße zu einem chinesischen Kaufmann, der uns Zimmer angeboten hat. Uns selbst etwas zu suchen hatten wir ja keine Zeit.
Noch immer gießt es vom Himmel, leider auch durch die undichten Zimmerdecken. Bald gibt es in unsern Räumen keinen trockenen Fleck mehr. Unsere Decken und Feldbetten packen wir lieber wieder in die Säcke, damit sie nicht zugrunde gerichtet werden. Den Rest der Nacht verbringen wir in Regenmänteln und Kapuzen auf den Säcken sitzend.
Quälende Gedanken stürmen auf mich ein. Wie lange werden wir hier zubringen müssen? Unmöglich, das vorauszusagen. Wir haben Diener zu suchen. Muss ich nicht den ganzen Reiseplan umstürzen? Und wenn ich nicht nach Tibet gehe, wohin dann?
Auch Yongden grübelt in dieser schlaflosen Nacht. Doch wie wir uns auch entscheiden mögen, zunächst brauchen wir eine Unterkunft. Der Lama begibt sich in der Morgenfrühe auf die Suche. Unser Treiber, der hier sein Haus und eine Brennerei besitzt, bietet uns Wohnung an. Ich besichtigte das Haus, es ist sauber, fast neu, in gutem Zustand, große Räume; wir haben gefunden, was wir brauchen. Unser Gepäck wird herbeigeschafft. Yongden bestellt bei einem chinesischen Gastwirt Essen, das er fertig ins Haus bringen soll. Der Mann kocht nicht schlecht! Wir beginnen, uns wohler zu fühlen. Wir haben ein sicheres Dach über dem Kopf. Heute Nacht mag es regnen, wie es will.
Aus dem ersten Schlaf fahre ich mit dem beklommenen

Gefühl auf, dass ich ersticke. Dichter Qualm erfüllt mein Zimmer. Steht das Haus in Flammen? Keineswegs. Der Rauch kommt aus dem Brennereiofen unter meinem Zimmer; Kamine gibt es ja in chinesischen Häusern nicht.
Ich reiße das Fenster auf, verbringe die Nacht mit dem Kopf im Freien. Wann endlich wird mir Schlaf vergönnt sein?
In der Morgenfrühe bringt Yongden mir Tee und flüstert: »Sie sind da.«
»Wer, sie?«
»Die Diener! Gestern spät am Abend sind sie aufgetaucht. Ich habe ihnen gleich Tee und Tsampa gegeben und sie in der Küche schlafen lassen. Sie erzählten, sie wären bis zu der wackligen Brücke zurückgelaufen, die inzwischen unbenutzbar geworden war. Sie hätten dann die Nacht in einem zerfallenen Tempel verbracht und bei dem starken Regen recht gefroren. Zu essen hätten sie auch nichts gefunden. Sie hätten eben vor Angst den Verstand verloren gehabt.«
Kurz und gut, sie bereuten ihren Streich. Als ich in die Küche kam, saßen sie zu dritt vor dem Feuer. Nun hingen dort am Herd ein prächtiger Fisch und ein schönes Huhn, die ich am Vorabend erstanden hatte. Sehnsüchtig, ja andächtig hafteten die Blicke meiner Ausreißer auf diesem nahrhaften Stillleben, das sich von der gelblichen Tannenholzwand vorteilhaft abhob. Sie baten mich also um Verzeihung. Innerlich war ich hocherfreut über diese Lösung, die mir viel Last ersparte, aber bei aller Großmut wollte ich gern die Gelegenheit benutzen, um Sotar loszuwerden. Nicht nur, dass er mit seinen Redereien meine Absichten durchkreuzt hatte, er bekam auch häufig Fieberanfälle und ich musste befürchten, dass er ernstlich krank würde.
Es kostete mich Mühe, ihn zu überreden, allein nach Xining zurückzukehren. Xining war nicht seine Heimat, er stammte aus Lhasa, doch hatte er lange dort gelebt und sich wohl gefühlt. Außer dem ausbedungenen Lohn schenkte ich ihm

Kleider und ausreichendes Reisegeld. Ferner traf ich Vorsorge, dass ihm in Xining die ersten sechs Monate eine kleine Rente ausgezahlt würde, damit er sich in Ruhe eine Beschäftigung suchen könnte. Von Yongden erhielt er eine große stählerne Uhr.

Der Trapa ist gut nach Xining gekommen. Einen Teil des Weges hat er im Dienst eines mit Karawane reisenden Kaufmanns gestanden. Von dem Lohn hierfür hat er den Rest der Reise bezahlen können, ohne das von mir geschenkte Geld anzugreifen. Ich habe ihn ein Jahr später in Xining wieder getroffen, er hat mich dann noch auf mehreren Reisen begleitet.

Da die Dienerfrage glücklich gelöst war, hielt mich nichts mehr in Rumichangu. Den Plan des Vorstoßes nach Lhasa stellte ich zurück. Ich hatte aus den Erfahrungen dieser Reise gelernt, wie ich das Unternehmen in Angriff nehmen musste, wenn es Aussicht auf Erfolg haben sollte. Ein neuer Versuch konnte nur von einem andern Landesteil aus, wo ich unbekannt war, infrage kommen. Für diesmal blieb ein Besuch des sehr fesselnden Landes Kham übrig. Hier stand ich an der Grenze, vielleicht würde ich nie wieder Gelegenheit finden, es kennen zu lernen. Damit wäre wenigstens die erste Hälfte des in Kumbum entworfenen Reiseplans durchgeführt.

Wieder ins Hochland

Wir bekommen den Wulaschein

Zu einer Reise nach Kham gehörte natürlich der Besuch von Kantse (Garzê), der Hauptstadt der Horpastämme. Sie ist wichtiger Handelsmittelpunkt an der Straße, auf der die Teekarawanen von China nach Lhasa ziehen. Dort wollte ich südwärts abbiegen nach Litang, Batang und dem ganzen Gebiet, das die Tibeter Balitang nennen.

Dieser zweite Plan sollte ebenso wenig verwirklicht werden wie der erste, unvorhergesehene Umstände zwangen mich in eine andere Richtung. Wie ärgerlich das Durchkreuzen unserer Absichten uns im ersten Augenblick erscheinen mag, es liegt ein großes Vergnügen darin. So behält das Reisen den köstlichen Hauch des Abenteuers, ständig muss man für Überraschungen, für fesselnde neue Entwicklungen gewappnet sein. Welch prickelnde Lust, beim Aufbruch sich zu fragen: »Was werde ich erleben?« Ein Vergnügen anderer Art, das allerdings eine gewisse abgeklärte Ruhe zu seinem vollen Genuss voraussetzt, ist die Kunst, ein Ereignis, das unsere herrlichen Pläne rau über den Haufen wirft, mit der freundlichen Frage zu empfangen: »Was hat es für Folgen? Wo wird es mich hinführen?«

Beides habe ich zur Genüge ausgekostet, mancher wird denken, in überreichem Maße.

In Rumichangu erfuhren wir, dass unser Weg an verschiedenen Stellen überschwemmt sei. Das Gebiet ist fast unbewohnte Steppe, also war anzunehmen, dass nur sehr wenig Aufräumungsarbeiten geleistet sein würden. Einen solchen Marsch wollte ich meinen beiden Tibetern, die sich kaum von ihrem Schreck erholt hatten, lieber nicht allein zumuten und entschloss mich, den Treiber mit seinem Knecht und vier Tieren weiter zu mieten. Meine Maulesel konnten sich dann schonen und meine beiden Helden hatten weniger Arbeit und gute Gesellschaft.

Ich hatte die Rechnung ohne den Wirt gemacht. Der Mann lehnte rundweg ab, er hätte keine Lust, die unglückseligen Zwischenfälle der letzten Reise noch mal zu erleben. Auch zwei weitere Treiber weigerten sich, uns ihre Tiere zu vermieten.

Da griff Vater Ch., der sich noch am Ort befand, freundlicherweise ein. Er suchte den chinesischen Kreishauptmann auf und trug ihm meine Not vor. Dieser war sehr entgegenkommend; er stellte mir einen Wulaschein aus, wie er reisenden Beamten zusteht: die Berechtigung zur Zwangsbeitreibung von Menschen und Tieren für die Beförderung meines Gepäcks. Ferner wollte er mir am übernächsten Tag Maulesel schicken und für die Überschreitung des übel berüchtigten Passes eine Schutzwache mitgeben.

Erfreulicherweise – für mich – war ihm das Letztere unmöglich. Das Ehrengeleit blieb mir erspart. Es gab nämlich keine entbehrlichen Soldaten in der Gegend. Der flüchtige Statthalter, den ich in Nanping getroffen hatte, bereitete die Rückeroberung Chengdus mit frischen Truppen vor, die ihm sein »Herr Bruder«, der Statthalter von Shaanxi, geliehen hatte. Auch von einem andern seiner Freunde, dem »Herrn Bruder« in Tatsienlu, erwartete er Verstärkungen. Um die Vereinigung dieser beiden feindlichen Heere zu verhindern, hatte der Sieger seine Truppen in Eilmärschen nach Sinkaitze geschickt.

An dem für den Aufbruch angesetzten Morgen erschienen Träger statt der versprochenen Maulesel. Im Laufe der nächsten Tage habe ich mich zu dieser Änderung beglückwünscht,

niemals hätten beladene Tiere die Hindernisse überwinden können, die die Überschwemmung uns in den Weg legte; meinen eigenen, die nichts als die Sättel trugen, fiel die Reise nach Taou (Dawu) schwer genug.
Mangels von bewaffneten »Tapferen«, ließ der Beamte mir sagen, werde er mir zwei Milizmänner schicken, eine Art unbewaffnete Landjäger. Sie wären leider noch nicht marschfertig, wir brauchten indessen nicht auf sie zu warten, sie würden uns bald einholen.
Der erste Marschtag war angenehm und der Weg besser, als wir hofften. Wir marschierten, ohne anzuhalten, an einem Bönpo-Kloster vorüber und machten dann in einem Dorf Halt, wo die Träger abgelöst wurden. Mein Durchzug war nicht gemeldet, so brauchten wir über eine Stunde, bis wir die nötige Anzahl Männer zusammenbrachten. Währenddessen konnte ich den Ort in Muße anschauen. Die Bewohner waren Gyarongpas, ihre Bauweise sticht ebenso stark von der chinesischen ab wie die der eigentlichen Tibeter. Da in diesem Bergland an Wald kein Mangel ist, errichten die Leute mehrstöckige Holzhäuser mit spitzen Dächern und umlaufenden Balkonen. Die Ställe nehmen, wie meist in Tibet bei den Bauern, das Erdgeschoss des Wohnhauses ein. Die Häuser hier waren besonders hoch. Wenn man in den engen Gassen emporsah, wirkten sie wie Wolkenkratzer.
Als der Abend kommt, legen die Träger ihre Bündel am Lagerplatz nieder und kehren nach Haus zurück, bis auf einen. Der muss ins nächste Dorf vorausgehen und die Leute dort benachrichtigen, dass sie uns am folgenden Morgen Männer zum Trägerdienst schicken müssen. Wir sind nun also allein, auf einer niedrigen Graskuppe; nicht weit vom Fluss, aber im Trocknen.
Lautes Rufen schreckt mich aus dem ersten Schlummer. Meine Leute sitzen noch um den Teekessel beisammen. Sie haben Schritte gehört und empfangen die Unbekannten, wie es auf

diesem Teil des Erdballs üblich ist, mit dem Willkommgruß: »Stehen bleiben, Freunde, oder ich schieße!« Der Sitte gemäß hat dann der Fremde aus der Entfernung laut zu verkünden, wer er ist und was er begehrt, falls er nämlich ehrliche Absichten hegt. Tut er das nicht, so zieht er die Folgerungen daraus, dass er entdeckt ist, er läuft davon oder aber wenn er den Rufer erkennen kann, kommt er ihm mit dem Schuss zuvor!

Diesmal geben die Ankömmlinge sich zu erkennen, es sind die Milizleute. Ich trete vor das Zelt, um mich zu vergewissern, ob das tatsächlich stimmt, und darf im Nachtgewand den feierlichen Kniefall zweier Chinesen entgegennehmen.

Der nächste Tagesmarsch führt nach Wadjo. Mein amtlicher Ausweis wirkt dort Wunder, er verschafft uns Lebensmittel! Man hat mir versichert, dass ich von jetzt ab keine mehr zu kaufen bekommen werde. Daher decke ich mich reichlich mit Mehl, Butter und Körnerfutter ein, auch Milch, die sich bei vorsichtiger Behandlung ein bis zwei Tage hält, nehme ich mit.

Die Bauern hätten sich bestimmt glatt geweigert, mir auch nur ein Ei zu verkaufen; sie scheinen jedoch ganz zufrieden zu sein, dass sie mir jetzt zwangsweise große Mengen Lebensmittel liefern müssen; und sie sind hocherfreut, als Yongden ihnen Bezahlung anbietet. Sie wissen ja, dass ich alles auch hätte umsonst mitnehmen können. Diese seltsame Auffassung findet man fast überall in Tibet wieder.

Die ganze Nacht regnet es in Strömen. In der Frühe ist der Fluss gewaltig angeschwollen. Die Einwohner raten uns, in Wadjo zu bleiben, bis ein Arbeitstrupp den Weg abgegangen ist und ihn an den schlimmsten Stellen instand gesetzt hat.

Erst bei Einbruch der Dunkelheit kehren die Männer zurück; der Weg ist jetzt frei. Obwohl der Fluss inzwischen stark gefallen ist, wird der Marsch am andern Tag anstrengend.

Am Spätnachmittag stehen wir vor der Brücke, die zu dem Bönpo-Kloster Tesmon hinüberführt. Der Fluss ist hier auf

seine dreifache Breite angeschwollen, kaum noch in der Mitte ragt der Steg aus dem Wasser. Wie häufig in China hat er Eselsrückenform, beiderseits führt eine Art Treppe aus unbehauenen Steinblöcken hinauf; leider ist sie unter der Flut verborgen, wohl fünfzehn Meter trennen uns von ihr.
Unter allerlei Vorsichtsmaßregeln durchschreiten die Träger mit den Lasten auf dem Kopf die reißende Strömung. Jeder wird von zwei Männern, die nichts tragen, gestützt, andere stehen im Wasser und bilden mit ausgebreiteten Armen eine Kette, allerdings oberhalb statt unterhalb. Was sie sich dabei denken mögen? Dass man auf diese Weise weder einen Menschen noch ein Bündel halten kann, wenn es in den Strom fällt und fortgerissen wird, ist sicher. Aber ich bin der Einzige, dem Zweifel kommen, der unerschütterliche Ernst der Leute beweist, dass alle von dem Wert dieser lebenden Mauer überzeugt sind.
Um nicht die ganze Zeit über im Schlamm stehen zu müssen, habe ich den Verlauf der Dinge aus dem Sattel verfolgt. Nun führen Tobgjal und Sönam meine Tiere zur Treppe. Über diese Art Brücken reitet man nie und jetzt wäre der ungeschickteste Augenblick, es zu versuchen. Also hinab ins Wasser. Jenseits ist das Ufer steiler und nicht so weit überschwemmt, ein Mann kommt mir entgegen und hebt mich wie ein Bündel auf die Schulter.

Der »Meister des Tons«

Wir wollen im Kloster übernachten. Einer der Mönche tritt mir seine Wohnung ab, zwei kleine Räume, Küche und Schlafkammer. In Letzterer richte ich mich ein, Yongden soll in der Küche schlafen, meine Leute und die Milizchinesen nimmt ein anderer Mönch auf.
Der Marschtag war hart für die Träger; ich rede ihnen daher zu, nicht sofort umzukehren, es müsste ja spät in der Nacht

werden, bis sie nach Hause kämen. Sie sollten sich lieber ausruhen, sie würden außer Barlohn ein gutes Abendessen bekommen und könnten dann bei Sonnenaufgang aufbrechen. Die Aussicht auf das »gute Abendessen« gibt den Ausschlag, sie bleiben. Ich ordne an, dass ihnen Mehl und Fleisch für eine kräftige Suppe ausgeteilt wird, und gehe nach meinem »Heim«. Wenn der Mann, dessen Räume ich benutze, nicht aus Weisheit bedürfnislos lebt, dann ist er entweder ein Asket oder ein armer Schlucker. Seine ganze Einrichtung besteht nämlich aus einem niederen Tisch, vor dem er auf dem Boden sitzt, einem Kohlenbecken, einem Büchergestell aus ungehobelten Brettern, zwei Schlafdecken und einer an Seilen vom Balken niederhängenden Stange als Kleiderablage. Dazu kommt der »Torma«-Schrank. (Tormas sind geweihte Kuchen.) Dies »Häuschen« findet man bei lamaistischen und Bönpo-Mönchen, es dient als »Gefängnis« für einen Gast von der Rasse der Teufel oder der »schrecklichen« Gottheiten, der darin durch Zauberei eingesperrt wird.
Der Hausherr holt sich seine Decken und ein paar Bücher, dann bin ich allein. Ich hänge meine nassen Kleider über die Stange und mache mein Bett fertig. Um mir die Zeit bis zum Abendessen zu verkürzen, möchte ich den Tempel besichtigen, aus dem der hohle Klang taktmäßiger Trommelschläge herüberschallt. Vorher will ich aber noch nachsehen, was das Schränkchen enthält.
Nicht etwa aus Neugier, sondern mit Forschergedanken. Richten die Bönpos es genauso ein wie die Lamaisten? Im Allgemeinen sind diese Behältnisse wohlverschlossen, kein Ungeweihter darf einen Blick auf ihren Inhalt werfen. Als Grund wird meist angegeben, der Gefangene könne entwischen oder verärgert werden. Die tibetischen Geheimwissenschaftler (Okkultisten) haben jedoch eine andere Erklärung. Sie schreiben dem Wesen im Schränkchen eine durch Zauberei geschaffene Kraft zu. Die Tormas seien durch den, der sic

in den Schrank gesperrt hätte, »mit Leben versehen«. In jedem sei eine andere »Tatkraft« verkörpert. Für den Außenstehenden heiße das, dass jedes Torma eine andere göttliche oder teuflische Persönlichkeit verkörpere. Sind nun die Tormas »belebt«, mit passender Nahrung (Opfergaben wie Reis, Fleisch, Wein, Tee u. dgl., auch als Nahrung gedachte andere Tormas) versehen und eingeschlossen worden, dann bilden sie ein Feld von tätigen Kräften, von »lebenden Wesen«, zwischen denen verborgener Austausch stattfindet, geheimnisvolle Verbindungen hin und her gehen. Unzeitgemäßes Öffnen der Geheimwerkstatt muss natürlich diese Tätigkeit stören. Die Kräfte werden im ungeeigneten Augenblick freigelassen; jetzt wo sie nicht mehr von einem Eingeweihten gebannt und gezügelt sind, müssen sie Unheil anrichten und nicht selten werden sie sich auf den »Zauberlehrling« als erstes Opfer stürzen.

Ich berichte hier, was man mir erzählt hat, doch bezog sich das stets nur auf das Tormaschränkchen der in die Geheimwissenschaften Eingeweihten. Die, welche man bei gewöhnlichen Trapas zu Gesicht bekommt, hätten weniger oder gar keine Bedeutung. Diesen Leuten ginge die Kraft ab, die verschiedenartigen Tormas zu »beleben«, und das Wissen, sie in wirksamer Weise zu ordnen.

Das roh behauene rauchgeschwärzte Holzschränkchen hier vor mir schien zur letzteren Gattung zu gehören. Es hatte gar nichts Eindrucksvolles an sich. Kein Vorhängeschloss sicherte die Tür. Im Innern erblickte ich zehn Tsa-Tsas (aus Erde geformte Nachbildungen von Chörten oder Stupas), die vielleicht die zehn Weisen der Bönpos darstellen mochten, und ein dreieckiges Torma, vor dem sich an Stelle von Opfergaben ein Haufen verstaubter Rippchenknochen befand. Das war zwar nichts Geheimnisvolles, aber eine ganz natürliche Neugier wurde in mir wach. Warum waren es ausnahmslos Rippchenknochen? Aß der Mönch kein anderes Fleisch und

schenkte seinem Lieblingsteufel die Überreste oder wollte dieser etwa gerade solche Knochen haben?
Die Trommel im Tempel auf der andern Hofseite ertönte ohne Unterlass im selben Takt. Vielleicht fand ich dort jemand, der mir, ohne dass ich mich zu verraten brauchte, Näheres über die Bedeutung der Rippchenknochen bei den Bönpos erzählen konnte.
Mit solchen Gedanken steige ich in den Hof hinab, die Tempelstufen hinauf und trete ein. Drinnen herrscht Dämmerlicht, beinahe Finsternis, nur vor dem Altar brennt eine Lampe. In ihrem ungewissen Schein kann ich zwei sitzende Gestalten erkennen, ein Mönch schlägt die Trommel, der andere liest mit lauter, eintöniger Stimme aus einem Buch, das vor ihm auf einem schmalen Tisch liegt.
Sobald sich meine Augen an die Dunkelheit gewöhnen, unterscheide ich noch Tormas, vier Lämpchen und die verschiedenen Zubehörteile eines Kyilkhors (Zauberkreis) auf einem zweiten Tisch gegenüber dem Vorleser.
Inzwischen betreten einige meiner Träger den Tempel, wahrscheinlich streifen sie genau wie ich im Kloster umher, um sich die Zeit bis zum Abendessen zu vertreiben. Eine ganze Weile stehen sie schweigend da, dann tritt einer ein paar Schritte vor. Dabei stolpert er über irgendetwas, wohl einen Tisch oder eine Bank, es fällt mit einem Getöse um, das in der leeren Halle vielfach widerhallt. Dem Mann entschlüpft halblaut ein gemeiner Fluch. Der Mönch bricht ab, sieht auf und lässt mit scharfer Stimme einen der kräftigsten und unhöflichsten Ausdrücke des tibetischen Wortschatzes vernehmen, den man vorsichtig mit »Pack dich!« wiedergeben könnte.
Im Lande Kham gibt es mehr Freigeister, als man vermuten sollte; ich selbst habe, aus Frauenmund, das furchtbarste Lästerwort, das ein Tibeter sich ausdenken kann, gehört: »Ich pfeife auf die Religion, Geld ist mir lieber.« Bei den Ungläubigen der niederen Bildungsschichten verläuft das Den-

ken meist in diesen Bahnen, nur dass sie es selten so offen aussprechen, in den oberen Kreisen trifft man eher Geheimwissenschaftler, liebenswürdige Spötter, zuweilen aber auch tiefgründige Denker.

Der fluchende Träger war von der ersteren Art. Wie ich später erfuhr, hatte er längere Zeit in Tatsienlu und Chengdu verbracht und sich dort wahrscheinlich auf seine Weise »aufgeklärt«. Das Schimpfwort des Lamas reizte ihn auf. »Ich bin kein Hund! Ich habe sie nicht gesehen, die Bank. Sie ist nicht entzweigegangen. Ich will sie aufheben. Da ist kein Grund, mich anzuschnauzen.« Bei diesen Worten bückt er sich und richtet das Etwas unter neuem Getöse wieder auf.

»Pack dich!«, wiederholt der Mönch.

»Ich denke nicht daran«, erwidert der Mann trotzig und macht eine Bewegung auf den Lama zu. Der schreit mit herrischer Stimme: »Komm dem Kyilkhor nicht zu nahe!«

Das regte den Ketzer noch mehr auf, er schimpfte los: »Ach du mit deinem Kyilkhor, deinen Tormas! Die ausländischen Ta rens, die große Gelehrte sind, sagen, das wäre nichts weiter als Momo (Nudel-)Teig und alles, was in den Gompas gesungen wird, wären nur Dummheiten ... Mich anzubrüllen wie einen Hund!«

Dabei ging er weiter nach vorn. Der Bönpo am andern Ende des Tempels ergriff ein neben ihm liegendes Chang* und schlug es an. Ein unirdischer Klang, einem verworrenen Geschrei ähnlich, durchzitterte die Halle und bohrte sich mir ins Hirn. Der aufsässige Bauer stieß einen Schrei aus und warf sich mit vorgestreckten Armen nach hinten, als wollte er etwas Grässliches abwehren.

* Das Chang (geschr. *gchang*) ist ein besonderes Musikinstrument der Bönpos, es hat annähernd die Form eines Schallbeckens mit nach innen gebogenen Rändern und ist mit einem Schlegel versehen. Man verwendet es wie eine umgekehrte Glocke, indem man den Schlegel darüber hält.

»Pack dich!«, wiederholte der Lama. Die andern Träger nahmen ihren Gefährten schleunigst unter den Arm und zerrten ihn in heller Aufregung mit sich ins Freie. Unerschüttert setzte das eintönige Bumbum der Trommel taktmäßig wieder ein, unerschüttert saß der andere Bönpo wieder vor dem Kyilkhor und fuhr mit seinem Geleier fort.

Was war hier geschehen? Ich hatte nur den sonderbaren Ton vernommen und ging meinen Trägern nach, um sie auszufragen. Der starke Mann, der die feierliche Handlung gestört hatte, war sehr kleinlaut geworden. »Ihr könnt mir glauben, es war eine Schlange«, erzählte er den um ihn gescharten Neugierigen, »eine feurige Schlange, sie ist aus dem Chang hervorgekommen.«

»Wie, du hast eine feurige Schlange gesehen?«, mischte ich mich ein, »darum hast du geschrien?«

»Haben Sie sie nicht gesehen? Sie ist aus dem Chang gekommen, als der Lama darauf schlug.«

»Du hast geträumt. Nichts habe ich gesehen.«

»Wir haben die Schlange nicht gesehen, aber Blitze sind aus dem Chang hervorgesprungen«, erklärten die andern.

Kurz, sie hatten alle ein Wunder miterlebt. Nur ich, die unwürdige Ausländerin, war mit Blindheit geschlagen. Wie dem auch sei, da ich die Gastfreundschaft dieses Klosters genoss, schien es mir geboten, wegen des ungebührlichen Betragens des Mannes aus meinem Gefolge um Entschuldigung zu bitten.

Ich trat wieder in den Tempel und blieb am Eingang stehen, um das Ende der feierlichen Handlung abzuwarten. Endlich hielt der Mann an der Trommel inne und zog ein Schutztuch darüber. Der Lama hüllte sein Buch in ein Stück Seide. Jetzt ging ich auf ihn zu und drückte ihm mein Bedauern über das Benehmen meines Trägers aus. Der Mönch erwiderte freundlich: »Es ist doch nicht Ihre Schuld, Sie sind ja unbeteiligt an der Sache. Sie ist bedeutungslos, denken Sie nicht mehr daran.«

Meiner Höflichkeitspflicht war Genüge geschehen. Da der Bönpo schwieg, blieb mir eigentlich nichts übrig, als zu gehen. Aber der seltsame Ton, den ich vernommen, und die noch seltsameren Geschichten der Bauern ließen mir keine Ruhe. Unbewusst fiel mein Blick auf das Chang, die greifbare Ursache der wundersamen Geschichte. Der Lama hatte meine Gedanken unschwer erraten. »Sie möchten es wohl noch einmal klingen hören?«, fragte er mit einem leicht spöttischen Lächeln.

»Aber gewiss, gern, Kuchog, wenn es Ihnen nichts ausmacht. Dies Instrument hat einen sonderbaren Klang. Schlagen Sie es bitte an.«

»Sie können es selbst tun«, meinte der Lama und reichte mir das Chang.

»Ich kenne mich allerdings schlecht damit aus«, gab ich zurück. In der Tat, der Ton, den ich hervorbrachte, glich in keiner Weise dem von vorher. »Ich bin nicht so geschickt wie Sie, Kuchog, diesmal ist keine Schlange herausgekommen!«, sagte ich und gab ihm das Klangbecken wieder.

Der Lama sah mich fragend an. Wollte er nicht verstehen oder verstand er wirklich nicht? »Jawohl«, fuhr ich fort, »der Mensch, der sich hier roh aufgeführt hat, behauptet, aus Ihrem Chang wäre eine feurige Schlange auf ihn zugekommen. Die andern wollen Blitze oder Funken gesehen haben.«

»Das ist die Macht der Sung (geschrieben *gzungs*, »was ergreift, was zurückhält«; Zauberformel), die ich ausgesprochen hatte«, erklärte der Lama mit einigem Nachdruck und setzte leiser hinzu: »Der Ton bringt alle Formen und alle Wesen hervor … Der Ton ist das, wodurch sie leben.«

Es hörte sich an, als trüge er auswendig Gelerntes vor.

»Die Leute in Indien, die Chirolpas, bestätigen das«, warf ich ein und fuhr fort, um den Bönpo zu näheren Mitteilungen über seine Lehre zu reizen: »Manche glauben indessen, die Macht des Gedankens sei größer als die des Tons.«

»Es gibt auch Lamas, die das glauben. Jeder nach seiner Weise ... Die Wege sind verschieden. Ich bin der Meister des Tons. Durch den Ton kann ich Lebendes töten und Totes auferwecken.«
»Kuchog, das Leben und der Tod, bilden sie wirklich unvereinbare Gegensätze?«
»Gehören Sie zur Dzogchen-Sekte*?«
»Einer meiner Lehrer war Dzogchenpa«, erwiderte ich ausweichend.
Der Bönpo blieb still. Zu gern hätte ich das Gespräch noch einmal auf seine Ansichten über Leben und Tod gebracht, aber seine Schweigsamkeit ermunterte mich nicht. Sollte ich sie als höfliche Aufforderung zum Gehen verstehen?
Plötzlich stieß der Lama einige Worte zwischen den Zähnen hervor, ergriff das Chang und schlug es mehrmals. O Wunder! Statt des schrecklichen Geräusches, das vorhin durch die Halle dröhnte, und statt des von mir erzeugten unschönen Tones vernahm ich ein liebliches Klingeln wie von silbernen Glöckchen. Wie war das möglich? War der Lama etwa ein ehemaliger Musikkünstler und kann bei genügender Schulung ein jeder derart verschiedene Klänge aus diesem einfachen Schallbecken hervorzaubern? Oder sollte ich wirklich glauben, dass der Mann den stolzen Namen »Meister des Tons« zu Recht führte?
Der Lösung dieser Rätsel näher zu kommen, verhinderte für den Augenblick eine recht alltägliche Ablenkung. Yongden erschien, um mich zum Abendessen zu holen. Nur zu gern benutzte der Bönpo die Gelegenheit, mich loszuwerden; mit vollendeter Höflichkeit beteuerte er, mich nicht aufhalten zu wollen.

* Geschr. *rdzogchen*, »Große Vollendung«, die jüngste der tibetischen Sekten, die sich auf Lhadzunpa zurückführt, einen geistlichen Lehrer, der um 1640 lebte.

In der Nacht neue heftige Regengüsse. Wiederum musste ein Arbeitertrupp zum Instandsetzen des Weges vorausgeschickt werden. So lag ich einen ganzen Tag in Tesmon fest. Gern hätte ich den »Meister des Tons« noch einmal zu sprechen versucht. Unglücklicherweise hielt der Regen an und die Mönche blieben in ihren Häusern. Auf gut Glück an die Türen zu klopfen, durfte ich mir nicht erlauben, das hätte Missfallen erregt. Yongden, als junger Mann, konnte sich freier bewegen, er fand die Wohnung des Mönches und glaubte ein Meisterstück der Geschicklichkeit zu vollbringen, indem er ihn zum Tee einlud. Der Bönpo nahm an, eine Stunde später erschien er in Begleitung eines jungen Trapas in »meiner« Zelle.

Die Unterhaltung begann mit den üblichen Höflichkeiten. Dann wollte der Lama von meinen Reisen in Indien hören, befragte mich über die dortigen Sitten, über Buddhisten und Hindus. Ich bemühte mich, die Neugier meines Gastes zu befriedigen, in der Hoffnung auf den günstigen Augenblick, um meinerseits Fragen zu stellen. Die Gelegenheit bot sich, als wir auf die Zauberkünste der indischen Drubthobs zu sprechen kamen.

»Es ist ja nicht nötig, nach Indien zu gehen, um Leute mit solchen Fähigkeiten zu treffen«, meinte ich, »das haben Sie selbst, glaube ich, mir gestern Abend bewiesen. Im Übrigen sind die Hindus, die nach Tibet, dem Zufluchtsort der großen Weisen, mit Verehrung aufblicken, selbst der Ansicht, dass es dort sehr viel mächtigere Zauberer gibt als bei ihnen.«

»Mag sein«, erwiderte der Bönpo, »ich bin nie in Indien gewesen. Sie denken an den Chang, nicht wahr? Warum messen Sie einer Nichtigkeit so viel Bedeutung bei, der Ton umschließt ganz andere Geheimnisse.

Alle Wesen, alle Dinge, selbst die unbelebt scheinenden, geben Töne von sich. Jedes Wesen, jedes Ding bringt einen besonderen, ihm eigentümlichen Ton hervor, doch wandelt sich dieser entsprechend den verschiedenen Zuständen, durch die das

Wesen oder Ding, das ihn erzeugt, hindurchgeht. Wieso? Wesen und Dinge sind Zusammenballungen kleinster Teilchen (rdul phra), diese tanzen und bringen durch ihre Bewegungen die Töne hervor.

So heißt die Lehre: Im Anfang war der Wind. Durch sein Wirbeln bildete er die Gyatams*, den Urgrund unserer Welt. Dieser Wirbelwind tönte, also hat der Ton den Stoff (*Gju*, geschrieben *rgyu*) geformt. Durch das Tönen dieser ersten Gyatams entstanden weitere Formen, die ihrerseits kraft ihres Tönens neue hervorbrachten. Und das ist nicht etwa nur eine Mär aus vergangenen Tagen, sondern es ist immer das Gleiche. Jedes kleinste Teilchen (Dulta, geschrieben *rdul phra*) singt immer während sein Lied und dieses Tönen erzeugt in jedem Augenblick grobe oder feine Formen. Es gibt schöpferische Töne, die zusammenfügen, und andere, die auseinander reißen. Wer imstande ist, beide Arten hervorzurufen, hat die Macht, nach Belieben aufzubauen oder zu zerstören. Wahrlich, der Drubthob, der den Urzerstörerton – den Urgrund aller zerstörenden Töne – erklingen zu lassen wüsste, wäre fähig, diese Welt und alle Götterwelten bis hinauf zu der der Großen ›Dreiunddreißig‹ (die Götter Sum chu tsa sum, geschrieben *sum tchu rtsa gsum*), wovon die Buddhisten sprechen, zu zerstören!«

Nach diesen Worten verabschiedete sich der Bönpo, wünschte mir gutes Wetter für den andern Tag und glückliche Reise. Seine nicht allzu klaren Gedankengänge hatten mich zwar gefesselt, aber in Bezug auf die Erklärung seines Chang war ich nicht klüger geworden; er ist für mich ein Geheimnis geblieben.

---

* Nach der tibetischen Schöpfungsgeschichte hat der Wind (im Sinne von »Bewegung«) als Urformen die gyatams (*rgya kram* oder *rgya gram*) geschaffen. Die Lamaisten verstehen darunter zwei kreuzweise verschlungene Dorje, die Bönpos dagegen ein Hakenkreuz.

Der Regen hat gegen Morgen aufgehört. Wir brechen früh auf. Die armen Bergbewohner haben sich redlich abgemüht, um meiner Karawane das Durchkommen möglich zu machen, trotzdem ist der Weg fürchterlich.
Das Tal, in dem wir aufwärts ziehen, gabelt sich oberhalb von Tesmon, das eine Seitental führt ins Gebiet der Geschitas, das andere nach Tanli, wo wir hinwollen. Unser Pfad schlängelt sich jetzt an Felsen vorüber. Dazwischen hat das Hochwasser Löcher ausgehöhlt, in denen noch dicke schwärzliche Schlammbrühe steht. Gern wäre ich im Sattel geblieben, aber mein Tier hat Mühe genug, sich ledig an den Hindernissen vorüberzuwinden. Das Gehen zwischen den scharfkantigen Felsblöcken, an denen man sich jeden Augenblick stößt, ist anstrengend. Manchmal türmen sich die Blöcke treppenartig auf, dann muss ich mich mit den Händen emporziehen.
Weiter oben ist der Pfad wieder überschwemmt. Unser Arbeitertrupp hat am Hang einen Notweg geschlagen. Es ist ein beschwerliches Gehen, man stolpert über Baumwurzeln, schürft sich die Haut ab an dem schnell mit der Axt weggeschlagenen Buschwerk, sinkt in dem feuchten Erdreich ein. Endlich haben wir den eigentlichen Weg wieder. Werden wir nun bis zum Abend darauf bleiben können? Leider nein, nach zweistündigem mühsamem Marsch stehen wir wieder im Wasser. Noch einmal soll die Kletterei durch das Unterholz beginnen. Träger und Maulesel klimmen am Hang empor. Mir fehlt der Mut, ihnen zu folgen. Ich bleibe mit Yongden zurück und sehe schwermütig in den wirbelnden Strom.
»Möchtest du, dass wir versuchen hindurchzukommen?«, fragt mich mein Sohn.
»Ich wollte es dir nicht vorschlagen, aber ich hätte große Lust.«
»Warte, ich will sehen, wie tief es ist.«

Der Lama gibt mir Kutte und Weste zum Aufbewahren und geht mit einer Stange, die er vor sich hält, ins Wasser. Es reicht ihm kaum bis über die Hüften. Wir sind annähernd gleich groß, es geht also! Auch ich lege meine Oberkleider ab, wir schnüren sie zu einem Bündel zusammen und legen es auf den Kopf. Das Wasser ist frisch, aber keineswegs kalt. Dies Bad erquickt uns. Als wir aufs Trockene steigen, wringen wir unsere Unterwäsche aus, ziehen Stiefel und Kutten wieder an und marschieren weiter. Beim Gehen werden wir bald wieder warm und trocken.

Es ist fast Nacht, als wir in Tanli ankommen. Dort geht die Zeit unserer Prüfungen, was das Hochwasser anbetrifft, zu Ende. Noch ein Pass liegt vor uns, dann sind wir in einem Lande mit Hochebenen und weiten Tälern, das Flüssen und Menschen großmütig so viel Raum gewährt, wie sie wünschen, um sich nach Belieben auszubreiten.

Wie das Dorf im Dämmerlicht vor uns liegt, muss ich an die Schweiz denken. Eine Landschaft ganz wie in den Alpen, hohe Tannen, Bächlein, die sich durch niedriges Gras und Moos winden, ein paar Bauernhäuser. Höhenluft weht uns an. Dies Dorf dürfte nicht ganz 4000 Meter hoch liegen, für den nahen Pass, den man ohne starke Steigung erreicht, verzeichnet die Karte 4600 Meter.

Man räumt uns in einem der Bauernhäuser zwei Zimmer ein, unsere Mahlzeit kochen wir in der allgemeinen Küche. Die Tiere werden bei einem andern Bauern eingestellt, zwei Leute aus dem Dorf schlafen als Wache im Stall.

Jetzt sind wir wieder in dem Land, wo das Räuberhandwerk als ritterliche Übung gilt. Unser Wirt und seine Nachbarn sind sicher öfter auf den Landstraßen »tätig« als auf ihren Äckern. Genau wie in Amdo sieht man hier die Feldbestellung als Weiberkram an, als Nebeneinnahme, der Familienunterhalt wird durch männliche Betätigung erworben.

Trotzdem sind die Bauern im persönlichen Umgang recht liebenswürdig. Sind unsere Habe und wir selbst erst einmal ihrer Obhut anvertraut, dann haben wir von ihnen nichts zu befürchten. Sie wissen nur zu gut, dass der chinesische Beamte nicht lange fackeln würde, sollten sie sich Kühnheiten herausnehmen. Sie erklären übrigens, dass sie zu Trägerdiensten nicht verpflichtet seien, es sei aber bereits ein Bote unterwegs zu dem Stamm, dem diese Pflichten oblägen.

Frühzeitig werden die Türen verriegelt und die Fensterläden verschlossen. Während wir essend beim Herd sitzen, vernimmt man draußen auf der Straße Schritte und Worte. Alles horcht auf, dann ruft einer zu den nächtlichen Wanderern hinaus: »Wer da? …« Keine Antwort. »Es sind Spitzbuben aus dem Nordtal«, erklären unsere Wirtsleute und beginnen nun Räubergeschichten zu erzählen, eine haarsträubender als die andere.

»Warum nehmt ihr sie denn nicht fest, wenn sie hier vorbeikommen?«, möchte Yongden wissen.

Die Antwort ist verblüffend: »Das geht nicht.«

Am andern Tag, als wir noch einmal darauf zu sprechen kamen, sagte mir einer der Milizleute: »Ganz sicher, sie können sie nicht festnehmen. Sie betreiben ja dasselbe Gewerbe und machen häufig gemeinsame Sache.«

Die Leute, denen der Trägerdienst obliegt, sind ausgerechnet aus dem Nordtal, vom Stamm der Chabrugpas. Zwei Anführer und einige Männer erscheinen am andern Morgen, und zwar ziemlich spät, sie hatten einen weiten Weg hinter sich. Die Beschaffenheit des Weges erlaubt jetzt die Benutzung von Lasttieren, die Chabrugpas wollen daher bei den Leuten von Tanli Yaks leihen und mich in zwei Tagesmärschen nach Dawu bringen. Sie halten das scheinbar für vorteilhafter, als ihre eigenen Tiere heranzuholen, was übrigens zu lange dauern würde.

Der eine Anführer hat einen schönen Spanierkopf. Wenn man ihn ansieht, denkt man unwillkürlich an einen Hidalgo aus

Estremadura, den unglückliche Abenteuer ins Räuberleben verschlagen haben. Er wirkt wie eine Romanfigur – finster, mit schmalen Lippen, leicht gebogener langer Nase, einem großen Silberring im rechten Ohr, großartigen Gebärden, seltenen Worten. Was für Blut mag in den Adern dieses Mannes rollen? Er hat weder etwas Tibetisches an sich noch etwas Chinesisches, nicht einmal etwas Orientalisches, es ist ganz eindeutig ein schöner Spanier mit maurischem Einschlag, ein Rätsel in diesem Lande und unter diesen Leuten.

Die Chabrugpas verbringen den Tag damit, Tragtiere und Treiber zu mieten, und am Morgen brechen wir bei strömendem Regen auf. Der Marsch geht durch Wald. Die Yaktreiber sind lärmend fröhlich; sie werden ja für ihre Arbeit entlohnt. Die Chabrugpas, die alles bezahlen müssen, sind weniger lustig, der Hidalgo, der mit umgehängtem Gewehr auf einem romantischen Pferd reitet, setzt eine würdevollernste Miene auf.

An der Stelle, wo zwei Täler sich schneiden, zeigt man mir den von Buschwerk überwucherten Pfad, auf dem die Räuberbanden zur Tatsienlu-Straße hinunterziehen, um den Lhasa-Karawanen aufzulauern. Und ein bisschen später sind der spanische Grande und seine Gefährten verschwunden. Die gefährliche Wegstrecke, wo ihre Anwesenheit uns als Schutz dienen konnte, liegt hinter uns; die Herren haben sich empfohlen; sie halten es für überflüssig, sich weiter zu bemühen. Vielleicht sind sie zu der großen Straße abgebogen, wo die Genossen und wichtige Geschäfte ihrer harren. Einer der Milizleute macht sich auf die Suche, aber sie bleiben unauffindbar. Gute Reise! Es ist gänzlich unwahrscheinlich, dass sie versuchen werden, uns anzugreifen. Wir kennen sie ja und es wäre uns leicht, sie in die Hände des Gerichts zu liefern. Wir setzten also friedlich unsern Marsch durch den Wald fort.

Dann und wann von einem kräftigen Regenguss durchnässt, steigen wir langsam und mählich aufwärts. An der Baumgren

ze machen wir Halt und kochen Tee. Tobgjal fiebert, er leidet an neuralgischen Schmerzen, ich hoffe, dass ein warmes Getränk und eine Stunde Ruhe ihm gut tun werden. Die Yaktreiber ziehen weiter, in Begleitung der Milizleute. Sie wollen sich nicht aufhalten, sie wissen, welch weiter Weg noch vor ihnen liegt – wir sollten das bis zum Abend auch erfahren.
Der Dungrung-Pass, den wir nun überschreiten, hat nicht die wilde Großartigkeit wie der von Za, wiewohl die Leute ihn für höher halten. Die Karte bestätigt das, mit 4613 Metern gesteht sie ihm etwa 100 Meter mehr zu. Jetzt im Juli ist der Übergang frei, aber wenige hundert Schritt jenseits erblickt man dicke Schneefelder, die wahrscheinlich nie abschmelzen. Man darf daraus nicht folgern, dass 4000 Meter in Tibet und den benachbarten Gebieten Hochasiens die Grenze des ewigen Schnees darstellten. Zahlreiche Pässe von mehr als 5000 Meter Höhe sind im Sommer ganz schneefrei und an sehr vielen Stellen reicht der ewige Schnee nicht unter 6000 Meter hinab.
Wir überschreiten ein Geröllfeld, dann kommen wir wieder in Wald. Der Abend naht, der Lama, meine beiden Diener und ich folgen mit Mühe einem schmalen, schmutzigen, schlecht erkennbaren Pfad zwischen den Bäumen. Es beginnt wieder in Strömen zu gießen. Der Kranke klagt nicht einmal mehr, mit hochrotem Gesicht, vom Fieber geschüttelt, hängt er im Sattel. Wir entdecken kein Anzeichen, das auf die Nähe eines Dorfes schließen ließe, und beginnen zu fürchten, dass wir uns verirrt haben. Endlich hört der Wald auf, unser Pfad führt nun über Almen, ein wenig weiter zeigen sich rechts und links bebaute Felder. Wir sind in Lümbo.
Ein elendes baufälliges Gemäuer wird uns aufnehmen. Yongden und ich sollen in einem winzigen Raum schlafen, in dem eine Menge Hammel- und Ochsenhäute aufgestapelt ist. Zweifellos handelt unser Wirt damit. Sie liegen da in allen Stufen des Trocknens: einige beinahe noch frisch, andere ganz

hart. Der Geruch, den sie ausströmen, ist schrecklich. Ich bestehe darauf, das Fenster offen zu lassen, mein Sohn macht Einwendungen: »Während wir schlafen, könnte jemand mit einer Leiter durchs Fenster einsteigen.« Das stimmt, aber es ist mir unmöglich, in diesem Gestank zu atmen. Das Fenster muss also offen bleiben und zur Vorsicht streckt sich Yongden, in seine Decken gewickelt, darunter aus. Falls ein Dieb kommen sollte, muss er ihm in der Dunkelheit auf den Leib treten. Wenn Yongden aufschreit, werde ich auch wach und wenn wir wach sind, wollen wir es schon mit ein paar Dieben aufnehmen.

Ein wenig erquickende Nacht, wie so manche andere, die wir in unsern durchweichten Kleidern verbrachten. Aufstehen beim Morgengrauen; die Sonne scheint, sie wird uns trocknen. Wie gewöhnlich gehe ich zu Fuß voraus – mein etwa zweistündiger Morgenspaziergang.

Das Tal verbreitert sich mehr und mehr, die Wälder treten zurück. Wie wir auf die Hänge hinaustreten, die ein anderes, sehr breites Tal einfassen, sehen wir drunten in der Tiefe einen Weg, der unsern im rechten Winkel schneidet: die Landstraße nach Lhasa.

Wievielmal sind wir in Gedanken auf ihr entlanggezogen! Yongden hatte zu mir gesagt: »Wenn wir sie erblicken, werde ich mich dreimal zu Boden werfen.« Er kann es nur im Geiste tun, denn er sitzt zu Pferd, aber er ruft in einem Ton wie Moses, als er das gelobte Land vor sich sah: »Da ist sie also endlich, diese Straße, die ich so oft auf der Karte betrachtet habe.«

Ich erwidere nichts, ich bin ebenso bewegt wie er, noch mehr als er, aber ich empfinde keine Freude. Ohne Zweifel, ich habe bis hierher meine Reise planmäßig durchgeführt, doch ich weiß, dass diese Straße meiner Träume mich nicht nach Lhasa führt. Seit dem Abenteuer in Fupien ist unser Unternehmen zum Scheitern verurteilt. Wir müssen uns bescheiden und mit

dem vorlieb nehmen, was es im östlichen Tibet zu sehen gibt. Das ist mehr als genug – von rückwärts gesehen erscheint mir das Land Kham als der fesselndste Teil des Landes.
Bald können wir auf der großen Straße kribbelnde schwarze Massen erkennen. Wie wir näher kommen, merken wir, dass es Yaks sind, die Ziegeltee nach Lhasa bringen. Ein schönes Schauspiel, diese langsam dahintrottende, zottige Schar gewaltiger Lasttiere! Die Treiber mit umgehängtem Gewehr reiten Pferde, große struppige Hunde streichen um die ihrer Wachsamkeit anvertrauten Tiere. Die Yaks sind in Gruppen eingeteilt, jede wird von einem Reiter angeführt. Eine folgt der andern in endloser Reihe, an die zweitausend Tiere. In drei Monaten werden sie in Lhasa sein.
Die Landschaft um uns bildet den vollkommensten Gegensatz zu der, die wir in den vergangenen Monaten durchquerten. Keine unwegsamen Schluchten, keine tosenden Wildbäche, keine malerischen chinesischen Berge mit Felszacken und scharfem Grat. Die grasbewachsenen nahen Gipfel breiten ihre gerundeten Formen frei aus. Das Bild der Landschaft hat an Weite gewonnen, eine unerschütterliche Ruhe liegt darüber, eine Selbstsicherheit und Gelassenheit, die sich dem Beschauer mitteilt.
Das Geheimnis umwittert auch diese gerade weiße Straße, die sich in der Ferne zwischen bläulichen Bergen verliert. Wir wissen, dass sie lang ist, endlos lang. Wir sehen im Geiste, wie sie in die Changtang, die »Großen Grassteppen«, einmündet, an riesigen himmelblauen Seen vorbeiführt und weit hinter Lhasa eine der erhabensten Weihestätten der Menschheit erreicht, den schneebedeckten Berg Kailash, den Wohnsitz Shivas und seiner Gemahlin Parvati.
Da stehen wir an der Schwelle des bezaubernden Tibets, mit dem uns vielfältige Bande verknüpfen. Tausend verworrene Gefühle, aus Freude, Bedauern, frommer Bewunderung und glühenden Wünschen gemischt, stürmen auf uns ein, während

die malerische Karawane vorbeizieht, der wir nicht folgen dürfen.

In Dawu

Allmählich windet sich unser Pfad zur Talsohle hinab. Kurz ehe er sie erreicht, durchmisst er Dawu. Für die Gegend ist das ein bedeutenderer Ort, für den Fremden nur ein sehr schmutziges Dorf.

Wo ich nun einmal unter amtlicher Bedeckung reise, warum sollte ich nicht alle Vorteile ausnutzen, die ich mir dadurch verschaffen konnte? So hatte ich einen der Milizleute vorausgeschickt, um Quartier zu machen. Der Mann wandte sich an den Besitzer des besten Hauses im Dorf. Dieser wollte mir auch ein schönes großes Zimmer abtreten, wo ich mich sehr wohl gefühlt hätte, wenn nicht im Nebenraum, der keinen eigenen Eingang besaß, ein chinesischer Offizier mit Frau und Kindern gewohnt hätte. Da ich einige Tage in Dawu zu bleiben gedachte, musste ein Ausweg gefunden werden.

Auf dem flachen Dach des Hauses war viel Platz. An einer Seite lehnte sich eine Laube an die Hauswand, deren Bedachung auf bunt bemalten Holzpfeilern ruhte. Eigentlich diente sie als Heustadel, aber im Augenblick war sie fast leer. Einen angenehmeren Platz konnte ich für mein Zelt nicht finden: Wetterschutz durch Hauswand und Dach und vor mir eine große Fläche zum Auf- und Abgehen.

Von dieser hohen Warte genoss man einen prachtvollen Blick. Nach rechts und links dehnt sich das weite Tal, in dem die Karawanen nach Lhasa ziehen, in unabsehbare Fernen. Von ihm zweigt, Dawu gegenüber, ein zweites Tal ab. Tief schneidet es in die Berge ein. In seinem lockenden Dunkel verlieren sich zwei eben vereinigte Flüsse – der eine kommt von der Kantse-, der andere von der Tatsienlu-Straße herab –, um sich später in den Jalung zu ergießen. Am gewundenen Fluss entlang läuft ein Pfad, der führt nach Litang. Manchmal kam es mir in den Sinn, Dawu vor Tau und Tag auf diesem Weg zu verlassen, um mich von der gut gemeinten, aber hinderlichen chinesischen Überwachung zu befreien. Allerdings hätte ich dann auf Kantse, die Hauptstadt von Hor, verzichten müssen. Von den Räubern will ich gar nicht reden, das schwerste Hindernis war der Fluss. Durchschwimmen konnte ich ihn nicht und wenn ich ein Boot brauchte, musste ich die Fährleute benachrichtigen. So fiel mein Fluchtplan ins Wasser. Das Schicksal hatte mir einen andern Weg vorbehalten.

Dawu hat eine französische Mission, den Leiter, Vater D., lernte ich schon am Tag nach meiner Ankunft kennen. Brauche ich zu erwähnen, dass er mich freundlich aufnahm? Dasselbe kann ich, mit einer Ausnahme, von allen Missionen sagen, die ich in China getroffen habe, unabhängig von ihrer Religions- und Staatszugehörigkeit. Vater D. war vom Hauch des Abenteuers umwittert. Bei dem tibetischen Aufstand gegen die Chinesen, im Grenzgebiet vor einigen Jahren, hatte man in Dawu außer den chinesischen Beamten auch Vater D. gefangen genommen und in ein Kloster geschafft. In der Großen Versammlungshalle wurden beide mit ausgereckten Armen nackt an die Pfeiler gefesselt und in dieser peinigenden Stellung, in der sie sich weder setzen noch legen konnten, mehrere Tage belassen. Als Nahrung hielt man ihnen den Napf mit dem Hundefutter vor. Es handelte sich aber nicht etwa um eine Verfolgung aus religiösen Gründen. In keinem Augenblick dachten die Empörer daran, von dem Missionar zu verlangen, er solle seiner Religion abschwören, von ihm sowohl wie von dem chinesischen Beamten wünschten sie nichts als die Anerkennung ihrer Herrschaft. Der Chinese gab schließlich nach und wurde von den Fesseln befreit. Der Franzose blieb fest und ertrug standhaft seine Qualen, bis ein chinesischer Offizier mit einigen Soldaten eintraf und die Tibeter wieder zum Gehorsam zwang.

Ich weiß nicht, welche Genugtuung Vater D. amtlicherseits für die erduldete Behandlung zugesprochen worden ist, in Dawu, wo man im Übrigen seine Herzensstärke bewunderte, erzählte man jedenfalls, er sei bei seiner Rache ebenso unbeugsam gewesen wie vor seinen Peinigern. Das neue Missionshaus samt Nebengebäuden sollen die Ortseinwohner in Fronarbeit aufgeführt haben und der Franzose ließe mit Genehmigung der chinesischen Behörden noch jeden Tag eine Anzahl Arbeiter ohne Lohn für sich arbeiten.

Ob das in allen Einzelheiten zutraf, habe ich nie erfahren. Vater D. war bescheiden genug, mir von seinem Heldentum nichts zu erzählen, mit dem gleichen Recht durfte er seine etwaigen Rachegefühle für sich behalten. Ich habe ihn nicht nach seiner Ansicht über das Vergeben von Beleidigungen gefragt. Die Pflichten der Nächstenliebe sehen sich für den Gelehrten in der Studierstube anders an als für den Mann, der im Kampf des Lebens steht.

Schon am ersten Tag schickt der freundliche Pater mir Lebensmittel, lebende Hühner und eine gute Flasche Wein. Er hat wohl gedacht, dass ich nach langer Entbehrung unser Nationalgetränk besonders schätzen würde, und ist überrascht zu hören, dass ich keinerlei geistige Getränke zu mir nehme. Noch erstaunter ist er allerdings, dass ich mich weigere, irgendein Tier für mich schlachten zu lassen, denn er ist Jäger, wie viele seiner Amtsbrüder beider Bekenntnisse. Ich frage mich, wie es möglich ist, dass diese frommen Leute das furchtbare Wesen des Leidens nicht erkennen, und wie schrecklich es sein muss, Leiden zu seinem Vergnügen zu erzeugen.

Bei ihrer Einstellung – sie leugnen, dass das Tier eine Seele hat – ist es eigentlich noch grausamer, ein Tier zu töten als einen Menschen zu ermorden, denn dessen Seele, sein wahres »Ich«, ist unsterblich. Wenn das Tier aber mit dem Tode ins Nichts versinkt, dann raubt man ihm doch für immer alles, was es hat und was es ist.

Der chinesische Mandarin zeigt sich ebenfalls recht zuvorkommend. Er stellt mir drei Leute zur Verfügung, zwei hüten meine Maulesel tagsüber auf den Bergen und bringen sie abends in den Stall zurück, der Dritte holt Wasser und Holz, bläst das Feuer in der Küche an und hilft meinen Dienern. Das sind Wula-Leistungen, in Dawu gelten tibetische Sitten. Gewöhnlich zahlt der Reisende eine Vergütung, die Höhe steht in seinem Belieben, eine Pflicht gibt es nicht. Ich habe stets darauf gehalten, dass die Dorfleute ihren Lohn erhielten, wenn es mir ihre eigentümliche Denkweise nicht geradezu unmöglich machte. Kann man doch Tibeter treffen, die kein Hehl daraus machen, dass jemand, der ihnen Geld gibt, keine Person von Rang sein könnte. Vornehme Leute dächten nicht daran zu bezahlen, im Gegenteil, sie forderten Geschenke und Lebensmittel und ihre Bedienten schlügen auf die Bauern ein, wenn sie das Verlangte nicht schnell genug herbeischafften. In solchen Fällen sind Überredungskünste unangebracht und ich gestehe zu, dass ich mich zuweilen meinem Ruf als »vornehme Dame« würdig zeigen musste.

Die Tage vergehen. Wozu bin ich in Dawu? Alle meine Pläne sind ins Wanken gekommen; ich bin müde. Am 5. Februar habe ich Kumbum verlassen, jetzt schreiben wir Anfang August. Sechs Monate Marsch auf schwierigen Wegen genügten vielleicht, um den Wunsch nach ein wenig Ruhe zu entschuldigen. Dennoch wäre ich mit Freuden zu sechs noch anstrengenderen Wandermonaten aufgebrochen, hätte ich ein lohnendes Ziel gehabt.

Immerhin, nach den vielen Nächten im Nassen ist mein Dach ein Paradies. Ich steige nur hinunter, um mit Yongden spazieren zu gehen. Dabei sprechen wir die Vorbeigehenden an und unterhalten uns über dies und jenes. So lernen wir mancherlei über Sitten und Gedankenwelt der Menschen hier und finden zugleich willkommene Ablenkung von den quälenden Gedanken, was werden soll.

Bei einem dieser Ausflüge sehen wir am Rand eines Baches einen Mann hocken. Neben ihm liegt ein Sack, daraus holt er kleine Reiser hervor und legt sie sorgfältig aufs Wasser. Der gespannte, ja ängstliche Gesichtsausdruck, mit dem er ihre Bewegung verfolgt, macht uns stutzig. Was treibt er da?

Wie er uns kommen hört, wendet er den Kopf und lässt mit einer schnellen Handbewegung den Sack unter seinem Kittel verschwinden.

»Was machst du da, Freund?«, fragt Yongden. Die Antwort lässt auf sich warten, der Bauer betrachtet uns erst eine ganze Weile. Zweifellos ist die Prüfung günstig ausgefallen, wir scheinen ihm Vertrauen einzuflößen. Er sagt endlich in vertraulichem Ton: »Ich habe ein Dripching (geschrieben *sgrib ching*).«

Jeder Tibeter weiß, was das ist; unzählige Sagen berichteten von Wundertaten mit dem Tarnzweig. Aber einen wirklich zu Gesicht zu bekommen, das ist selten – wenn überhaupt jemand einen gesehen hat.

»Du hast ein Dripching? Wo hast du es her? Und wenn du eins bei dir trägst, wie kommt es dann, dass ich dich sehe?«

»Kuchog«, erwiderte höflich der Tibeter, »wenn ich sage, dass ich ein Dripching habe, so bedeutet das, dass da in dem Sack eins ist. Ich habe es aus den Zweigstückchen noch nicht herausgefunden. Ich bin dabei, sie in diesem Bach der Reihe nach auf die Probe zu stellen. Das Dripching muss nämlich gegen die Strömung schwimmen. Sobald es das Wasser berührt, wird seine Kraft offenbar und wenn ich es dann herausnehme, werdet ihr mich nicht mehr sehen.«

»Fein«, warf ich ein, »ich brenne darauf, dich verschwinden zu sehen. Aber wir wirst du dich benehmen, wenn du unsichtbar nach Haus kommst? Die Deinen werden dich nicht bemerken. Und wenn du das Dripching in ein Behältnis tust, wird das auch unsichtbar. Vielleicht noch das ganze Haus samt deiner Familie! Was sollen deine Nachbarn denken?«

An ein Wunder darf man nicht mit kleinlichen Bedenken herangehen. Der Tibeter warf mir einen missbilligend-mitleidigen Blick zu. »Glaubt Ihr denn, ich hätte vergessen, den Khablendo (Magnetstein) in die Büchse zu legen? Wenn das Dripching da hineinkommt, wirkt es nicht.«
Yongden war die Verärgerung des Bauern nicht entgangen, er mochte befürchten, dass der Mann uns nicht länger zusehen lassen würde, und tat daher sein Bestes, den schlechten Eindruck meiner Worte zu verwischen. »Sie wusste nichts von der Khablendo-Schachtel. Frauen wissen ja so vielerlei nicht.«
Mein listenreicher Gefährte hatte richtig geraten, meine Unwissenheit söhnte den Tibeter aus. »Setzt Euch, ältere Schwester«, meinte er herablassend. Yongden und ich ließen uns im Gras nieder.
»Da ist die Schachtel!« Er brachte einen kleinen Gegenstand zum Vorschein, den er sofort wieder in seinem Ambag (der Gürtelfalte des Kittels) verschwinden ließ. »Ich brauche es nicht zu machen wie Prinz Sodechen, als er die geliebte Frau entführte, gerade wie sie einem andern vermählt werden sollte«, lachte er dann.
»Nun also los, an die Arbeit«, schlug Yongden vor, begierig zu sehen, was geschehen würde.
Der Tibeter holte ein Zweigendchen aus dem Sack und legte es aufs Wasser, das es schnell forttrug. Ein zweites und drittes erlitten dasselbe Schicksal. Das vierte – vom Wind getrieben oder aus sonst einem Grunde – drehte sich um sich selbst, kam in einen Wirbel und schien einen Augenblick gegen den Strom zu schwimmen. Der Mann stieß einen Jubelschrei aus. Aber ach, seine Freude war verfrüht, das Zweiglein erreichte den Rand des Wirbels, wurde von der Strömung ergriffen und schnell abgetrieben. Eins nach dem andern folgten die übrigen. Verblüfft schaute er seinen Sack an, er war leer.
Eine lächerliche Geschichte! Aber der Schmerz eines Mitmenschen kann nie erheiternd wirken, mag die Veranlassung noch

so töricht sein. Und dieser Schmerz war echt. Yongden bemühte sich, seinen einfältigen Landsmann zu trösten.
»Dripchings entdeckt man nicht so leicht. Man muss sehr oft von vorn anfangen. Ein andermal wirst du mehr Glück haben. Wozu brauchst du eigentlich ein Dripching? Keinerlei Verdienst knüpft sich daran, weder für dies Leben noch für ein künftiges. Wenn dein Herz nicht ganz tugendhaft ist, kann der Besitz des Tarnzweiges dir sogar schaden, er könnte dich in Versuchung bringen, unter dem Schutz deiner Unsichtbarkeit Böses zu tun und dir den Weg zu glücklichen Wiedergeburten zu versperren.«
»Ihr sprecht gut, Lama. Ihr seid gelehrt. Was Ihr sagt, ist wahr. Ich kann es ja nächstes Jahr noch mal versuchen. Es ist jetzt das vierte Jahr, dass ich ein Dripching suche. In Gartag gibt es einen Ngagpa, der kennt wirksame Sprüche und Zaubermittel. Den werde ich fragen. Wahrscheinlich mache ich etwas verkehrt dabei.«
»Wie machst du es denn?«
»Ich mache es so, wie man allgemein hört, dass man es machen müsste. Wenn einem Raben die Jungen nicht ausschlüpfen wollen, braucht er ein Dripching. Nur er kann eins finden, man muss ihn also dazu bringen, eins zu suchen. Zu diesem Zweck nimmt man ihm in einem günstigen Augenblick die bebrüteten Eier weg, kocht sie ab und legt sie schnell wieder ins Nest. Wenn der Rabe nichts gemerkt hat, brütet er weiter. Die Vögelchen können aber nicht ausschlüpfen, weil die Eier gekocht sind. Nun macht sich der Alte auf die Suche nach einem Dripching und wenn er es gefunden hat, legt er es auf die Eier. Sobald man ihn zurückkommen sieht, nimmt man das Nest aus und prüft alle Reiser, die darin waren, so wie ich es gemacht habe. Das Mittel ist unfehlbar. Trotzdem habe ich es nun zum vierten Mal vergeblich versucht. Ein böser Geist oder ein Feind muss mir zugesehen haben, wie ich den Raben beschlich oder wie ich die Eier kochte oder auch wie ich das

Nest holte. Er muss mir irgendeinen unreinen Gegenstand in den Weg gelegt haben, um mir den Blick zu trüben, damit ich den Zweig, der stromaufwärts schwamm, nicht erkennen konnte. Oder er hat das Dripching selbst an sich genommen, ohne dass ich es gemerkt habe ... Ach, ich habe kaum noch Hoffnung ... Ich werde auch noch einen Mopa (Hellseher) aufsuchen müssen, der herausfinden soll, was für Wesen mir Hindernisse in den Weg legen.«

»Vielleicht tätest du gut daran«, gab Yongden zu, um dem Dickschädel nicht zu widersprechen, »aber da wir so gute Freundschaft geschlossen haben, komm doch eine Stunde zu uns. Es ist gerade Essenszeit, du kannst bei uns essen und trinken. Man muss sich zerstreuen, wenn man Ärger hat.«

»Ihr seid ein guter Mensch, Kuchog. Ich werde mit Euch gehen. Nächstes Jahr gelingt es mir bestimmt.«

»Ja, wahrscheinlich«, bestätigte der Lama gelassen.

Der Dripching-Jäger ließ es sich wohl bei uns sein. Nachdem er eine ganze Hammelkeule, eine kräftige Nudelsuppe und einige Näpfe Buttertee zu sich genommen, schien er nach einem Schluck Branntwein zum Abschluss der Mahlzeit Umschau zu halten. Aber ihm zuliebe wurde keine Ausnahme gemacht. Seine gute Laune schien darunter nicht zu leiden.

Jetzt hielt Yongden den Augenblick für gekommen, aus dem guten Mann die Geschichte vom Prinzen Sodechen herauszulocken, die er am Bache erwähnt hatte.

Stolz, dass wir so viel Aufheben mit ihm machten, und angespornt durch den großen Zuhörerkreis, ließ sich der Mann nicht bitten.

Prinz Sodechen und der Tarnzweig

Es war einmal ein mächtiger König namens Namgjal, der hatte die schönste aller Frauen, Pema Ösal, zur Gemahlin. Sie

liebten einander zärtlich und waren untröstlich, dass ihnen Kindersegen versagt blieb. Vergebens opferten sie vielen Göttern und befragten sie viele Zauberer. Schließlich gaben sie alle Hoffnung auf. Da hatte der König eines Nachts einen Traum. Er sah einen ehrwürdigen Einsiedler vor seiner Hütte über einem blauen See sitzen. Neben ihm schwebte ein Kind, von dessen Körper leuchtende Strahlen ausgingen, in der Luft.
Wie der König erwachte, ließ er eilends seinen Hofwahrsager rufen. Der versicherte, der Traum sei von guter Vorbedeutung. Namgjal sollte mit der Königin zu dem Einsiedler gehen und wenn er dessen Ratschläge befolgte, würde Pema Ösal einen Sohn mit hervorragenden Eigenschaften zur Welt bringen.
Sogleich sandte der König Boten in alle Winkel des Landes, um einen Einsiedler zu suchen, der eine Hütte bewohnte, so wie er sie im Traum gesehen. Einige Monate später war er gefunden. Nun begab sich das Königspaar mit großem Prunk dorthin. Ehrerbietig warfen sie sich vor dem Weisen nieder, breiteten reiche Geschenke vor ihm aus und beschworen ihn, ihnen ein Mittel zu nennen, mit dem sie das ungünstige Geschick besiegen könnten, das sie des Thronerben beraubte.
Der Einsiedler befahl dem Königspaar, alles, was sie an Kostbarkeiten vor ihm ausgebreitet hatten, in den See zu werfen und noch vieles andere dazu. Darauf sollten sie beide ein Bad in dem See nehmen.
Sie taten, wie ihnen geheißen, und neun oder zehn Monate später schenkte die Königin einem Knaben von außergewöhnlicher Schönheit das Leben.
Der junge Prinz wurde Sodechen (Großes Glücksgeschenk) genannt. Doch dieser frohe Name wurde schon in der folgenden Woche zuschanden gemacht, die junge Mutter, die schöne Pema Ösal, starb. Der König war tief bekümmert. Aber wie die Jahre verstrichen, lieh er den Bitten seiner Räte und Hofleute ein williges Ohr, die ihn drängten, wieder zu

heiraten. Schließlich gestattete er ihnen, eine neue Gattin für ihn zu suchen. Wie er sagte, hatte er nur das Wohl des Staates und die Wünsche seiner Untertanen im Auge, aber in Wirklichkeit hatte er sich über den Verlust seiner Gattin getröstet. Während die Räte nun nach einer Prinzessin auf die Suche gingen, erblickte der König bei einem öffentlichen Fest ein junges Mädchen aus dem Volke, in die er sich sofort verliebte. Gleich am andern Tag sandte er einen Boten zu ihren Eltern und ließ um ihre Hand werben. Eine Woche später fand die Hochzeit statt.

Nach zehn Monaten gebar Nordzinma, so hieß die neue Königin, einen Sohn, der erhielt den Namen Tsöndup.

Die Jahre zogen ins Land. Tsöndup wuchs heran und fasste eine solche Zuneigung zu seinem älteren Bruder, dass er nicht ohne ihn sein mochte und ihm wie ein Schatten folgte. Nun geschah es eines Abends, als sich die Königin auf dem flachen Dache des Schlosses erging, dass sie mit anhörte, was die Vertrauten des Königs sich an der Schlosspforte erzählten. Sie waren des Lobes voll über Sodechen und freuten sich der Klugheit ihres zukünftigen Gebieters. Wie nun die Königin weiterschritt, sah sie auf der andern Seite des Schlosses Frauen aus dem Volke, die im Bache ihre Kleider wuschen. Die eine sprach: »Welch edlen Beschützer werden wir an dem Prinzen Sodechen haben, wenn er einmal König wird. Er ist die reine Güte und Gerechtigkeit, sicherlich muss er ein verkörperter Gott sein.« Die Königin kam zur dritten Seite des Schlosses. Dort erblickte sie spielende Kinder. Ein kleiner Junge setzte eine würdige Miene auf und sagte zu seinen Gespielen: »Ich bin der König Sodechen, bereitet mir den Thron!« Die andern Kinder brachten schnell Bretter und Latten herbei, um einen Thron zu errichten, huldigten ihm und riefen: »Lang lebe unser guter Herr, der König Sodechen!«

Da stand die Zukunft, an die Nordzinma stets nur unbestimmt gedacht hatte, plötzlich in klaren Bildern vor ihrem

Auge und ihr war, als bohrten sich ihr scharfe Zähne grausam ins Herz. Sodechen würde König werden. Nicht nur, weil er der Erstgeborene war, sondern seine Mutter stammte aus königlichem Blut. Tsöndup dagegen war nur ein jüngerer Sohn und sie, seine Mutter, gehörte zum niederen Volk.
Was sollte denn aus ihr werden, wenn ihr Gemahl starb? Musste sie nicht fürchten, vom Hof verwiesen und in eins der Landhäuser im Gebirge abgeschoben zu werden? Wer sollte für sie eintreten, wer ihre Rechte verteidigen? Sodechen würde heiraten, eine junge Königin würde ihren Platz einnehmen, ihr das königliche Geschmeide entreißen, um sich damit zu schmücken, und sie noch dazu wegen ihrer niederen Herkunft verachten. Wie anders konnte ihr Leben verlaufen, wenn Tsöndup, ihr Sohn, Thronfolger wäre!
In den nächsten Wochen fraßen sich diese Gedanken immer tiefer in das Herz der Königin und schließlich fasste sie den Entschluss, Sodechen müsse sterben, damit Tsöndup der Erbe würde. Doch das ließ sich nur durch List bewerkstelligen. Nordzinma stellte sich krank; da sie kaum noch aß, wurde sie bleich und mager. Im Verborgenen kaute sie das rote Papier, in dem der Ziegeltee eingepackt ist, und wenn eine wichtige Persönlichkeit des Hofes in der Nähe war, spie sie eine rötliche Flüssigkeit, die jeder Unbefangene für Blut halten musste. Endlich, eines Tages, in Gegenwart ihres Gemahls, drehte sie sich plötzlich im Kreise herum, fiel steif zu Boden und erbrach eine Flut von rotem Speichel.
Der König, den die lange Krankheit in Unruhe versetzt hatte, war betroffen. Er ließ sofort den angesehensten Arzt und den berühmtesten Wahrsager des Landes kommen.
»Der Grund des Übels, an dem die Königin leidet, liegt in ihrem Geiste und nicht in ihrem Körper«, erklärte der Erstere.
»Die Königin steht unter dem Einfluss eines bösen Geistes«, stellte der Zweite fest. Er erkannte wohl, dass Nordzinma

schlimme Gedanken hegte, aber er konnte nicht herausbekommen, welche. Die Zweideutigkeit seines Spruches gab der Königin freie Hand, ihre verbrecherischen Absichten weiter zu verfolgen. Tief betrübt hörte der König, wie ernst es um seine Gemahlin stand. Er bat sie inständig, ihm zu sagen, ob sie ein Mittel wüsste, das ihr Heilung bringen könnte. Sie erwiderte, sie kenne eins, aber sie wage nicht, es ihm zu sagen. Lange widerstand sie Namgjals Bitten. Endlich schien sie überwunden.

»Wenn es nur um mein Leben ginge«, sprach sie, »würde ich weiter schweigen, aber das Eure, König, ist ebenfalls bedroht. Ihr habt gehört, was der Wahrsager gesagt hat. Ein böser Geist ist schuld an meiner Krankheit und wird mich umbringen. Prinz Sodechen verbirgt unter dem trügerischen Äußeren eines tugendhaften jungen Mannes die Verkörperung eines bösen Geistes. Wenige Tage nach seiner Geburt hat er seine Mutter getötet, jetzt bin ich an der Reihe und Ihr selbst werdet folgen. Das einzige Mittel, dies Unheil zu vermeiden, ist, ihn zu töten.«

Der König war anfangs sehr niedergeschmettert. Aber der Spruch des Wahrsagers gab dem Verdacht Gewicht und schließlich war er überzeugt, dass Sodechen sterben müsste.

Ohne seinen Ältesten noch einmal zu sehen – aus Furcht, sein Entschluss könnte ins Wanken kommen –, befahl er drei Knechten, ihn weit weg in den Wald zu führen und dort umzubringen.

Die Diener erklärten dem jungen Prinzen, sie wollten einer Waldgottheit Opfer darbringen. Als sie im tiefen Wald angekommen waren, blieb der eine Knecht etwas zurück und kam nicht wieder. Mochten die beiden andern den schrecklichen Auftrag allein ausführen! Bald darauf sagte der zweite zum dritten: »Zieh du ruhig weiter, ich will sehen, was aus unserm Gefährten geworden ist, vielleicht braucht er Hilfe. Wir werden euch wieder einholen.« Mit diesen Worten entfernte er sich eilends und kehrte nicht zurück. Dem dritten Knecht war der Befehl des Königs ebenso furchtbar wie den beiden andern. Er ritt noch einen ganzen Tag mit dem Prinzen weiter, dann gestand er ihm, was der König verlange.

»Ich verstehe, warum meine Gefährten geflohen sind. Niemand im Lande möchte das Verbrechen begehen, einen Prinzen von so edlen Eigenschaften umzubringen. Auch ich will es nicht auf mich laden. Indessen kann ich dem Befehl Eures königlichen Vaters nicht offen trotzen, er würde mich bestrafen und die Meinigen dazu. Ich werde Euch hier allein lassen, auch Euer Pferd muss ich mit nach dem Schloss nehmen, damit der König mir glaubt, dass ich seinen Auftrag ausgeführt habe. Ich kann Euch nicht weiter dienen. Bei Eurem guten Lebenswandel habt Ihr bestimmt den Schutz der Gottheiten verdient, ich zweifle nicht daran, dass eine von ihnen Euch in diesem Walde zu Hilfe kommen wird.«

Glücklich über seine Rettung gab Sodechen dem Knecht sein Pferd, dieser band es an seinen Sattel und trabte von dannen. Am Rande des tiefen Waldes fand er seine Gefährten wieder und alle drei gelobten einander, das Geheimnis zu bewahren.

Der König empfing sie im Geheimen. Da er den Prinzen tot glaubte, befahl er ihnen, überall zu erzählen, eine Gottheit sei ihnen erschienen und habe den Prinzen auf einer leuchtenden Straße in die Wolken entführt.

Die Leute im Lande waren betrübt, ihren edlen Beschützer verloren zu haben, doch sie trösteten sich damit, dass Sodechen die Verkörperung eines Gottes gewesen und in sein himmlisches Reich zurückgekehrt sei.

Der Prinz stand verlassen im wilden Wald. Er wusste nicht, nach welcher Richtung er sich wenden musste, um menschliche Wohnungen zu erreichen. Zu essen hatte er nichts außer einem Säckchen Tsampa, das der Knecht ihm als Wegzehrung zurückgelassen. Ruhig ging er weiter, nur über Nacht machte er Halt und schlief unter einem Baum. Als er beim Morgengrauen des vierten Tages sehr schwach, vom Hunger gequält, erwachte, vernahm er eine Stimme hinter einem Busch: »Sodechen, komm hierher, zu meinen Füßen gibt es gute Brachpilze.« Das war ein Baumgeist. Der Prinz fand die Pilze, entzündete trockenes Reisig mit seinem Feuerzeug und schmorte sie. Dann dankte er dem freundlichen Geist und zog weiter. So halfen ihm die Waldgottheiten nun Tag für Tag und er nährte sich von den essbaren Wurzeln oder Pflanzen, die sie ihm zeigten.

Als er eines Abends einen Platz für das Nachtlager suchte, kam ein Rabe geflogen und setzte sich auf einen Zweig in seiner Nähe. Der sprach zu ihm: »Sodechen, du gehst einer großen Gefahr entgegen. Morgen wird eine Räuberbande diesen Weg entlangkommen, du bist gut gekleidet und bist ein kräftiger junger Mann; wenn die Räuber dich sehen, werden sie dir deinen schönen pelzverbrämten Rock ausziehen und dich zwingen, ihnen zu dienen. Ich will dir etwas Kostbares geben, das dir nicht nur morgen, sondern noch sehr oft von Nutzen sein wird. Es ist ein Dripching-Zweig, der wird dich unsichtbar machen, und die Räuber werden an dir vorbeigehen, ohne dich zu sehen. Halte den Zipfel deines Rockes auf.«

Der Prinz tat, wie ihm geheißen, und der Rabe ließ das Dripching herunterfallen. Sobald es den Rock berührte, wurde Sodechen unsichtbar für die Menschen, jedoch keineswegs für die andern Wesen.

Als er am andern Morgen über eine kleine Lichtung schritt, sah er einen Trupp Reiter herankommen. Das waren die Räuber.

»Hier wollen wir Halt machen«, sagte einer, »einen besseren Platz für die Mittagsrast können wir nicht finden.« Alle stimmten ihm bei. Sie ritten bis zu einem Bach, wo sich Feuerstellen von früheren Reisenden befanden, fesselten ihren Pferden die Füße und ließen sie weiden, packten die Vorräte

aus, machten Feuer zwischen drei Steinen und stellten den Teekessel darauf.
Gespannt verfolgte Sodechen diese Vorbereitungen. Dank dem Wohlwollen der Waldgottheiten hatte er allerlei Nahrung gefunden, um seinen Hunger zu stillen. Aber wilde Wurzeln oder Brachpilze ohne Fett und Salz sind nicht sehr schmackhaft, ihm lief das Wasser im Munde zusammen, wie er die schöne weiße Tsampa, die gelbe Butter, die dicken Scheiben gedörrtes Fleisch sah und den Tee im Kessel summen hörte.
Da er merkte, dass er für die Räuber unsichtbar war, überkam ihn die Lust, sich einiges von den guten Dingen anzueignen; eine kräftige Mahlzeit und etwas Mundvorrat konnte er gut gebrauchen.
Die Männer hatten sich im Kreis um das Feuer gesetzt, und einer schenkte Tee ein. Da trat Sodechen heran. In dem Augenblick, wo ein Räuber sich zu einem Genossen umwandte, ergriff er blitzschnell dessen Napf, leerte ihn und stellte ihn wieder vor seinem Besitzer ins Gras. Als dieser trinken wollte und den leeren Napf sah, wandte er sich zu dem, der den Tee ausschenkte, und rief: »He, du hast mich vergessen!«
»O nein«, erwiderte der, »ich habe dir eingeschenkt, wie allen andern.«
»Aber mein Napf ist leer.«
»Schwindler!«
»Mein Wort, dass ich nicht getrunken habe.«
»Dann wirst du getrunken haben, ohne es zu merken.«
Alles lachte und der Napf wurde neu gefüllt.
Sodechen schritt unterdes zwischen den Räubern einher. Jetzt ging sein Verlangen nach einem großen Stück Fleisch; der Mann, vor dem es lag, hatte sich gerade nach seinem Tsampasack umgedreht. Als er das Fleisch nicht mehr vorfand, sagte er zu seinem Nachbarn: »Du brauchst Tserings alberne Witze nicht nachzumachen, er hat vielleicht seinen Napf ausgetrun-

ken, ohne es zu merken, aber ich weiß, dass ich mein Fleisch noch nicht gegessen habe. Gib es mir wieder.«

»Ich habe es nicht genommen.«

»Mach dich nicht über mich lustig.«

Der Bestohlene begann ärgerlich zu werden und Sodechen benutzte den Augenblick, um einem andern, der durch den Streit abgelenkt war, den Tsampasack wegzunehmen. Als der Mann ihn nicht mehr vorfand, begann er auf seinen Nachbarn einzuschimpfen.

Um die Gemüter zu besänftigen, ließ der Führer eine Runde Branntwein verteilen. Unterdes verspeiste Sodechen das Fleisch mit großem Behagen. Dann trat er wieder in den Kreis der Räuber und sammelte Vorräte ein, Tsampasäcke, Butter, Fleisch. Die vom Alkohol erhitzten Männer wurden immer wilder über die vermeintlichen schlechten Scherze, Schimpfworte flogen hin und her, bald kam es zu Tätlichkeiten. Mittlerweile hatte der Prinz zwei große Sattelsäcke voll Nahrungsmittel zusammen. Er lief auf das beste Pferd zu, nahm ihm die Fesseln ab, schwang die Säcke über den Sattel und stieg auf. In demselben Augenblick wurde auch das Pferd durch die Wirkung des Dripchings unsichtbar.

Als die Räuber die Glocke, die es um den Hals trug, erklingen hörten, sahen sie sich nach ihren Tieren um. Bis auf eins weideten sie ruhig an der alten Stelle. Der Pfad verlief geradeaus und sie hörten den Glockenschlag eines davontrabenden Pferdes, aber nichts war zu erblicken.

Wie sie sich jetzt wieder dem Feuer und ihrer Mahlzeit zuwandten, bemerkten sie, dass noch mehr Dinge auf rätselhafte Weise gestohlen worden waren. Da packte sie helles Entsetzen, sie schrien: »Das sind die bösen Geister! Wir müssen fliehen, sonst fressen sie uns auch auf!«, und sprangen in den Sattel. Einer ließ den Bestohlenen hinter sich aufsitzen, dann stoben sie davon.

Sodechen ritt weiter und kam nach einigen Tagen an ein wun-

derbares Tal. Auf der einen Seite dehnte sich der Wald, auf der andern stiegen hohe Felsenberge auf. In diese waren eine Menge eigentümlicher Bauwerke eingegraben, Tempel, Chörten, Paläste, Einsiedeleien. Alle strahlten in Weiß, sie mussten das Werk der Berggötter sein. Am Fuß dieser seltsamen Stadt plätscherten Bäche über rosenfarbige Kiesel, ihr liebliches Gemurmel war der einzige Laut, der die große Stille unterbrach. Voll Bewunderung hielt Sodechen an. Plötzlich schien es ihm, als erblickte er eine menschliche Gestalt vor einer der Wohnungen in den Lüften. Dort haust ein Einsiedler, sagte er sich, ich werde zu ihm gehen und ihm mein Unglück erzählen. Er wird mir einen Rat geben.
Als der Prinz das Tal durchquerte, entdeckte er einen schmalen Pfad, der zwischen den Felsen aufwärts führte. Er folgte ihm bis zum Eingang einer Grotte, die wie eine Stube mit großen Fenstern wirkte. Darinnen saß ein Gomchen. Sodechen warf sich ehrerbietig dreimal vor ihm nieder, aber der Einsiedler schien seine Anwesenheit nicht zu bemerken. Da erlaubte er sich ihn anzureden: »Rinpotsche, ich bin Prinz Sodechen, der Sohn des Königs Namgjal. Mein Vater, dem man Falsches über mich berichtet hatte, wollte mich töten lassen, aber seine Diener hatten Mitleid mit mir und ließen mich im Wald allein, ohne mir ein Leid anzutun. Lange bin ich auf gut Glück weitergezogen, von freundlichen Gottheiten genährt. Sie haben mich ohne Zweifel auch zu Euch geführt. Ich bitte Euch, habt Mitleid mit mir und helft mir.«
Der Einsiedler lächelte: »Hier spricht wohl ein Wesen aus der Welt ohne Formen* mit mir, denn ich höre eine Stimme und

* Die Buddhisten unterscheiden drei Welten: 1. die Welt des Verlangens, d. h. die unsrige, zu der nicht nur unsere Erde samt ihren Bewohnern gehört, sondern zahlreiche von Göttern bewohnte Gebiete und zahlreiche andere, wo das Leid herrscht (Fegefeuer), 2. die Welt der reinen Form, 3. die Welt ohne Formen, die Welt des reinen Gedankens.

sehe doch niemanden. Gibt es denn in der Welt ohne Formen Königssöhne, Hofklatsch und Väter, die ihre Söhne in einem Wald auf unserer Welt töten lassen wollen? Das ist mir neu und scheint mir sonderbar.«

Der Prinz verstand kein Wort von dieser Rede, da er jedoch wusste, dass die Gomchen oft handeln und sprechen, was einfache Leute nicht verstehen, begann er in ehrerbietigem Tone von neuem: »Rimpoche, ich bin ein Mensch. Ich komme nicht aus einer andern Welt, sondern aus dem Land meines Vaters, des Königs Namgjal, das jenseits dieses großen Waldes liegt.«

»Bist du etwa zufällig der Prinz, der von einem Raben ein bestimmtes Geschenk erhalten hat?«

»Oh, das Dripching!«, rief Sodechen, dem eine plötzliche Erleuchtung kam.

»Ja, das Dripching. Es hat keine Wirkung bei mir, ebenso wie bei den Göttern. Ich sehe dich und sie sehen dich auch, aber für die andern Menschen bist du unsichtbar geworden. Wie vermagst du dich jetzt in der Welt zu bewegen?«

»Das Dripching hat mich von Räubern errettet«, erwiderte der Prinz, »aber es wird mir mehr schaden, als es mir bisher genützt hat, wenn es mich hindern sollte, unter meinesgleichen zu leben. Ich will es nicht mehr, ich werde es wegwerfen.«

Bei diesen Worten steckte er die Hand in seinen Ambag, um den Tarnzweig herauszuholen, aber der Einsiedler hielt ihn zurück: »Hüte dich, das kostbare Dripching wegzuwerfen, es soll dir noch eine mächtige Hilfe sein. Es wird nicht nur dir zu deinem Glück verhelfen, sondern auch das Wohl zweier Völker sichern. Für ein Dripching braucht man eine mit Khablendo gefütterte Schachtel. Sobald man es dort hineintut, kann man es bei sich tragen, ohne unsichtbar zu werden. Will man aber unsichtbar werden, genügt es, den Deckel zu lüften und der Zauber wird sofort wirksam. Siehst du nicht, dass du

im Augenblick keinen Schatten wirfst?« Sodechen, der das bis dahin nicht bemerkt hatte, wurde unruhig, er musste an die »Doppel« der Verstorbenen denken, die vom Körper losgelöst umherirren und tatsächlich erst begreifen, dass sie tot sind, wenn sie sehen, dass sie keinen Schatten werfen. Der Gedanke, ihnen zu gleichen, war ihm sehr unbehaglich.
Inzwischen hatte der Einsiedler ein schwarzes Schächtelchen aus einem Kasten geholt. Er reichte es dem Prinzen: »Da lege das Dripching hinein und mache die Schachtel zu.«
Sodechen gehorchte und sah zu seiner großen Erleichterung, wie sein Schatten auf den Felsen sofort länger wurde.
»Und was wünschest du jetzt?«, fragte der Gomchen. Der junge Prinz war ein weiser und nachdenklicher Mensch. Schon früh hatte er eingesehen, dass alles Gute, selbst im Bereich der äußeren Dinge, geistige Schulung voraussetzt. Er warf sich von neuem vor dem Einsiedler nieder und erwiderte: »Da mein Name sich heute bewahrheitet hat, wünsche ich Euer Schüler zu werden. Ich möchte bei Euch das Wissen und die Tugenden erwerben, die ich brauche, um für das Glück meiner Untertanen zu wirken, wenn ich eines Tages meinem Vater auf den Thron folgen soll.«
»Dein Wunsch ist gut«, erwiderte der Einsiedler, »ich nehme dich als Schüler an. Geh zum Bach Wasser schöpfen und bereite Tee. Du wirst mit mir zusammen essen.«
Drei Jahre lang diente Sodechen dem Einsiedler mit Ernst und Fleiß. Dann wusste der Weise, dass die Zeit gekommen war, wo der Prinz zum Nutzen der Bevölkerung mehrerer Länder in das Geschehen eingreifen sollte. Er sandte ihn mit einer Botschaft an den Kaplan des Königs Tobden Gjatso.
Bei dem König weilte gerade ein Minister seines Nachbarn, des Königs Norbu, mit großem Gefolge. Norbu, ein junger Mann, der soeben seines Vaters Thron bestiegen, hatte ehrgeizige Träume. Er wollte Tobden Gjatsos Reich mit dem seinen vereinigen. Da er aber nicht Soldaten genug besaß, um es mit

Gewalt zu nehmen, wollte er es durch Heirat an sich bringen. Tobden Gjatso hatte nur eine Tochter, er hoffte den König leicht zu überreden, seinen Schwiegersohn zum Thronerben zu bestimmen. Aber Norbus Ehrgeiz ging weiter, er wollte auch die Länder König Namgjals erobern, sobald er erst einmal auch über die Krieger Tobden Gjatsos verfügen konnte. Dieser hatte Wohlgefallen an den Plänen des jungen Königs und gewährte ihm gern seine Bitte. Die Prinzessin Künzang Lhamo war nicht gefragt worden, aber da der Bewerber um ihre Hand reich und schön war, setzte Tobden Gjatso voraus, dass seine Tochter mit Vergnügen einwilligen würde.

Der Hofkaplan empfing den Schüler seines Freundes sehr herzlich und forderte ihn auf, einige Tage bei ihm zu bleiben. So kam es, dass Sodechen auf einer der äußeren Galerien des Palastes die Prinzessin erblickte. Sofort entbrannte er in heftiger Liebe zu ihr. Mehrmals im Verlauf früherer Daseinsformen war Künzang Lhamo seine Gattin gewesen und seine Gefühle für sie erwachten von neuem, ohne dass er die Ursache kannte.

Doch schon am nächsten Tag musste die Prinzessin ihre Heimat verlassen, um dem Minister in das Land ihres künftigen Gatten zu folgen, wo auch die Hochzeit stattfinden sollte. Da erinnerte sich Sodechen an sein Dripching. Er öffnete das Kästchen. Ungesehen durchschritt er den Palast, um sich über Lage und Ausgänge der einzelnen Räume ein Bild zu machen. So kam er auch in das Gemach Tobden Gjatsos, der gerade mit dem Gesandten seines künftigen Schwiegersohnes einen Angriffsplan gegen Namgjals Länder besprach. Wie der Prinz vernahm, dass Künzang Lhamo das Unterpfand eines Bündnisses gegen sein eigenes Land werden sollte, wurde sein Entschluss, die Heirat zu verhindern, noch fester.

Um alle Einzelheiten des Kriegsplanes zu erfahren, blieb Sodechen bis zum Einbruch der Nacht im Gemach des Königs und hörte zu, was besprochen wurde. Dann setzte er seine

Wanderung durch den Palast fort und stieß am Ende eines langen Ganges auf das Zimmer des Schatzmeisters. Der war gerade dabei, das von den Lehnsleuten und Untertanen des Königs abgelieferte Gold und Silber zu zählen. Der Biedermann schied die Münzen von den Barren, zählte die einen, wog die andern und schichtete sie zu Häufchen – aber jedes Mal erst, nachdem er ein Häufchen für sich selbst beiseite gelegt hatte.

Ungesehen stand Sodechen daneben und betrachtete dies Treiben mit Vergnügen. »Das für den König, dies für mich«, murmelte der Spitzbube. »Und dies für mich«, echote Sodechen innerlich und raffte einiges zusammen. So machte er es noch mehrmals, ohne dass der Gute etwas ahnte. Schließlich fiel dem Manne doch auf, dass seine eigenen Häufchen weniger zahlreich waren als die auf der andern Seite des Teppichs, die in die Schatzkammer des Königs wandern sollten.

»Sieh da«, brummte er, »ich vergesse mich selbst!« Und schon ließ er eine Anzahl Barren auf seine Seite hinüberwechseln.

Aber ich vergesse mich nicht, dachte Sodechen und nahm das Gold an sich. Der Kämmerer, der gerade in einem Sack mit Goldstücken wühlte, bemerkte nichts davon. »Haha«, zischte er zwischen den Zähnen, »ich gebe dem König zu viel! Von diesem Sack soll er nur die Hälfte bekommen. Die andere für mich, das ist redlich geteilt.«

Für mich ist das nicht genug, ich werde den ganzen Sack nehmen, murmelte Sodechen und ergriff ihn. »Ich glaube, ich träume«, rief der Kämmerer ganz verblüfft, »der Sack bewegt sich … Aber wo ist er denn hin? Ich sehe ihn nicht mehr! …« Er überlegte einen Augenblick. »Wie albern von mir«, setzte er schließlich sein Selbstgespräch fort, »es ist spät, ich bin schläfrig, mein Blick ist getrübt. Da ist nie ein Sack gewesen. Hier ist einer!« Damit zog er einen andern heran und tätschelte ihn. »Schön, der ist kein Traum, der wird nicht verschwinden.«

Bist du dessen auch ganz sicher?, erwiderte Sodechen für sich und nahm den Sack weg.
»Atsi, Lama kieno! Ein böser Geist ist hier drinnen! Er nimmt mir die Geldsäcke weg! Zu Hilfe!«
Eine kräftige Ohrfeige schloss ihm den Mund. »Wenn du wagst zu rufen oder hier fortzugehen, ehe es morgen heller Tag ist, werde ich dich erdrosseln, Schurke!«, sprach jetzt der Prinz mit lauter Stimme, aber unsichtbar, »das würde dem König die Mühe ersparen, dich zu Tode peitschen zu lassen zur Strafe für deine Gaunereien.«
»Verschont mich!«, flehte der ertappte Sünder, den diese Stimme aus dem Dunkel in Schreck setzte, »ich werde mich nicht rühren.«
»Denk daran, dass ich dich sehe und genau aufpasse«, erwiderte der Prinz, raffte den Rest des Geldes zusammen und steckte es in seinen Ambag.
»Oh!«, entschlüpfte es der gequälten Brust des alten Geizkragens.
»Du wagst also doch noch, den Mund aufzumachen«, ließ sich der Unsichtbare vernehmen und versetzte ihm einen Faustschlag gegen den Kopf.
»Oh!« Diesmal unterdrückte er den Schrei, nur ein ersticktes Gurgeln war zu hören.
Mit Beute beladen, stieg der Prinz zum Marstall hinunter. Er holte einen Sattel mit zwei großen Vorratssäcken aus der Kammer, machte ein kräftiges Pferd los, legte ihm den Sattel auf und füllte seinen Schatz in die Säcke. Dann brach er seinen Tarnzweig entzwei, tat ein Stück in jeden Sack, führte das unsichtbar gewordene Pferd unter ein kleines Schutzdach neben dem großen Tor, das zu dieser Stunde geschlossen war, und band es dort fest.
Vom frühen Morgen an herrschte im Schlosse großer Betrieb. Diener kamen und gingen, alles war mit den letzten Reisevorbereitungen beschäftigt.

Als die Abschiedsstunde schlug, waren die Prinzessin mit den Frauen, die in ihrem Dienst verbleiben sollten, der König, die Königin, der Minister von Norbu mit den höchsten Persönlichkeiten seines Gefolges sowie eine Menge von Würdenträgern und Dienern im großen Saal des Palastes versammelt. Künzang Lhamo und ihre königliche Mutter weinten heiße Tränen und konnten nicht den Mut finden, sich zu trennen. Endlich ließ der Minister verlauten, die Zeit dränge, wenn man vor Einbruch der Nacht das Ziel des ersten Reisetages erreichen wolle. Auf ein Zeichen des Königs begab sich alles in den Hof hinunter, wo die Pferde gesattelt standen.
Wie nun die Prinzessin zu ihrem Reittier geführt wurde, geschah etwas Unerhörtes. Sie wurde emporgehoben und von unsichtbaren Händen durch die Luft getragen, dann war sie verschwunden. Man hörte nur noch ihre Angstschreie, in die fast augenblicklich der Hufschlag eines unsichtbaren Pferdes hineinklang. Die Geräusche entfernten sich durch das Tor, das für den Hochzeitszug weit offen stand, und waren bald in der Ferne verklungen.
All das hatte sich mit Blitzesschnelle abgespielt. Als die Anwesenden sich von ihrem sprachlosen Staunen erholten, begannen sie laut zu klagen: »Ein böser Geist! Ein böser Geist hat die Prinzessin entführt!«
Der Kaplan machte sich seine eigenen Gedanken. »Vielleicht war es doch kein böser Geist, sondern ein Gott oder ein Drubthob«, tröstete er die unglückliche Mutter, »aus diesem Wunder kann Gutes hervorgehen. Ihr müsst hoffen!«
Sodechen aber ritt zu seinem Führer, dem Einsiedler. Die Prinzessin sah weder ihn noch das Pferd. Da sie alles andere um sich herum erblickte, ahnte sie nicht, dass sie selbst unsichtbar geworden war. Keinerlei Nachdenken vermochte ihr den Schlüssel zu der außergewöhnlichen Lage zu liefern, in der sie sich befand. Nach mehrstündigem Ritt begann sie zu glauben, sie wäre gestorben und in das Bardo eingegangen.

In den Dörfern am Wege beschaffte Sodechen Lebensmittel für die Prinzessin, sich und sein Pferd. Die armen Bauern sahen plötzlich vor ihren Augen einen Klumpen Butter, einen Sack Tsampa oder ein Stück Fleisch verschwinden. Da aber der Prinz ein zu gutes Herz hatte, um den Leuten ein Unrecht anzutun, legten unsichtbare Hände ein paar Münzen oder ein Stück Silber vor sie hin. So großmütig hatte sich noch nie ein böser Geist gezeigt! Diejenigen, welche seinen Besuch empfingen, nahmen das Geld, zitternd vor Angst. In den Wäldern und Bergen vernahm man eine klagende Frauenstimme, die bat, man möge sie freilassen, dazu eine lachende Männerstimme und das Wiehern eines Pferdes. Doch niemand war zu sehen. Bald verbreitete sich die Kunde von Dorf zu Dorf, ein Gott oder ein Teufel durchziehe das Land.

In der Einsiedelei angekommen, löste Sodechen den Zauber, indem er die Zweigendchen in die Zauberschachtel tat. Da sah die Prinzessin einen ehrwürdigen Gomchen und einen schönen Jüngling vor sich stehen, der sie zärtlich anblickte.

Ehrerbietig warf sie sich vor dem Greis nieder und lächelte dem Reiter anmutig zu. Ohne zu ahnen warum, empfand sie für den Prinzen sofort eine ähnliche heftige Liebe, wie er zu ihr, als er sie auf dem Balkon des Palastes zum ersten Mal gesehen.

Der Einsiedler lud die beiden ein, mit ihm Tee zu trinken, und eröffnete ihnen, dass sie mehrfach in ihren früheren Leben als treue Gatten zusammengelebt hätten und dass die Kraft ihrer gegenseitigen Zuneigung sie jetzt von neuem vereine. Großes Heil würde daraus entsprießen, da dadurch verhindert würde, dass König Norbu ein friedliches Land mit Krieg überzöge.

Sodechen bot dem Einsiedler alles Gold an, das er bei sich führte, und Künzang Lhamo legte ihren kostbaren Schmuck zu seinen Füßen nieder. Der Einsiedler segnete beide und sagte, sie möchten ihre Schätze behalten. Er habe keine Verwendung dafür, ihnen aber würden sie die Möglichkeit geben, Menschen glücklich zu machen. Er behielt Sodechen und die Prinzessin einige Tage in seiner Einsiedelei und erläuterte ihnen die Pflichten der Herrscher gegenüber ihren Untertanen. Dann schickte er Sodechen aus, Pferde zu holen, und alle drei brachen auf. Durch den Wald, in dem der Prinz einst umhergeirrt, zogen sie zum Reich König Namgjals. Unterwegs brachte Sodechen den Gottheiten, die ihn damals beschützt hatten, Opfer dar und pries sie mit lauter Stimme.

Als sie sich dem königlichen Palast näherten, öffneten Sodechen und der Einsiedler die Büchsen, in denen sie ihre Dripchings aufbewahrten. So sah sie niemand ankommen. Gegenüber dem großen Tor ließ der Einsiedler mehrmals sein Kangling ertönen. Von allen Seiten strömten die Leute herbei und waren höchlichst erstaunt, als kein Mensch zu erblicken war. Der König selbst erschien am Fenster mit der Königin und Prinz Tsöndup. Auch für ihn waren die Ankömmlinge nicht sichtbar, aber sein Bruderherz fühlte Sodechens Nähe. Er stürmte aus dem Palast und eilte vor den versammelten Menschen mit den Worten: »Mein geliebter Bruder, hier bin ich«, von einem sicheren Gefühl geleitet, auf Sodechen zu. Der schloss ihn in die Arme und hob ihn auf den Sattel, wodurch er den Blicken entschwand.

Der König und das Volk stießen Rufe der Überraschung aus. Jetzt schlossen der Einsiedler und Sodechen ihre Dripching-Schachteln und plötzlich waren alle vier sichtbar.

Die Menge brach in ein lautes Freudengeschrei aus: »Prinz Sodechen ist zurückgekommen aus seinem himmlischen Reich und bringt uns eine Göttin mit!«

Namgjal, der damals die Geschichte erfunden hatte, sein Sohn sei von einer Gottheit entführt worden, fühlte sich höchst unbehaglich und Königin Nordzinma war verschwunden.

Der Einsiedler ritt mit den jungen Leuten in das Schloss. Dann nahm er den König und die Königin beiseite und mach-

te ihnen ernste Vorhaltungen wegen des Mordes, den sie hatten begehen wollen.
Voller Reue erklärte Namgjal, er wolle zugunsten Sodechens abdanken und sich in eine Höhle zurückziehen, um dort bis ans Ende seiner Tage als Einsiedler zu leben. Nordzinma bat ihn um Erlaubnis, ihm in die Einöde folgen zu dürfen, um ihm zu dienen und seine Verzeihung für ihre verabscheuungswürdige List zu erhalten.
Die Hochzeit Sodechens und Künzang Lhamos fand schon am nächsten Tage statt. Tsöndup, der unendlich glücklich war, seinen geliebten Bruder wieder gefunden zu haben, wollte den Gedanken einer neuen Trennung gar nicht aufkommen lassen. Er wurde im Verlauf der Hochzeitsfeierlichkeit als zweiter Gemahl der Prinzessin erwählt und alle drei bildeten eine glückliche Familie.
Gegen Abend schwoll der Fluss, der vor dem Palast entlangfloss, plötzlich an und seine Wasser stiegen bis zur Türhöhe. Als sie sich zurückzogen, fand man an der Schwelle all die Edelsteine und Kostbarkeiten wieder, die König Namgjal und seine Gemahlin Pema Ösal in den blauen See geworfen hatten, als sie die Geburt eines Sohnes wünschten. Die Nagas (Wassergottheiten) gaben sie jetzt Sodechen als Hochzeitsgeschenk zurück.
Boten machten sich auf, um Tobden Gjatso und seiner Gemahlin von der Vermählung ihrer Tochter, von den vorangegangenen Ereignissen und von dem Wunder zu berichten, durch das die Nagas ihr Wohlwollen für den jungen Mann offenbart hatten.
Beide waren sehr froh zu hören, dass Künzang Lhamo noch lebte und mit dem Erben eines blühenden Reichs vermählt war. Auf die Kunde, dass Sodechen ein Liebling der Götter, vielleicht sogar die Verkörperung einer Gottheit sei, dankte auch Tobden Gjatso zu seinen Gunsten ab und zog sich in ein Kloster zurück.

Den König Norbu machte der Ärger über das Fehlschlagen seiner durchtriebenen Pläne krank und er starb im folgenden Jahr. Seine Untertanen baten Sodechen, der seine Länder mit Weisheit und Wohlwollen regierte, auch ihr König zu werden. So wurden die drei Länder vereinigt.

Mein neuer Diener

Die ganze Zuhörerschaft, alle meine Begleiter und sämtliche Hausbewohner, die einer nach dem andern sich auf dem Dach eingefunden hatten, zollten dem Erzähler lebhaften Beifall. Keiner von ihnen zweifelte daran, dass diese wunderbare Geschichte Wort für Wort wahr sei.

Als die andern sich zurückgezogen hatten, bat der Mann Yongden und mich, wir möchten nichts von seiner Dripching-Suche unter die Leute bringen. »Nächstes Jahr werde ich bestimmt eins finden«, versicherte er voll Vertrauen, »aber die Lamas im Kloster dürfen keinen Wind davon bekommen.«

»Warum?«

»Sie sagen, es sei nicht gut, ein Dripching zu haben, es bringe seinem Besitzer Unheil. Außerdem verliert es oft seine Kraft, wenn ein Lama die Augen darauf wirft. Und dann könnten die vom Kloster es mir vielleicht wegnehmen wollen. So etwas muss man geheim halten. Ich weiß wirklich nicht, warum ich Euch davon erzählt habe. Der junge Lama muss eine Kraft haben, die Leute ausplaudern zu machen, was sie verschweigen möchten. Ja, so muss es sein. Wenn das mir nur nichts schadet …«

Der Tibeter sah uns von der Seite an.

»Mach dir keine Sorgen«, meinte Yongden, »wir werden niemandem etwas verraten. Wir wollen nur dein Bestes. Übrigens werden wir in einigen Tagen weit weg von hier sein und nie in diese Gegend zurückkehren. Du kannst ganz ruhig sein.«

Nach diesem Versprechen verschwand der Mann.

In dem Haus, wo ich wohnte, fiel mir ein etwa zwölfjähriger in Lumpen gekleideter, schlecht genährter Junge auf, der von früh bis spät einen Säugling auf den Armen herumschleppte. Aus Mitleid gaben ihm meine Leute zu essen. Er war ein Waisenkind. Sein Bruder und sein Schwager arbeiteten für meine Wirtsleute. Dafür erhielten sie Lebensmittel und einige Kleidungsstücke und durften in einem schmutzigen Loch neben dem Pferdestall hausen. Die Schwester führte den armseligen Haushalt. Der jüngere Bruder, der das Kindermädchen spielte, war ein paar Jahre vorher ins Kloster gesteckt worden, in der Hoffnung, dass er als Trapa seinen Lebensunterhalt finden würde. Dort hatte man ihm den Kopf geschoren als Zeichen seiner Zulassung zum geistlichen Stande, aber dabei ließ man es bewenden. Der Junge hatte keinen Lehrer unter den Mönchen gefunden und war ohne jede Bildung. Da keiner sich seiner annahm, gehörte er auch nicht zu der Schar ordnungsmäßiger Novizen, die bei den Götterdiensten mitwirken, einen Teil der Klostereinkünfte erhalten sowie Tee bei der täglichen Morgenversammlung und von Zeit zu Zeit eine vollständige Mahlzeit. Er war zu seiner Schwester zurückgekehrt, und die Arbeitgeber seines Bruders hatten ihn schließlich, da er gar nichts zu tun hatte, zum Kinderverwahren angestellt gegen ein paar Näpfe Tee und Suppe als Entgelt.

Eines Tages hatte Sönam ihn im Scherz gefragt: »Willst du mit uns kommen, wenn wir weiterziehen?« Der Bengel hatte nichts erwidert, aber am andern Tag stand er zum großen Erstaunen meiner Leute ohne sein Steckkissen vor ihnen und erklärte ganz ernsthaft: »Also abgemacht, ich werde mit euch gehen.« Dann machte er sich sofort in der Küche zu schaffen, putzte die Töpfe, blies das Feuer an, kurz entfaltete eine Beweglichkeit, deren wir ihn nie für fähig gehalten hätten. Später teilte er seiner Familie mit, er ginge weg.

Der Kleine schien so fest entschlossen, dass Yongden der

Gedanke kam, aus dem Scherz Ernst zu machen und ihn wirklich mitzunehmen. Er sprach mit mir darüber. Wenn man den Jungen erst einmal richtig gesäubert, ordentlich angezogen und tüchtig gefüttert hatte, konnte ein guter, treuer Diener aus ihm werden. Da er Waise war, konnten wir ihn sogar mit nach Europa nehmen. Ihm sagten wir natürlich nichts von diesen unbestimmten Zukunftsaussichten, ich kündigte ihm nur an, dass ich ihn mitnehmen würde, falls er wollte. Wie die Schwester merkte, dass ich entschlossen war, erhob sie Einspruch. Sie brauche den Jungen und wir schädigten sie, wenn wir ihn ihr wegnähmen. Wir wussten nur zu gut, dass er eine Last für sie war, das ganze Getue entsprang der Sehnsucht nach einer Geldentschädigung. Yongden stellte die Frau mit vier Sichuanrupien zufrieden, immerhin ein bescheidener Betrag, gegen den die zärtliche Schwester uns sämtliche Rechte an ihrem Bruder abtrat.

Vor dem Aufbruch habe ich noch das Kloster in Dawu besucht. Es hat eine gewisse Bedeutung, ohne jedoch nur im Entferntesten die Größe und Schönheit der Lamasereien von Kumbum, Labrang, Tachikjil, Tashilunpo in Shigatse, Sera und Depung in Lhasa zu erreichen.

Dem Vernehmen nach gibt es gelehrte Lamas in Dawu, ich habe sie leider nicht zu Gesicht bekommen. Ich hatte vorgehabt, dem Abt einen Besuch zu machen und ihn unter Wahrung der vorgeschriebenen Höflichkeitsformen zu bitten, einigen der gelehrten Klosterinsassen vorgestellt zu werden. Vater D., der in diesem Falle seinen Einfluss wohl überschätzte, glaubte mir einen Dienst zu erweisen, wenn er den Würdenträgern meinen Besuch ankündigte und mich ihnen »empfahl«. Der Erfolg war verblüffend. Die Lamas der gelehrten und höheren Grade wurden ganz plötzlich von allerlei Krankheiten befallen und konnten mich zu ihrem Bedauern nicht empfangen, der berühmteste entsann sich überraschend, dass er eine dringende Besichtigungsreise zu machen hatte.

Ich musste mich also darauf beschränken, Tempel zu besuchen, schmutzige Straßen zu durchwaten – das Kloster ist sehr schlecht gehalten – und mit gleichgültigen Trapas zu sprechen. Trotzdem bedauerte ich die Mühe nicht, die ich mir gemacht hatte; an Stelle von Weisheitssprüchen erfuhr ich allerlei Fesselndes über den Grenzkrieg zwischen Tibet und China und seine seltsamen Hintergründe. Wie merkwürdig, die Tibeter von Kham schätzten die chinesische Herrschaft wenig, aber die Lhasas verabscheuen sie!
Ich sollte darüber in den folgenden Wochen noch manches zu hören bekommen, zuweilen in sehr bewegten Worten. An der neuen tibetischen Grenze spielten sich damals aufregende Dinge ab, aber die bäuerlichen Menschen, um die es dabei ging, nehmen sich nicht wichtig genug, um die Aufmerksamkeit der großen Welt auf sich zu lenken.
Nach zehntägigem Aufenthalt verließ ich Dawu.

Durch das »Verbotene Land« nach Jakyendo

Ein frommer Scharlatan

Die Sonne lacht, jetzt beginnt hier die schöne Jahreszeit. Auf einen warmen, trockenen Spätsommer folgt ein leuchtender Herbst und dann kommt der herrliche kalte, klare Winter, der Märchenlandschaften mit Schneegipfeln, eisgepanzerten Strömen und Seen unter strahlend blauem Himmel hervorzaubert.

Der chinesische Beamte hat mir für das Gepäck Wulas gestellt und mit größter Liebenswürdigkeit eine Bedeckung von zwei Soldaten aufgedrängt.

Dem Rat Pater D.s folgend, will ich in Charatang (Rinda?), wo ein Amtsbruder von ihm wohnt, Halt machen. »Schicken Sie ruhig einen Boten zu Vater A.«, hat er mir gesagt, »er wird Ihnen ein Unterkommen für die Nacht verschaffen.«

Die Einheimischen haben mir schon einiges über Vater A. erzählt. Ich kann verstehen, dass sie ihn nicht lieben. Sie werfen ihm vor, er begnüge sich nicht damit, seine Heilsbotschaft zu verkünden, sondern er fördere die Siedlung durch seine bekehrten Chinesen auf Kosten der eingesessenen Bevölkerung.

Die Leute von Kham, die sich als die rechtmäßigen Besitzer des Landes fühlen, finden wenig Geschmack am Ackerbau. Sie sind zufrieden, wenn sie das wenige Korn für den Eigenbedarf geerntet haben. Als Nachkommen von Hirten leben sie von Fleisch und Milcherzeugnissen. Nur in den Dörfern hat chinesischer Einfluss ihre Sitten gewandelt, den an-

dern scheint der Gedanke, sich von Gemüse zu ernähren, lächerlich. »Grasfressen schickt sich nur für das Vieh«, sagen sie. Ebenso wie ihre Landsleute vom Kuku Nor verabscheuen sie Pflanzenkost und verachten die Menschen, die davon leben. Bei Stämmen dieses Schlages wäre es ein Trugschluss, alles Unbebaute für Ödland und die Besitzer für Faulpelze zu halten. Auf jeden Fall ist die Folgerung recht gewagt, dass man hier Ackerbauer ansiedeln und die jetzige Bevölkerung, die das Land nicht auszunutzen verstände, verdrängen müsse.
Wo sollten denn unsere Herden weiden, sagen die Tibeter, wenn man auf unsern Weiden fremde Bauern ansiedelte, die Felder daraus machen? Sie haben nicht Unrecht; außerdem gibt es wenige Leute von so selbstloser Veranlagung, dass sie ihr Eigentum freiwillig abträten, selbst wenn bewiesen wäre, dass der Nachfolger einen besseren Gebrauch davon zu machen verstände als sie.
Einige Jahre vorher hatte ein hoher chinesischer Beamter im Kuku Nor-Gebiet einen ähnlichen Versuch gemacht. Er wollte in den Grassteppen westlich der Grenze von Gansu eine chinesische Siedlung gründen. Sobald die Tibeter davon Kenntnis erhielten, hatten sie sich nicht darauf beschränkt, Verwahrung einzulegen, sondern geradeheraus erklärt, dass sie sich jedem derartigen Versuch mit der Waffe in der Hand widersetzen würden. Der Beamte wusste, dass diese Drohung ernst gemeint war, und verlor den Mut.
Die Tibeter in Charatang waren zweifellos für einen so kräftigen Widerstand nicht zahlreich genug. Sie hatten es nicht hindern können, dass der Pater seine getauften Chinesen dort ansiedelte, aber sie verfolgten ihn mit erbittertem Hass.
Immerhin tat ich, wie mir Vater D. geraten, und schickte einen der Soldaten voraus. Der Erfolg war kläglich. Der Missionar ließ mir sagen, im Dorf habe er kein Unterkommen für uns, er wünsche auch nicht, dass wir auf dem Gelände der Mission unsere Zelte aufschlügen.

Wulas, Soldaten und Dienern machte diese Nachricht keine Freude. Der Tag war sehr warm gewesen, Tiere und Menschen waren erschöpft. Hinter Charatang beginnt ein Streifen Steppe, es konnte lange dauern, bis wir ein Unterkommen fanden. Im Freien zu nächtigen, wagten die Wulas nicht, sie fürchteten, ihre Yaks könnten gestohlen werden; auch die Soldaten rieten kräftig ab. Erst vor wenigen Wochen hätte eine Räuberbande am hellen Tage auf dieser selben Straße die Karawane eines chinesischen Kaufmanns überfallen. Sie hätten sich einfach die Tiere aushändigen lassen und seien mit ihnen weitergezogen in die Berge.

Wie mir ein Augenzeuge berichtete, hätten die Bestohlenen auf der Straße gestanden und vor Not und Verzweiflung getobt, wie sie ihre Tiere auf einem gleichlaufenden Pfad höher am Berg erblickten. Die Räuber hätten sich einen Spaß damit gemacht, das »Ach« und »Oh« der Kaufleute als Widerhall zurückzuschicken.

Pater A. ist übrigens später in Charatang auf tragische Weise ums Leben gekommen. Nicht etwa durch die Einheimischen, sondern er wurde bei einem Erdbeben auf der Schwelle seines Hauses vom zusammenstürzenden Mauerwerk erschlagen. Es wäre gar nicht erstaunlich, wenn irgendein tibetischer Zauberer aus der Gegend behauptete, den Tod des Missionars herbeigeführt zu haben; dem Eingreifen eines Rachegeistes oder -gottes haben die Tibeter den Unfall bestimmt zugeschrieben.

Am Ausgang vom Charatang steht ein Haus, das nach den Angaben meines neuen Dieners Angehörigen eines Dawuer Kaufmanns gehört. Unsere Hoffnung, dort unterzukommen, wurde gleichfalls zunichte, das Haus war verrammelt, die Bewohner schienen für länger abwesend zu sein. Wir ziehen also weiter und erreichen am Abend einen großen Gutshof, wo wir gut aufgenommen werden.

Beim Nachtessen erfahre ich, dass in der Nachbarschaft ein

Drubthob haust. Es mangelt in Tibet keineswegs an frommen Einsiedlern, aber auch nicht an Schaumschlägern, denen das Volk den Ehrennamen Drubthob verleiht und denen es zahllose, oft recht abgeschmackte Wundertaten zuschreibt. Ich bin jedenfalls sehr vielen begegnet. Da meine Wissbegierde in Bezug auf diese Menschen stets wach blieb, da man unter ein paar Dutzend Scharlatanen zuweilen doch eine fesselnde Persönlichkeit entdeckt, die die einfältigen Landleute von den schlauen Betrügern nicht zu unterscheiden wissen, spitze ich die Ohren. Im Übrigen sind auch die falschen Heiligen oft recht eigenartig in ihrem Äußeren und in ihrer Gedankenwelt, sodass es die Mühe lohnt, einige Anstrengung in Kauf zu nehmen, um sie zu sehen.

Die Leute scheinen den hiesigen Drubthob in hohen Ehren zu halten. Er wohnt auf dem andern Flussufer in einer Hütte am Berge, Charatang gegenüber. In Bezug auf Kleidung teilt er die Ansicht der indischen Asketen, von denen es heißt, sie seien »mit dem Weltraum« oder »mit dem Himmel« angetan, oder auch, sie seien nach »den vier Himmelsrichtungen« gekleidet – alles vornehme Umschreibungen für die Tatsache, dass sie splitternackt herumlaufen.

Ich frage nach andern auffälligen Gewohnheiten des Mannes.

»Er nimmt kein Geld.«

Sieh an! Das ist selten, hier ebenso wie in andern Ländern. Ich verneige mich im Geiste schon ehrfurchtsvoll vor diesem selbstlosen Weisen.

»Er nimmt nur Alkohol.«

Oh! Das gefällt mir weniger gut, gefällt mir gar nicht. Etwas Besonderes ist allerdings nicht dabei; alle Tibeter schätzen starke Getränke, in dieser Hinsicht ist der Drubthob also auf die Geisteshöhe seiner einfachen Landsleute herabgesunken.

Nun gibt es freilich auch einige Sekten, bei deren Brauch und Lehre die Trunkenheit eine Rolle spielt. Sie sehen im Rausch eine Hilfe für die Innenschau, was manchen Trunkenbolden

einen ausgezeichneten Vorwand liefert, sich unter frommem Mäntelchen ihrem Laster hinzugeben.
Indien kannte solche Bräuche schon lange vor Buddhas Zeit. Wahrscheinlich fand dieser große Lehrer der Menschheit in seiner Heimat Gelegenheit, ihre traurigen Folgen zu beobachten, denn er hat seinen Schülern den Genuss von Rauschmitteln jeder Art streng untersagt.
In Tibet ist eins der Hauptmerkmale von Tsongkhapas Reform, dass er dies Verbot wieder in Kraft gesetzt hat. Indessen konnte er es nur für die Geistlichkeit seiner Sekte durchsetzen. Laien und Mönche der andern »Kirchen« haben weiter Bier und Branntwein getrunken. Man darf daraus jedoch nicht etwa schließen, dass sie alle Trinker wären.
Ein zur Dzogchenpa-Sekte gehöriger Einsiedler, den ich über den Wert des Rausches für die Innenschau befragte, führte etwa Folgendes aus. Ein Mensch, der sich verdoppeln könne, d. h. seine Beobachtungsfähigkeit aufrechterhalten, während Denken und Sinne versinken, vermöge aus einem leichten Rausch Nutzen zu ziehen, indessen handele es sich fast nur um Erkenntnisse über den eigenen Geisteszustand. Die Regungen des Unterbewusstseins seien im Rausch von den Fesseln der Vernunft, der Sitte oder Gewohnheit befreit und manche offenbarten sich in einer Stärke, die der Betreffende im nüchternen Zustand nie bei sich vermuten würde. Man könne daraus also für die geistige Entwicklung lernen, genau wie aus all den andern Versuchen, bestimmte Leidenschaften, wie Ehrgeiz oder Ausschweifung, sich austoben zu lassen. Der Tatsachenwert einer im Rausch gewonnenen Innenschau sei aber gleich Null.
Ob der nackte Drubthob, der das Geld verschmähte und den Branntwein nahm, hierüber etwas zu sagen wusste? Ein Tag Aufenthalt, um das herauszubekommen, bedeutete vielleicht keine verlorene Zeit.
Ich teilte den Bauersleuten meinen Wunsch mit und meine

Absicht, wenn ich ihnen keine Ungelegenheiten bereitete, eine zweite Nacht bei ihnen zu verbringen.
Die Antwort war sehr freundlich. Ich möge mich bei ihnen wie zu Hause fühlen. Es waren sehr angenehme Leute, besonders der Hausherr, das Muster eines Mannes der schönen Khampa-Rasse. Auch um ihretwillen wäre ich gern noch einen Tag geblieben.
Am Morgen machte ich mich mit Yongden auf den Weg zur Höhle des Drubthobs. Meine amtliche Schutzwache war nicht davon abzubringen mitzukommen. Die Befehle ihres Vorgesetzten waren eindeutig, sie hatten mich zu beschützen und – genau im Auge zu behalten.
Der Weg war lang, wir mussten auf dem andern Ufer bis auf die Höhe von Charatang zurück, denn, ob aus Zufall oder Absicht weiß ich nicht, der Einsiedler wohnte gerade der Kirche des Missionars gegenüber.
Seine urzeitliche Behausung lag auf einem rasenbewachsenen Steilhang am Ende des Tälchens. Der Mann saß im Freien; sobald er mich kommen hörte, sprang er auf die Füße, ergriff einen Stock und begann mit wilden Bewegungen zu tanzen, wobei er – wohl absichtlich – die Haltungen nachahmte, die man auf tibetischen Bildern bei den Leichen fressenden Kobolden sieht.
Der Drubthob war nackt, sein Körper mager und knochig. Von weitem wirkte er wie ein tanzendes Gerippe. Schließlich stürzte er in seine Höhle und begann wie wild ein Glöckchen zu schwingen.
Ich habe schon viele dieser frommen Hanswurste gesehen. Seine eingelernten Bocksprünge verfehlen ihren Eindruck auf mich, ich frage mich vielmehr, ob die Unterhaltung mit einem solchen Menschen etwas Fesselndes bieten könnte, und bedauerte, um eines so mageren Ergebnisses willen den langen Weg bei dieser Hitze gemacht zu haben. Ich ärgerte mich auch über die Soldaten, die vor mir zu dem Mann gekommen waren

und mich sicher als eine vornehme Persönlichkeit hingestellt hatten. Daraufhin hatte er die Vorstellung gegeben, während ich ihn hatte überraschen wollen. Kurz, ich hatte schlechte Laune. Die gab mir den boshaften Gedanken ein, mich für meine Enttäuschung zu rächen. Ich wollte es bei der Tanzerei bewenden lassen und umkehren, ohne zu der Höhle zu gehen, wo der Drubthob mich erwartete, wahrscheinlich um mich mit neuen Ausgefallenheiten an Bewegungen und Worten zu verblüffen. Diese kleine Demütigung sollte die Strafe für seine Albernheit sein.

Leidlich zufrieden mit mir, drehte ich der Höhle den Rücken. Yongden, der die Seele seiner Landsleute bis in die verborgensten Winkel kennt, verdarb mir meine bescheidene Freude bald mit den Worten: »Freue dich nicht zu früh über deine kleine Bosheit, dieser Schurke von Drubthob bringt es bestimmt zuwege, die Demütigung, die du ihm zufügen wolltest, in eine Mehrung seines Ansehens zu verkehren. Er wird behaupten, durch seine Zauberkraft hätte er eine Ausländerin am Betreten seiner Hütte gehindert. Dies neue Wunder wird seinen Ruhm erhöhen und ihm noch mehr Schnaps eintragen.« Mein listenreicher Sohn hatte Recht! In den Augen der Tibeter würde ich die Unterlegene sein. Der Gedanke an diese alberne Verdrehung der Tatsachen machte uns lachen.

Diesmal fand sich meine Schutzwache bereit, allein nach dem Gutshof zurückzukehren mit meinem Maulesel und dem Pferd des Lamas. Wir selber wollten beschaulich zu Fuß gehen.

Wir waren ein ganzes Stück weit gekommen, als eine Gruppe Nonnen an uns vorüberkam. Sie trugen alle ein kleines Bündel auf dem Rücken und hielten einen langen Stock in der Hand, das Abzeichen der Pilger.

»Wo geht ihr hin, fromme Frauen?«

»Nach Lhasa.«

»Auf welchem Weg? Durch die Changtang?«

»O nein. Das kann nur ein großer Trupp mit Tragtieren und vielen Vorräten wagen. Wir wollen nach Derge (Dêgê) und von da den Straßen folgen, die durch die Dörfer führen; wir müssen unsern Unterhalt zusammenbetteln.«
»In welcher Zeit glaubt ihr nach Lhasa zu kommen?«
»Das kann man nicht wissen, vielleicht in drei Monaten, vielleicht in vier, vielleicht noch später.«
»Nehmt, Schwestern! Da habt ihr etwas Geld, um euch Essen zu kaufen. Zündet für uns eine Lampe vor dem Standbild des Jowo an, wenn ihr seinen Tempel in Lhasa besucht.« (Die Figur soll Buddha in jungen Jahren, vor dem Verlassen des Vaterhauses, darstellen.)
»Das werden wir nicht vergessen.«
Die guten Frauen sind verblüfft und gerührt über mein reiches Geschenk. Als sie gegangen sind, meint Yongden: »Es ist spät, sie werden heute bestimmt nicht weiterkommen als bis zu dem Dorf in der Nähe unseres Hofes. Versieh dich mit Geld und schließ dich ihnen morgen früh an.«
Du darfst so träumen, junger Freund! Ich bin die Gefangene meiner Schutzwache, meiner Diener, meines Trosses. Wenn ich allein wäre und kein Gepäck hätte!
Der Tag wird kommen, wo Yongden und ich ganz allein über Berg und Tal nach langem Fußmarsch durch unerforschtes Land vor dem Jowo stehen. In Erinnerung an die Lampe, die ich ihm freundlich habe anzünden lassen, wird er unsere Höflichkeit erwidern, werden vor seinem Altar seine Diener aus kostbarem, edelsteingeschmücktem, goldenem und silbernem Gefäß geweihtes Wasser für uns eingießen.
Aber das sollte erst in zwei Jahren wahr werden und da wir die Schleier nicht lüften können, mit denen ein freundliches Geschick zu unserm Besten die Zukunft verhängt, wandern wir niedergeschlagen zu unserer Bleibe.
Der gute Bauer scheint anfangs recht erstaunt, dass ich so wenig Bewunderung für den Drubthob zeige, und die Frauen

nehmen es vielleicht sogar etwas übel. Nach dem Abendessen versuche ich, den schlechten Eindruck zu verwischen, und zeichne ihnen das Bild des echten Einsiedlers, wie ich ihn mehrfach kennen gelernt habe. Dann erzähle ich die Geschichte Buddhas. Wie die meisten tibetischen Laien wissen sie nur sehr wenig darüber. Ich fürchtete, meine Darstellungen gingen vielleicht über das Verständnis der Leute hinaus, aber sie haben alles begriffen, und die hohen Gedanken bewegen meine einfachen Zuhörer tief.

»Ach ja«, seufzt der Bauer, »wenn wir diesen Weg gehen könnten! Aber wir können nicht. Vielleicht später, in einem andern Leben.«

Unser Junge erlebt Abenteuer

Am Morgen finde ich den Hausherrn zu meiner Überraschung an der Spitze der Träger, die mein Gepäck aufladen. Er hätte sich sicher von der Wula-Pflicht befreien und durch einen seiner Knechte vertreten lassen können.

»Ich will selbst darüber wachen, dass alles gut geht«, erklärt er. »Sie sollen zufrieden sein und uns ein gutes Andenken bewahren.«

Berstend vor Stolz reitet unser Junge in seinem neuen Rock und der rotseidenen Kappe, die ich ihm geschenkt habe, auf einem Maulesel an der Spitze. Wegen seiner Eitelkeit haben ihm meine Leute den Scherznamen Setsang Tales gegeben. So heißt ein reicher Kaufmann in Dawu. Ein paar Stunden haben genügt, um das furchtsame »Kindermädchen« in einen wilden Burschen zu verwandeln. Echtes Räuberblut scheint in seinen Adern zu fließen. Vielleicht haben die Götter ihn für den »Heldentod« auf irgendeiner Landstraße seiner Gegend vorausbestimmt. Inzwischen macht er sich bei uns recht nützlich.

Sein Bestreben, mir gefällig zu sein, und seine hitzige Gemütsart beschwören schon am dritten Tag ein Abenteuer herauf. Am Nachmittag kommen wir in Sichtweite an einer Schweineherde vorüber. Ein paar Ferkel springen mutwillig um ihre Mütter herum. Sönam, den das Benehmen des Jungen reizt und der gern Späße treibt, wendet sich zu ihm: »Die ehrwürdige Dame, unsere Herrin, würde sicher gern eins dieser Spanferkel essen.«

Ohne ein weiteres Wort abzuwarten, treibt der Bengel, der sich mit meinen Eigenheiten noch nicht auskennt, sein Tier an und trabt auf die Herde zu. Dort springt er ab, gibt einem Hütejungen den Zügel, scheucht die Schweine durcheinander und packt eins der Ferkel.

Ich habe den Auftritt aus der Ferne mit angesehen, ohne den Hergang zu verstehen. Wie ich zu den laut lachenden Dienern und Soldaten komme und man mir alles erzählt, lasse ich den unternehmungslustigen Jüngling zurückrufen und befehle ihm, seinen Fang freizugeben. Er gehorcht mit Bedauern und kann gar nicht verstehen, warum sein Eifer und seine Geschicklichkeit ihm kein Lob eintragen.

Tobgjal, der den Spaß verlängern möchte, erklärt ihm: »Jetsumna Kuchog isst kein Schweinefleisch.«

»Warum hast du es mir dann gesagt?«, fragt der Junge und wirft Sönam einen unfreundlichen Blick zu. Setsang Tales gestattet keinem, sich über ihn lustig zu machen. Er scheint keine bequeme Gemütsart zu haben. Ich tue, als hörte ich nichts.

Dieser Zwischenfall hat die Stimmung gehoben, er hat auch eine Saite berührt, die bei den Leuten dieses Landes leicht in Schwingung gerät, die Eroberungslust. Und so fangen denn meine Wulas an, sich wie selbstverständlich ihre Heldentaten als Strauchritter zu erzählen. Sie wissen, dass ich hinter ihnen reite und zuhöre, aber sie haben Vertrauen zu mir. Ich bin gerührt. Sie zählen mich meiner Treu zu den Ihren! Die Unterhaltungen sind köstlich. Ein Held lebt im tiefsten Herzensgrund bei jedem dieser Naturkinder.

Beutegier spielt bei ihnen sicher eine Rolle, aber mir will es scheinen, als seien Raub, Kampf und Gefahr für sie Freuden in sich selbst.
So überraschend das klingt, ich habe unter tibetischen Räubern strenge Pflanzenkostler getroffen. Einen fragte ich nach dem Grund. – »Weil das Tier schwächer ist als der Mensch und weil es feige ist, den Schwachen im Bewusstsein der eigenen Überlegenheit anzugreifen.«
Sogar Männer mit außergewöhnlich hoher Auffassung vom sittlichen Leben findet man unter den Strauchrittern. Wohlverstanden: im Bereich des reinen Gedankens, die Nutzanwendung verschieben sie meist auf eine ihrer nächsten Wiedergeburten.
In Amdo ist einmal ein Lama von einem Räuber bekehrt worden. Wie der Lama mit einer Dienerschar und wohlbeladenen Mauleseln die Straße entlangzog, wurde er von einer Räuberbande überfallen und aufgefordert, Tiere, Geld und Gepäck herauszugeben. Er versuchte, Widerstand zu leisten, und wurde im Kampf vom Pferd geworfen. Wie er das Spiel verloren geben musste, bat er um Gnade und gab sich als Lama zu erkennen. Einen Ordensmann zu bestehlen oder zu misshandeln sei ein Unrecht.
»Einen Ordensmann?«, gab der Räuberhauptmann zurück, »du sagst, du seist ein Ordensmann? Wie habe ich das merken sollen? Trägst du nicht eine schöne pelzverbrämte Kutte? Ist es denn einem Lama erlaubt, sich mit dem Balg eines Tieres zu kleiden, das man um seines Felles willen getötet hat? Was wird denn dabei aus dem Mitleid, das er üben soll? Und braucht ein Geistlicher alle diese Dinge, die du da mitschleppst? Ich hatte dich für einen reichen Kaufmann gehalten!«
Diese Worte trafen den Lama ins Herz, er warf sich vor dem Räuber nieder. »Ihr seid mein Guru«, sagte er, »Ihr habt mich auf den richtigen Weg geleitet. Nehmt alles, was Ihr wollt, ich werde meine Tage in einer Einsiedelei beschließen.«

Diese Geschichte wurde mir von einem Bekannten des Lamas erzählt. Der Räuber soll sich geweigert haben, sich von einem Geistlichen etwas anzueignen. Als der Lama nach Hause gekommen sei, hätte er den größten Teil seiner Habe für fromme oder mildtätige Zwecke gestiftet und nur so viel behalten, wie er gerade zum Leben nötig hatte; dann sei er Einsiedler geworden. –
Mit meinen unterhaltsamen Wulas komme ich nach Tangu (Luhuo Zhaggo), einem unsauberen Dorf, wo wir die Nacht verbringen.
Am folgenden Tag machen wir in Tchaou (Zhêhor) Halt. Ich wohne in dem ehemaligen Palast der Landesfürsten. Palast ist sicherlich ein etwas anspruchsvolles Wort für die Gruppe nicht sehr ansehnlicher Gebäude, die die chinesischen Truppen zur Zeit des Tibeteraufstandes niedergebrannt haben und die noch die Spuren des Feuers und der Plünderung zeigen. Mein Zimmer ist dasselbe, wo ehedem der »König« und die »Königin« wohnten. Die Holzbekleidungen, einst rot bemalt und mit goldenen Inschriften und Blumen verziert, sind vom Rauch geschwärzt. Die Räume gehen auf die von großen Pfeilern umrahmte Galerie hinaus und sind sehr finster. Ich habe Mühe, mir vorzustellen, dass Menschen hier sollten wirklich ständig gewohnt haben. Die jetzige Herrscherin, eine Witwe, lebt in einem Anbau, den sie hat errichten lassen, einem fünfstöckigen Steinhaus. Die Tibeter sind vernarrt in hohe Gebäude, die Wohnung des Hausherrn befindet sich stets im Oberstock, auf dem großen flachen Dach, wo man sich ergehen kann. Auch Blumen in Töpfen oder Eimern findet man hier.
Die Fürstin zeigt sich gnädig und macht mir ein stattliches Geschenk an Lebensmitteln. Das Glanzstück ist ein drei Jahre altes gedörrtes Hammelviertel. Es hat jede Farbe und jegliches fleischähnliche Aussehen verloren, man würde es für ein weißgraues Stück Holz halten. Das Fleisch splittert in Fasern ab, die beim Anfassen zu Staub zerfallen. Es ist übrigens ganz

unversehrt, ohne die geringste Spur von Würmern. Die Tibeter essen das alte Hammel- oder Ochsenfleisch sehr gern, es ist ein Gericht der Vornehmen. Die Fürstin hat mir also ein recht wertvolles Geschenk gemacht. An Wohlgeschmack hat das Fleisch nichts eingebüßt, er scheint sich eher verstärkt zu haben. Ich verstehe sehr gut, dass die Tibeter es als Leckerbissen betrachten. Sie zerstoßen es auch im Mörser und wer es sich leisten kann, nimmt solches Fleischpulver als Kraftnahrung mit auf die Reise. Man sagt allgemein in Tibet, man könne auf diese Weise das Fleisch eines ganzen Yaks in einem Sack von der Länge des Vorderarms unterbringen.
Es wird auch als kalte »Fleischbrühe« genossen. Man löst ein paar Fingerspitzen von dem Pulver in einer Tasse kaltem Wasser auf und mischt etwas Tsampa darunter. Ohne Zweifel ist das eine sehr sättigende Nahrung und man kann bei kleinster Belastung kräftige Kost für lange Zeit mitnehmen, aber ich muss gestehen, in feuchtem Zustand hebt mir dieser tibetische Pemmikan den Magen.
Wir sind hier ganz nahe an der Grenze. Ich bemühe mich, meine »Schutzwache« sanft abzuschieben, aber alle Versuche schlagen fehl, alle Überredungskunst ist umsonst, sie haben Befehl, mich bis nach Kantse zu begleiten.
Von Chaou kommt man über einen niedrigen Pass ins Tal des Jalung, den die Einheimischen hier Dza Chu nennen. Unser tapferer Kleiner überrascht uns durch neue Heldentaten. Einer unserer Maulesel, der unbeladen geht, lässt es sich einfallen, vom Weg ab in die Wiesen zu streifen, wo er Pferde bemerkt hatte. Der Bengel macht sich sofort auf die Verfolgung und da Sönams Säbel, den er stolz im Gürtel trägt, ihn am Laufen hindert, legt er ihn am Boden nieder.
Wie er das Tier dann erwischt hat, ruft er den beiden Jungen, die die Pferde hüten, von weitem zu, sie sollten ihm seine Waffe bringen.
»Friss meinen Kot!«, antwortet freundlich einer der Angeru-

fenen. Dieser unter dem niederen Volk in Tibet sehr geläufige Ausdruck gilt als schwere Beleidigung. Wütend stürzt sich der jähzornige Setsang Tales auf die Hütejungen. Er muss trotz seiner kindlichen Gestalt gefährlich aussehen, denn die beiden ergreifen die Flucht. Dann nimmt er seinen Säbel auf. Dabei bemerkt er eins der langen Seile aus Yakhaaren, die man in den Steppen, wo es weder Baum noch Strauch gibt, an eisernen oder hölzernen Stäben im Boden befestigt, um die Halsstricke der Weidetiere daran zu binden. Er nimmt es als Buße für die Beleidigung an sich und überreicht es mir mit der Miene eines Mannes, der sich Achtung zu verschaffen weiß.

Ein wenig später holen ein paar Genossen der Hirten Setsang Tales, der wieder an der Spitze reitet, ein und wollen ihn schlagen. Sie sehen ganz wie Landstreicher aus und sind mit den landesüblichen Flinten bewaffnet. Der Bengel zuckt nicht mit der Wimper und zieht seinen Säbel. Da stellt sich einer der Yakführer vor ihn und erklärt den Angreifern, der Junge sei Diener bei den Herrschaften, die dort hinten kämen. Daraufhin viele Entschuldigungen, man beschimpft die Kameraden, die sich herausgenommen haben, den Diener so vornehmer Leute zu belästigen.

Ich flüstere Yongden zu, er solle dafür sorgen, dass sie ihren Strick wiederbekämen, und reite weiter. Zwei Tage später bemerke ich das Seil immer noch; es hängt an einem unserer Stücke. Warum hat man es nicht zurückgegeben? »Ach«, erwidert Sönam, »die Wulas haben uns dringend gebeten, es nicht zu tun. Wenn wir den Strick nicht behielten, würden diese Hirten glauben, wir seien keine mächtigen Leute, ja, sie hätten uns vielleicht von hinten beschossen.« Darauf wusste er nichts zu erwidern. Diese Lamas kannten die Sitten ihres Landes; Billigkeit und Klugheit sind zweierlei und nicht immer in Einklang zu bringen. Ich habe im Verlauf meiner Reisen mancherlei in dieser Richtung gelernt.

Wir könnten leicht an diesem Tag bis nach Kantse marschieren, aber wir würden dort, von einem Haufen Neugieriger umringt, auf der Straße warten müssen, bis wir ein Unterkommen gefunden hätten. In China gibt es in den Dörfern an viel benutzten Straßen meist Herbergen, in diesem Lande jedoch nicht. Außer einigen wenigen Beamten reisen hier nur Kaufleute und Pilger. Die Beamten genießen das Recht, sich einzuquartieren, wo es ihnen gefällt. Die Kaufleute haben Geschäftsfreunde oder gute Bekannte unterwegs, bei denen sie wohnen, oder sie lagern bei ihrer Karawane. Die armen Pilger schlafen unter freiem Himmel, in Pferdeställen, Schuppen, überall, wo man sie nicht verjagt, die wohlhabenderen, die zu Pferd kommen, bitten die Dorfbewohner um Gastfreundschaft gegen Entgelt. Zuweilen müssen sie an viele Türen klopfen. Das ist ganz üblich und macht mir, wenn ich unerkannt reise, nichts aus, aber als Ausländerin muss ich befürchten, in Kantse Gegenstand der Neugier für die ganze Stadt zu werden. Daher sichere ich mir lieber vorher ein Unterkommen und mache zunächst in dem Dorf Pojül Halt, wo sich ein großes Rasthaus für Beamte und andere vornehme Reisende befindet. Von da schicke ich Yongden voraus, um dem chinesischen Obersten meine Karte zu überbringen und ihn der Sitte gemäß zu bitten, uns für einige Tage Wohnung zu gewähren. Meinen beiden Leibwachen sage ich recht deutlich, dass der Lama nach Kantse ginge, danke ihnen für ihre Dienste, entlohne sie anständig und fordere sie auf, nach Dawu zurückzukehren. Sie bedanken sich vielmals und verschwinden. Ich atme auf. Vielleicht würden die Behörden in Kantse sich weniger um meine Sicherheit besorgt zeigen als die in Dawu! Vielleicht würde ich meine Bewegungsfreiheit wiedergewinnen!

Vergebliche Hoffnung. Yongden ist noch nicht zurück,

da erscheinen zwei neue Soldaten, diesmal in Uniform. Sie begrüßen mich und melden, dass sie mir zu Diensten stehen. Was nun? Ich muss lächeln und tun, als sei ich über diese freundliche Aufmerksamkeit ihres Führers entzückt.
Am Abend bemerke ich auch die beiden andern. Sie sind also noch nicht unterwegs, sie warten, bis sie in Dawu melden können, ich sei ordnungsmäßig nach Kantse unterwegs in Begleitung der dortigen Soldaten. Ach ja, ich bin gut bewacht! Am folgenden Morgen geht es in die Stadt hinein.
Die Freude, die ich seinerzeit beim ersten Blick auf das breite lächelnde Tal von Dawu empfunden hatte, beruhte großenteils auf dem Gegensatz zu den tosenden Hochwasserschluchten, wo sich alles gegen mich verschworen zu haben schien. Nach und nach waren mir jedoch die friedliche Landschaft, die bebauten Felder, die runden Bergkuppen, die dies »glückliche Tal« einsäumen, eintönig erschienen und ich erwartete von Kantse nichts Besonderes. Ich wurde angenehm überrascht.
Die Landschaft, aus der die Stadt sich erhebt, ist wirklich schön, fast großartig. Wie alle tibetischen Siedlungen ist Kantse ohne Plan erbaut, seine Häuser türmen sich am Hang eines Hügels wahllos übereinander und verlieren sich dann im riesigen Tal des Jalung, der auf dem andern Ufer von wilden, finsteren Bergen eingerahmt wird.
In Europa würde einem dies Kloster sehr groß erscheinen, aber in Tibet ist jede Mönchsniederlassung mit weniger als zweitausend Insassen nur von mittelmäßiger Bedeutung. Die Gompa nimmt den oberen Teil des Hügels ein. Ihre zahlreichen Gebäude drängen sich dicht zusammen, sodass nur enge Gassen dazwischen bleiben. Weit hinten in der Ebene, erhebt sich der Palast des eingeborenen Fürsten, ein massiges Bauwerk, eine wahre Trutzburg, die Belagerungen aushalten oder Strauchrittern als Unterschlupf dienen könnte, was wohl auch einst ihre Bestimmung gewesen ist.
Durch die Freundlichkeit der chinesischen Herren habe ich

eine sehr angenehme Wohnung in einem Haus in der Oberstadt erhalten; ich genieße eine herrliche Aussicht. Die Behörden bestehen aus einem hohen Verwaltungsbeamten und einem Oberst. (Letzterer hat seinerzeit bei dem Aufstand den Pater D. in Dawu befreit.) Ich werde von beiden liebenswürdig aufgenommen, mache die Bekanntschaft ihrer Familien, fotografiere, wir essen mehrmals zusammen. Kurz, unsere Beziehungen sind die herzlichsten. Trotzdem lehnt der Beamte, dessen Stellung etwa der eines Statthalters entspricht, meinen Wunsch, durch das unter chinesischer Herrschaft verbliebene Gebiet nach Batang zu reisen, rundweg ab und besteht darauf, verlangt sogar, dass ich einen Umweg mache, und zwar über Derge und Chiamdo, die jetzt der Lhasaer Regierung unterstehen. Seltsam! Warum will dieser Chinese mich unbedingt in ein Land schicken, von dem er weiß, dass es für Ausländer verboten ist? Der gerade Weg nach Batang sei nicht sicher, sagt er, und er verfüge nicht über genügend Soldaten, um mir eine ausreichende Bedeckung zu stellen. Schön, das Gebiet ist nicht sicher; aber die benachbarten sind es doch ebenso wenig! Vielleicht fürchtet er tatsächlich für meine Sicherheit und dann ist es ihm lieber, dass ein »Unglücksfall« sich nicht auf seinem Gebiet zuträgt. Schon möglich; aber ich vermute, er hat andere Gründe.

Jedenfalls habe ich gut reden, nichts, was ich vorbringe, vermag seinen Entschluss wanken zu machen. Ich merke, er würde mich gegebenenfalls mit Gewalt zurückholen. Außerdem werde ich überwacht. Noch ehe den Tragtieren das Gepäck aufgeschnallt wäre, würde der Beamte Meldung haben und den Fährleuten am Jalung befehlen, ihre kleinen Boote einzuziehen.

Der Zufall wollte es, dass der Chinese die Unsicherheit der Wege unter Beweis stellen konnte; im Ortsgefängnis erwarteten zwei Räuber den Tag ihrer Hinrichtung.

Die Bande, zu der sie gehörten, war nach vielen Beutezügen auf chinesische Soldaten gestoßen. Es kam zum Kampf. Die Räuber unterlagen und entflohen mit ihren Verwundeten. Zwei Gefangene mussten sie zurücklassen.
Das Gesetz ist streng, jeder gefangene Räuber wird hingerichtet. Von diesen beiden war der eine ganz jung, der andere ein Mann in gesetztem Alter. Der erklärte dem Statthalter, für sich selbst unterwerfe er sich dem Urteilsspruch. Er hätte gespielt und verloren, nun müsse er bezahlen, aber er bäte um Gnade für seinen Gefährten. Der hätte noch nie vorher gestohlen oder sich an einem Raubzug beteiligt, er wäre zum ersten Mal mit gewesen. Sollte ihm das nun mit zwanzig Jahren das Leben kosten?
Wie man mir erzählte, hat der verhärtete Räuber, der sein eigenes Schicksal mit hochmütigem Stolz trug, sich zu einem Kniefall vor dem Statthalter erniedrigt, um die Begnadigung seines jungen Freundes zu erlangen. Der Beamte ward gerührt; er schob die Hinrichtung auf und schickte einen Boten an seinen Vorgesetzten, den Kommissar für die Grenzverteidigung in Tatsienlu, mit der Anfrage, ob er die Räuber begnadigen dürfe oder zum Wenigsten den jüngeren.
Die Antwort traf während meines Aufenthalts ein. Sie war unerbittlich. Beide sollten erschossen werden. Eines Morgens, als ich noch im Bett lag, hörte ich Schüsse und eilte ans Fenster. Der erste Aufzug des Trauerspiels war mir entgangen. Man erzählte mir ihn später. Die Soldaten führten die Verurteilten zum Ufer eines Baches, wo die Hinrichtung stattfinden sollte. Plötzlich stieß der Alte den neben ihm gehenden Soldaten zur Seite, schlug den andern, der seinen jungen Kameraden führte, kräftig mit der Faust auf den Kopf und rief: »Rette dich!« Die entstehende Verwirrung benützte er, um ebenfalls zu entfliehen.
Das Weitere sah ich selbst. Die Räuber liefen im Zickzack, um dem Feuer zu entgehen. Das ebene Gelände bot nirgends

Deckung, weit und breit kein Baum, keine Senke, kein Haus. Die Soldaten hatten ein gutes Ziel.

Durch das Glas konnte ich an bestimmten Zuckungen der Flüchtlinge erkennen, dass manche Kugel traf, aber die Männer liefen immer weiter, in der Richtung auf den Fluss zu, wo vielleicht Freunde versteckt lagen. Wenn sie aufs andere Ufer kamen, waren sie gerettet. Doch es war zu weit, einer der Männer fiel nieder, zuckte einen Augenblick und blieb unbeweglich liegen. Das war der jüngere, sagte man mir. Kurz darauf sank der andere in die Knie, riss sich hoch, lief weiter, fiel wieder hin und stand nochmals auf, doch lief er jetzt weniger schnell. Noch eine Kugel erreichte ihn, er wankte, lief aber immer noch. Die Verfolger gewannen Boden, eine Salve streckte ihn nieder, nicht weit von einem Tempelchen. Dort begann eine Hügelreihe, wäre er bis dorthin gekommen, hätte er sich wahrscheinlich retten können. Das Schicksal hatte es anders bestimmt.

Am Nachmittag ließ mich einer meiner Begleitsoldaten bitten, ihn zu empfangen. Er begrüßte mich mit den üblichen Kniefällen und fragte, ob ich nicht etwas für die Wunde hätte, die er mir an seinem Arm zeigte. Dies war der Mann, den der Räuber am Morgen niedergeschlagen hatte, er war auf ein zerfallenes Mäuerchen gefallen. Während ich ihn verband, begann er, mir die ganze Geschichte mit allen aufregenden Einzelheiten zu erzählen. Ich gebot ihm schließlich zu schweigen, ich hatte genug von diesem Trauerspiel gehört und – gesehen.

Tag für Tag bei Sonnenauf- und -untergang brachten die Mönche auf dem Dach des fürstlichen Palasttempels den Göttern ein Konzert dar. Die Mönche des Stadtklosters gehörten zur Staatsgeistlichkeit, den Gelukpas (Gelbmützen), der Fürst aber zu den Karmapas. Die durchdringenden Weisen, die seine Mönche erklingen ließen, waren dieselben, die ich lange Zeit täglich in einem ländlichen Kloster im Himalaja gehört hatte. Was für Erinnerungen beschworen sie in mir. Yongden, der zu der gleichen Sekte gehört, lauschte ebenfalls aufmerksam und unbeweglich, wenn der Wind die Töne verweht zu uns emportrug. Woran mochte er denken? An seine Kindheit, wo ihn als kleinen Novizen diese traurigen Klänge in Schlaf wiegten, an Lhasa, unsere ersehnte Stadt, an Europa, das er sehen wollte? Ich fragte ihn nicht.

Mein Besuch im Kloster unterschied sich vorteilhaft von dem in Dawu. Nach Besichtigung der Tempel führte man mich in einen Saal der Gyupas (Riten). Dort fand ein Empfang im kleinen Kreise statt; es wurde Tee gereicht, verschiedene Lamas, Graduierte und Professoren waren anwesend. Die Unterhaltung war wirklich fesselnd. Wie es sich an diesem Ort ergab, ging das Gespräch hauptsächlich um die Riten. Sind sie nützlich? Wozu dienen sie? Hat Buddha nicht ausdrücklich erklärt, dass der Glaube an die Wirksamkeit äußerer Werke und Formeln ein Hindernis auf dem Weg zum Heil sei?

Auf diese Fragen antworteten die meisten, es gäbe Riten, die nur den Zweck hätten, die Lehren der Religion im Gedächtnis der Gemeinde der Gläubigen lebendig zu erhalten und die Menschen geneigt zu machen, ehrenhaft zu leben durch Ausübung der Tugenden, die ihrem Stand entsprächen.

Es gäbe auch andere Riten, die Drubthabs, durch die die Gedankenkraft des Ausübens sich mit andern Kräften vereinigte, welche der Ritus anzöge. So entstände eine kräftige Wirkung in der Richtung auf ein bestimmtes Ziel.

Fast alle leugneten – unter Bezugnahme auf apokryphe Bücher, die sie für echt hielten –, dass Buddha die Ausübung der Riten verdammt hätte.

Ein Lama war allerdings dabei, der tiefer sah und zugab, dass Buddha tatsächlich den Glauben an die Wirksamkeit der religiösen Riten als Heilsmittel abgelehnt hätte. Er erläuterte das recht geistreich.

Die Chirolpas (brahmanistischen Hindus) hätten zur Zeit Buddhas geglaubt, Götterverehrung und -opfer sicherten den

Frommen eine glückliche Wiedergeburt im Reich dieser Götter. Diesen Kult und diese Opfer hätte Buddha als unnütz, ja verderblich verdammt. Sicherlich könnten sie keinem Menschen eine glückliche Wiedergeburt verschaffen, diese hinge von seinen Taten in den vorangegangenen Leben ab. Wer grausam und rachsüchtig ist, bereite sich einen Platz unter den bösen Geistern, denen er gleiche. Wer zu den Göttern gehen wolle, müsse Güte üben und das habe nichts mit Opfern und Kniefällen zu tun.

Wenn die Riten nicht imstande seien, eine glückliche Wiedergeburt zu sichern, wie viel weniger könnten sie das Heil, die Befreiung aus der Kette der Wiedergeburten (Tharpa), hervorbringen. Dahin gelangte man einzig durch das »Wissen«, das man mithilfe der Forschung und der Meditation erwerbe, die den »tiefen Blick« (Lhag thong) erzeugten.

Ob ich jemals einen gelehrten Lama hätte sagen hören, dass man die Drubthabs ausübe, um Tharpa zu erreichen?

Nein, das hätte ich nicht gehört.

»Die Drubthabs«, fuhr der Lama fort, »zielen auf Zwecke mehr oder weniger äußerlicher Art, die dem höchsten aller Zwecke, der letzten Befreiung (Tharpa) fern liegen. Diese untergeordneten Dinge können immerhin vorteilhaft sein für solche, die noch nicht in ›die Strömung eingegangen‹ sind (noch nicht angefangen haben, bestimmte Wahrheiten zu begreifen, die zur Erleuchtung führen). Für diese Leute sind gewisse Riten, und besonders die Drubthabs, nützlich und können von ihnen mit Gewinn durchgeführt werden. Sich ihrer zu bedienen heißt nicht, dem Befehl Buddhas zuwiderhandeln.«

Über derartige Fragen kann man endlos reden. Da ich weiterkommen wollte, musste ich mich hierbei begnügen. Im Übrigen war die Ansicht des Lamas für mich nicht neu, sie ist unter der gelehrten Geistlichkeit ziemlich verbreitet.

Wenn es große Denker in diesem Kloster gab, so schien der

kaufmännische Geist dort nicht minder rege zu sein. Viele lamaistische Mönche treiben Handel, aber für gewöhnlich mit einer gewissen Beschönigung. Noch nie hatte ich einen erlebt, der ein Geschäft in der Stadt unterhielt und selbst hinter dem Ladentisch stand. Hier schien das ganz üblich und einige dieser geistlichen Kaufleute erfreuten sich, fett und vierschrötig, sichtlich eines angenehmen Wohlstandes. Einen malerischen und auch ein wenig peinlichen Gegensatz dazu bildete ein jämmerliches Mönchlein, das mir vor der Tür eines dieser gut gehenden Läden auffiel. Der Junge mochte sieben bis acht Jahre zählen und war nackt bis auf einen roten Stofffetzen von der Größe eines kleinen Mundtuchs. Dies Senn (mönchische Obergewand) über den kindlichen Schultern bezeugte seine Zugehörigkeit zur Geistlichkeit.
Da der Statthalter auf seinem Verbot beharrte, blieb mir, wenn ich nicht umkehren und nach Tatsienlu gehen wollte, nichts anderes übrig, als zu gehorchen.
Wegen Überanstrengung, falscher Ernährung oder aus was weiß ich für Gründen, litt ich damals an Darmbeschwerden und mir lag daran, Batang so schnell wie möglich zu erreichen, weil dort ein englisch-amerikanisches protestantisches Missionskrankenhaus besteht. Da hoffte ich mich auszuruhen und die nötige Pflege zu finden. Ich fügte mich also in mein Schicksal und wollte den Grenzübertritt ins Gebiet der Lhasa-Regierung versuchen. Das hätte kaum Schwierigkeiten bedeutet, wäre ich unauffällig gereist, doch der Statthalter ließ es sich angelegen sein, die tibetische Grenzwache genauestens über mich zu unterrichten. Der gerade Weg, den die Karawanen benutzen, überschreitet den Jalung ein wenig hinter Kantse. Das rechte Flussufer ist tibetisch, trotzdem hat sich der Beamte in den Kopf gesetzt, das ich dort nicht hinüber darf. Ich soll unbedingt über Zacco reisen; den Grenzort, wo ein tibetischer Offizier im Range eines Ripön (etwa so viel wie Oberst) seinen Sitz hat.

Wie wird er uns aufnehmen? Ich fürchte stark, er wird uns anhalten. Immerhin ist es möglich, dass wir die Durchreiseerlaubnis erhalten, denn wir wollen ja wieder ins chinesische Tibet.

Über die Grenze des »verbotenen Gebiets«

Wir brechen in trüber Stimmung auf, wie eine Herde, die man in die falsche Richtung zwingt. An der Stelle, wo die Reisenden nach Batang übersetzen, mache ich einen letzten Versuch. Ich erkläre offen, ich würde hier Boote nehmen. Niemand widerspricht, nur machen meine Begleitsoldaten mich darauf aufmerksam, dass sie dann sofort zurückmüssten, um dem Statthalter Meldung zu erstatten.

Kantse ist ganz nah. Ehe Gepäck und Tiere auf dem andern Ufer sein können, weiß der Beamte Bescheid. Er wird mich entweder zurückholen lassen oder aber die Tibeter in Zacco benachrichtigen, dass sie mich verfolgen sollen. Hätte ich genügend Vertrauen zu der Geschicklichkeit Tobgjals und Sönams, dann würde ich sie mit den Tragtieren über Tatsienlu und Litang nach Batang schicken, während Yongden und ich auf unsern Reittieren nur mit den Schlafdecken auf dem Sattel uns geradeswegs nach Batang durchzuschlagen versuchten.

Es ist anders über uns beschlossen. Ich muss nachgeben. Wie soll das alles enden? Ich ahne es nicht. Ich verliere noch den Mut. Es beginnt zu regnen, was unsere Stimmung nicht gerade hebt.

Wir ziehen unseres Weges von Ort zu Ort. Die Landschaft bietet nichts Fesselndes. Meine Darmbeschwerden schwächen mich. Die Bevölkerung kommt mir sehr höflich entgegen. Aber hier bin ich eine ausländische Reisende, wie viel wärmer war der Empfang der fremden Khadoma zu Beginn meiner Reise! Das letzte »Schloss« auf chinesischem Gebiet ist in dem sehr ausgeweiteten Tal entzückend gelegen. Wie schön müsste es sein, hier seine Tage in Ruhe verbringen zu können. Aber ich bin eine Art ewiger Jude geworden, zu zielloser Wanderschaft verflucht.

Jetzt stehen wir vor Zacco. Wir werden erwartet. Wie das in Tibet üblich ist, wenn vornehme Reisende durch ein Dorf kommen, ist auf einer Wiese ein Zelt aufgeschlagen, wo Tee für uns bereitsteht.

Bald erscheinen die Neugierigen in Scharen, darunter eine geschwätzige, vierschrötige Frau aus Lhasa, die, wie mir scheinen will, einen Schluck zu viel getrunken hat. Als sie hört, dass ich die Mundart ihres Landes spreche, fragt sie mich über die Hauptstadt aus, die sie vor zwanzig Jahren verlassen hat. Ich weiß dort natürlich noch weniger Bescheid, dagegen kenne ich Shigatse, die große Nachbarstadt Lhasas, und lenke das Gespräch darauf. Jetzt wendet sich das Weib zu ihren Landsleuten, zeigt auf Yongden, meine Diener und mich und sagt frohlockend: »Es sind Tibeter wie wir.«

Die Menge, die schon staunte, dass wir ihre Sprache kannten, ist jetzt überzeugt. Wir sind gar keine Ausländer, sondern Schwindler, die sich wichtig tun wollen. Enttäuscht ziehen sich die Bauern zurück, wir haben jede Anziehungskraft für sie verloren.

Ich wünschte, der Grenzoffizier zeigte ebenso wenig Aufmerksamkeit für unsere Persönlichkeit, aber das ist wenig wahrscheinlich. Als Ripön unterstehen ihm dreihundert Soldaten, in Wirklichkeit sind es aber nur an die zwanzig. Die übrigen sind anderswo oder, was wahrscheinlicher ist, es gibt sie nur auf den amtlichen Listen.

Ich schicke Yongden zu ihm mit einem Empfehlungsschreiben des Statthalters. Diese Art, mich dem Vertreter der aufsässigen Tibeter (für die Chinesen sind die Tibeter, die sie aus dem Lande gejagt haben, nur aufsässige Lehnsleute) vorzustellen, schien mir sonderbar. Ich habe den Brief übrigens gelesen, er hielt sich durchaus im Rahmen des für solche Gelegenheiten Üblichen.

Die ersten Worte des vornehmen Obersten lauteten: »Die chinesischen Papiere, darauf speie ich. Haben Sie Briefe von dem ›großen Mann‹ in Tatsienlu?«

»Wer ist denn das?« – Nach einigen Erklärungen begriff Yongden, dass dieser »große Mann« der britannische Vizekonsul war.

Ziemlich verdutzt kehrte er zurück, um mir das Ergebnis seiner Unterredung mitzuteilen. Der Ripön wollte mich durchlassen, aber er werde uns weder Begleitsoldaten noch Wulas zur Verfügung stellen – darauf kann ich gern verzichten –, ferner werde er seinem Vorgesetzten, dem Depön in Derge, von unserer Anwesenheit auf tibetischem Boden Meldung machen. Das wird uns wahrscheinlich Ärger bereiten.

Ich ging nun selbst in das elende Haus, das der Offizier bewohnte. Es war schlecht gehalten, aber mit Blumentöpfen geschmückt und beherbergte eine wirkliche »Blume«, die reizende Frau des Obersten. Der Kleidung und dem Kopfschmuck nach – stark bauschige Haare unter einer Art Krone aus großen Korallen – stammte sie aus der Provinz Ü.

Der Herr behandelte mich nicht besonders höflich, immerhin bot er mir ausgezeichneten Tee und chinesisches Backwerk an. Ich legte ihm verschiedene amtliche französische und englische Schriftstücke vor, die ihren Eindruck nicht verfehlten, obwohl er sie nicht lesen konnte, und erläuterte ihm, der Grund, warum ich keinen Brief vom Konsul in Tatsienlu hätte, wäre einfach der, dass ich nicht durch diese Stadt gekommen sei. Im Übrigen ständen die Leute, von denen meine Briefe stammten, im Rang sehr viel höher als der ›große Mann‹ von Tatsienlu, z. B. der Vizekönig von Indien.

Der Ripön zweifelte. Der Vizekönig? Von dessen Dasein hatte er nur eine dunkle Vorstellung, seine Bedeutung war ihm

nicht klar. Könnte das wirklich ein so großer Mann sein wie der »große Mann« von Tatsienlu?
Seltsam! Der Offizier stammte aus Shigatse am Himalaja und die dortigen Kaufleute reisen ebenso wie die Lhasaer häufig nach Indien und berichten, was dort vorgeht.
Er hatte aber auch von sehr vielen andern Dingen keine Ahnung. Die Völker außerhalb seines Landes teilte er z. B. in zwei Gruppen: Chinesen und Ausländer. Die waren alle Engländer mit Ausnahme von ein paar Russen. Als ich ihm von Batang und von Yunnan sprach, wusste er nicht, wo sie liegen, trotz der Nähe.
Im Übrigen wiederholte er mir, was er Yongden gesagt hatte. Für den Augenblick wollte ich nur eins wissen, er gestattete mir weiterzuziehen. Was auch kommen mochte, ich durfte mich glücklich schätzen, dass ich die Grenze überschritten hatte.
Da niemand meine Wulas angehalten hat, sind sie weitergezogen und dürften schon ein gutes Stück hinter sich gebracht haben. Wir haben viel Zeit verloren und müssen uns eilen, sie einzuholen. Ich weiß nicht, wie weit es noch ist bis zu dem Ort, wo sie unser Gepäck niederlegen werden.
Die Landschaft ist fesselnd, ohne etwas besonders Bemerkenswertes zu bieten. In der Dämmerung kommen wir durch eine bewaldete Schlucht, sie wirkt wild und geheimnisvoll, ganz wie man das am Eingang eines verbotenen Landes erwartet. Der schmale Pfad ist mit Felsen gespickt, wir steigen daher lieber ab und gehen zu Fuß, was uns noch mehr aufhält.
Es ist schon Nacht, als wir die Furt über den Jalung erreichen. Ein Dorf und ein Kloster müssen in der Nähe liegen, aber in der Dunkelheit kann man nichts erkennen.
Der Fluss ist hier viel weniger breit als bei Kantse, auch die Strömung scheint weniger heftig zu sein; ein Glück für unsere Maulesel, die hindurchschwimmen müssen. Yongden meint, wir sollten hier lagern, aber da nichts dagegen spricht, bestehe

ich auf sofortigem Übersetzen. Wir können dann am Morgen so früh aufbrechen, wie wir wollen.

Menschen und Gepäck werden mit kleinen runden Booten aus Yakhäuten befördert, keinerlei Unfall ereignet sich. Bald darauf schickt uns ein Gyapön (Offizier, der hundert Soldaten befehligt) ein Zelt, Feuerholz, Milch und Futter für die Tiere. Ferner hätte der Gyapön befohlen, dass am andern Morgen Wulas samt Tieren zur Beförderung unseres Gepäcks zur Verfügung ständen.

Da wir mit Wulas ankamen, hatte er geglaubt, wir besäßen ein Anrecht darauf und auf die andern Dinge, die er uns geschickt. Der Wuladienst geht von selbst weiter, sobald er einmal begonnen hat, und abgesehen von den Orten, wo Statthalter wohnen, wird sehr selten jemand das amtliche Schriftstück zu sehen verlangen, das die Berechtigung erteilt und wenn es sich nur um ein paar Tragtiere handelt, machen die hohen Beamten sich selten die Mühe, die Ausweise zu prüfen. Es kommt nur darauf an, die Wulas das erste Mal zu erhalten.

Nun wusste der Gyapön ja nicht, dass sein Vorgesetzter in Zacco mir die kostenlose Gepäckbeförderung nicht zugestehen wollte. Das konnte unangenehm werden. Wenn ich die Wulas nahm und sie mir dann entzogen wurden, war mein Ansehen schwer geschädigt. Da war es schon besser, so zu tun, als verzichtete ich freiwillig. Ich erklärte den Bauern, da ich Maulesel hätte, brauchte ich keine Wulas.

Die Leute richteten meine Worte aus. Eine Stunde später erschienen die Ältesten. Sie überreichten mir eine Schärpe und sieben Sichuanrupien. Diese Münze ist in China nicht mehr gültig, stellt jedoch in ganz Osttibet das übliche Zahlungsmittel dar.

Genau wie die Ablösung regelt sich auch die Zahl der Wulatragtiere. Ich war mit sieben Yaks angekommen, also mussten die Leute sieben neue stellen. Verlangt ein Reisender weniger Tiere, als ihm zustehen, oder befreit er die Bewohner eines

Dorfes ganz von der Beförderungspflicht, so hat er Anrecht auf eine Entschädigung, in dieser Gegend gewöhnlich eine Rupie je Tier. Daher die sieben Silberstücke.
Das Reisen kann also in diesem gesegneten Lande zu einem guten Geschäft werden und Beamte, Vornehme, die sich gut mit diesen stehen, selbst einfache Soldaten nützen das weidlich aus. Wer Anspruch auf zwanzig Lasttiere hat und mit seinen eigenen reist, streicht an jedem Wulawechsel zwanzig Rupien ein. Die Ablösungsposten liegen oft nahe beieinander, besonders in verhältnismäßig dicht bevölkerten Gebieten, wo der langsame Yak das Tragtier darstellt. Gute Maulesel schaffen zuweilen an einem Tag drei Yakwechsel. Das macht also für den glücklichen Reisenden sechzig Rupien. Solche Ziffern sind vielleicht außergewöhnlich, aber man muss ja auch noch die sonstigen kostenlosen Wulaleistungen berücksichtigen, Futter, Brennstoff, Lebensmittel; jedenfalls bringen es viele fertig, ihre ganzen Reisekosten zu decken und sogar noch einen erklecklichen Gewinn zu erzielen, wenn die Reise sich in die Länge zieht.
Kein Wunder, dass die Landbevölkerung diese Einrichtung hasst. Ich entsinne mich von der späteren Reise her, dass ich am Oberlauf des Salween einmal die Leute gefragt habe, ob sie nicht das Brückenbauen lernen wollten, damit sie nicht die Flüsse an dem zwischen den Ufern ausgespannten Tau mühsam überqueren müssten. »Wir können sehr wohl Brücken bauen«, bekam ich zu hören, »aber wir wollen keine in unserm Lande haben. So wird das Reisen für die Herren Beamten aus Lhasa und die andern feinen Leute schwieriger. Diese hängen nicht gern an unsern Stricken über dem Wasser und wählen darum lieber andere Straßen. So entgehen wir dem Besuch samt den unliebsamen Begleitumständen.« Deren gibt es noch zahlreiche andere, für die Bauern recht kostspielige.
Nun zurück zu den sieben Rupien. Die Klugheit gebietet mir, sie anzunehmen; ich darf mich zu den ortsüblichen Sitten

nicht in Widerspruch setzen. Wenn ich das Geld ablehne, falle ich auf, erscheine vielleicht sogar verdächtig. Wenn ich es nehme, werde ich stets Gewissensbisse behalten. Yongden soll helfen, er soll den Leuten das Geld wiedergeben und eine Begründung erfinden, die ihnen einleuchtet. Ich höre vom Zelt aus zu.

Der Lama besinnt sich nicht lang. Die Dame, die sie in der Dunkelheit nicht recht hätten erkennen können, sei eine Fleisch gewordene Khadoma. Dank ihrer Hellsicht wisse sie, dass diese sieben Rupien den Bauern Nutzen bringen würden. (Mit der Behauptung wagte er ja nun nicht viel!) Sie schenke ihnen das Geld als Almosen. – Sobald von frommer Großmut die Rede ist, besteht für unser Ansehen keine Gefahr mehr. Die Bauern bedanken sich, werfen sich vor den geschlossenen Vorhängen meines Zeltes nieder und verschwinden.

Die Nacht wird sehr kalt; beim Erwachen sind die Zelte und das Gras ringsum mit Reif bedeckt. Dabei ist es noch nicht einmal Ende August. Der Winter muss streng sein hier.

Unheimliche Nachbarn

In aller Frühe, wir sind noch beim Abbrechen des Lagers, reitet der angekündigte Bote des Ripöns an uns vorüber, er wird den Depön in Derge von unserer Ankunft in Kenntnis setzen.

Den ganzen Tag kommen wir sehr langsam vorwärts. Meine Diener, die meine Gründe nicht kennen, verargen mir, dass ich die Wulas ausgeschlagen habe. Sie haben sich schon ganz daran gewöhnt, dass sie selbst bedient werden und dass sie alle reiten. Heute sind nun sämtliche Tiere beladen, wir haben uns für den Marsch durch das dünn besiedelte Gebiet gut mit Lebensmitteln eingedeckt. Der Fußmarsch behagt den Leuten gar nicht, sie schleichen wie Schnecken.

Bei Einbruch der Nacht erreichen wir Ape. Ein schwarzes Zelt am Wege bezeichnet die Raststelle für die Reisenden und den Wulawechsel, das Dorf selbst liegt ein Stück von der Straße ab. Im Zelt finden wir einen jungen Mann vor. Wir vermuten, dass er für diese Stunden, wo Reisende vorbeikommen könnten, als Posten ausgestellt ist, aber er behauptet, er sei ein Fremder auf der Durchreise, mit den Leuten von Ape hätte er nichts zu tun.

Die Gopas (Dorfältesten) zeigen sich nicht. Wir können also nichts kaufen, die Maulesel werden sich mit dem niedrigen, spärlichen Gras um das Zelt herum begnügen müssen, obwohl sie dabei nicht satt werden.

Als es völlig Nacht geworden ist, tauchen mehrere Männer auf. Meinen Dienern erklären sie auf ihre Frage, sie wären weder die Ältesten von Ape noch die Aufseher dieses Yakwechsels; sie möchten nur hier übernachten. Sönam packt einen der Männer und schleppt ihn mit Gewalt vor mein Zelt. Nun frage ich ihn selbst aus. Er behauptet, er wäre ein Reisender. Ich merke, dass er lügt. Reisende, selbst herumstreifende Bettler, haben Gepäck bei sich, und sei es auch noch so winzig, ein Fetzen von einer Decke und etwas Mundvorrat. Aber diese Leute besitzen ebenso wie der junge Mann im Zelt nicht das Mindeste. Sie scheinen mir verdächtig. Yongden hält sie für Räuber, die es auf unsere Tiere abgesehen haben und nur noch warten möchten, bis die Nacht weiter fortgeschritten ist, damit sie keine Störung von Vorübergehenden mehr zu fürchten brauchen.

Setsang Tales wird als Kundschafter ausgeschickt und meldet, es wären sieben Leute unter dem Zelt. Sie hätten jeder einen Säbel, aber keine Gewehre. Das ist eine gute Nachricht! Wir können hoffen, uns die Bande mit unsern Feuerwaffen vom Leibe zu halten, falls es ernst werden sollte. Besser wäre es allerdings, einen Kampf zu vermeiden. Wir wollen zunächst versuchen, die unerfreulichen Nachbarn einzuschüchtern.

Wir müssen die Leute vom Dorf benachrichtigen und sie um Schutz bitten.
Wir laden also beim Schein des Feuerchens, das wir von dem mitgeführten Brennstoff unterhalten, recht umständlich unsere Gewehre und Revolver. Yongden reicht mir den Karabiner ein zweites Mal, nachdem er ihn schnell im Dunkeln entladen hat. Die Leute sollen glauben, wir hätten noch zwei Gewehre bei uns, wenn Sönam und Setsang Tales mit ihren Waffen zum Dorf reiten.
Es ist ein wenig unklug, uns zu trennen. Sind die Männer in dem schwarzen Zelt wirklich Räuber, so können sie uns nacheinander überfallen; ich glaube indessen, sie werden es sich überlegen, jetzt wo sie wissen, dass wir Feuerwaffen haben.
Das Gepäck wird mitten in meinem Zelt aufgestapelt. Sönam und der Junge reiten los, um das Dorf zu suchen. Yongden und Tobgjal sind bei den Tieren als Wache. Ich sitze auf einem Sack am Zelteingang; die Vorhänge stehen offen, damit ich sehe, was draußen vorgeht, soweit das bei der Dunkelheit möglich ist. Da ich nichts Besseres zu tun weiß, esse ich zu Abend, Tsampa und Butter.
Nach einer Weile sehe ich, wie einige Schatten vorsichtig heranschleichen und dann stehen bleiben. Es sind die verdächtigen Unbekannten. Wollen sie sich die Abwesenheit der beiden zunutze machen?
Da sie still bleiben, rufe ich: »Wer da?«
Die Schatten knicken zusammen, knien nieder und schieben mir etwas Schwarzes hin, in dessen Mitte etwas Weißes aufleuchtet. Stimmen murmeln: »Langes Leben, langes Leben« – eine geläufige tibetische Höflichkeitsformel, wenn man sich entschuldigen, etwas erbitten, sich bedanken will u. dgl. »Was wollt ihr?«
»Wir bringen Milch.« Aha, das ist das Weiße in dem schwarzen Topf.

»Sie werden Viehfutter und Holz gebracht bekommen.«
»Wer seid ihr?«
»Wir sind die Aufseher des Yakwechsels und die Dorfältesten.« Als sie sehen, dass ich sie nicht morde, haben sie Mut gefasst und sprechen alle zugleich.
»Ihr seid schlechte Menschen, Lügner. Ihr wolltet uns das nicht liefern, worauf wir Anspruch haben, deshalb habt ihr vorgegeben, ihr wäret Reisende. Seid glücklich, dass ich eine Klosterfrau bin, sonst hätte ich auf euch schießen lassen, weil ihr Räuber seid. Dann wären ein paar von euch tot.«
Die »Langes-Leben«-Sprüche klingen jetzt noch einmal so schön. Ich glaube, der fromme Wunsch gilt in erster Linie ihnen selbst.
Ich rufe Yongden und erzähle ihm, was vorgefallen ist. Darauf hält er den Männern eine sehr viel heftigere Strafpredigt als ich und schickt zwei fort, um Sönam und Setsang Tales zurückzurufen. Im Stillen bewundere ich ein wenig den kühlen Mut dieses Jungen, der da mit einem einzigen Gefährten in die Nacht hinausreitet, wo er weiß, dass ihm jeden Augenblick sieben Räuber auf den Fersen sein können. Im schönen Lande Kham gedeiht die Feigheit nicht.
Ein Glück, dass die sonderbaren Kerle keine Räuber sind, denn auf Schutz seitens der Leute von Ape können wir nicht rechnen. Sönam erzählt, alle Fenster und Türen im Dorf seien verrammelt gewesen. Auf sein Klopfen hätten die eingesperrten Hunde angeschlagen, aber kein Mensch hätte sich gezeigt oder sonst bemerkbar gemacht. »In zwei Häusern schrien Frauenstimmen angstvoll auf, als ich an der Tür lärmte. Vergebens habe ich erklärt, wir wären Hilfe suchende Reisende. Bei dem letzten Haus, wo ich gerufen habe, bekam ich zunächst keine Antwort, dann hat ein Mann hinter dem Fensterladen gerufen, wenn wir uns nicht sofort davonmachten, werde er schießen. Er hielt uns wohl für Räuber, die sich durch List in sein Haus schmuggeln wollten. Als ich merkte,

dass uns niemand helfen würde, bin ich umgekehrt und habe dann die Leute getroffen, die Sie nach mir ausgeschickt haben. Trotz allem, was sie behaupten, haben sie vielleicht doch die Absicht gehabt, uns auszuplündern; jetzt zeigen sie sich liebenswürdig, weil sie sehen, dass wir gut bewaffnet sind, und weil ihnen das Wagnis zu groß erscheint.«

Schon möglich. Jedenfalls sprach das Benehmen der Leute im Dorf sehr gegen die Sicherheit in diesem Lande.

Nun, für diese Nacht können wir ruhig sein und da ich recht müde bin, freue ich mich, dass ich schlafen darf, statt auf der Lauer liegen zu müssen.

Dzogchen Gompa

Am andern Tag begegnen wir Reisenden. Sie raten uns zur Vorsicht, eine Handelskarawane sei gestern Abend auf dieser Straße überfallen worden, sie hätten die beraubten Leute selbst getroffen.

Wir ziehen jetzt über öde Almweiden, dazwischen fließt der Jalung, auf seinem linken Ufer erhebt sich eine Bergkette. Diese Landschaft mit ihren weichen Linien strahlt ein angenehmes Gefühl großer Ruhe aus.

Auf einem bewaldeten Hang am jenseitigen Ufer erstreckt sich eine Gruppe von Einsiedlerklausen. Die weiß getünchten Häuschen leuchten als helle Flecke aus den dunklen Tannen hervor. Ich bleibe stehen, eine ganze Weile hängt mein Blick wie gebannt an diesem Bild. Einsamkeit, Losgelöstheit, Friede, welche göttliche Glückseligkeit umschließen diese drei Worte! Ich bin selbst Einsiedlerin gewesen im einsamen Gebirge und habe den Hochgenuss dieser ganz besonderen Lebensweise kennen gelernt. Ohne Zweifel war ich noch nicht würdig, für immer dort oben zu verbleiben, und darum bin ich herabgestiegen, um wieder die Welt zu durcheilen. Aber

der Tag wird kommen, wo ich erneut in Einsamkeit und Schweigen untertauche. Wie sehne ich mich danach!
Gegen Ende des Nachmittags finden wir Schwefelquellen am Wege. Das Wasser ist recht heiß, kühlt sich aber an der Luft schnell ab. Wir sind hier über 3000 Meter hoch. Seit Kantse sind wir stets flussaufwärts marschiert und auch nach dem Abbiegen weiter gestiegen, Kantse liegt aber rund 3300 Meter hoch. Nicht weit vor Kloster Dzogchen erreichen wir die Karawanenstraße wieder, die wir nicht hatten benutzen dürfen. Sie verläuft in einem riesigen Tal, der Boden ist mit niedrigem Gras bedeckt, das infolge der frühen Nachtfröste bereits braun und verwelkt aussieht. Die Berge an den Talrändern sind gleichfalls mit kurzem dunklen Gras bewachsen. Die Hufe von Millionen Yaks, die seit Jahrhunderten Seide und Tee von China nach Lhasa schleppten, haben diesen Pfad in den Boden gegraben. Im Augenblick ist er verödet, kein Hirtenzelt, keine Herde bevölkert die eindrucksvolle, fast unheimliche Leere.
Wir haben einige Mühe, das zum Kloster gehörige Dorf zu finden, wo wir unterzukommen hoffen. Im Dämmerlicht verschmelzen die niedrigen baufälligen Hütten mit dem steinigen Hintergrund. Sie stehen am Fuß eines Hügels, an dem die Tempel und Mönchshäuser emporklettern. Aber es ist schon zu finster, um Entfernteres zu erkennen. Die armseligen Dörfler leben in enger Gemeinschaft mit dem Vieh. Ihr Haus besteht aus einem Raum; eine Ecke dient als Stall, die entgegengesetzte als Küche. Die Bauern, ihre Familie und ihre Gäste schlafen, wo sie Platz finden, zwischen dem Herd und den Tieren. Das Haus, wo man mich aufnimmt, ist eine Spur vornehmer, zwischen dem Platz für die Pferde und der Wand ist durch einen Vorhang eine Art schmales Kämmerchen abgeteilt. Dies ist die beste Unterkunft, die man mir anzubieten hat.
Ich schlage vor, im Freien zu nächtigen, aber die Dorfleute

raten heftig ab, es wäre zu gefährlich. Räuber gäbe es hier überall, erst vor wenigen Tagen hätte sich in der Nähe ein Kampf zwischen Reisenden und Räubern abgespielt. Ich muss mich also wieder einmal bescheiden. Ich werde hinter dem Vorhang schlafen, mein Sohn wird sich zu meinen Füßen ausstrecken. Wir wollen uns bemühen, uns im Schlaf recht eng an die Wand zu drücken und weder Arm noch Bein unter dem Vorhang durchzustecken, damit wir keinen Hufschlag abbekommen.

Am Morgen steige ich mit Yongden und Tobgjal zum Kloster empor. Dzogchen Gompa bietet keinen eindrucksvollen Anblick. Die von keiner Mauer zusammengefassten, regellos auf weitem Raum verstreuten Häuser wirken alltäglich. Dennoch ist das Kloster in ganz Tibet berühmt als Sitz der Wiedergeburten des Lamas Padma Rigdzin. Er ist der Abt und ein Führer der Sekte der »Großen Vollkommenheit« (Dzogchen). Auch in Bezug auf die Mönche genießt Dzogchen Gompa einen guten Ruf. Eine Auswahl hochbedeutender Lehrer soll dort leben, sowohl Meister der Geheimwissenschaften als auch Lehrer zu dem steilen Weg der Kontemplation, die die Methode des »direkten Wegs« lehren (Näheres hierüber in »Heilige und Hexer«), auf dem man die höchste Befreiung (Tharpa) noch in diesem Leben erreichen kann.

Die Stätte, wo das Kloster sich erhebt, passt besser zu diesem hohen Ruf als die Baulichkeiten. Angesichts dieser wild erhabenen Einöde könnte einem Abendländer der Gedanke kommen, dass hier nur Leute, die außergewöhnliche Ziele verfolgen, das Leben erträglich finden würden. Aber man darf nicht vergessen, dass die Tibeter großartige, ja beängstigende Landschaften gewöhnt und daher schwerer zu beeindrucken sind als wir. Auch die Durchschnittsmönche, Hirtensöhne aus der Umgegend, verbringen ihr ganze Leben in Dzogchen und fühlen sich vollkommen glücklich dabei.

Zuerst stattete ich einigen Tempeln und dem großen Ver-

sammlungssaal einen Besuch ab, dann ging ich weiter nach einem zweiten Kloster, das ganz dicht bei Dzogchen liegt, aber scharf davon getrennt ist, obwohl der Großlama Padma Rigdzin sich als sein Oberherr betrachtet. Schließlich wollte ich noch die Druckerei besichtigen, in der Erwartung, dass ebenso wie in Kumbum eine Verkaufsstelle für die Bücher der Sekte der »Großen Vollkommenheit« damit verbunden sei.
Hier erlebte ich eine Enttäuschung. Gedruckt wird dort nämlich nur auf Bestellung. Wer ein Buch wünscht, liefert Papier und Farbe, verpflegt die Drucker, so lange sie für ihn arbeiten, und stiftet einen Betrag für die gemeinsame Kasse der Druckerei.
Die geistlichen Führer des Klosters hätten mir gern gestattet, dort zu verweilen, bis mehrere Bücher gedruckt waren, aber ich hatte Grund anzunehmen, dass der Depön von Derge oder der Kalön-Lama von Chamdo sich dem widersetzen würden.
Wenn ich nach Batang wollte, musste ich das neue Stück »verbotenes Gebiet« recht schnell durchqueren. Ich beschränkte mich also darauf, die Titel einer Anzahl philosophischer, mystischer oder geheimwissenschaftlicher Abhandlungen aufzuschreiben, deren hölzerne Druckstücke, auf Gestelle gereiht, mehrere Räume füllten. Ich hoffte, sie mir später beschaffen zu können und das gelang mir auch im folgenden Winter.
Die Bücher hatten meine ganze Aufmerksamkeit gefangen genommen. Als ich hinauskam, war Yongden nicht zu entdecken. Auch Tobgjal wusste nichts. Trapas vom Kloster sagten, sie hätten ihn mit einigen der Ihren fortgehen sehen. Dann haben ihn diese vielleicht zum Tee eingeladen, sagte ich mir, und setzte meine Besichtigung fort.
Ein wenig später kamen zwei Trapas auf mich zu und forderten mich auf, ihnen zu folgen. Ich dachte, sie wollten mir einen Tempel zeigen, den ich noch nicht kannte. Stattdessen führten

sie mich nach einem großen Gebäude. Es ging eine dieser steilen, hochstufigen tibetischen Treppen empor, die schon eher einer Leiter gleichen. Dann stand ich in einem Flur oder einem schmalen Vorzimmer, das vollkommen finster war. Die Tür hatte man hinter mir geschlossen. Ich konnte die beiden Wände mit ausgestreckten Händen berühren. Vor mir hörte ich flüsternde Männerstimmen.
Da überfiel mich wie ein Blitz der Gedanke, man hätte mich hierher verschleppt, um mich zu töten. Verschiedentlich schon war ich tödlichen Unfällen haarscharf entgangen. Dass ich ständig in Gefahr schwebte, wusste ich. Aber noch nie hatte ich Angst gehabt; dies war das erste Mal und ist auch das einzige geblieben. Sie dauerte auch nur einen Augenblick, ein Schaudern lang, dann trat die vernünftige Überlegung wieder in ihr Recht. Warum sollten diese Trapas mich ermorden? Der Tibeter verabscheut das Töten, abgesehen von der Schlacht, wo alle Kämpfer dasselbe Wagnis laufen. Hier und da ereignet sich ein politischer Mord in Tibet, aber das ist selten, und ich gehöre nicht zu der Sorte von Menschen, die Derartiges zu befürchten brauchen. Und außerdem ist der Tod nichts so Außergewöhnliches. In Dzogchen oder anderswo, eines Tages wird er mir gegenüberstehen.
Schon erschien mir meine Angst so albern, dass ich an mich halten musste, um nicht zu lachen. Hier war wohl etwas Ernsthaftes in Vorbereitung und da wäre Gelächter fehl am Platz gewesen.
Nach wenigen Augenblicken öffnete sich eine Tür mir gegenüber und alles wurde hell. Ich befand mich in einem Vorzimmer, einige lachende Trapas standen herum; das Gemach dahinter war das Padma Rigdzins. Auf einem Kissenhaufen neben einigen jungen Mönchen in reichen geistlichen Gewändern entdeckte ich Yongden, der mich boshaft lächelnd ansah. Ich war zum Essen eingeladen.
»Da ich hörte, dass eine ausländische Dame, die unsere Spra-

che kenne, angekommen sei und das Kloster besichtige«, begrüßte mich der Großlama, »dachte ich mir, das könnten Sie sein. Ich kenne Sie schon seit langem recht gut.«
Das mochte stimmen. Ich kannte mehrere frühere Schüler dieses Klosters von Amdo her, außerdem den Lama Gurong Tsang, in dessen Gesellschaft ich von Beijing nach Gansu gereist war, und den unglücklichen tibetischen Sekretär des Ambans, der in Lhasa ermordet wurde. Diese hatten bei Besuchen ihren Lehrern und Freunden von mir erzählt und vermutlich recht schmeichelhafte Dinge, denn der Empfang durch Padma Rigdzin war sehr herzlich und ehrenvoll.
Im Geiste des Großlamas der Dzogchenpas schienen die recht weltlichen Fragen des Warenverkehrs einen breiten Raum einzunehmen. Er fragte mich des langen und breiten über Birma und Indochina aus und wollte genau wissen, was man von dort einführen und nach dort ausführen könnte.
Ob solche äußerlichen Sorgen mit den hochgeistigen Lehren der Sekte, an deren Spitze der Abt stand, in Einklang zu bringen sind, das kümmerte niemanden. Von den Tulku-Lamas verlangt man nicht unbedingt große Taten. Sie genießen Verehrung als die gegenwärtige Verkörperung eines Mannes, der einstmals in irgendeiner Weise bemerkenswert war, und ihre Worte und Taten, wie alltäglich oder sonderbar sie auch sein mögen, gelten als Eingebung einer höheren Vernunft.
Die Wohnräume des Lamas waren prunkvoll eingerichtet. An den Wänden des Hauptgemachs standen Glasschränke mit Kunstschätzen: herrliche chinesische Porzellan- oder Cloisonnévasen, kleine Standbilder aus Beilstein, Elfenbein oder Korallen, wundervolle Erzeugnisse der Goldschmiedekunst aus Kham. Auch seltene gottesdienstliche Geräte, unter anderm ein Purba (Zauberdolch) aus »vom Himmel gefallenen Eisen«. Dass das Eisen tatsächlich (als Meteor) vom Himmel gefallen war, möchte ich nicht unterschreiben, obwohl keiner es bezweifelte und der Dolch seit Jahrhunderten zum

Klosterschatz gehörte. Neben all diesen Kostbarkeiten befand sich auch ein Schrank mit allerlei abendländischem Schund, auf den der Lama und seine Umgebung jedoch besonders stolz zu sein schienen, ein buntes Durcheinander von Trödelkram, Becher, Gläser, Schalen, Leuchter aus scheußlichem grünen, blauen und roten Pressglas.
Ein ausgezeichnetes Essen wurde geboten und als ich mich dann verabschieden wollte, ließ der Lama das für mich bestimmte Geschenk holen. Es war recht umfänglich, achtzehn große Blöcke Ziegeltee, in Leder verpackt, wie sie von China nach Lhasa reisen; jeder Ziegel wiegt mehrere Kilogramm. Ich sprach daher meinen herzlichsten Dank aus und nahm nur den Seidenschal mit, der auf dem Pack lag.
Wie ich dann weiter durch das Kloster schlenderte, redete mich ein junger Trapa sehr höflich an: »Mein Lehrer wünscht, Sie zu sehen. Er lebt in der Abschließung und kann nicht ausgehen. Er bittet Sie, zu ihm zu kommen.«
Weder Yongden noch ich hatten es eilig, in das schmutzige Loch zurückzukehren, wo wir noch eine Nacht verbringen wollten, und nahmen die Einladung gern an.
Der Trapa führte uns an vielen der weit auseinander liegenden Mönchswohnungen vorüber, fast bis auf die Kuppe des Hügels. Ich erwartete, einen einzelnen Mönch in einem Tsamkhang (Klause) zu finden, und war recht erstaunt, als in dem Zimmerchen, das ich nun betrat, vier Lamas auf Kissen saßen. Nach Austausch der üblichen guten Wünsche wurde uns Tee angeboten. Erst als allen Höflichkeitsvorschriften Genüge getan war, kam einer der Lamas zur Sache.
»Wir haben viel von Ihnen gehört, durch Lamas, durch Trapas und auch durch Kaufleute, die Sie in Kumbum gesehen haben, wo Sie, glaube ich, mehrere Jahre verbrachten. Es scheint auch, dass Sie in Südtibet gewesen sind, dass Sie den Tsang Panchen Rimpoche (den Großlama von Tashilpo, den die Ausländer Tashi-Lama nennen) kennen und dass Sie lange als

Ritöpa (Einsiedler) gelebt haben. Das alles hat uns sehr erstaunt, wir haben noch nie Kenntnis gehabt von einer ausländischen Frau, die unsern Glauben teilte und sich unserer religiösen Zucht unterwarf. Stimmt das, was man uns über Sie berichtet hat? Da Sie zu uns gekommen sind, haben wir Sie danach fragen wollen.«

»Das alles trifft vollkommen zu, Kuchog.«

»Warum leben Sie so? Es gibt Ausländer in Tatsienlu und in Batang. Die sagen, unsere Religion wäre schlecht, wir wären unwissend und schmutzig, ich weiß das. Unsere Art, den Tee zu bereiten, ekelt sie an.«

»Mich nicht«, beeilte ich mich zu erwidern und leerte meinen Teenapf, »wenn ich so frei sein darf, möchte ich noch einen haben.«

Diese Antwort brachte die Lamas zum Lachen, ein junger Trapa goss mir Tee ein. Ohne Übertreibung, der Tee war ausgezeichnet. So nahe bei Tatsienlu ist er noch nicht mit hohen Frachtkosten belastet und die erste Sorte ist zu einem selbst für weniger reich gespickte Geldbeutel erschwinglichen Preis erhältlich.

Die Möche kamen auf den Punkt, der ihnen zu denken gab, zurück. »Warum leben Sie anders als die Leute Ihres Landes? Was wollen Sie damit erreichen, dass Sie in eine Einsiedelei gehen?«

»Ich will gar nichts damit erreichen. Das Leben in der Einsamkeit trägt sein Glück in sich selbst.«

»Wenn Sie wirklich so denken, warum reisen Sie dann?«, meinte jetzt ein anderer meiner Zuhörer.

Diese Frage war nun folgerichtig; mehr als einmal hatte ich sie mir selbst gestellt.

»Das ist ohne Zweifel die Wirkung früherer Handlungen und Gedanken«, antwortete ich, »das Rad hat einen Antrieb empfangen und dreht sich noch eine Weile, nachdem der Töpfer aufgehört hat, es zu bewegen.«

Dieser in morgenländischen philosophischen Abhandlungen häufig wiederkehrende Vergleich ist den Buddhisten ebenso geläufig wie den Hindus. Die Lamas nickten beifällig.
»Haben Sie gut nachgedacht über den Vergleich mit dem Rad, das sich wegen eines früheren Antriebs noch weiterdreht?«, meinte einer.
»Gewiss, aber wahrscheinlich habe ich noch nicht alles erfasst, was es über diesen Gegenstand zu denken gibt.«
»Es ist möglich, dass der Glaube an einen gegebenen Anstoß selbst eine Ursache ist, die das Rad anstößt und in Bewegung hält. Vielleicht ist er die Hauptursache, vielleicht gar, wer kann es wissen, die einzige.«
Derjenige Lama, der der Hausherr zu sein schien, fragte lächelnd: »Was denken Sie: Wenn ein Mensch die Erinnerung an seine früheren Taten, an sein Heimatland, an seine Familie, an alle Beziehungen, die er zu andern Personen hat oder gehabt hat, an seine Gedanken, geheime und öffentlich ausgesprochene, kurz wenn er jede Erinnerung an das, was er ist und was er getan hat, verloren hätte, glauben Sie, dass er dann genauso handeln würde, als wenn all diese Dinge in seinem Gedächtnis vorhanden sind?«
»Es spricht viel dafür«, entgegnete ich, »dass er anders handelt.« Ich glaubte zu verstehen, worauf er hinzielte, und fuhr fort: »Wenn ein Mensch zwar die Erinnerung an seine Vergangenheit nicht verliert, sie jedoch als Traum betrachtet oder als etwas, das einen andern angeht, dann wird er wahrscheinlich auch anders handeln, als wenn er überzeugt ist, tatsächlich alles getan und gedacht zu haben, woran er sich erinnert. So wird auch die Wirkung der Erinnerungen an seine Familie, an sein Vaterland, an seine Beziehungen zu andern Menschen verschieden sein, je nachdem, ob er glaubt, dass diese Erinnerungen sich auf Tatsachen beziehen oder nicht.«
Die Gedanken, die ich hier vorbrachte, schließen an die Lehren bestimmter Dzogchenpa-Schriften an, die ich gelesen hat-

te. Ich hoffte, die anwesenden Lamas würden Bemerkungen dazu machen, aber sie saßen mir wie Sphinxe gegenüber und betrachteten mich neugierig, ohne zu reden.
Endlich begann der, der zuletzt gefragt hatte: »In der Tat, alles was ist, ist die Wirkung von Ursachen. Die Lebewesen sind, was sie durch ihre Werke aus sich gemacht haben. Doch die Verkettung hört auf, sobald man erkennt, dass es kein zusammengesetztes, beständiges ›Ich‹ gibt, weder in der Person noch in irgendeiner Sache, und dass jeder der Teile, die zusammen die ›Person‹ bilden, seinen eigenen Weg geht. – Das kann man sich nicht durch Lernen aneignen, noch lässt es sich durch Worte ausdrücken, man muss es in innerer Versenkung *sehen*. Meditiert man in Ihrem Lande?«
»Kaum, und was man dort Meditation nennt, gleicht nicht dem, was man in Tibet und Indien darunter versteht.«
Ein anderer Mönch brachte das Gespräch auf meine Worte vom Anfang zurück.
»Wenn das Einsiedlerleben Ihrer Ansicht nach so glücklich macht, dann hören Sie doch auf mit Ihren Reisen. Wir werden leicht eine Klause hier in der Nähe für Sie finden.«
Ich dachte an den Depön von Derge, der würde mir nicht erlauben, mich hier im verbotenen Gebiet niederzulassen. Aber ich wollte diese Frage bei den Mönchen nicht anschneiden.
»Ich habe Gründe, die das unmöglich machen, Kuchog«, erwiderte ich kurz.
»Gründe …«, wiederholte der Lama.
Da überkam mich ganz plötzlich ein eigentümliches Gefühl, sei es unter der Einwirkung dieses Gesprächs, sei es durch die geheime Kraft der Gedanken, die in diesem Raume Geschlechter von Mönchen in tiefster Versunkenheit gedacht hatten. Ich fühlte, ich sah, wie alle meine Überlegungen, alle meine Begriffe gleich Lumpen im Winde zerfetzten, sich auflösten, zerstoben. Nichts blieb von alledem, was mir als ernst-

haftes Hindernis erschienen war: der Depön von Derge, meine Diener, meine Maulesel, mein Gepäck und ich selbst, alles wurde zu »Bildern, im Traume geschaut«.
Dies »Gesicht« dauerte zweifellos kaum eine Minute.
»Hier oder anderswo, Kuchog«, sagte ich dann, »hoffe ich einst wieder eine Einsiedelei zu finden.«
»Das wünsche ich Ihnen«, erwiderte einer der Mönche.
»Das müssen Sie«, erklärte ein anderer.
Yongden und ich grüßten unsere Wirte. Der junge Trapa führte uns ins Dorf zurück und da die Nacht inzwischen hereingebrochen war, erhellte er unsern Weg mit einem brennenden wohlriechenden Zweig.
In dem Bauernhaus fand ich einen Boten Padma Rigdzins vor, der schon lange auf mich wartete. Er brachte mir einen Brief und mehrere Bücher. Der Großlama schrieb, da ich mir im Kloster die gesuchten Bücher nicht hätte verschaffen können, schicke er mir diese als Geschenk mit guten Wünschen für die Reise.

Man will uns abschieben

Am folgenden Morgen brachen wir in Richtung Derge auf, in Gesellschaft zweier Kaufleute, die uns gebeten hatten, sie mitzunehmen.
Yongden hatte darauf bestanden, dass wir wieder Wulas anfordern sollten, wir könnten doch nicht mehr verbergen, wer wir seien, und müssten unsere Maulesel frisch halten für unvorhergesehene große Anstrengungen.
Die Leute im Dorf machten Schwierigkeiten. Der Bote aus Zacco hätte gesagt, dass sie mir keine Yaks stellen sollten. Ich verlegte mich auf sprachliche Spitzfindigkeiten. Hatte der Soldat gesagt: »Micho« (es ist euch nicht erlaubt) oder »Mi gö« (ihr seid nicht gezwungen)? Er hätte Migö gesagt. Daraus folgerte ich scharf, dass es den Dorfältesten keineswegs verboten

sei, mir Tragtiere zu geben; außerdem wollte ich ja dafür zahlen.
Die Verdienstaussicht gab meinen Beweisgründen Gewicht. Ferner begannen die guten Bauern zu bezweifeln, ob eine in tibetischer Sprachlehre so bewanderte Person wirklich eine Ausländerin sein könnte, denn in diesen Gegenden herrscht der unerschütterliche Glaube, dass alle Ausländer dumm sind. Kurz, ich erhielt drei Yaks mit Treibern, um mein Gepäck nach Derge zu schaffen.
Nun sind wir also wieder auf den Grassteppen. Unterwegs zeigt man mir eine Stelle, wo zwei Tage vorher Reisende im Lager angegriffen worden sind. Die Räuber haben siebenundzwanzig Tiere, Pferde und Maulesel, mitgenommen und zwei Männer im Kampf getötet.
Die Auseinandersetzung wegen der Wulas hat uns lange aufgehalten; wir brechen spät auf. Im Lauf des Nachmittags merken wir, dass wir Derge nicht mehr erreichen. Unsere Kaufleute schlagen vor, dicht beim Fluss, wo es Gras im Überfluss gibt, zu lagern. Die Tiere könnten dort sich gütlich tun. Der Gedanke sagt mir zu. Wir errichten unsere Zelte. Es ist schön hier, die Wiesen sind mit Bergblumen gesprenkelt, die Sonne strahlt, die vielen weidenden Tiere um uns herum zaubern ein Bild ländlichen Friedens hervor. Ich komme mir vor wie im glücklichen Arkadien.
Da naht das Verhängnis. Es wird durch eine »Musik aus der Ferne« angekündigt, ganz wie in der Oper. Ein paar Minuten später taucht aus Richtung Derge ein feierlicher kleiner Reiterzug auf. Die zwei an der Spitze entlocken ihren Trompeten eine freundliche Fanfare. Sie blasen gut, ohne falsche Töne. Hinter ihnen reitet ein Bannerträger mit karmesinroter seidener Standarte, auf der ein gestickter Löwe prangt. Dann kommt ein dicker Mann in veilchenblauem, fast schwarzem tibetischem Gewand auf schönem Pferde, den Beschluss bildet ein lediger Knappe. Ich schaue mir den Aufzug verwundert an

und habe plötzlich eine Eingebung. Dieser dicke Mann wird mir Ärger bereiten.
Tatsächlich! Er biegt vom Wege ab, reitet auf das Zelt der Kaufleute zu, steigt ab und geht hinein. Einige Augenblicke später erscheint einer von diesen in seinem Auftrag, um mich um Erlaubnis zu bitten, dass der Herr mir seine Aufwartung macht.
Nun naht er selbst, bietet mir die übliche Schärpe an zum Zeichen der Achtung und Freundschaft, setzt sich und beginnt zu reden.
Er steht im Rang eines Gyapön und ist unterwegs nach Dzogchen, um die Untersuchung wegen des Mordes an den beiden Kaufleuten und des Diebstahls ihrer Tiere in die Wege zu leiten. Er stammt aus Shigatse und erzählt mir weiter von seinem Lande, als er merkt, dass ich es kenne.
Ein paar Minuten nachdem er sich empfohlen hat, erscheint ein Shelngo (Unteroffizier), den ich schon am Vorabend bei unsern Gastgebern gesehen hatte. Mit kläglicher Miene bittet er mich, nach Dzogchen zurückzukehren. Er dürfe ohne Ermächtigung vonseiten des Depöns in Derge keinen Ausländer durchlassen. Ich solle warten, bis er nähere Befehle empfangen habe.
Ich erwidere, sein Vorgesetzter sei schon von meinen Plänen in Kenntnis gesetzt und hätte zweimal so viel Zeit gehabt wie nötig, um es mich wissen zu lassen, falls ich nicht weiterziehen sollte. Im Übrigen hätte der Ripön an der Grenze mich gesehen und durchgelassen. Alles wäre in schönster Ordnung.
Die Achtung vor den Vorgesetzten scheint in diesem Lande nicht gerade zu blühen. Dieser einfache Unteroffizier, den der Gyapön eben angeschnauzt hat, bezweifelt die klaren Weisungen des Ripöns, eines Obersten! Ich merke, dass die beiden hier beschlossen haben, mich aufzuhalten und mich nach Dzogchen zurückzuschicken, damit ich dort warte, bis

mein Ausweisungsbefehl, mit dem sie bestimmt rechnen, eintrifft.
Die Nacht bricht herein, wir essen zu Abend und schlafen. In der Frühe stehen der Gyapön und der Shelngo vor meinem Zelt und wiederholen die alte Leier. Ich soll umkehren und über Zacco, wo ich hergekommen bin, das verbotene Gebiet verlassen oder aber ich soll in Dzogchen die Entscheidung des Depöns abwarten. Ich brauchte nicht etwa zu fürchten, dass ich noch einmal in der traurigen Hütte übernachten müsste, man würde mir im Kloster eine bequeme Wohnung verschaffen und Lebensmittel für mich, meine Leute und meine Tiere liefern.
Alles, was sie sagen, ist echt tibetisch gedacht. Die Tibeter haben lange Fremde fern zu halten gewünscht, aber die, welche sie in ihrem Lande erwischt haben, sind nicht belästigt worden, man hat sie nur zur Grenze zurückgebracht und ihnen unterwegs alle Annehmlichkeiten verschafft, die das Land bieten kann. Heutzutage, wo die Tibeter die Welt besser kennen, würden sie zwar ohne Begeisterung, aber auch ohne Widerstreben fremde Reisende hereinlassen, soweit sie mit Absichten kommen, die einem Tibeter einleuchten, besonders also die Kaufleute. Aber heute steht das nicht mehr in ihrem eigenen Belieben.
Ich bin ebenso hartnäckig wie die beiden Soldaten. Ich werde weder nach Zacco zurückgehen noch nach Dzogchen. Allerdings sehe ich ein, dass ich mich nicht auf Batang versteifen darf. Das könnte unklug sein. Die Gegend wimmelt von Räubern, und die tibetischen Behörden verschmähen es nicht, gelegentlich einige dieser Herren von der Landstraße auf Leute zu hetzen, deren sie sich mit gesetzlichen Mitteln nicht gut entledigen können. Es ist zweifelhaft, ob sie es wagen würden, dies Spiel mit einer Ausländerin zu treiben, aber in Bezug auf die Sicherheit Yongdens, unserer Diener und unseres Gepäcks bin ich weniger beruhigt. Als ich all dies erwogen habe, erklä-

re ich, in einem Lande, wo es keine Gesetze gäbe, wo die Untergebenen sich herausnähmen, die Haltung ihrer Vorgesetzten zu bekritteln, und sich dem widersetzten, was diese erlaubt hätten, wollte ich nicht länger verweilen, dort fühlte ich mich nicht sicher. Ich würde also nicht nach Batang gehen, obwohl ich krank sei und Pflege brauchte. Über meine Darmverstimmung ersparte ich ihnen keine Einzelheit.
Man sieht es den Leuten an, dass es ihnen Leid tut, mich von ärztlicher Pflege fern halten zu müssen, aber sie fürchten schwere Strafen, wenn sie mich weiterziehen lassen. Um ein Ende zu machen, sage ich: »Gut, ich will euer Land verlassen, doch den Weg werde ich selbst wählen.« Damit lasse ich sie stehen und ordne an, das Lager abzubrechen.
Wie gehen nicht weit, nur bis zu der Stelle zurück, wo wir von der Lhasastraße abgebogen sind. Ich muss nachdenken. Was soll ich jetzt tun? Ganz gleich, nur eins nicht: zurück. Ich bin nun einmal hier und will von dem Lande so viel sehen wie möglich.
Mehrere Tage vergehen mit Verhandlungen. Der Gyapön und der Shelngo haben sich in einem Zelt eingerichtet, vor dem die karminrote Fahne weht, in der Nähe lagern die Mannschaften, die sich inzwischen von irgendwoher verstärkt haben, im Ganzen sind es jetzt ein Dutzend.
Unsere beiden Zelte stehen ein paar hundert Meter davon entfernt. Unglückselige Hirten, die ein böser Stern hierher geführt hat, müssen die Zeche bezahlen, sie haben Hämmel, Butter, Milch und Käse für alle an diesem Schwank Beteiligten zu liefern. Das ist des Landes so Brauch.
Ein Wortgefecht folgt dem andern. Wenn die Tibeter, durch meine Gleichgültigkeit zur Verzweiflung gebracht, heiser und erschöpft zu reden aufhören, beginnen sie zu essen. Wir hätten den Unfug einen Monat oder noch länger fortsetzen können.
Aber ich entschied mich früher. Wenn ich mich nicht nach

dem berüchtigten Steppengebiet von Ngagchuka wenden wollte, stand mir nur noch eine fesselnde Straße offen – die nach Lhasa, die bei Jakyendo das chinesisch gebliebene Gebiet erreicht. Bis dorthin führt sie durch ziemlich dicht bevölkertes Land, wo ich noch mancherlei über die Sitten der Leute von Kham lernen konnte.

Mein Marschbefehl lautete: »Morgen Wecken vor Tagesanbruch. Sofortiger Aufbruch. Frühstück später unterwegs.«

Der Anfang verläuft nach Vorschrift. Aber wahrscheinlich hatten die Tibeter durchgewacht. Wie das Dienerzelt abgeschlagen wird, erscheinen der Gyapön und der Shelngo samt Gefolge und schleppen einen am Vortag geschlachteten ganzen Hammel, Butter und Tsampa an. Ich bleibe kühl, lasse die Lebensmittel einpacken und erkläre:

»Ich gehe, und zwar nach Kjirku (Cherkou, der tibetische Name für Jakyendo).«

Entsetztes Geschrei. Gyapön und Shelngo fragen sich zweifellos, ob sie die Sache durch ihr Eingreifen nicht schlimmer gemacht haben und ob ihr Vorgesetzter sie nicht belangen wird, weil sie mich den chinesischen Vorposten jenseits des neu besetzten Gebiets, Moslems in die Hände getrieben haben.

Ihr Gebettel könnte einen Stein rühren: »Töten Sie uns! Der große Mann in Tatsienlu wird uns den Kopf abschlagen lassen.« Ich bezweifle, ob es so weit kommen kann, aber die Angst lässt tief blicken.

Das meiste Gepäck ist schon aufgeladen. Ich werde jetzt zu Fuß abmarschieren.

»Setzt euch sanft, ihr Herren«, sage ich mit der höflichsten Abschiedswendung, über die das Tibetische verfügt.

Aber ich bin noch nicht zwei Schritt weit gekommen, da umringen mich die Tibeter und hängen sich wie Kletten an meine langen Ärmel.

»Warum jammert ihr denn so«, sage ich, »ihr habt doch

Gewehre, schießt mich tot, dann seid ihr sicher, dass ich weder nach Jakyendo gehe noch anderswohin.«
Darauf ein wahrer Strom ehrlicher Entrüstung. Mich töten! Welch schrecklicher Gedanke! Sie wollen mir ja nur dienen. Sie meinen das aufrichtig, das weiß ich. Die Tibeter sind ausgezeichnete Menschen. Ich empfinde für sie nicht nur schwesterliche Zuneigung, sondern wirkliche Achtung. Die da vor mir tun mir Leid, ich würde ihnen so gern den Ärger ersparen, den ich ihnen verursachen muss. Wie hübsch wäre es, wenn wir uns alle um das Lagerfeuer herumsetzten und freundschaftlich etwas erzählen könnten. Warum gibt es Menschen, die sich aus selbstsüchtigen Gründen den Kopf zerbrechen, wie sie andere aufeinander hetzen können, und wann werden die armen Unschuldigen begreifen, dass man ein frevelhaftes Spiel mit ihnen treibt?
Jetzt ist allerdings nicht der Augenblick, um sich solchen Betrachtungen hinzugeben. Ich muss diese Leute loswerden und vorwärts kommen. Auf Batang kann ich ohne Bedauern verzichten, außer dem Krankenhaus zieht mich nichts dorthin, der Ort kam auch in meinem Reiseplan nicht vor. Aber ich bin keine von denen, die kleinmütig der Gewalt weichen und sich zurückschicken lassen.
Ich habe nun einmal gesagt, ich gehe nach Jakyendo, und ich werde hingehen, wenn ich nicht auf der Strecke bleibe. Es ist nicht ehrend, bei der Verfolgung eines Ziels zu sterben, selbst wenn es unbedeutend ist, wohl aber ist es entehrend, sich besiegen zu lassen und sich geschlagen zu geben.
Nun wird mir die Sache zu bunt, ich hebe meinen Stock und schwinge ihn nach oben. Die unerwartete Bewegung macht mir die Arme frei. Würdevoll schreite ich auf mein Zelt, das noch steht, zu mit dem Ruf: »Einen Revolver her, ich will mich erschießen. Dann werden alle glauben, ihr hättet mich ermordet, und ihr habt die Folgen zu tragen.«
Drinnen im Zelt verschnürt Yongden seelenruhig die letzten

Säcke. Er sieht den Ausgang des Rührstücks voraus. Aber der kleine Setsang Tales ist entsetzt. Er eilt an mir vorüber ins Zelt, ergreift sämtliche Waffen und rast davon, um sie aus meiner Reichweite zu bringen. Unschuldsvolle Seele!

Der Widerstand der Tibeter ist am Ende. Sie wissen, dass ich Buddhistin und Mitglied des geistlichen Ordens bin, der Shelngo hat es von den Lamas in Dzogchen gehört und dem Gyapön und seinen Leuten weitererzählt. Außerdem bin ich Ausländerin. Eine furchtbare Sünde auf der einen Seite, diplomatische Einmischung mit ihren Folgen auf der andern – nein, mein Leichnam wäre eine zu schwere Bürde für ihre Gemüter.

»Dann gehen Sie sanft Ihren Weg, bitte«, seufzt der Gyapön. Dem Armen stehen die Tränen in den Augen. Ich bin gerührt, ich habe große Lust, ihn zu umarmen, wie eine Schwester ihren kleinen Bruder, der Sorgen hat.

Wir treffen Räuber

Ich schreite frisch aus, den Spazierstock in der Hand, allein. Von der Aufregung habe ich leichtes Fieber und dann bin ich ja noch nüchtern. Ich habe Hunger und vor allem Durst. Ich knie am Flussufer nieder, um zu trinken. Da schießt mir eine Erinnerung an die Psalmen durch den Kopf: Er wird trinken vom Bach auf dem Wege; darum wird er das Haupt emporheben. Ich beziehe die Worte auf mich und muss lächeln; man sollte denken, nichts hätte mir in diesem Augenblick ferner gelegen als Bibelstellen.

Ich bin schon ein gutes Stück weit gekommen, aber meine Karawane ist noch nicht zu erblicken. Sollte der Gyapön sie zurückgehalten haben, um mich zur Rückkehr zu zwingen? Ich setze mich auf einen Stein und warte. Plötzlich sehe ich einen Mann. Er ist allein. Ist es einer der Diener, der mich unterrichten will, dass man die andern nicht fortlässt? Wie er näher kommt, erkenne ich Setsang Tales. Jetzt fängt er an zu laufen, wirft sich mir zu Füßen und ruft aufgeregt: »Sie haben gesiegt, Jetsumna Kuchog!«

Für diesen Naturburschen zählt nur die harte Tatsache: Wer hat gesiegt? Er ist stolz, in meinem Dienst zu stehen. Wäre ich unterlegen, hätte er mich wahrscheinlich verlassen, bestimmt aber verachtet, wäre er älter, so hätte diese Verachtung ihn dazu verleiten können, mich bei günstiger Gelegenheit zu bestehlen. So ist nun einmal die Geistesart der Leute seines Landes. Sie stehen übrigens nicht allein damit.

Meine Karawane sei nicht zurückgehalten worden, sondern der Gyapön habe mir drei Soldaten als Bedeckung und zwei Führer gestellt, sie würden bald alle heran sein. Tatsächlich kann ich in der Ferne einen kribbelnden Haufen erkennen und gehe inzwischen langsam mit dem Jungen weiter.

An einer Stelle, wo das Tal sich gabelt, bin ich unentschlossen, ob wir nach rechts oder nach links müssen. Der linke Pfad ist besser ausgetreten, das muss der nach Lhasa sein. Wie ich ihn mit den Augen verfolge, entdecke ich einen Reitertrupp. Sie bewegen sich schnell vorwärts und trotz der Entfernung, die uns noch trennt, erkenne ich, dass sie Gewehre tragen. Kaufleute, die Karawanen führen, reiten langsam, dies können nur ... Räuber sein. Setsang Tales hat das Wort ausgesprochen. Von dem schützenden Bergvorsprung aus können sie unsere nichts ahnenden Leute überfallen. Wir müssen sie warnen. Ich trete ein paar Meter zurück, binde mein Taschentuch an meinen Stock und winke heftig damit. Die Leute sind nicht mehr weit, man hat mein Zeichen gesehen, einer der Soldaten reitet im Galopp heran.

»Auf der Lhasastraße kommen viele Bewaffnete, sie reiten schnell und müssen jeden Augenblick hier sein. Ich fürchte, dass es Chagpas (Räuber) sind. Warne meine Leute! Ich will keinen Kampf. Ihr sollt euer Leben weder zur Verteidigung meiner Habe noch meiner Person aufs Spiel setzen, aber wegen euch und euren Pferden tut, was ihr für richtig haltet. Immerhin müssen wir versuchen, den Räubern einen Schreck einzujagen, damit ihnen die Lust vergeht, uns zu überfallen.«

Inzwischen ist ein zweiter Soldat herangekommen. Es wundert mich, dass die Chagpas noch nicht da sind. Der eine Soldat schleicht bis zu dem Bergvorsprung, der das linke Tal verdeckt. Es liegt verlassen da. Habe ich geträumt? Ich möchte es fast glauben, wenn ich allein wäre, aber Setsang Tales hat die Reiter auch gesehen. Wo mögen sie hin verschwunden sein? Wie ich die Augen hebe, entdecke ich zwei Ritter mit Gewehren. Sie beobachten uns oben vom Berg aus.

Ich mache meine Begleiter aufmerksam. Sie betrachten die Männer einen Augenblick lang prüfend, dann gibt der eine sein Urteil ab: »Feind!«

Mittlerweile sind unsere Tiere da. Die Lage ist brenzlich. Die Räuber, das ist klar, haben den Pfad verlassen, um sich auf dem Berg zu verstecken. Ob sie uns angreifen, können wir nicht wissen. Übrigens gibt es in diesen Einöden keine Zufluchtsstätte. Wir müssen weiter, wir werden ja sehen, was kommt.

Jetzt melden sich die beiden Führer zum Wort. Da ich den Lama von Lob kenne und zu ihm gehen wollte, müssten wir das rechte Tal wählen, der Weg führe durch grasreiches Gebiet, die Tiere würden dort gute Weiden finden. Sie hätten schriftliche Befehle bei sich, dass die Hirten mir Fleisch, Milch, Butter und Käse liefern müssten. Unter andern Umständen hätte mir der Marsch durch die Steppe zugesagt, aber diesmal möchte ich lieber auf der Straße bleiben. Einer der Soldaten flüstert mir zu: »Die wollen Sie in das Land locken, wo es nichts zu sehen gibt. Sie werden nicht einmal die Dokpas vorfinden, von denen sie reden. Aber nach Lhasa zu gibt es Dörfer und Gompas am Wege. Wir können jede Nacht in einem Hause schlafen.«

Er ist nicht ganz selbstlos, der Gute. Er hat nämlich kein Zelt und würde allabendlich ein gutes Dach über dem Kopf zu schätzen wissen. Außerdem bietet sich, wie ich bald merken sollte, einem tibetischen Krieger längs einer bevölkerten Straße Gelegenheit zu mancherlei nützlichen Dingen.

Ich erkläre den Führern, dass ich durch die Dörfer ziehen würde.

»Dann kehren wir um«, erwidern sie.

»Schön, geht nach Hause.«

Sie machen kehrt und wir ziehen weiter. Die Räuber greifen uns nicht an.

Ein paar Stunden später kreuzt eine große Karawane aus Richtung Lhasa unsern Weg. Mir geht ein Licht auf. Nicht auf uns haben es die Chagpas abgesehen, wir sind eine zu kümmerliche Beute, sie haben sich an klug gewählter Stelle verborgen, um dieser Karawane, von deren Kommen sie wussten, aufzulauern. Ich rufe die Männer an, die an ihrer reichen Kleidung als die Kaufherren zu erkennen sind, und warne sie.

»Dank für den Rat, wir werden uns vorsehen.« Die Knechte bei den Mauleseln erhalten Anweisungen und die Karawane entfernt sich.

Ich bin jetzt aufgeregter als in dem Augenblick, wo wir selbst unter dem Versteck der Räuber vorüberzogen.

Es trifft zu, dass diese Straße nicht durch völlig ödes Gebiet führt. Schon am ersten Abend schlafen wir in einem Kloster. Die Ereignisse des Tages haben uns etwas ermüdet und ich möchte mir die angenehme Unterkunft zunutze machen, um mich den andern Tag auszuruhen.

Das Kloster ist nicht sehr groß, aber reich. Die Grabstätten seiner Großlamas sind prunkvoll ausgestattet.

Die Anwesenheit meiner Begleitsoldaten von der Lhasaarmee scheint die Herzlichkeit meiner Beziehungen zu den klösterlichen Gastgebern ungünstig zu beeinflussen. Sie zeigen sich höflich, aber äußerst zurückhaltend und verschlossen. Ich bekomme nur untergeordnete Mönche zu sehen. Der bedeutendste Lama des Ortes lässt mir sagen, er sei krank und bäte um Entschuldigung, mich nicht empfangen zu können. Die andern haben andere Vorwände. Immerhin darf ich die Bücherei besichtigen. Sie macht einen verlassenen Eindruck. Die in ihre »Kleider« gehüllten starken Bände sind mit einer dicken Staubschicht bedeckt, einige von Kerbtieren oder Ratten angefressen, und würden, wenn Holzdeckel und Umhüllung nicht wären, in Stücke fallen. Ein trostloser Anblick!

Spät abends, gerade als ich zu Bett gehen will, höre ich ein Flüstern vor meiner Tür, als wollte mich jemand rufen, ohne Lärm zu machen. Wie ich öffne, stehen ein Trapa und eine Frau vor mir. Sie geben mir Zeichen, still zu sein, und treten ein. Die Frau bietet mir eine Schärpe und ein Stück Butter an und sagt, ihr Gatte sei krank, ich möchte ihn sofort besuchen. Wie? Zu dieser Nachtstunde? Morgen früh vor der Abreise will ich hingehen, wenn es nicht zu weit bis zur Wohnung des Kranken ist.

Nein, ich müsste sofort kommen, bittet die Frau inständig, es handele sich um eine Verletzung, eine Kugel im Schenkel. Der Verwundete müsste fortgeschafft werden.

Das klingt alles sehr verworren, ich will Näheres wissen. »Wie ist deinem Mann dieser Unfall zugestoßen?«

»Als er Heilpflanzen suchte.«

Ach so! Ich bin im Bilde. Gehörte er vielleicht zu der Bande, der wir am Vortag begegnet waren? Jawohl. Gerade weil die Leute mich haben vorbeikommen sehen und erfahren, dass ich im Kloster wohne, schicke der Verwundete nach mir.

Die Frau erzählt in kurzen Worten, wie alles sich zugetragen hat. Die Männer haben die Karawane angegriffen, die Kaufleute, die wir gewarnt hatten, waren auf der Hut. Sie haben sich kräftig verteidigt, die Räuber mussten fliehen, nachdem zwei von ihnen getötet und mehrere verwundet worden waren. Auch die Kaufleute haben einige Verwundete gehabt,

die sie auf den Tieren festgebunden und mitgenommen haben. Jetzt, wo ich alles weiß, zählt die Tibeterin bestimmt auf mich. Sie ist überzeugt, dass ich wirksame ausländische Arzneien besitze, die die Wunde schnell zum Heilen bringen werde. Über Tag hat sie mich nicht zu rufen gewagt, aus Furcht vor meinen Begleitsoldaten. Die dürfen nicht erfahren, dass ihr Mann sich in der Nähe versteckt hält, sie könnten ihn festnehmen. Ebenso wenig dürfen die Leute im Kloster etwas davon wissen; der Trapa neben ihr sei ein Freund der Familie. Er hat die Frau ins Kloster geschmuggelt und will mich auf demselben Weg hinaus- und wieder hereinbringen. Draußen wartet ein Mann mit einem Pferd. In weniger als zwei Stunden könnte ich zurück sein, aber wir müssten uns beeilen, der Verwundete solle diese Nacht in Sicherheit gebracht werden.
Ich bemühe mich auseinander zu setzen, dass ich kein Wundarzt bin und keine Kugel herausziehen kann, aber die Frau hört nicht zu, sondern bittet mich unter Tränen hinzugehen.
Um sie zu beruhigen, gebe ich nach, ein wenig auch aus Neugier, einen der Räuber von gestern aus der Nähe zu sehen und zu erleben, wie er sein Geschick erträgt. An »wunderbaren« ausländischen Arzneien packe ich ein: Aspirin zur Schmerzbetäubung, Borsäure zum Auswaschen der Wunde, ein Päckchen keimfreie Watte und ein Fläschchen Olivenöl zum Verbinden. Alle Völker des Altertums haben Öl zu diesem Zweck verwendet und auch ich habe bei Eingeborenen, deren Wunden ich damit behandelte, stets ausgezeichnete Erfolge gehabt. Die Kugel allerdings muss entweder von selbst herauskommen oder aber bleiben, wo sie ist.
Wir brechen auf. Die Nacht ist sehr schwarz. Ich sehe nicht, wo man mich hinführt, aber nach wenigen Augenblicken befinden wir uns im Freien, auf der Straße.
Ein paar Schritte entfernt steht ein Mann, der zwei Pferde am Zügel hält. »Er wird Euch führen«, sagt die Frau, »bitte steigt auf.«

»Und du kommst nicht mit?«
»Nein, ich muss hier bleiben«, erwidert sie etwas verwirrt.
Mir auch recht! Die Gründe gehen mich nichts an. Ich sitze im Sattel, die Frau führt mein Pferd und ein paar Augenblicke, dann lässt sie den Zügel los. »Ihr braucht nur Euer Pferd mir folgen zu lassen«, sagt der Mann, der mich begleiten soll, »es kennt den Weg.«
Das ist wirklich sehr schön, denn ich hätte große Mühe, es in der Dunkelheit zu lenken. Wir sind von der Straße abgebogen. Ich fühle, dass wir auf Rasen reiten. Das Pferd meines Führers setzt sich in leichten Trab, das meinige schließt sich an. Wohin führt man mich? Vielleicht ist die Entfernung gar nicht so groß, aber im Finstern kommt mir dieser Ritt ins Ungewisse sehr lang vor.
Wir sind am Ziel. Am Fuße eines Hügels erblicke ich eine Gruppe Männer, an Pflöcken festgemachte Pferde und ein kleines Zelt.
Die Leute empfangen meinen Gefährten mit den Worten: »Das ist vorüber, die Kugel haben wir draußen.«
Sie helfen mir beim Absteigen, begrüßen mich und danken mir für mein Kommen. Wenn alles vorbei ist, bleibt mir wohl nichts anderes übrig, als umzukehren?
Aber nein, alles besteht darauf, dass ich den im Zelt liegenden Verwundeten ansehe. Sie entzünden eine kleine irdene Butterlampe und halten sie neben die Wunde. Sie ist riesig groß und blutet heftig. Es scheint mir unmöglich, dass eine Kugel vom Vortag dieses Loch verursacht haben sollte. »Wie habt ihr denn die Kugel herausbekommen?«, frage ich ahnungsvoll.
»Das muss man verstehen«, erklärte der »Feldscher«, »ich kann das. Ich habe in meinem Leben schon viele Kugeln herausgeholt. Man muss nur die Lage der Tsa (ein Ausdruck, der Vene, Arterie und Nerv einschließt) kennen und diese nicht durchschneiden. Hier steckte die Kugel mitten im Fleisch, ich brauchte sie nur zu suchen.« Er lacht stolz und befriedigt.

»Danke, Ihr seid sehr gut«, lässt sich sein Opfer vernehmen und wendet sich dann an mich: »Auch Euch sei Dank, Jetsumna Kuchog. Habt Ihr mir Arzneien mitgebracht? Sie werden die Heilung beschleunigen. Ich kann nicht hier bleiben, man wird mich wegschaffen.«
»Ja, ich habe welche mit«, antwortete ich.
Der geschickte Wundarzt hatte sein gewöhnliches Messer benutzt, mit dem er beim Essen sein Fleisch schnitt, die Stricke beim Packen seiner Säcke, die Riemen beim Satteln seiner Tiere und die Nägel an seinen unsauberen Füßen. Jede Auseinandersetzung über keimfreie Wundbehandlung war hier unangebracht.
Ich wusch die Wunde mit Borwasser aus, das Wasser hatte ich unmittelbar aus dem Bach genommen, weil das wahrscheinlich weniger schmutzig war als abgekochtes aus dem einzigen fettigen Kochtopf, in dem ein Rest Buttertee schwamm.
Ich gab dem Verwundeten etwas Aspirin und ließ ihm ein Päckchen Watte, etwas Borsäure, das Ölfläschchen und ein Stück weißen Baumwollstoff da. Dann erklärte ich, die Wunde müsste sauber gehalten werden, der Eiter dürfe sich nicht ansammeln, sie müsste vor Staub und Fliegen geschützt und nach Auswaschen mit Borwasser mit dem Öl verbunden werden.
Die reine Luft und die kräftige Körperverfassung des Tibeters würden das Übrige tun. Vor Ablauf eines Monats würde er wieder zu Pferd sitzen können und wahrscheinlich auf neue ähnliche Abenteuer ausgehen.
Alle zeigten sich sehr dankbar.
»Werdet Ihr wieder einmal Arzneikräuter suchen gehen?«, fragte ich den Verwundeten, »Ihr hättet leicht getötet werden können, wie Eure beiden Gefährten.«
»Ja, das ist schon möglich.«
»Und das zukünftige Leben? Wo glaubt Ihr wieder geboren zu werden, wenn Ihr Böses tut?«

»Wir tun nichts Böses«, verteidigt sich einer der Männer, » die Soldaten haben viel mehr Böses im Lande getan. Wir schießen nie zuerst. Die chinesischen oder Lhasaer Beamten zwingen die Bauern und die Dokpas, ihnen viel mehr Geld und andere Dinge zu geben, als wir den durchreisenden Kaufleuten abnehmen, und sie haben kein Mitleid mit den Armen. Wir verlangen nur von den Reichen etwas, Eure Karawane haben wir durchziehen lassen, Jetsumna Kuchog.«

Allem Anschein nach haben mich diese »Ritter« liebenswürdig behandelt. Ich weiß nichts zu erwidern. Vielleicht sollte ich mich bedanken? Aber ich sage mir, dass ich mich durch die Sorge für ihren Verwundeten erkenntlich gezeigt habe.

Der Liegende gibt einem seiner Freunde ein Zeichen, darauf zieht dieser eine Schärpe aus seinem Ambag und reicht sie mir als Zeichen der Ehrerbietung und der Dankbarkeit. Etwas Schweres hängt an einem ihrer Zipfel, die Chagpas haben Geld hineingewickelt! Das ist in Tibet üblich, ein Geldgeschenk beleidigt niemanden und es in eine Schärpe zu wickeln gilt als sehr höflich. Ich habe mehr als eine angenommen, um nicht liebenswürdige Menschen zu verletzen. Doch dies hier? Die paar unscheinbaren Rupien können mit einem Haufen anderer in den Geldsack eines reichen Kaufmanns gehören. Soll ich sie nehmen? Ich neige zum Ablehnen, aber wie ich sprechen will, begegnen meine Augen dem Blick des Mannes, der mir die Schärpe angeboten hat. Sein Gesicht wird von der kleinen irdenen Lampe erhellt, die einer seiner Kameraden hält. Es ist ernsthaft, fast feierlich, mit einem leicht hochmütigen Zug; man kann ihm eine gewisse Vornehmheit nicht absprechen.

Die Zurückweisung eines Geschenks unter solchen Umständen würde eine Beleidigung darstellen und wenn der, welcher es ablehnt, zum geistlichen Stande gehört, käme sie einem Fluch gleich. Ich bin hier, um einen Verwundeten zu pflegen, und nicht, um mich zum Richter aufzuwerfen! Ich nehme also

schließlich die Schärpe samt Inhalt an mich; ich werde bald einen armen Schlucker gefunden haben, den dies Almosen glücklich macht.
Der Verwundete soll jetzt fortgeschafft werden, das kleine Zelt ist zusammengepackt und auf ein Pferd geladen worden. Jetzt hebt man ihn auf und setzt ihn auf ein Reittier, das statt eines Sattels mehrere Decken trägt, die ein dickes Kissen bilden. Die Beine des Unglücklichen ruhen auf einem Sack. Er muss heftige Schmerzen ausstehen. Ich frage ihn danach. »Nicht zu arg«, erwidert er.
Einer der Räuber führt das Pferd mit dem Verwundeten am Zügel, die andern schwingen sich in den Sattel und wie ein Spuk ist alles in der Dunkelheit verschwunden.
Mich führt derselbe Mann wieder nach dem Kloster, die Frau erwartet mich mit dem Trapa an der Stelle wo ich sie verlassen. Ich beruhige sie über den Zustand ihres Gatten. Er werde davonkommen.
Wenige Minuten später bin ich in meinem Zimmer.

Ich werde selbst Räuberhauptmann

Die Landschaft längs unserer Straße bietet nichts besonders Merkwürdiges, aber dafür ist die Bevölkerung fesselnd. Fesselnd und unglücklich.
Die Bauern hier sind geweckter und schlauer als sonst in Tibet, das macht vielleicht die Nähe Chinas, woraus sich häufige Beziehungen und zahlreiche Mischehen ergeben.
Die jüngste Wendung im Geschick des Landes wird von den Einheimischen bedauert. Man hatte ihnen vorgeredet, sie würden von den Chinesen ausgebeutet, unter der Herrschaft der Tibeter, ihrer Landsleute, würden sie keine Steuern mehr zu bezahlen brauchen. Das klang diesen armen Bauern wie ein Gruß aus dem Paradies, aber sie durften nur einen sehr kurzen

Blick hineintun. Kaum hatten sich die neuen Herren eingerichtet, als sie die Steuern verzehnfachten. »Ich habe unter den Chinesen acht Rupien jährlich gezahlt«, sagte mir ein Bauer, »heute verlangen sie hundert von mir.«
»Wir müssen«, erklärten andere, »für jedes Familienmitglied eine Kopfsteuer zahlen, selbst für die Kinder; ebenso für jedes Stück Vieh. So etwas haben wir früher nicht gekannt, und dann sind die Wulaverpflichtungen viel härter geworden. Früher erhielten die Träger bei weiten Märschen eine Belohnung von den Chinesen, die heutigen Beamten geben nie das Geringste, sondern verlangen noch eine Unmenge Dinge dazu.«
Da sagten die armen Leute mir nichts Neues. Ich war mehr als einmal Zeuge gewesen, wenn meine Soldaten mit den Leuten, wo ich wohnte, vertrauliche Besprechungen hatten, etwa derart: »Wir werden in einigen Tagen hier wieder durchkommen, ihr habt dann so und so viel Butter, so und so viel Mehl usw. usw. bereitzuhalten.« Es war eine Art amtliche Erpressung.
Die Jagd ist hier natürlich verboten, wie in ganz Tibet. Ich billige das an sich, aber die Durchführung des Verbotes lässt, wie man mir erzählte, jede Rücksichtnahme vermissen. Ein ertappter Jäger wird mitleidlos verprügelt, man hat mir Fälle genannt, die tödlich ausgegangen sind.
In Jakyendo sollte ich mehrere Auswandererfamilien treffen, die ihr ererbtes Gut, einen kleinen Hof mit einigen Feldern, im Stich gelassen hatten, weil sie die Steuern nicht aufbringen konnten.
Die letzte Hoffnung dieses ausgepressten Volkes war – der General Ma. Durch die Unterdrückung des Tibeteraufstandes in Labrang und einen Strafzug gegen die Stämme der räuberischen Golog hat er sich in Asien einen Namen gemacht wie einst Dschingis Khan. Von den schwachen chinesischen Truppen aus Sichuan, die sie im letzten Kriege besiegt hatten, stand für die Leute hier nichts zu erhoffen. So richteten sie ihre

Blicke nach Gansu auf den Schreckensgeneral. Wann würde er kommen?

Wie die Leute erfuhren, dass ich nach Xining zurückkehren würde, wollten viele mich beauftragen, ihren Hilferuf an den General weiterzuleiten. »Wir werden ihm keinen Widerstand leisten«, sagten sie. Von einem höre ich sogar die furchtbaren Worte: »Wir wissen, dass er, wenn er kommt, viele Menschen töten wird. Aber die dann übrig bleiben, werden wenigstens in Ruhe leben können.«

Man stelle sich vor, welche Leiden eine Bevölkerung erduldet haben muss, bis sie geneigt wird, sich um einen solchen Preis davon loszukaufen.

Ich bin im folgenden Jahr wieder nach Xining gekommen, aber ich habe dem General Ma keine Botschaft ausgerichtet. Ich bezweifle, dass das Elend der Tibeter in Kham ihn gerührt hätte. Zwischen ihrem Lande und Xining dehnt sich ein weites Steppengebiet, ein Eroberungszug kam daher schwerlich in Betracht, und nur der hätte ihn zu locken vermocht. Außerdem halte ich mich stets sorgsam von politischen Händeln fern.

Bei Dolma Lhakang (Dainkog), einem der Göttin Dolma geweihten Tempel, an den sich ein paar Häuser anschließen, müssen wir den Yangze überschreiten, der in diesem Lande Drichu heißt. Er ist hier zwar nicht entfernt so breit wie in China nahe seiner Mündung, immerhin ist er ein stattlicher Strom. Wir überqueren ihn in Lederbooten, unsere Tiere müssen durch die kräftige Strömung schwimmen, sie fassen erst weit unterhalb des Einstiegs wieder Fuß, doch es geht ohne Unfall ab.

Wir sind wieder in ebenem Land und ziehen über große Alpenweiden. Auf dem andern Ufer erblicken wir ein Kloster, dessen Lama in dem Ruf eines Wundertäters steht, z. B. soll er seinen Fuß in einen Felsen eingeprägt haben. Diese Art Wunder scheint den Tibetern besonders zu gefallen, findet man

doch in ihrem Lande sehr häufig mehr oder weniger scharfe Abdrücke in Felsen oder Steinen, die von dem Fuß, der Hand oder dem Kopf bestimmter Lamas herrühren sollen.
Der letzte Tagesmarsch in verbotenem Gebiet! Jenseits des Bauernhofes, wo wir die Nacht verbringen, beginnen die weiten Changtang, auf denen man nur einige Zeltlager von wandernden Hirten findet. Jakyendo ist ein Vorposten inmitten der Wildnis. Bis dorthin ist die Grenze nicht genau festgelegt, meine Bedeckung möchte sich nicht weiter vorwagen aus Furcht, dass man chinesischen Soldaten, Moslems, begegnen könnte. Unsere Wirte sind Kinder des Landes, sie bewegen sich frei auf beiden Seiten der ungewissen Grenze. Sie laden mein Gepäck auf ihre Yaks und wir brechen auf.
Ich habe allen Grund, mich zu dem Zwischenfall zu beglückwünschen, der mich auf dies fesselnde Stück der Straße nach Lhasa verschlagen hat. Dennoch atme ich auf, als ich wieder das unter chinesischer Herrschaft stehende Gebiet erreiche, wo der Reisende unbehindert ist.
Unsere Butter ist knapp geworden. Man macht sich keine Vorstellung davon, welchen Platz dies Fett in der Ernährung der Tibeter einnimmt. Meine Diener schneiden sich Butterscheiben ab und essen sie aus der Hand wie ein Stück Brot.
Hier im Lande der Hirten hoffen wir gut kaufen zu können. Aber zweimal, als wir an Zelten vorbeikommen, kehrt Tobgjal unverrichteter Dinge zurück. Die Hirten geben nichts ab; im zweiten Zelt bekommt er sogar unverschämte Antworten. Wir reiten weiter über die riesige Grasfläche. Gegen Mittag bemerken wir wieder ein Hirtenlager mit zahlreichen weidenden Yaks, aber diesmal weitab von der Straße. Im Scherz sagt Yongden zu Sönam und Setsang Tales, die neben ihm traben: »Es ist doch eine Schande, dass wir an so großen Herden vorbeiziehen und weder Butter noch Milch bekommen.« Die beiden Taugenichtse legen diese Worte auf ihre Weise aus. Sie verschwinden in schnellem Trab und stoßen erst eine Stunde

später wieder zu uns. Wir erwarten, dass sie sich eine Flasche mit Milch hatten füllen lassen und ein oder zwei Stück Butter mitbringen, stattdessen sind sie reich mit Beute beladen. Sie schleppen mehr als zehn Kilo Butter, in kleineren Stücken in Häute genäht, und bringen aus den weiten Ärmeln, die sie sackartig zusammenhalten, eine große Menge trockenen Käse zum Vorschein. Waren sie auf Raub ausgezogen?
»Was habt ihr denn den Dokpas gesagt?«
»Ich habe gesagt«, antwortete Sönam siegesstolz, »meine Herrschaft dort unten auf der Straße hätte keine Butter. Jedes Zelt hätte ein Stück abzuliefern. Und wenn sie sich nicht beeilten, spielte ich mit meinem Gewehr.«
Ich bin sprachlos. Alle andern freuen sich sehr, sie verstauen Butter und Käse unter dem Gepäck und ehe ich Zeit habe, ein Wort zu sagen, sind die beiden schon wieder fort. Sie haben in einer andern Richtung Zelte entdeckt.
Plötzlich verdunkelt sich der Himmel und überraschend prasselt Hagel nieder. Mein Maulesel dreht sich betäubt und geschunden im Kreise. Ich sehe nichts mehr; es wird eisig kalt, mein Gummimantel, den Yongden mir schnell gereicht hat, friert am Körper steif. Glücklicherweise ist ein Zeltlager in der Nähe. Wir rufen die Wulas, die es nicht bemerkt zu haben scheinen. Sie treiben ihre Yaks an und sobald sie uns erreichen, bringen sie alle unsere Tiere im Schutz der Zelte unter. Sie selbst suchen hinter ihren Tieren Deckung.
Tobgjal zieht mich in ein Zelt, verlangt Milch, lässt sie kochen und gibt sie mir ganz heiß zu trinken. Yongden ist in das Nachbarzelt gegangen. Das Unwetter zieht bald vorüber. Sofort strahlt wieder die Sonne. Ich gehe ins Freie. Wo ist der Lama?
Tobgjal, der vorgegangen ist, um meinen Maulesel zu holen, erwidert: »Er sammelt Butter ein.« – Was, noch mehr Butter? Tatsächlich, da sitzt Yongden inmitten eines Kreises von Dokpas. Alle bringen ihm Butterstücke. Ehe ich etwas sagen

kann, ruft er mich auf Englisch an: »Die Sache ist ernst, nichts sagen!«

Ich bin still. Wir steigen auf und reiten an den ehrfurchtsvoll grüßenden Hirten vorüber.

Außer Hörweite frage ich Yongden: »Was hat es nun mit dieser Butter auf sich?« Er lacht und beginnt zu erzählen: »Wie ich in das Zelt gekommen bin, habe ich Tee verlangt und auch einen Napf zum Trinken, weil meiner in meinem Sattelsack war und ich ihn bei dem Hagelwetter nicht holen konnte. Die Leute haben mir in frechem Ton erwidert, es gäbe keinen Napf; sie hatten keine Achtung vor mir. Das war gefährlich, das Land ist öde, wir haben Gepäck und werden wohl heute im Freien übernachten müssen. Du kennst die Einstellung dieser Leute, wen sie nicht fürchten, den bestehlen sie. Darauf habe ich mit dem Fuß gestampft und im Befehlston gerufen: Ihr habt Butter herbeizuschaffen, ein Stück je Zelt, und zwar sofort. Ihr erkennt mich wohl nicht wieder?«

»Sie hatten dich doch noch nie gesehen.«

»Das macht nichts. Sie waren sofort wie verwandelt, haben mir ihren schönsten, silberbeschlagenen Trinknapf gebracht sowie ein Stück Butter und sobald der Hagel aufgehört hatte, sind sie zu den Nachbarn gegangen, um weitere Butterstücke einzusammeln. Heute können wir Zelte aufschlagen, wenn sich's nötig macht; die werden uns nicht angreifen.«

So ist das nun einmal hier. Im Kuku Nor-Gebiet ist es genauso. Ich kenne das.

Sönam und der Junge sind noch nicht da. Haben sie sich während des Hagelsturms verirrt oder aber sind sie mit ihrer Frechheit an die Unrichtigen gekommen? Ich fange an, mir Sorgen zu machen, wie wir uns wieder finden sollen, da wir weitergezogen sind. Wir lassen unsere Pfeife ertönen. Trotzdem die Luft jetzt ruhig ist, erfolgt keine Antwort.

Erst nach geraumer Zeit tauchen die beiden auf, noch schwerer mit Beute beladen. Da sie nicht wussten, wohin mit der

Butter, haben sie den Leuten Ledersäcke abgenommen, außerdem bringen sie Ziegenfelle für Teppiche mit. Das alles wird die Dokpas nicht an den Bettelstab bringen, aber mir ist es schrecklich.

Es ist nicht alles glatt gegangen. Eine Frau hat ihre Nachbarn gewarnt und sie aufgehetzt, nichts zu geben. Die Diener sind angegriffen worden und haben wieder geschlagen. Schließlich haben sie die Unverschämtheit so weit getrieben, dass sie den Leuten androhten, sie würden sich beim Häuptling, dessen weißes Zelt in der Nähe des Lagers stand, beschweren. Daraufhin Entschuldigungen und Sühnegeschenke. Man hielt die beiden jetzt für Soldaten. Durch den Erfolg sicher gemacht, spielten sie ihre Rolle weiter und gingen doch noch zum Häuptling. Die Kühnheit fand ihren Lohn, der Häuptling billigte die Abgabe von einem Stück Butter je Zelt und wer es noch nicht abgeliefert hatte, musste es holen.

Setsang Tales, der kleine Räubersohn, strahlt. Das war eine Sache nach seinem Geschmack! Die Wulas tragen den Kopf hoch vor Stolz, dass sie für so »mächtige« und »Achtung gebietende« Leute zu arbeiten die Ehre haben. Mir ist merkwürdig zumute. Dass ich im Lande der Strauchritter selbst zum Anführer einer Räuberbande werden würde, das ist von den unvorhergesehenen Zwischenfällen dieser Reise doch der seltsamste. Glücklicherweise wohnen meine »Opfer« nicht weit von Jakyendo und da ich dort eine Zeit lang bleiben muss, werde ich schon einen unauffälligen Weg finden, um sie zu entschädigen, ohne »das Gesicht zu verlieren« und die Achtung einzubüßen, die die Kühnheit meiner Leute mir eingetragen hat.

In der Nähe der Klosters Benchin finden wir ein kleines Rasthaus für Reisende. So brauchen wir keine Zelte aufzuschlagen.

Am Ziel

Am folgenden Morgen lacht die Sonne, aber die Kälte ist schon lebhaft. Ich stehe auf der Türschwelle und warte, bis die Wulas mein Gepäck aufgeladen haben. Mein Blick schweift über riesige Alpenweiden, die in der Ferne von Bergketten begrenzt werden. Darein schneiden zwei breite, öde Täler ein, in denen das von frühem Frost verdorrte Gras im Sonnenschein rotgolden schimmert. Mein Herz krampft sich zusammen, beide sind mir verschlossen. Das eine Tal verläuft nach Westen und führt nach Ngagchuka, dem Grenzposten des verbotenen Landes, wo der Karawanenweg nach Lhasa südlich abbiegt. Das andere hat südliche Richtung. Dort geht es nach Chamdo, der bedeutendsten Stadt Osttibets, die kürzlich der Herrschaft Chinas entrissen wurde und seitdem »verboten« ist.
Der Weg, den die Umstände mir aufgezwungen haben, verläuft entgegengesetzt. Ganz in der Nähe öffnet sich ein drittes Tal. In dem ein klarer Fluss über felsigem Bett rauscht. Auch diese Straße liegt im Sonnenschein. Die malerischen Berge, die sie säumen, sind wie alle Gipfel in Tibet mit einem eigentümlichen Hauch von Geheimnis, unbestimmter Drohung und Widerwillen gegen den Eindringling umwittert, der den Fremden so anzieht. Was mag das Schicksal, das mich dorthin verschlagt, für mich in Bereitschaft halten?
Sicherlich, ich habe zunächst ein Gefühl großer Erleichterung. Ich brauche nicht mehr Verstecken zu spielen und kann mich wieder unbehelligt bewegen. Aber die Zukunft ist dunkel verhangen. Wir schreiben September, den 17. September. Bald kommt der strenge Bergwinter, dann ist ein Durchqueren der großen Einöden um Jakyendo unmöglich. Werde ich dort eingeschlossen werden? Und das Härteste: Mit viel Beharrlichkeit und Mühsal ist es mir gelungen, die Entfernung, die mich von Lhasa trennte, als ich im fernen Kumbum diese Reise plante, beträchtlich zu verringern. Jetzt endlich bin ich in

einem Gebiet, von wo mehrere verhältnismäßig bequeme Straßen nach der tibetischen Hauptstadt führen. Werde ich all dies gewonnene Gelände aufgeben und weit, weit nach Norden zurückkehren müssen, in das ferne Amdo, das ich vor fast acht Monaten verließ?

Ich hatte wahrlich den Kopf voll Sorgen. Mechanisch erfülle ich die Anforderungen des Tages. Ich schicke Sönam voraus, um dem Beamten in Jakyendo meine Karte zu bringen und ihn zu bitten, mir eine Wohnung anzuweisen. Nun sitze ich auch auf und reite langsam hinter den Saumtieren her. Ich habe keine Eile, in die Stadt zu kommen. Unterwegs sehen wir das Kloster Tangu, das mir später sehr vertraut werden sollte. Endlich taucht Jakyendo auf.

Ein eindrucksvoller Anblick! Der Marktflecken zieht sich an einem Hügel empor, hinter dem ein kahler Gebirgszug aufstrebt. Von dort schaut ein Kloster auf die Häuser der Laien hernieder; seine mit roten und weißen Strahlen verzierten Gebäude lassen erkennen, dass es zur Sekte der Sakya gehört. Dieser Grat wiederum wird in der Ferne von einer mächtigen Bergkette überragt.

Drei Gompas verhältnismäßig nahe beieinander: Benchin, Tangu, Jakyendo! Das ist ein Hoffnungsanker. Vielleicht kann ich dort Bücher oder gelehrte Lamas finden, nützliche Aufzeichnungen machen oder sonst eine fesselnde Arbeit beginnen.

Sönam ist zurück und führt uns in das Heim, das der chinesische Beamte mir zugewiesen hat. Es ist ein Zimmer im ersten Stock eines Hauses an der Hauptstraße. Ein ausgezeichneter Beobachtungsposten!

Wir treffen gegen Abend ein. Der späten Stunde wegen kann ich erst am andern Tag den Behörden meine Aufwartung machen. Ich bin glücklich darüber, ich sehne mich nach Ruhe, nach traumlosem, tiefem Schlaf, in dem man Enttäuschungen vergisst und aufhört, Rachepläne zu schmieden. Morgen oder übermorgen kann ich den Kampf wieder aufnehmen. Alles in

allem genommen, ist das Ergebnis dieser Reise keineswegs betrüblich. Ich habe eine große Strecke fast unbekannten Gebiets durchquert, viel gesehen, viel gehört und viel gelernt.
Erst Monate später sollte ich erfahren, dass mein scheinbarer Misserfolg in Wirklichkeit ein großer Gewinn war, aber schon damals wurde meine Enttäuschung gemildert durch den starken Glauben an eine unsichtbare Hilfe und – unverbesserlicher Wagehals, der ich bin – wohl noch mehr durch den Glauben an mich selbst.
Es ist Nacht geworden. Finsternis hüllt mein Zimmer ein, im schmalen Fensterrahmen glitzert ein Stück Sternhimmel. Der Schlummer umfängt mich.

Die Zahl der für ein Reisebuch erlaubten Seiten ist erreicht und vielleicht schon überschritten. Ich muss meinen Bericht bei der Ankunft in Jakyendo unterbrechen. Tatsächlich wurde der Ort nur ein Haltepunkt, ein Winterlager zwischen zwei großen Reisen. Ich machte von hier aus zwei weitere Versuche, in Richtung Lhasa vorzustoßen, sie waren reich an aufregenden Zwischenfällen und schlugen gleichfalls fehl. Ich musste mich schließlich nach Norden wenden: durch das Quellgebiet des Gelben Flusses, an den großen Zwillingsseen Dring und Noring vorüber, durch das Gebiet der räuberischen Golog zu dem riesigen Blauen See (Kuku Nor) und weiter in das unheimliche Land, wo die steigende Sandflut allmählich alles Leben zum Erlöschen bringt, der Gobi.
Den nächsten Winter verbrachte ich an der Schwelle dieser Wüste, dann kam eine neue Durchquerung Chinas von Norden nach Süden. Nach zahlreichen Wechselfällen stand ich am Ufer des Mekong gegenüber dem heiligen Berg Khakarpo. Nur von Yongden begleitet, mit dem Sack auf dem Rücken, stieg ich eines Nachts dort empor und – kam wirklich nach Lhasa. Diese abenteuerliche Fahrt habe ich in »Arjopa« erzählt.